窪田大介 著

古代東北仏教史研究

佛教大学研究叢書

法藏館

古代東北仏教史研究＊目次

第二節　掘立柱仏堂遺跡の概略　165

古代東北仏教史研究

はしがき

古代東北の歴史における仏教の役割を明らかにするためには、仏教以外の宗教、たとえば神祇信仰や、官衙《かんが》や道路などにおける律令制的祭祀などを含む、当時の宗教の全体のなかで仏教について考察しなければならないのは言うまでもない。しかし、全体から部分を考察するだけではなく、部分から全体を考察することも必要である。現在の資史料の残存状況から考えると、古代東北宗教史について研究する場合、最も重要な宗教は仏教である。なぜなら、文献史料・考古資料・現存する文化財など、研究のための資料が群を抜いて多いのが仏教だからである。東北古代宗教史の研究は仏教史研究の成果をもととして、それと他の宗教の資料を比較対照しつつ組み立てていくのが正攻法であろう。

本書の目的は、古代における東北という地域の歴史において仏教の果たした役割を明らかにすることである。したがって、「東北古代仏教史」と題しはしたが、研究の目的は仏教の教義などの内的な側面はもちろん、儀式などの外的な側面といった、仏教そのものの内在的な発展を追うことではない。あくまで東北の古代史の展開において仏教の果たした役割、主として政治的・社会的な役割について考えるものである。その場合、古代国家による東北地方の地域支配において仏教が果たした役割の解明が主要なテーマとなる。

しかし、古代東北の歴史における仏教の政治的・社会的な役割を問うことは、同時に古代東北の社会が仏教を受容した理由を問うことでもある。なぜなら、何の政治的・社会的な理由もなしに仏教が伝播した可能性は低いからである。古代東北においては、スポンジに水がしみ込むような形で自然に仏教が受容されたのではない。宗教的な情熱を持った布教者と、救いを求める人々という図式だけで、古代東北の仏教受容という問題を説明することは難しい。そのような図式だけでは、たとえば、古代の陸奥と出羽では仏教受容の差が著しいといった現象を説明できない。古代東北史上における仏教の意義を追究することなしに、古代東北の社会が仏教を受容した理由は明らかにならないのである。

また本書のもう一つの目的は、古代東北仏教史の特質を探ることである。古代東北仏教史は日本全体と共通する性質、いわば普遍性を持っていたはずである。また東北独自の性質、いわば特殊性も持っていた可能性がある。この両者が古代東北仏教史の特質を構成するはずであるが、はたしてそのようなものがあったのかどうか考えたい。また、東北地方における仏教受容の主体性・受動性はどのようなものであったか、さらには、東北古代仏教史は日本古代仏教史のなかでどのような意味を持つのかということも考えたい。これらを通じて、東北古代仏教史を研究する意義も明らかになるであろう。

本書は古代の東北地方の仏教史について、最も重要と思われることに焦点を絞って論ずるものであるが、以下の二点の問題には常に留意したい。

第一は、仏教の社会的役割である。その際、地域支配との関係に常に留意しておきたい。

第二は、檀越の問題である。仏教を支えた人々はどのような階層の人々であったのか常に意識しておきたい。

ところで、東北の古代仏教の伝播の方向性として、次の四点を仮説的に考えることができる。（一）南から北へという伝播の方向性。南方は大和政権との関係の歴史が古く、位置的にも大和に近いからである。(二)国家による支配の拠点である陸奥国府から、次第に周辺部に伝わったという方向性。(三)仏教受容は社会の上層から始まり、次第に下層に及んだという方向性。(四)信仰の内容は最初は十分に内面化されておらず、次第に内面化していったという方向性。これと関連するのが、仏教は最初、古墳文化と共通の祖先信仰として受容されたということである。その後の信仰としては、国家の災厄を防ぐための国家仏教としての発展、さらには神祇信仰との神仏習合や、山岳信仰との習合が想定される。

このような常識的な考え方は、茫漠たる仏教関連資料から東北古代仏教史の骨組みを形作っていく際に基礎とすることができる。実際の資料がこのような図式に当てはまるのかという検証を通じて、東北古代仏教史を考えることも必要である。

東北古代仏教史についての個別研究の蓄積は膨大であり、本書では本文中において必要に応じて取り上げることしかできない。ここでは、東北仏教史全体を取り扱った試みについてのみ概観したい。

東北古代仏教史のこれまでの研究は、各地域の一時代、もしくは一遺跡に関するものが大部分である。全体をあつかったもののうちで、とくに重要なものは次のものである。

豊田武氏編『東北の歴史　上巻』(1)は、東北地方を対象とする初めての本格的な歴史書として重要な著書であるが、この中に収められた関晃氏の「陸奥と出羽の国分寺」、および高橋富雄氏の「仏教文化の開花」は、この時期の研究水準を示す論文である。とくに高橋氏の論文は奈良時代以前から平安初期までを対象とし、「東北と仏教」「仏教の伝播」「奈良時代の仏教文化」「定額寺の設置」「官寺のいとなみ」「徳一という人」「恵日寺と勝常寺」「東北の貞観仏」という目次に示されるように、東北仏教史における基本的な論点を提出した本格的な東北仏教史の記述となっている。また、仏教を主題とする論文である高橋論文のほかに国分寺をあつかった関論文があることは、仙台市の陸奥国分寺の発掘調査の輝かしい成果を背景にしている。その後、多賀城や多賀城廃寺の発掘も計画的に進められ、東北古代仏教史の分野においても、国府関連遺跡は群を抜いた資料の充実を誇ることになる。

一九七〇年の伊東信雄氏・高橋富雄氏編『古代の日本　八　東北・北海道』(2)も、この時期の古代東北史の研究水準を示すものである。この本に所収の論文で仏教に関連するものは、加藤孝氏「多賀城廃寺と陸奥国分寺――仏教の伝播」、戸川安章氏・佐藤宏一氏・高橋富雄氏「東北の山岳信仰」、久野健氏「辺境の仏像」である。この三論文においては『東北の歴史』の高橋論文の枠組みが継承され、より一層詳細な叙述がなされている。

東北古代仏教史の現在の到達点を示すものは、一九九二年の須藤隆氏・今泉隆雄氏・坪井清足氏編『新版古代の日本　九　東北・北海道』所収の樋口知志氏「仏教の発展と寺院」(3)である。目次は「初期の仏教伝播」「多賀城廃寺と国分寺」「平安時代の寺院と仏教文化」からなる。この論文は、先行研究を博捜して信頼できる研究について は取り上げていること、東北古代史関係の文献史料をほぼ網羅して使用していること、文献史学研究者の立場から本格的に考古学の成果を可能な限り取り上げていること、といった特色を持つ。その結果、従来極めて漠然としていた多賀城成立以前の東北地方の仏教史に初めて明確な姿を与えることができ、すべての側面において従来の記述を一新した。樋口氏の記述に新たに付け加えることは困難な側面も多いが、筆者は、主題をより一層絞って限定することと、樋口論文以後に著しく増加した考古学的資料を生かすことにより、樋口氏の研究をさらに発展させることを試みたい。

個別研究ではあるが、東北古代仏教史全体への志向の強い研究としては高橋富雄氏の巨大な業績がある。氏は『天台寺』(4)『徳一と最澄』(5)をはじめとする多くの著書において、東北地方の仏教を豊かな学識を背景として深く追究した。また、神英雄氏の一連の研究[6]は、東北古代仏教史について広い範囲にわたって研究したものであり、学ぶところの多いものである。さらに、菅野成寛氏の鎮守府部内を中心とする近年の研究[7]は注目すべきものである。

なお、本書においては、史料の引用は、とくに断らない限りは『新訂増補国史大系』によった。

註

（1）豊田武編『東北の歴史　上巻』（吉川弘文館、一九六七年）。

（2）伊東信雄・高橋富雄編『古代の日本　八　東北・北海道』（角川書店、一九七〇年）。

（3）樋口知志「仏教の発展と寺院」（須藤隆・今泉隆雄・坪井清足編『新版古代の日本　九　東北・北海道』角川書店、一九九二年）。

（4）高橋富雄『天台寺――みちのく守護の寺――』（東京書籍、一九七七年）。

（5）高橋富雄『徳一と最澄――もう一つの正統仏教――』（中央公論社、一九九〇年）。

（6）神英雄「古代辺境村落に関する一考察――大崎平野における式内社と鹿島・香取神社苗裔社の分布を中心として――」（『龍谷史壇』七六、一九七八年）。同「七世紀後半における東北辺境の仏教」（『国史学研究（龍谷大学）』七、一九八一年）。同「陸奥国における古代寺院の分布」（『国史学研究（龍谷大学）』一一、一九八五年）。同「古代陸奥国における寺院の性格と成立事情――所謂城柵付属寺院説についての検討――」（日本仏教史の研究会編『日本仏教史の研究』永田文昌堂、一九八六年）。同「古代陸奥国における「官寺」と「私寺」――城柵・官衙「付属寺院」説の再検討――」（『龍谷大学仏教文化研究所紀要』二七、一九八九年）。

（7）菅野成寛「鎮守府付属寺院の成立――令制六郡・奥六郡仏教と平泉仏教の接点――」（入間田宣夫編『東北中世史の研究　上巻』高志書院、二〇〇五年）。同「平泉仏教と奥羽・列島の仏教」（『シンポジウム――都市平泉と列島の中世――資料集』平泉・衣川遺跡群研究会、二〇〇八年）。同「平安期の奥羽と列島の仏教」（入間田宣夫編『兵たちの極楽浄土』高志書院、二〇一〇年）。

序章　古代陸奥国の仏教受容過程について

――七・八世紀から九世紀にかけての歴史的展開――

はじめに

日本古代の仏教は律令国家の地方支配の手段として発展した側面を持つ。そのため、その特質を考えるには、地方における仏教展開の様相を明らかにすることが必要である。本章の課題は、そのような観点から、七～九世紀の陸奥国に展開した仏教の社会的役割の変化を明らかにすることである。

東北古代仏教史のこれまでの研究は質量ともに充実しているが、本章の課題に関わるとくに重要な研究は高橋富雄氏と樋口知志氏のものである。高橋氏の論文(1)は、「東北と仏教」「仏教の伝播」「奈良時代の仏教文化」「定額寺の設置」「官寺のいとなみ」「徳一という人」「恵日寺と勝常寺」「東北の貞観仏」という目次に示されるように、東北古代仏教史の基本的な論点を提出している。先行研究の博捜、関係史料の網羅、考古学の成果の活用を特色とする樋口氏の論文(2)の目次は「初期の仏教伝播」「多賀城廃寺と国分寺」「平安時代の寺院と仏教文化」となっているが、そのなかで仏教の歴史的発展を論じており、当該分野の基本的研究である。

近年の発掘の成果に基づく研究として、九世紀を中心とする時期の集落に関連する仏教関連遺跡や遺物を集成して考察した沼山源喜治氏(3)や、菅原祥夫氏(4)、宮田安志氏(5)の研究、さらには江平《えだいら》遺跡木簡に関する平川南氏の研究(6)が注目される。また、木本元治氏[7]、工藤雅樹氏[8]による七〜八世紀の仏教に関する研究の深化も注目される。菅野成寛氏の鎮守府部内を中心とする研究[9]は、考古学の成果を取り入れながら、仏教の歴史的展開を論じている。

本章では、高橋氏や樋口氏の研究成果を継承しつつ、近年の研究成果を受け止めて考察することによって得られた若干の私見を提出したい。

第一節　郡衙周辺寺院の展開――持統朝〜奈良時代――

一　郡衙周辺寺院と国家仏教

七〜八世紀の陸奥国にはさまざまな寺院が存在した（表1参照）が、（一）国府周辺などの官寺（郡山廃寺・多賀城廃寺・陸奥国分寺・陸奥国分尼寺・黄金山《こがねやま》産金遺跡）、（二）郡衙に近い郡衙周辺寺院（中野廃寺・腰浜《こしのはま》廃寺・借宿《かりやど》廃寺・夏井廃寺・上人壇《しょうにんだん》廃寺・堂《どう》の上《うえ》廃寺・舘前《たてまえ》廃寺・伏見廃寺・菜切谷《なぎりや》廃寺・一の関廃寺）、（三）郡衙から離れた豪族の氏寺（真野古城《まのこじょう》跡・郡山台廃寺・小浜代《こばまだい》遺跡・徳江廃寺・小幡《おばた》遺跡）、の三類型に分類可能ではなかろうか。なかでも、陸奥南部や中部に広く分布し、地方社会において最も重要な役割を果たしたと考えられるのが郡衙周辺寺院であり、本節では郡衙周辺寺院を中心に論じたい。

郡衙周辺寺院の活動について山中敏史氏は、（一）祖先信仰・一族繁栄祈願、（二）王権護持・護国祈願、（三）公共的社会活動、（四）民衆教化、などを指摘し、これらが評衙・郡衙と密接な関係を持ちながらなされていたとする。郡衙周辺寺院の歴史的な特質については、天武朝前半までの前期段階のものは評造一族やその同族の氏寺、天武朝後半以降の後期評衙・郡衙段階のものは、「護国祈願に代表される官寺的機能と、郡領層を核とした諸氏族の祖先崇拝や安寧祈願に代表される知識寺的な宗教活動機能との両機能を備えた準官寺としての歴史的特質をもっていた」[10]とする。

山中氏の指摘を参考にしつつ、陸奥国の郡衙周辺寺院の機能を考えた場合、（一）中央政府が命じた法会を実施することにより国家仏教の末端を担う機能、（二）仏教の知識の思想により郡制を補強する機能、の二点があげられる。

陸奥国の郡衙周辺寺院で中央政府が命じた法会が行われていたことを示す文字資料が、福島県石川郡玉川村江平《えだいら》遺跡出土の天平十五年（七四三）銘木簡である[11]。

江平遺跡が属していた古代の白河郡は十七の和名抄郷を有する大郡であり、七世紀半ばから九世紀初頭にかけて、陸奥国の中～北部に三郷分の移民を出したと考えられ、白河軍団や白河関が置かれており[12]、国家に対する功績が極めて大きな郡であった[13]。白河郡西部には、六世紀後半から七世紀前半にかけての豪族居館遺跡を含む船田《ふなだ》中道《なかみち》遺跡や、六世紀前半の墳長七一・八メートルの前方後円墳である下総塚古墳などの遺跡が集中しており、「国造本紀」に見える白河国造の根拠地と考えられる。その地に七世紀末頃に、郡衙（関和《せきわ》久上町《ぐかみちょう》遺跡と関和久遺跡）と郡衙周辺寺院（借宿廃寺）が同時に成立する。付近には、七世紀後半には畿内の影響が強い切石積み石室を持つ谷地久保《やちくぼ》古墳も造られている[14]。

郡衙周辺寺院の借宿廃寺は、発掘調査で金堂、塔、講堂が検出され、法隆寺式伽藍配置で、東北地方で唯一塼仏が出土する寺院である[15]。七世紀末から八世紀中葉にかけては、この郡の唯一の寺院であった。郡の功績の大きさから考えても、天武天皇によって名を定められた[16]諸寺の格式を持つ寺院であり、霊亀二年（七一六）の諸寺併合令以降は、定額寺と呼ばれた[17]格式の寺院であったと考えられる。

天平十五年銘木簡が出土した江平遺跡は、郡中心部の西部ではなく、借宿廃寺から北東に一三キロメートルほど離れた、郡の東部にある。木簡出土地点の五〇〇メートルほど南には、七世紀後葉の切石積み石室を持つ宮ノ前古墳がある。郡の西部の谷地久保古墳に匹敵する格式を持ち、付近が白河郡第二の勢力の根拠地であったことが知られる。工藤雅樹氏は宮ノ前古墳の被葬者を、白河評の助督クラスの人物で、朝廷によって新たに起用された新興勢力としている[18]。

木簡は、一辺が九メートルに及ぶ八世紀中葉の大型竪穴住居を中心とする建物群の西を流れる沢地跡から出土した。平川南氏は、「この沢地からはほかに土師器や須恵器、竹製縦笛、木製容器・横槌・鍬身などの農耕具、鉄製紡錘車、瓢箪や桃の種子などが出土しており、儀式に用いられた祭祀具を一括して投棄した可能性を考えている」とする[19]。木簡は短冊形で、長さ二四センチメートル程度、幅四センチメートル程度のものである。内容は以下のとおりである。

福島県江平遺跡出土木簡　（平川南「転読札——福島県玉川村江平遺跡」〈『古代地方木簡の研究』吉川弘文館、二〇〇三年〉）

（表）

最勝□□佛説大□〔辨カ〕功徳四天王経千巻又大□〔般カ〕□百巻

（裏）

合千巻百巻謹呰万呂精誦奉天平十五年三〔二または三〕月□日

この木簡を釈読し、詳細に検討した平川氏は、「本木簡は、「最勝王経」（実際は金光明経）の精誦札」であり、政府が「天平十五年（七四三）正月十四日から四九日間、「最勝王経」を全国各地で転読することを命じた」際に、「その命をうけて正月十四日から陸奥国内のこの地（現玉川村）において「最勝王経」を精誦し、四九日目にあたる終了日・天平十五年三月三日に作成した木札である」とする。その政府の命は次のようなものである。

『続日本紀』天平十五年（七四三）**正月癸丑**（十二日）**条**

癸丑、為レ読二金光明最勝王経一、請二衆僧於金光明寺一。其詞曰、天皇敬諮二四十九座諸大徳等一。弟子、階二縁宿殖一、嗣二膺宝命一。思レ欲下宣二揚正法一、導中御蒸民上。故以二今年正月十四日一、勧二請海内出家之衆於所レ住処一、限二七七日一転二読大乗金光明最勝王経一。又令下天下限二七七日一禁二断殺生一及断中雑食上。別於二大養徳国金光明寺一、奉レ設二殊勝之会一、欲レ為二天下之摸一。諸徳等、或一時名輩、或万里嘉賓、僉曰二人師一、咸称二国宝一。所レ冀、屈二彼高明一、随二茲延請一、始暢二慈悲之音一、終諧二微妙之力一。仰願、梵宇増レ威、皇家累レ慶、国土厳浄、人民康楽、広及二群方一、綿該二広類一、同乗二菩薩之乗一、並坐二如来之座一。像法中興、実在二今日一。凡厥知見、可レ不レ思哉。

平川氏の解釈は、極めて学ぶべきところの多いものである。しかし、最勝王経（金光明経）の精誦が「この地（現玉川村）」で行われたという見解に対しては、工藤雅樹氏の「呰万呂《あざまろ》は白河郡の郡寺である借宿廃寺でそのこと（筆者註…最勝王経や大般若経の精誦）に従事した人物の一人であろう」という見解がある。

平川氏の見解は、木簡が儀式に用いられた祭祀具とともに江平遺跡から出土したという事実から、極めて自然に導き出されるものである。しかし一方、前掲『続日本紀』の聖武天皇の詔をもとに考えると、郡衙周辺寺院の借宿廃寺で実施されたと考えたほうが自然である。詞には「弟子、（中略）故以二今年正月十四日一、勧二請海内出家之衆於所レ住処一、限二七七日一転二読大乗金光明最勝王経一。又令下天下限二七七日一禁二断殺生一及断中雑食上」とある。「海内出家之衆」を勧請する主体は天皇である。天皇が僧を勧請する場所は、何らかの意味で国家が設置した施設と考えるのが自然である。具体的には、地方においては国衙や郡衙といった官衙、あるいは官寺である国分二寺、国家公認の寺院である定額寺などとなろう。この詞では僧尼をその住んでいるところに勧請するとしており、僧尼が住むとされるところは寺院であることから、国分二寺や定額寺に勧請したものと考えられる。それ以外の場所、すなわち国家に公認されていない仏教施設や豪族の居宅などに、天皇が僧尼を勧請することを想定していたとは、詞の文章表現からは考えにくい。また、奈良時代には国家の法会が地方において行われる場合、この史料のように実施場所が寺院以外の表現となっている例は珍しいので、特別な例ではないかと注目される。しかし実際には通常行われていない場所で行うことは難しく、既存の定額寺で行われたと考えるのが自然であろう[20]。

このように聖武天皇の詞を中心に考えると、この木簡は、天皇の命令に応じて当時白河郡内の唯一の寺院だった借宿廃寺で行われた「最勝王経」の「転読」の際、郡東部の玉川の地に根拠地を持つ郡内第二の勢力の代表者である呰万呂が、応分の費用を負担したことを記したものであると考えられよう。

しかし、そう考えた場合、木簡が借宿廃寺から江平遺跡まで移動した理由が問題となる。その説明は容易ではないが、次のように考えている。平川氏はこの木簡の表の面の書き出し部分が極めて薄く、文字の字画が部分的に失われていることから、一定期間外に掲示されたものであることを指摘している。その点を考慮すると、この木簡は法会が行われた借宿廃寺に掲示され、掲示終了後に、不必要になった法具とともに呰万呂が引き取って、根拠地に持ち帰ったのではないかと考えられる。この木簡は、呰万呂にとっては貴重なものであったろうからである。

精誦が玉川で行われたと考える研究者のなかで、根拠を詳述しているのは福島雅儀氏であり、氏の説について検討する必要がある。

福島氏は、①「聖武天皇の詞では「海内出家之衆於住処（筆者註…「於住処」は「於所住処」の誤りか）」とされていることから、正式な寺院以外にも有勢者の居宅などでも、転読が執り行われたであろう」、②「木簡の署名が呰万呂という名前のみが記載されていて、姓や郡郷が記載されていないことから呰万呂という名前でその人物が明示される範囲を対象とした木簡である」、③木簡とともに横笛や槽という祭祀や音曲に関連する遺物が出土している、④呰万呂が誦読に使用した最勝王経がいくつかの編集本を合わせたものであり、正式な寺院ではこのような経典の使用は差し控えられるだろう、という四点にわたる根拠をあげて、精誦が江平遺跡周辺で行われたものとしている。[21]

福島氏の見解も成り立ち得るが、別の考え方も成り立ち得る。このうち、①と③についてはすでにふれた。②については、仏への敬意を表すために名前しか書かなかったものであろう。④については、平川氏は木簡の記述は四巻本の金光明経と一致しているとしており、それに従えば、いくつかの編集本を合わせたものであると考える必要はない。平川氏の指摘にあるとおり、政府が金光明経に代えて金光明最勝王経を諸国に一部ずつ配付したのは神亀五年（七二八）であるが、天平年間の諸国の正税帳においても、国府や付属の仏堂と考えられる場所で、神亀以前の四巻本や八巻本の金光明経が読誦されたことが見える。経典がすぐに変化しないのは、最勝王経の書写に時間がかかることもさることながら、金光明経を学習した僧が長く読誦を担当したことによると思われる。国府や付属の仏堂より格式の低い郡衙周辺寺院である借宿廃寺で、四巻本が用いられたとしても不自然ではない。[22]また、福島氏は豪族である呰万呂自身が精誦を行ったことを想定している。もちろんあり得ないことではないが、天皇は精誦を出家者に要請しているのであるから、俗人である呰万呂が精誦しても天皇の要請に対応せず、政治的な意味がやや小さい行為となろう。なお、菅原祥夫氏も精誦が玉川で行われたとするが、やはり根拠を詳しくは述べていない。

この木簡は、平川氏により、「律令国家の仏教政策の一つとして諸国に命ぜられた金光明最勝王経の転読が、本木簡の発見によって陸奥国南部の山間部において励行されていたことを、全国ではじめて立証した意義は極めて重要である」と意義づけられている。しかし、筆者としては、平川氏の研究に大部分拠りつつも一部に手を加え、国家の命じた最勝王経転読が郡衙周辺寺院で行われていたこと、すなわち、国家仏教の末端を郡衙周辺寺院が担っていたことを証明する、郡衙周辺寺院の本質を示す極めて重要な文字資料である可能性を指摘したいのである。(23) 山中敏史氏は、郡衙周辺寺院で「王権護持・護国祈願」が行われた例として、石川県小松市高堂遺跡出土の木簡をあげているが、江平遺跡出土木簡はさらに重要な例となるだろう。

以上のように、国家が命じた法会が郡衙周辺寺院で執り行われたとするならば、『続日本紀』に見える類似の例に注目せざるを得ない。(24)『続日本紀』には、畿内以外の諸国の「諸寺」で、国家の命により国家のための法会や読経が営まれた例が散見するので、以下、それらについて検討したい。まず注目されるのは、金光明経の読誦を命じた次の詔である。

『続日本紀』神亀二年（七二五）**七月戊戌**（十七日）**条**

戊戌、詔二七道諸国一、除レ冤祈レ祥、必憑二幽冥一、敬レ神尊レ仏、清浄為レ先。今聞、諸国神祇社内、多有二穢臭一、及放二雑畜一。敬神之礼、豈如レ是乎。宜下国司長官自執二幣帛一、慎致二清掃一、常為中歳事上。又諸寺院限、勤加二掃浄一、仍令三僧尼読二金光明経一。若無二此経一者、便転二最勝王経一。令二国家平安一也。

この詔の前半の神社に関する部分は、『類聚三代格』の神亀二年七月二十日格に収められている。後半の寺院に関する部分が三代格で削除されたのは、やがて全国で国分二寺が建立され、最勝王経読誦が普及したためとされる[25]。この詔は七道諸国のおそらくすべての「諸寺」に、「国家平安」のために「金光明経」の読経もしくは最勝王経の「転読」を命じたものである。詔の前半が『類聚三代格』に収められているのであるから、臨時の命令ではなく、制度となる命令である。この詔から、諸国の「諸寺」が国家仏教の末端を担っていたことがわかる。

金光明経の読経といえば、『日本書紀』持統天皇八年（六九四）五月癸巳（十一日）条の、「以金光明経一百部、送置諸国。必取毎年、正月上玄読之。其布施、以当国官物充之」という詔に基づいて、諸国の国府で行われた正月十四日のものが有名である。平川氏が江平遺跡出土木簡について考察する際に取り上げている神亀五年（七二八）の最勝王経の諸国への頒布は、この法会のために行われたものであろうし、天平年間の諸国の正税帳に見える正月の金光明経や最勝王経の読経も、持統天皇八年の詔に基づくものであり、『延喜式』「玄蕃寮」に「凡諸国国分二寺、依㆓僧尼見数㆒、毎年起㆓正月八日㆒。迄㆓十四日㆒、転㆓読金光明最勝王経㆒」と見える法会は、持統天皇八年の詔を法源とするものである[26]。

神亀二年の詔に基づいて七道諸国の「諸寺」で随時行われたと思われる金光明経の読経は、持統天皇八年の詔に基づく諸国の正月の金光明経・最勝王経の読経とは別個のものでありながら、国分寺の法会のなかに吸収されてしまったものと考えられる。このことは別の面から言えば、国分寺成立以前の「諸寺」は、後に国分寺に吸収される鎮護国家の機能を一部担っていたものと言えよう。

次に注目されるのが、吉祥悔過に関係する史料である。

『続日本紀』天平十一年（七三九）**七月甲辰**（十四日）**条**

甲辰、詔曰、方今孟秋、苗子盛秀。欲レ令二風雨調和、年穀成熟一。宜レ令下天下諸寺転二読五穀成熟経一。幷悔過七日七夜上焉。

この詔は天下の「諸寺」に悔過が命じられた初めての例である。この詔に見える「五穀成熟経」と「悔過」が具体的に何を指すかについては、いくつかの解釈が可能である。しかし、筆者は「五穀成熟経」を、経典の名称ではなく「五穀成熟の功徳のある経」という意味に解釈し、具体的には金光明経・最勝王経か大般若経（国分寺建立の詔などによれば、五穀豊穣の功徳があった）であり、とくに金光明経・最勝王経であった可能性が高く、それに伴う悔過は吉祥悔過であった可能性が高いと考える[27]。また、経典についての筆者の推測が間違っていたとしても、「諸寺」が国家仏教の末端を担うものであった実例としてのこの史料の意義は変わらない。

『続日本紀』天平勝宝元年（七四九）**正月丙寅朔**（一日）**条**

天平勝宝元年春正月丙寅朔、廃レ朝。始レ従二元日一、七七之内、令三天下諸寺悔過、転二読金光明経一。又禁二断天下殺生一。

すでに天平十三年（七四一）に国分寺建立の詔が発布された後であるが、天下の「諸寺」に悔過と金光明経の転読を命じ、あわせて天下の殺生を禁じている。この詔は諸国の吉祥悔過の始まりであるが[28]、国分寺とは限らず、天下の「諸寺」で行われたものである。また、神亀五年の最勝王経の諸国への頒布以後に発せられた詔であるにもかかわらず、転読された経典が「金光明最勝王経」ではなく、「金光明経」とされているのも注目される。「金光明最勝王経」が「金光明経」と呼ばれる例はあるが、ここでは両方を指した可能性もある。なお『続日本紀』天平宝字三年（七五九）六月丙辰（二十二日）条でも、天下の「諸寺」の「正月悔過」についてふれている。

諸国の吉祥悔過は神護景雲元年（七六七）正月己未（八日）条により、国分寺で行われるようになったことが知られるが、それ以前は天下の「諸寺」で行われていたことが以上の例からわかる。その痕跡は『弘仁式』の記載からもうかがうことができる。以下、『延喜式』の記載とあわせて検討したい。

『弘仁式』「主税」

凡諸国国分二寺各起二正月八日一迄二十四日一転二読最勝王経一。其布施三宝絁卅斤。僧尼各絁一匹。綿一屯。布二端。完座沙弥沙弥尼各布二端。但供養用二寺物一。

凡諸国自二正月八日一至二十四日一。請二部内諸寺僧於国分金光明寺一。行二吉祥悔過法一。惣二計七僧布施絁七匹。綿七屯。調布十四端。法服絁廿匹。綿十四屯。混合准レ価平等布施。並用二正税一。但供養者。各用二本寺一。若無二国分寺一及部内無レ物者。亦用二正税一。

『延喜式』「玄蕃寮」（虎尾俊哉編『延喜式』〈集英社〉によるが、旧字は新字に改めた）

凡諸国国分二寺、依二僧尼見数一、毎年起二正月八日一迄二十四日一、転二読金光明最勝王経一、其施物用二当処正税一、数見二主税式一、

凡諸国、起二正月八日一迄二十四日一、請二部内諸寺僧於国庁一、修二吉祥悔過一、国分寺僧専読二最勝王経一、不レ預二此法一、惣二計七僧法服幷布施

料物一、混合准レ価、平等布施、並用二正税一、其供養亦用二正税一、（並見二主税式一）、但大宰観音寺於二本寺一修之、其布施法服、准二諸国数一用二府庫物一、

『延喜式』「主税寮上」（虎尾俊哉編『延喜式』〈集英社〉による）

凡諸国国分二寺、各起二正月八日一迄二十四日一、転二読最勝王経一、其布施三宝絲卅斤、僧尼各絁一疋、綿一屯、布二端、定座沙弥、沙弥尼各布二端、但供養用二寺物一、

凡諸国、自二正月八日一至二十四日一、請二部内諸寺僧於国庁一、行二吉祥悔過法一、惣二計七僧布施、絁七疋、綿七屯、調布十四端、法服絁廿一疋、綿十四屯一、混合准レ価、平等布施、其布施供養並用二正税一、但大宰観世音寺法服布施、並用二府庫物一、数同二諸国例一、仏聖供養料稲五百卅七束五把二分、以二筑前国正税一充之、

『弘仁式』においては、正月の最勝王経転読と吉祥悔過は、ともに国分寺で正月八日から十四日まで行われる。しかし、担当する僧と供養物の出所が異なるのが注目される。最勝王経転読は布施は正税から支出するが、供養物は国分二寺の寺物を用いる。明記されていないが、転読を行うのは国分二寺の僧尼であろう。一方、吉祥悔過は部内の「諸寺」の僧を国分寺に招請して行う。さらに布施は正税から支出するが、供養物は「本寺」すなわち僧の住んでいる寺の物を用いる。

諸国の正月の吉祥悔過が天平勝宝元年（七四九）に天下の「諸寺」で開始されたことを考慮すれば、『弘仁式』において、吉祥悔過が部内の「諸寺」の僧を招いて行われ、その僧の供養物もその「諸寺」の負担であることは、吉祥悔過が本来、部内の「諸寺」で個別に行われていた名残りだと考えられるのである。部内の「諸寺」で行われ

ていた吉祥悔過が、国分寺の完成に伴い、おそらく神護景雲元年（七六七）に国分寺でまとめて行われるようになったものであろう。前掲神亀二年（七二五）七月戊戌（十七日）詔に基づく「七道諸国」の「諸寺」の金光明経の読経も、同じ頃に国分寺で行われるようになったと思われる。

『続日本後紀』承和六年（八三九）九月己亥（二十一日）条に見えるように、最勝王経転読と吉祥悔過の実施場所が国分寺から国庁に移されたため、『延喜式』においては、最勝王経転読は国分寺、吉祥悔過は国庁で行われることになっている。『延喜式』においては、吉祥悔過の僧の供養物は「本寺」のものではなく正税になっている。これは、弘仁から嘉祥にかけての時期に、国家が定額寺の経営の一部を肩代わりするようになった動き[29]と関係するものとも考えられる。それと同時に、全国の郡衙遺構が十世紀には廃絶してしまうの[30]と並行して、諸国の「諸寺」の主要部分をなしていた全国の郡衙周辺寺院も、衰退の方向に向かったと考えられることと関連すると思われる。

諸国の吉祥悔過は、天下の「諸寺」の法会として始まり、国庁に部内の「諸寺」の僧が参集する法会として『延喜式』段階に至るのであり、必ずしも国分寺固有の法会ではない[31]のであるが、ここでは国分寺成立後に国分寺の法会とされたものが、当初は諸国の「諸寺」において行われていたことに注目したい。国分寺が整備される以前には、後に国分寺が担う国家仏教の末端としての機能の一部を、「諸寺」（その主要部分が郡衙周辺寺院）が担っていたものであろう。

宝亀・延暦年間にも、全国の「諸寺」に国家のために大般若経を読むことを命じる勅が出されている（『続日本紀』宝亀元年〈七七〇〉七月乙亥〈十五日〉条、延暦八年〈七八九〉十二月庚寅〈二十三日〉条）。これらも、国家仏教の末端を諸国の「諸寺」が担った例といえる。

天皇の命ずる法会を郡衙周辺寺院で実施することは、郡を支配する豪族が天皇とのつながりを支配下の民衆に誇

表1　陸奥国の七〜八世紀の寺院遺跡（配列はおおむね本文における分類に従う）

	寺院〈遺跡〉名（所在地）	①創建時期 ②最終存続時期	寺院〈遺跡〉の種類	①金堂規模 ②塔規模 ③講堂規模 ④その他（規模は東西×南北）	代表的な参考文献
1	中野廃寺（福島県相馬市中野）	①七世紀第2四半期 ②九世紀中葉	宇多郡の郡衙周辺寺院	①基壇一八×一五m。建物四×三間（九・六×七・二m）。	『県営圃場整備事業相馬西部地区遺跡分布調査報告書』（相馬市教育委員会、一九九〇年）。
2	腰浜廃寺（福島県福島市腰浜町）	①七世紀第3四半期 ②九世紀中葉	信夫郡の郡衙周辺寺院	①基壇二一×一八m。	『腰浜廃寺』（福島市史編纂準備委員会、一九六五年）。
3	借宿廃寺（福島県白河市借宿株木《かぶき》）	①七世紀末〜八世紀初期 ②十世紀	白河郡の郡衙周辺寺院	①基壇一四・四×一二・三m。②基壇九・六×九・六m。③掘込地業三六・二×一四・二m。	『借宿廃寺跡確認調査報告書Ⅰ〜Ⅳ』（白河市教育委員会、二〇〇四〜〇七年）。
4	夏井廃寺（福島県いわき市下大越）	①七世紀末〜八世紀初頭 ②九世紀後半〜十世紀前半	磐城郡の郡衙周辺寺院	①基壇一三・一×一七・二m。②基壇一二・八×一一・八m。③基壇三二・一×一九・五m。	『夏井廃寺跡』（いわき市教育委員会、二〇〇四年）。
5	上人壇廃寺（福島県須賀川市岩瀬森・上人坦）	①八世紀初頭 ②九世紀	磐瀬郡の郡衙周辺寺院	①基壇一一・八×一〇・三m。③掘込地業二六・五×一八m。	皆川隆男「上人壇廃寺跡」（『第三五回古代城柵官衙遺跡検討会資料集』古代城柵官衙遺跡検討会、二〇〇九年）。

6	清水台遺跡（福島県郡山市清水台）	①七世紀末 ②九世紀	郡衙周辺寺院	寺院関連遺構は未検出。	佐川正敏「東北地域の寺院造営——多賀城創建期以前の寺院——」（『シンポジウム報告書　天武・持統朝の寺院造営——東日本——』帝塚山考古研究所、二〇〇八年）。
7	堂の上廃寺〈郡山五番遺跡〉（福島県双葉郡双葉町郡山）	①不明。郡衙遺跡は七世紀末に成立	標葉郡の郡衙周辺寺院	④基壇建物・基壇一辺九・五m程度の正方形だが、北辺が一〇・五m。	『郡山五番遺跡　三』（双葉町教育委員会、一九八〇年）。
8	舘前廃寺〈泉官衙遺跡〉（福島県南相馬市泉）	①七世紀第4四半期 ②九世紀中葉	行方郡の郡衙周辺寺院	掘立柱建物四棟検出。	荒淑人「行方郡衙の様相——泉廃寺跡の調査成果——」（『第三三回古代城柵官衙遺跡検討会資料集』古代城柵官衙遺跡検討会、二〇〇七年）。
9	伏見廃寺（宮城県大崎市東大崎）	①七世紀末〜八世紀初頭 ②九世紀後半	名生館官衙遺跡の付属寺院	①基壇一七・六×一四・六m。	佐々木茂楨「宮城県古川市伏見廃寺跡」（『考古学雑誌』五六—三、一九七一年）。
10	一の関廃寺（宮城県加美郡色麻町一の関）	①七世紀末〜八世紀初頭 ②九世紀後半	寺院が付属する城柵は不明	①基壇一四・三×一一・四m。	『宮城県文化財調査報告書第四八集　宮城県文化財発掘調査略報転載　一の関遺跡』（宮城県教育委員会、一九七七年）。
11	菜切谷廃寺（宮城県加美郡加美町菜切）	①七世紀末〜八世紀初頭	城生遺跡（城柵跡）	①基壇一二・七×一〇・八m。	伊東信雄『宮城県文化財調査報告書（第二編）菜切谷廃寺跡』

	谷）	②九世紀後半	付属寺院		（宮城県教育委員会、一九五六年）。
12	燕沢遺跡（宮城県仙台市宮城野区燕沢東・宮城郡）	①七世紀末 ②十世紀前半	国衙に関係する寺院か	④僧房跡（九世紀後半の掘立柱建物四×九間以上〈九・六×一四m以上〉）。	仙台市文化財調査報告書第一九五集『仙台平野の遺跡群一四――平成六年度発掘調査報告書　燕沢遺跡第八次調査など――』（仙台市教育委員会、一九九五年）。
13	郡山廃寺（宮城県仙台市太白区郡山）	①七世紀末 ②八世紀中葉以降	陸奥国府の付属寺院	③基壇三二m以上×一二m以上。	『郡山遺跡発掘調査報告書――総括編（1）（2）――』（仙台市教育委員会、二〇〇五年）。
14	多賀城廃寺（宮城県多賀城市高崎）	①八世紀前半 ②十世紀後半	多賀城（陸奥国府）の付属寺院	①四×五間（一〇・三×一三・六m）。②三×三間（六・二×六・二m）。③八×四間（二一・二×一三・九m）。	宮城県教育委員会・多賀城町『多賀城跡調査報告I――多賀城廃寺跡――』（吉川弘文館、一九七〇年）。
15	陸奥国分寺（宮城県仙台市宮城野区木ノ下）	①八世紀後半	陸奥国分僧寺	①七×四間（二四・六五×一三・〇六m）。②三×三間（一辺一六・六六～一六・九七m）。③七×四間（二八・八×一四・二五m）。	陸奥国分寺跡発掘調査委員会『陸奥国分寺跡』（河北文化事業団、一九六一年）。
16	陸奥国分尼寺（宮城県仙台市宮城野区志	①八世紀後半	陸奥国分尼寺	①五×四間（九・八五×八・五m）。	伊藤玄三「陸奥」（角田文衛編『新修国分寺の研究　第三巻』

	波町）				吉川弘文館、一九九一年）。
17	黄金山産金遺跡（宮城県遠田郡涌谷町黄金迫）	①八世紀後半	陸奥国産金を記念して建立	④径九・九m程度の六角円堂か。	伊東信雄『天平産金遺跡』（宮城県遠田郡涌谷町・黄金山神社、一九六〇年）。
18	真野古城跡（福島県南相馬市鹿島区江垂・行方郡）	①八世紀初頭	豪族の氏寺か	①基壇九・三×一一m。土塁。空堀。	『鹿島町文化財調査報告第九集 真野古城跡』（鹿島町教育委員会、一九九三年）。藤木海「泉廃寺跡と関連遺跡の八世紀における造瓦」（『福島考古』五〇、二〇〇九年）。
19	郡山台廃寺（福島県二本松市郡山台）	①八世紀前半 ②十世紀	安達郡衙周辺寺院	②基壇一辺七mの正方形。	『二本松市文化財調査報告書第一集　郡山台Ⅰ』（福島県二本松市教育委員会、一九七七年）。
20	小幡遺跡（福島県本宮市小幡）	①八世紀前半	豪族の氏寺か	掘立柱建物の柱穴を検出。	鈴木雅文「小幡遺跡」（本宮町史編纂委員会『本宮町史　第四巻　資料編Ⅰ　考古・古代中世』本宮町、一九九九年）。
21	小浜代遺跡（福島県双葉郡富岡町小浜）	①八世紀前半 ②九世紀	豪族の氏寺か	④西基壇遺構（五・六×五・六m）。東基壇遺構（五・五×五・五m）。	場目順一「小浜代遺跡」（『富岡町史　第三巻　考古・民俗編』福島県富岡町、一九八七年）。
22	徳江廃寺（福島県伊達郡国見町徳江）	①八世紀中葉 ②九世紀	豪族の氏寺	掘立柱建物の一部を検出。	『国見町文化財調査報告書第五集　国見町の文化財　徳江廃寺跡発掘調査』（国見町教育委員

					会、一九八六年）。
23	植松廃寺（福島県南相馬市原町区上北高平・行方郡）	①八世紀後半 ②九世紀前半	豪族の氏寺	未調査。	藤木海「有蕊弁蓮華文鐙瓦の展開とその背景」（『福島考古』四七、二〇〇六年）。
24	横手廃寺（福島県南相馬市鹿島区横手・行方郡）	①八世紀末～九世紀初頭	豪族の氏寺	土壇状の高まり。塔心礎。礎石数個。	「県指定史跡　横手廃寺跡」（『福島県の文化財――県指定文化財要録――』福島県教育委員会、一九八六年）。

示する上で、極めて重要な役割を果たしたと考えられる。

二　郡衙周辺寺院と豪族の結集

陸奥国における郡衙周辺寺院の第二の機能として、仏教の知識の思想によって郡制を補強する機能があったのではないか。

前項において、天平十五年（七四三）に当時、白河郡唯一の寺院であった借宿廃寺で行われた金光明最勝王経の精誦に、郡内第二の勢力の代表者であったらしい呰万呂という豪族が参加していたと考えた。借宿廃寺は郡内第一の豪族の氏寺であったばかりではなく、その運営には第二の豪族も参加していたと考えたのである（郡衙周辺寺院は山中敏史氏が立証するとおり、知識寺であることが多かったが、知識のなかの最有力豪族からは、自己の氏寺と意識されていたと考えられる）。もし、筆者の考証が誤っていて、金光明経の精誦が仮に現玉川村の地で行われていたとしても、郡内の多くの法会は当時、郡内唯一の寺院であった借宿廃寺で行われていたと考えられるため、仏教信仰を持った豪族である皆万呂が借宿廃寺で行われる法会に関わらないということは考えにくいのであり、二つの勢力が関わるという、借宿廃寺の存在意義は変わらない。白河郡においては、第一の豪族の氏寺たる郡衙周辺寺院の建立と運営に第二の豪族も参加しており、郡内の二大勢力を仏教の知識の思想によって統合することにも、郡衙周辺寺院の意義があったと考えられる。そして、このことは、白河郡以外の陸奥国内の諸郡にも当てはまると考えられる。すなわち陸奥国においては、郡衙周辺寺院は郡内の第一、第二勢力の共同の権力機構としての役割も担う形で創建され、二つの勢力の紐帯として、しばしば二つの有力豪族を中心に編成された郡制を補強したものと考えられる(32)(33)。

ところが、磐城・安積・信夫の諸郡においては、八世紀前半から中葉頃に、第二、第三の豪族の根拠地にも小規模な寺院が建立された。

木本元治氏は信夫郡（郡衙周辺寺院は福島市腰浜廃寺）、安積郡（郡衙周辺寺院は不明）について、郡内第二の勢力が奈良時代に寺院を建てた（信夫郡の徳江廃寺、安積郡の郡山台廃寺）ことを説き、律令制下においても古墳時代以来の郡内の複数の有力豪族の勢力が温存され、郡内の支配構造は、郡の下に均等な里を置く律令制支配の建前と、必ずしも一致しなかったことを論じている(34)。また、工藤雅樹氏は国造制から評制・郡制に移行する際の支配構造の変化を論じ、国造制から評制に移行する際に新興勢力が国家によって登用され、郡内第二の勢力となったことを論じ、その具体例として磐城郡（郡衙周辺寺院は夏井廃寺）、白河郡（郡衙周辺寺院は借宿廃寺）における郡内第二の勢力の存在と、それらの第二勢力の奈良時代における仏堂建立（磐城郡の小浜代遺跡）や仏教信仰（江平遺跡出土木簡）について述べている(35)。

以下、両氏が取り上げた遺跡を概観したい（江平遺跡の掘立柱仏堂は九世紀のものと考えられ、八世紀の江平遺跡についてはすでに取り上げているので、ここではふれない）。

郡山台廃寺は、主要堂宇としては塔跡のみが検出されている。基壇規模は七メートル×七メートル（東西×南北。以下同じ）である。[36] 古代の塔の基壇の規模は、一辺が大体一二メートル前後が普通である。[37] 大川敬夫氏は全国の六〜八世紀の塔を百三十八例集成している（東北地方のものは宮城県の陸奥国分寺のみ採用）[38] が、そのなかに郡山台廃寺の例より小さいものは二例しかない。また、この塔は丘陵上の平坦部にあるが、その平坦部には関連建物はなかったと考えられることから、主要な建物は塔のみの小規模な寺院だったと考えられる。[39] この塔に葺かれた瓦は安達郡にしか見られないもので、三重県名張市の夏見廃寺の八世紀初頭の瓦と類似しており、八世紀前半のものである。[40] この塔は八世紀前半から十世紀まで、建て替えによって継続したものと考えられる。[41]

また、この遺跡の約五キロメートルほど南に位置する小幡遺跡でも、郡山台廃寺の瓦とよく似た瓦が出土し、小規模な寺院跡が存在した可能性がある。郡山台廃寺を建立した勢力と関係が深い勢力が建立したものと考えられる。[42]

徳江廃寺は、創建瓦は多賀城系の八世紀中葉のものであるが、九世紀代の瓦が多く出土している。[43] 主要堂宇が未検出のため、その規模は不明であるが、八世紀の瓦の出土量も少なく、現時点では八世紀代には小規模な寺院だったとも考えられる。

小浜代《こばまだい》遺跡は、七世紀末から九世紀にかけての遺跡である。仏堂と考えられるのは東西二つの瓦葺きの基壇建物である。[44] その瓦は多賀城の第二期瓦を真似てこの地で焼いたもので、神亀から天平にかけての頃のものである。基壇規模は、西基壇建物が五・六メートル×五・六メートル（東偏三度）、東基壇建物が五・五メートル×五・五メートル（東偏一〇度）で非常に小さい。東西の基壇建物は同時に存在したと考えられているが、少なくとも東基壇建物は掘立柱建物であり、東西の建物の方位も異なることから、建て替えられた可能性もある。これらの建物は、続く時期に属する北西基壇建物、九世紀代の有礎石北基壇建物に継承されたものと考えられる(45)。

以上のように八世紀前半から中頃にかけて、一部の郡において郡内第二の豪族の根拠地に、小規模な寺院が創建されることは次のように説明できる。郡衙周辺寺院は最大豪族の氏寺に第二の豪族以下の豪族が知識として加わる寺院であったが、最大豪族の根拠地に存在していたため、第二の豪族は自己の根拠地にも寺院を必要としたものであろう。この第二豪族の根拠地に建立された寺院は、今のところ小規模な仏堂や塔がほぼ単独で発見されるのみであり、郡衙周辺寺院のような伽藍を備えたものではなかったらしい。その規模から考えて、郡衙周辺寺院と同様の国家的法会を行うことのできるものではなく、第二豪族の寺院建立後も、郡衙周辺寺院は、郡内有力豪族の紐帯としての役割を果たしたものであろう。

陸奥国における七〜八世紀の寺院は、ほとんどが国衙や郡衙という官衙、あるいは郡衙より下位の官衙的施設に付属していたものである(46)。この特色に端的に示されるように、この時期の陸奥国の仏教は、国家の地方支配機構からの独立性が乏しく、その装飾物であるという側面を強く持つものである。この時期の仏教は、律令法、文書行政、儀礼、官衙建築などの、さまざまな律令制的な民衆支配方法の一部分として陸奥国に導入されたものであり、しかも、他の律令制的な支配方法と同様、豪族という階級の独占物という性格が強かったものと考えられる。国家の支配機構からの独立性の乏しさは、ある程度は当時の日本の仏教の特徴に基づくものであるが、仏教文化の中心地から離れた、陸奥国の特殊性にもよるものであった。

第二節　山岳寺院と民衆布教の展開——平安時代前期——

九世紀に入ると、陸奥国の仏教関連遺跡・遺物の様相には大きな変化が生じる。国分二寺、多賀城廃寺、郡衙周辺寺院、そして郡内の第二勢力の根拠地の寺院などの従来の寺院は存続し繁栄するが、それに加えて山岳寺院が建立され(47)(表2参照)、掘立柱仏堂が展開し、集落内に仏教関連遺物が広汎に見られるという新しい現象が生じる。(48)また、山岳寺院・掘立柱仏堂・集落内の仏教関連遺物のいずれにおいても、神仏習合的もしくは神仏混淆的な要素が見られることも、(49)新しい要素である。

掘立柱仏堂の展開や集落内の仏教遺物の広汎な出現は、民衆布教の活発化を示すものである。山岳寺院の建立は、山林修行の活発化と神仏習合の展開という二つの点で、民衆布教の活発化に寄与している。神仏習合は仏教の教義を理解しにくい民衆の神祇信仰を仏教信仰に転化させるもので、しかも個人単位だけでなく共同体単位で転化させ得るものであり、民衆布教の有効な手段となった。陸奥国においては山岳寺院を拠点とする神仏習合の展開が、民衆布教と深く結びついていたと考えられるのである。

このような新傾向の仏教の導入は、それまで郡司層の支配力が広く及んでいた社会にほころびが生じ、そのなかから富豪層が台頭してくるといった、陸奥国の社会の変化に対応するためになされたものであろう。そして以下取り上げるような顕著な事例は、地域固有の事情が付け加わって生じたものであろう。

この、山岳寺院・神仏習合・民衆布教の三要素は、陸奥国の会津地方を拠点に活躍していた徳一の活動にも見られるものである。最澄の『守護国界章』などの諸著作に登場し、最澄と激しい論争を行った法相宗の僧徳一は、正史に全く現れず、その生涯には不明な点が多い。しかし、最澄の著作の他、以下に掲げる空海の書簡や、十三世紀中葉成立の『私聚百因縁集』、十四世紀前半成立の『元亨釈書』『南都高僧伝』などの後代の文献や、徳一建立と伝える慧日寺の発掘、同じく徳一建立と伝える勝常寺の仏像群の調査、さらには徳一開創と伝わる寺院が現在の福島・茨城両県域を中心に多く分布していることなどから、徳一が最澄・空海とほぼ同時代の人であり、彼らと教理上の高度な論争を交える学僧であるばかりでなく、一方では会津や筑波山を中心に数々の寺を造り、広く地域の民衆を教化した民間布教僧であったことが明らかになっている(50)。その徳一の姿は、同時代の史料であり有名な「徳一菩薩」という呼称を含む、空海の徳一宛書簡にも生き生きと描かれている。

陸州の徳一宛空海書簡（弘仁六年〈八一五〉四月五日）『高野雑筆集　巻上』（『青森県史　資料編　古代一　文献史料』六九四号）(51)

摩騰不レ遊振旦久聾、康会不レ至呉人長瞽。聞道、徳一菩薩、戒珠氷玉、智海泓澄、斗藪離レ京、振レ錫東往。始建二法幢一、開二示衆生之耳目一、大吹二法螺一、発二揮万類之仏種一。咨伽梵慈月水在影現、薩埵同事、何趣不レ到、珍々重々。空海入二大唐一、所二学習一秘蔵法門、其本未多、不レ能二広流伝一。思下欲乗二衆縁力一、書写弘揚上。所以差二弟子康守一、馳二向彼境一。伏乞、顧二彼弘道一、助レ遂二少願一、幸々甚々。委曲載レ別。嗟雲樹長遠、誰堪二企望一。時因二風雲一、恵二及金玉一。謹奉レ状、不宣、沙門空海状上。

四月五日

陸州徳一菩薩法前謹空

名香一裹、物軽誠重、検至為レ幸、重空。

ここでは三点に注目したい。まず徳一は、中国に初めて仏教を伝えた摩騰《まとう》や呉国に初めて仏教を伝えた康会《こうえ》にたとえられている。徳一が陸奥国において活発な布教活動を行い、目覚ましい成果を上げていたという認識を、空海が当時の仏教界の人々とともに共有していたことを示す。次にその徳一の布教の特色を示すのが、徳一が「菩薩」と呼ばれていることであろう。徳一を菩薩と呼んだのは、最初は徳一の周辺の人々であろうが、空海は書簡の中で、それを追認している。しかも、文章中でも徳一の布教を「薩埵同事、何趣不レ到」と菩薩の行為にたとえているから、積極的に追認しているといえよう。奈良時代において僧を菩薩と呼ぶ場合、それは「民間に活動の基盤をおき、呪力ある高僧に対する讃仰のことば」[52]であった。この徳一の尊称は、徳一が盛んに民衆布教を行ったことを示すものであろう。また、空海が徳一に対して、空海が学習した経論の書写と弘揚を依頼していることも注目される。これは、徳一が多くの僧を養成する立場にあったことを示す。その多くの僧もまた、民衆布教を行ったであろう。

この史料からも、徳一は、陸奥国において民衆布教に目覚ましい成果を上げ、真言密教の弘布を望む空海が注目するほど、多くの僧を養成した高僧であったことがわかる。このような徳一の活動は、後代の史料が描く徳一像と一致する。

このように、文献史料から明らかになる徳一の活動は、近年の考古学の成果によって明らかになってきた、民衆布教の展開という九世紀陸奥国の仏教の新潮流と一致するものである。とくに会津地方に分布する掘立柱仏堂は、徳一の民衆布教と直接関係する可能性がある。

また、山岳寺院の展開という新潮流に関しても、徳一が創建したと伝えられる慧日寺は、磐梯山に連なる山の山麓に展開する大規模な山岳寺院であり、周辺に九世紀代の二つの山岳寺院を伴っており[53]、多数の僧が修行していたことが遺跡の規模から想定される。

表2　陸奥国の九世紀創建の寺院（第二部第一章で「掘立柱仏堂」として論じたものは除いた）

●印は発掘調査により九世紀創建の寺院と認められる遺跡。
◎印は発掘調査により九世紀の遺跡であると判明したが、寺院かどうかわからないもの。
○印は発掘調査が行われていない遺跡であるが、遺跡の様相や表採遺物から九世紀の寺院の可能性が考えられるもの。
※印は九世紀の仏像が現存する寺院（うち▲印は、文献により創建時の位置からの移動が確認される寺院）。

	遺跡名（所在地・古代の所在郡）	創建時期	寺院の特徴（想定を含む）	遺跡や仏像の状況等（発掘されている場合は主な遺構）	代表的な参考文献
1	※勝常寺（河沼郡湯川村勝常・会津郡）	九世紀前半	平地寺院。	九世紀の仏像十二軀を安置。	久野健「勝常寺薬師三尊像」（『東北古代彫刻史の研究』中央公論美術出版、一九七一年）。
2	※▲上宇内薬師堂（河沼郡会津坂下町大上・会津郡）	九世紀後半か	平地寺院。	「九世紀後半まで上がる可能性」のある仏像五軀を安置。	長岡龍作「みちのくの仏像――造形と風土――」（花登正宏編『東北――その歴史と文化を探る――』東北大学出版会、二〇〇六年）。
3	●慧日寺（福島県耶麻郡猪苗代町磐梯・耶麻郡）	九世紀前半	山岳寺院。式内社磐梯神社の信仰を基礎にしているか。	【本寺地区】金堂七×四間（一五・九×九m）、講堂七×四間（一六・八×一〇・二m）。【戒壇地区】礎石建物五×五間（一三・八×一一・一m）。【儀式山遺跡】九棟の礎石建物跡。	『史跡慧日寺跡』一～一八（磐梯町教育委員会、一九八六～二〇〇三年）。『慧日寺を掘る――史跡慧日寺跡発掘調査展――』（磐梯山慧日寺資料館、一九九三年）。
4	○弘隆寺（福島県二本松市木幡・安達郡）	九世紀後半か	山岳寺院。式内社沖津島神社の信仰に関	安積郡弘隆寺（元慶五年〈八八一〉に天台別院となる）があったか。	梅宮茂「初期密教寺院の初歩的考察」（『福島考古』二八、一九八七年）。

			係。		
5	○高松観音寺（福島県本宮市白沢字高松・安達郡）	九世紀後半か	山岳寺院。磐座信仰に関係。	徳江廃寺の瓦の影響を受けた軒丸瓦が出土。	鈴木啓「第一章第二節　古代」（白沢村史編纂委員会『白沢村史　通史編（環境　通史　現代資料）』白沢村、一九九三年）。
6	●西原廃寺〈菩提寺〉（福島県福島市飯坂町湯野・信夫郡）	九世紀中葉	山岳寺院。	金堂七×五間（二一・一四×一五・一〇m）。別院五×四間（一三・九〇×一一・一二m）。天長七年（八三〇）に山階寺僧智興が建立した定額寺、信夫郡菩提寺に比定。	『福島市の文化財　西原廃寺跡発掘調査概報』（福島市教育委員会、一九七二年）。
7	※▲大蔵寺（福島県福島市小倉寺・信夫郡）	九世紀	街道沿いの寺院か。	九世紀の仏像を三軀安置。	若林繁『福島の仏像――福島県仏像図説――』（福島県立博物館、一九九七年）。
8	●笠島廃寺（宮城県名取市愛島《めでしま》笠島《かさしま》・名取郡）	九世紀	式内社佐具叡神社の信仰に関連か。街道沿いの寺院か。	塔跡・金堂跡・講堂跡の土壇。塔心礎・礎石が残存。	加藤孝「宮城県名取郡笠島廃寺跡」（『日本考古学年報』四、一九五一年）。
9	○極楽寺（宮城県栗原市高清水影ノ沢・栗原郡）	九世紀中葉	街道沿いの寺院か。	銅製「極楽寺印」が出土。天安元年（八五七）に定額寺となった陸奥国極楽寺があったか。	司東真雄「古銅印「極楽寺」考」（『岩手の歴史論集Ⅰ　古代文化』司東真雄岩手の歴史論集刊行会、一九七八年）。

10	※双林寺（宮城県栗原市築館薬師台・栗原郡）	九世紀中葉か	街道沿いの寺院か。	「九世紀も半ば近くまで上がる」（長岡龍作氏）薬師如来坐像を安置。ただし大宮めぐみ氏は棟札を根拠に創建を天平宝字四年（七六〇）とする。	②前掲、「みちのくの仏像――造形と風土――」。大宮めぐみ「古代陸奥国栗原郡と仏教――双林寺棟札を中心として――」（『国史談話会雑誌』四九、二〇〇八年）。
11	◎明後沢遺跡（岩手県奥州市前沢区古城・胆沢郡）	九世紀後半	鎮守府付属寺院跡か。	胆沢城所用瓦と同笵の九世紀後半の瓦が出土。	『明後沢古瓦出土遺跡――前沢町古城所在古代城柵跡――』（岩手県教育委員会、一九六五年）。
12	※黒石寺（岩手県奥州市水沢区黒石・胆沢郡）	九世紀後半	山岳寺院。式内社石手堰神社と関係。	貞観四年（八六二）銘薬師如来坐像や、同時期の四天王像を安置。	佐々木徹「陸奥黒石寺における「往古」の宗教的コスモロジー」（『岩手史学研究』八四、二〇〇一年）。
13	●国見山廃寺跡（岩手県北上市稲瀬町・和賀郡）	九世紀中葉	山岳寺院。鎮守社の遺構を検出。	十~十一世紀に盛期を迎える山岳寺院遺跡だが、九世紀中葉に創建。	杉本良編『北上市埋蔵文化財調査報告書第五五集　国見山廃寺跡』（北上市教育委員会、二〇〇三年）。
14	※成島毘沙門堂（岩手県花巻市東和町成島・和賀郡）	九世紀	山岳寺院。巨岩にまつわる塞の神信仰を前提か。	九世紀の伝吉祥天像（像高一七六cm）を安置。	北進一「岩手・成島毘沙門堂の兜跋毘沙門天像および伝吉祥天試論」（『和光大学人文学部紀要』三二、一九九七年）。

徳一と神仏習合の関わりは文献には見えないが、徳一がその山麓付近に慧日寺を建立した磐梯山は、式内社磐梯神社の神体であり、当時、磐梯山信仰は会津地方に広く浸透していた[54]。樋口知志氏は、徳一の布教が地元民の山岳信仰と仏教を融合・習合させることによって、民間の信仰を組織するものであったとする[55]が、そのとおりであろう。

以上のことから、九世紀に陸奥国の仏教に新たに加わった、山岳寺院・神仏習合・民衆布教の三要素は、徳一の活動のなかにすべて含まれていることがわかる。陸奥国の仏教にこれらの要素が伝わる上で徳一が果たした役割は、大きかったものであろう。

九世紀の慧日寺は、本寺地区、戒壇地区、さらには儀式山遺跡からなり、陸奥国の郡衙周辺寺院に比べて格段に規模が大きい。また、慧日寺と関係が深い勝常寺の仏像は、勝常寺が郡衙周辺寺院よりも一層公的な寺院であったことを示すとされ[56]、非常に整備された寺院であったことがわかる。

ところが、両寺院を支えたはずの会津地方の豪族の勢力は、八〜九世紀においては、陸奥国南部の諸郡のうちでは弱いほうだったと考えられる。熊谷公男氏の「陸奥国非蝦夷系古代豪族一覧表」[57]は、陸奥国内の二十七の郡と郡不詳の九十二件の豪族を採集しているが、位階がわかる豪族が属している二十五の郡のうち、会津郡・耶麻郡・新田郡の三郡には外位の八位以下の豪族しか見えないが、残りの二十二郡にはすべて外位の七位以上の豪族が見える。会津地方の豪族の勢力が弱かったことを示す。

会津地方は、古墳時代後期・終末期の古墳が非常に少ない[58]。また、会津地方は国造が設置されていない[59]。さらに会津郡の始まりは、城柵を中心とする評であった可能性がある[60]。このような条件により、八〜九世紀の会津地方は、伝統的な権威を持つ豪族の成長が遅れ、国衙が直接的に支配力を及ぼす傾向が強い地域であったと推測される[61]。広大な面積を持つ八世紀の会津郡から承和七年（八四〇）までに耶麻郡が分立する動きは[62]、国衙の支配力のなかで徐々に在地勢力が育っていった動きを背景にするものと考えられる。

慧日寺や勝常寺の規模の大きさと、両寺院の檀越だったはずの会津地方の豪族の弱体ぶりは対照的であり、なぜなのかという疑問が生ずる。筆者は、九世紀後半に不安定な社会のなかで活発な仏教布教がなされた北上盆地の例などを考え合わせると、会津地方においては、豪族が弱体だったからこそ、徳一による強力な仏教布教が必要だったのではないかと思うのである。徳一による布教と勧進活動は、会津地方の豪族相互の関係を強化するとともに、弱体な豪族による不安定な支配を補い、社会を一体化させ安定させる働きをしたのではないかと考える。慧日寺や勝常寺の規模の大きさは、徳一を支えた檀越の勢力の大きさを示すものではなく、徳一の偉大さを示すものということになろう。

会津地方の地域支配の強化を目的として徳一を会津地方に招いたのは、会津地方の郡司層と考えられる。しかし、民間で活動した僧としてしばしば徳一と比較される満願や勝道の活動には国司も関わっていると考えられるので、徳一の活動にも、同じく会津地方の地域支配の強化を望む国司の協力があったものであろう。

九世紀の陸奥国において、山岳寺院・神仏習合・民衆布教の三要素が仏教の新傾向だったことを前提に考えた場合、天長七年（八三〇）の信夫郡菩提寺の定額寺化と、元慶五年（八八一）の安積郡菩提寺の天台別院化は、徳一の活動に続く陸奥国仏教の新しい動きを示すものと位置づけられる。

『類聚国史』（巻百八十、仏道七諸寺）天長七年十月己未（十九日）条に、「山階寺僧智光。造二建陸奥国信夫郡寺一区一。名二菩提寺一。預二定額寺例一」とある[63]。信夫郡の豪族が、中央から最先端の仏教を直接導入したものと考えられる。

信夫郡は七世紀代から仏教文化の一つの中心地であった。信夫郡の郡衙周辺寺院である腰浜廃寺は、七世紀第3四半期成立の寺院であり[64]、陸奥国では宇多郡の中野廃寺[65]に次いで古く、国府付属寺院である多賀城廃寺の前身である郡山廃寺[66]より古い寺院である。主要伽藍は金堂しか検出されていないが、その基壇規模は、七世紀中葉に中央豪族である蘇我山田石川麻呂が建立した山田寺の金堂とほぼ同じであり、国分寺が建立されるまでは陸奥国最大であった。その創建瓦は備後寺町廃寺とよく似た文様を持ち、(67)陸奥国では他に例を見ない。建立以来、腰浜廃寺では一貫して、陸奥国府の影響を受けない瓦が使用される。(68)

九世紀中葉頃に腰浜廃寺では大規模な造営事業が行われ、三蕊弁四葉花文瓦、旋回花文瓦、八弁花文瓦といった特色のある瓦が使われる。そのうち旋回花文瓦は、同じ信夫郡北部（現伊達郡）の徳江廃寺でも使用されている。(69)この三種の瓦の原型である三蕊弁四葉花文瓦は、沿岸部の行方郡の豪族の氏寺である植松廃寺で成立したもので、同郡の郡衙周辺寺院である舘前《たてまえ》廃寺や宇多郡の郡衙周辺寺院である中野廃寺、そして信夫郡の腰浜廃寺にその特色ある造瓦技法とともに伝播している。(70)九世紀前半から中葉にかけての時期に行方・宇多・信夫の三郡に及ぶ仏教文化圏が形成され、仏教文化が栄えていたことの反映である。会津地方における徳一の活動と同時期に生じたこの現象は、山岳寺院を伴うものではなく、民衆布教や神仏習合を伴っていたかどうか不明であるが、徳一の活動と共通の社会的背景のもとで並行して生じた、この地域独自の仏教の革新の動きを反映するものであろう。この動きは、同時期の徳一の活動や信夫郡菩提寺の建立という革新運動と対抗関係にあるものであろう。

腰浜廃寺が九世紀前半から中葉頃に最後の繁栄をみせていた同じ時期に、同じ郡内の西北方一五キロメートルばかりの位置の、三方を山に囲まれた緩斜面に成立した山岳寺院が、信夫郡菩提寺に比定されている西原廃寺である。(71)西原廃寺の創建瓦は、腰浜廃寺の八弁花文瓦を模したものであり、腰浜廃寺の権威を受け継ぐ意志が考えられるが、瓦は同一工人集団が製作したものではない。堂宇は二棟しか検出されていないが、奈良の新薬師寺の本堂とよく似た構造と規模を持つ金堂の規模は慧日寺を上回り、当時の陸奥国内では陸奥国分寺に次ぐ規模となっている。(72)金堂の巨大さは腰浜廃寺に対抗する意味を持つ。そして、新たに獲得した定額寺の格式こそ、菩提寺＝西原廃寺が古くからの定額寺である腰浜廃寺に対抗しようとする存在であったことを端的に示している。この西原廃寺もまた、周囲に影響を与える寺院であり、その瓦は同じ信夫郡の徳江廃寺や、安積郡の高松観音寺に影響を与えている[73]。

木本元治氏は、西原廃寺の建立の背景に、それまで腰浜廃寺を営んできた豪族が、摺上《すりかみ》川流域の新興豪族に郡領の地位を奪われたことを想定している[74]。まさにそのような動きがあったからこそ、山岳寺院である信夫郡菩提寺（西原廃寺）の建立を伴う新傾向の仏教の導入が必要だったのであろう。また、興福寺の僧を招いて寺院を建立し、定額とすることができたことは、寺院を建立した豪族が中央政府から認められていたことを示すといえよう[75]。

信夫郡菩提寺の定額寺化に続く動きとして注目されるのが、元慶五年（八八一）の安積郡弘隆寺の天台別院化である。『類聚国史』（巻百八十、仏道七諸寺）元慶五年十一月九日癸丑（九日）条に、「以二陸奥国安積郡弘隆寺一為二天台別院一」とある。この記事は天台宗の教線拡大を示すものと位置づけられてきた[76]。しかし、その点とともに、筆者はここでも、在地の豪族が新しい仏教を中央から直接受け入れた例として注目したい。弘隆寺[77]は当時、陸奥国では新傾向に属する典型的な山岳寺院であった。弘隆寺が建てられた木幡山《こはたやま》は、山中に巨岩が屹立する森厳な雰囲気を持った山であり、山頂に磐座に伴う九世紀の祭祀遺跡と十二世紀の蔵王経塚がある。そのような場所に、式内社沖津島神社に対する信仰を前提として、弘隆寺は建立されたものと考えられる[78]。弘隆寺を建立した勢力は二本松市の郡山台遺跡付近を根拠地とし、八世紀に郡山台廃寺を建立した勢力と考えられる[79]。この勢力は十世紀には安達郡を建郡するに至ったのであるが、弘隆寺が天台別院という官寺に準ずる格式を獲得できたのは、この勢力が中央政府から認められつつあったことを示すものと考えられる。そして、弘隆寺の建立は、郡山台遺跡を拠点とする豪族が、安積郡から独立して安達郡を建郡する際に必要だった在地社会における支配力や権威の強化に、大いに貢献したのではないかと推測されるのである。

前節で、七～八世紀の陸奥国の仏教は、国家の地方支配機構からの独立性が乏しかったと述べた。九世紀の山岳寺院・神仏習合・民衆布教を伴う仏教は、七～八世紀段階に比べれば地方支配機構からの独立性が高まったと言えよう。この時期に陸奥国に展開した代表的な寺院である山岳寺院が、立地自体が官衙から離れていることに端的に示されているように、この時期の仏教は、山岳信仰や神仏習合、山林修行僧の感化力を背景に、豪族の権威と一体化していた地方支配機構の権威から、わずかながら独立した宗教的権威を持つようになったものと考えられる。それと同時に、民衆布教の進展により、仏教が持っていた豪族の独占物という性質がわずかに弱まり、富豪層を中心とする民衆が主体的に関わる側面が生じてきたものであろう。そのように独自の権威を持ち、民衆が主体的に関わる宗教となったために、かえって、仏教は豪族による民衆支配に、一層重要な役割を果たすものとなったものであろう。

九世紀陸奥国における仏教の新傾向、すなわち、山岳寺院・神仏習合・民衆布教を伴う仏教の受容という動きは、以上のように、陸奥国南部に典型的に見られるが、その動きは、九世紀中頃に鎮守府部内に及ぶ。鎮守府部内の最初期の寺院である黒石寺は山岳寺院であり、鎮守府と関係が深い式内社である石手堰《いわてい》神社の信仰圏に属する人々を、知識として組織して成立した寺院である(80)。同じく最初期の寺院である国見山廃寺も山岳寺院であり、周辺の和賀郡の掘立柱仏堂などで、民衆布教を行った僧の修行の場として成立した可能性がある。国見山廃寺は中心的な堂の後方に鎮守社の遺構が検出されている点で(81)、神仏習合と関わりの深い寺院である。これらの寺院は、陸奥国南部に九世紀に成立した寺院と共通する特徴を持つ。陸奥国が九世紀前半において陸奥国南部で蓄積した経験が、九世紀中葉以降の陸奥国北部における、仏教布教を通じた民衆支配に生かされているのではなかろうか。

おわりに

本章第一節の冒頭で、七～八世紀の陸奥国の寺院を、(一)国府周辺などの官寺、(二)郡衙に近い郡衙周辺寺院、(三)郡衙から離れた豪族の氏寺、の三類型に分類した。この分類は推定される建立主体に基づくものである。建立主体の相違は寺院の規模や建築の豪華さにも当然相違をもたらし、例外はあるものの、(一)、(二)、(三)、の順で、寺院は小規模で粗末になっていく。

この三種の寺院のうち、最も多様な機能を持つものが郡衙周辺寺院である。天武朝後半以降の郡衙周辺寺院の機能について山中敏史氏は、「護国祈願に代表される官寺的機能」「郡領層を核とした諸氏族の祖先崇拝や安寧祈願に代表される知識寺的な宗教活動機能」を指摘する。このことは陸奥国の郡衙周辺寺院にも当てはまるであろう。そして、筆者が「官寺」に分類した寺院は、山中氏の言葉を借りると「護国祈願に代表される官寺的機能」を中心とする寺院であり、筆者が「郡衙から離れた豪族の氏寺」と分類した寺院は、「諸氏族の祖先崇拝や安寧祈願」に限定された機能の寺院であったと推測できよう。

このように、基本的には、七～八世紀の陸奥国の寺院には三段階の序列があり、建立主体、建物の規模や豪華さ、機能が異なっていたものと思われる。

九世紀に新たに成立した寺院は発掘調査が行われている割合が少なく、規模などの点で全体の傾向をつかむことは難しい。したがってますます推測が多くなるが、寺院の三段階の序列は基本的には維持されたと考えられる。新傾向の代表的な寺院である徳一系の慧日寺と勝常寺は、それぞれ規模や仏像の内容から、国家仏教を担ったと考えられる。この二寺院はそれまで郡衙周辺寺院が存在しなかったか、存在しても小規模な寺院であったと考えられる会津地方において、郡衙周辺寺院に代わる役割を果たしたものであろう。信夫郡菩提寺は定額寺であるから国家仏教をも担う寺院であり、郡衙周辺寺院である腰浜廃寺と同格の寺院であった。安積郡弘隆寺は、天台別院として国家仏教をも担う寺院であった。

このように、徳一系の寺院や天台系寺院などの新しい寺院は、信仰内容としては陸奥国にとっては新しい要素を持つものであるが、寺院の格式としては、従来の三段階の序列のなかに当てはめられたものと考えられる。

すでに郡衙周辺寺院が存在していた陸奥国南部の諸郡においては、九世紀に新たに建立された寺院は、郡内第二、第三の豪族によって建立されたと思われるものが多かったかと思われる（高松観音寺・横手廃寺など）。そういった寺院は規模がやや大きめの寺院も、基本的には郡衙周辺寺院より下の最低の階級に位置づけられたと思われる。一方、それまでに郡衙周辺寺院が存在していなかった地域に九世紀に建立された寺院は、郡内最大の勢力によって建立され、国家仏教を担ったものと考えられる。それらの寺院は九世紀に出羽国に設置された定額寺に類似するものであり、その寺格の高さにより、建立した豪族の地域支配に大いに貢献したものと考えられる。しかし、九世紀前半から中葉になると、諸国の護国法要が、国分寺・定額寺・国衙・郡衙において、国分寺僧尼や「諸寺」の僧と限らない部内の修行僧によって実施される例が増加する。[82]これらの修行僧は、官寺や郡衙周辺寺院以外の寺院にも住んでいたと考えられ、国衙によって法要に招請されたものと考えられる。住僧の護国法要への参加によって、最低の階級の寺院も間接的に国家仏教を担うことになり、寺格が少し上昇する。そのような招請行為を背景として、七〜八世紀までに国家によって設定された三段階の序列に準ずる形で、寺院の新たな序列が国衙によって設定されていった可能性があると考えている。

註

（1）高橋富雄「仏教文化の開花」（豊田武編『東北の歴史　上巻』吉川弘文館、一九六七年）。
（2）樋口知志「仏教の発展と寺院」（須藤隆・今泉隆雄・坪井清足編『新版古代の日本　九　東北・北海道』角川書店、一九九二年）。
（3）沼山源喜治「北上盆地の古代集落における仏神信仰」（『北上市埋蔵文化財センター紀要』一、一九九九年）。
（4）菅原祥夫「陸奥国南部の宗教遺物」（『国士舘大学考古学会「古代社会と宗教部会」発表資料』二〇〇二年）。以下、菅原氏の見解はこれによる。
（5）宮田安志「福島県における仏教関連遺構・遺物出土の古代集落について」（帝京大学山梨文化財研究所・山梨県考古学協会『古代考古学フォーラム　古代の社会と環境　遺跡の中のカミ・ホトケ』二〇〇三年）。同「深田C遺跡の鉄鉢模倣と考えられる須恵器について」（『福島空港公園遺跡発掘調査報告　四』福島県教育委員会、二〇〇〇年）。
（6）平川南「転読札――福島県玉川村江平遺跡」（『古代地方木簡の研究』吉川弘文館、二〇〇三年）。
（7）木本元治「阿武隈川流域における奈良時代寺院に関する新知見」（『福島考古』四〇、一九九九年）。
（8）工藤雅樹「東北地方の古墳文化」（『古代蝦夷の考古学』吉川弘文館、一九九八年）。
（9）菅野成寛「鎮守府付属寺院の成立――令制六郡・奥六郡仏教と平泉仏教の接点――」（入間田宣夫編『東北中世史の研究　上巻』高志書院、二〇〇五年）。同「平泉仏教と奥羽・列島の仏教」（『シンポジウム――都市平泉と列島の中世――資料集』平泉・衣川遺跡群研究会、二〇〇八年）。
（10）山中敏史「地方官衙と周辺寺院をめぐる諸問題――氏寺論の再検討――」（『地方官衙と寺院――郡衙周辺寺院を中心として――』奈良文化財研究所、二〇〇五年）。以下、山中氏の見解はとくに断らない限りこれによる。
（11）『福島県文化財調査報告書第三九四集　江平遺跡』（福島県文化振興事業団、二〇〇二年）。
（12）平川南「古代の白河郡」（『福島県文化財調査報告第一五三集　関和久遺跡』福島県教育委員会、一九八五年）。
（13）陸奥国中北部に移民を出したことが『和名抄』の郷名から判明する陸奥国の郡は、磐城郡（名取郡・宮城郡・桃生郡）、白河郡（宮城郡・黒川郡・胆沢郡）、磐瀬郡（標葉郡・加美郡）、会津郡（栗原郡）である。移民を出すことは辺境支配を支える負担のなかで最も重いものであり、これらの四郡は辺境政策を支えた陸奥国南部の地域でも特別な郡であった（今泉隆雄「第二章第四節　移民と宮城評・名取評の成立」〈『仙台市史　通史編2　古代・中世』仙台市、二〇〇〇年〉。同「陸奥国と磐城郡」〈『いわき市埋蔵文化財調査報告第七二冊　根岸遺跡』いわき市教育委員会、二〇〇〇年〉）。辺境政策のなかには、持統紀の蝦夷沙門の記事から知られる対蝦夷仏教政策の拠点となったと考えられる、名取郡の郡山廃寺の建立も含まれている。陸奥国南部の諸郡を動員するために国家仏教の思想が用いられた可能性もあり、政策に協力する代償としても、陸奥国南部の諸郡に郡衙周辺寺院が建立されたのは当然のことであった。

(14)　鈴木功『白河郡衙遺跡群』（同成社、二〇〇六年）。『福島県文化財調査報告第一五三集　関和久遺跡』（福島県教育委員会、一九八五年）。

(15)　『借宿廃寺跡確認調査報告書』Ⅰ～Ⅴ（白河市教育委員会、二〇〇四～〇八年）。

(16)　井上光貞『日本古代の国家と仏教』（岩波書店、一九七一年）。

(17)　中井真孝「定額寺制の原義」（『日本古代仏教制度史の研究』法藏館、一九九一年）。

(18)　工藤雅樹『律令国家とふくしま』（歴史春秋社、二〇〇一年）。以下、工藤氏の見解はとくに断らない限りこれによる。

(19)　前掲註（6）。以下、平川氏の見解はこれによる。

(20)　平川氏は、江平遺跡の中央部で検出されている四期にわたる掘立柱仏堂の年代を「木簡に記載された年紀よりは若干新しく、八世紀後半から九世紀前半ごろ」とし、江平遺跡を「仏教に関連する施設」としているが、天平十五年（七四三）までさかのぼる時期にこの遺跡付近に仏堂があった証拠は、現在のところない。掘立柱仏堂の出現期は陸奥国内では八世紀後半と考えられ、それ以前の寺院遺跡は、すべて瓦が伴っている（瓦の存在により、寺院と想定されるのであるが）。瓦が出土しない江平遺跡には、天平十五年時点には仏堂はなかった可能性のほうが高い。

(21)　福島雅儀「江平遺跡の八世紀集落」（『福島県文化財調査報告書第三九四集　江平遺跡　第二分冊』福島県文化振興事業団、二〇〇二年）。

(22)　四天王品・大弁天品・功徳天品の三品は、重要な品と考えられたために精誦されたものであろう。この精誦が行われた施設に、四天王・弁財天・功徳天（吉祥天）の仏像（画像を含む）が安置されていた可能性もある。福島氏が注目するように、この木簡の場合、経典や読誦方法など、国家の命じた法会と実際に行われた法会の間にはかなりの相違がある。この時代の僧尼の学習内容は、最勝王経の訳の新旧の他にも、『寧楽遺文』所収の優婆塞貢進解に見えるように相違があった。そのような僧尼が住む全国の寺院に特定の法会の実施を命じても、実施内容の相違を容認せざるを得なかった。実施する寺院側でも、その寺院の僧尼の能力・仏像・経典・法具などの実情に応じて実施したものであろう。

(23)『小松市高堂遺跡』(石川県立埋蔵文化財センター、一九九〇年)。

(24)この場合、陸奥の郡衙周辺寺院が『続日本紀』に諸国の「諸寺」として見える寺院であることを前提とする。筆者は、借宿廃寺のみならず、陸奥国の郡衙周辺寺院の主要なものは、地方寺院としては一流の規模であり、重要な郡に所在することから、天武天皇によって名を定められた「諸寺」の格式を持つ寺院であり、霊亀二年(七一六)の「諸寺併合令」以降は定額寺と呼ばれた格式の寺院であったと考えている。

(25)『新日本古典文学大系　続日本紀二』の脚注。なお、この詔では、まず、多く普及していたと思われる金光明経の読経を命じ、金光明経がないときには、普及しはじめたばかりの最勝王経を転読せよと命じている。経典の普及の程度からみて「不審」(同、脚注)とも考えられるが、この詔が、金光明経しか所有せず、金光明経を読経する僧しかいない地方寺院を、主として念頭に置いて出されたものである事情を反映していると考えられる。

(26)前掲註(16)。

(27)『続日本紀』神護景雲元年(七六七)正月己未(八日)条に見える最勝王経に基づく吉祥悔過の実施目的のなかに、「五穀成熟」の句が見えるし、それ以降も史料に見える吉祥悔過の最大の目的は、五穀豊穣であったようである(『続日本紀』宝亀三年十一月丙戌〈十日〉条。『類聚三代格』昌泰元年十二月九日官符。『意見十二箇条』応消水旱求豊穣事)。また、最勝王経の大吉祥天女増長財物品の全体が、「五穀日日に増多し、倉庫盈溢せんと欲求する者」が欲求をかなえる方法を説くことに充てられている(壬生台舜『金光明経』〈大蔵出版、一九八七年〉)。そのようなことからこの詔は、「天下諸寺」に吉祥悔過と最勝王経の転読を命じたものと考えたい。「天平十九年二月十一日大安寺伽藍縁起資財帳」(『寧楽遺文』中巻)の出挙用銭の項に「功徳天女分銭六十文」の記載があり、この時期の功徳天像の存在がわかる。また『日本霊異記』には、聖武天皇の時代に畿内の寺院・仏堂に吉祥天像が安置されていたとする説話が二例見られる。聖武天皇の時代には、吉祥悔過が広く普及していたと思われる。

(28)『新日本古典文学大系　続日本紀二』の脚注。吉田一彦「御斎枝の会の研究」(『延喜式研究』八、一九九三年)。

(29) 中井真孝「国分寺制の変遷」(前掲註〈17〉所収)。

(30) 山中敏史「古代地方官衙の成立と展開」(『古代地方官衙遺跡の研究』塙書房、一九九四年)。

(31) 福島県会津美里町の九世紀の吉祥天像は、会津地方で吉祥悔過が行われていたことを示す例とされる(『木造吉祥天立像』〈『福島県の文化財――県指定文化財要録――』福島県教育委員会、一九八六年〉)。また、島根県山持《ざんもち》遺跡出土の八世紀から九世紀前半頃の吉祥天画像(『山持遺跡六区現地説明会資料』〈島根県教育庁埋蔵文化財センター、二〇〇六年〉)も吉祥悔過で用いられたものであろう。国分寺から離れた場所で吉祥悔過が行われていた可能性を示すこれらの資料については、吉祥悔過が国分寺で実施される以前から天下諸寺で実施されていた実態をふまえれば、より説明しやすくなろう。

谷口耕生氏は、「吉祥悔過が神仏習合を推し進める重要な役割を果たした」とし、「「吉祥天」という天部の神の名を冠した悔過が全国的に施行されたことは、神々の像が仏教儀礼の本尊となりうる素地を生む重要なきっかけとなった」としている(谷口耕生「神仏習合美術に関する覚書」〈『特別展　神仏習合――かみとほとけが織りなす信仰と美――』奈良国立博物館、二〇〇七年〉)。谷口氏の述べるような現象が、国分寺よりも下位の寺院である地方の天下の「諸寺」において、その寺院の実情に応じて実施された吉祥悔過などを舞台として進行したのではなかろうか。

(32) 鎌田元一「評の成立と国造」(『律令公民制の研究』塙書房、二〇〇一年)。

(33) 寺院の知識には、第二豪族以下の豪族も参加していたと考えられる。

(34) 前掲註(7)。

(35) 前掲註(8)、(18)。工藤雅樹「小浜代遺跡の歴史的意義」(『小浜代遺跡――範囲確認調査――』福島県双葉郡富岡町教育委員会、一九九五年)。

(36)『二本松市文化財調査報告書第一集　郡山台Ⅰ』(二本松市教育委員会、一九七七年)。

(37) 斎藤忠「建物」(石田茂作監修『新版仏教考古学講座　第二巻　寺院』雄山閣、一九七五年)。

（38）大川敬夫『尾羽廃寺跡の研究』（同成社、二〇〇八年）。

（39）『二本松市文化財調査報告書第四集　郡山台Ⅱ』（二本松市教育委員会、一九七八年）。『続日本紀』天平十九年（七四七）十二月乙卯（十四日）条に、「勅、天下諸国、或有百姓情願造塔者、悉聴之。其造地者、必立伽藍院内。不得濫作山野路辺、若備儲畢。先申其状」とあり、当時、造塔を志す仏教信仰があったことが知られ、そのような信仰に基づいた造塔とも考えられる。

（40）前掲註（7）に同じ。眞保昌弘氏は上野や北武蔵地域の影響を指摘している（眞保昌弘「関東系古瓦の第二次波及——陸奥国安達郡の様相——」〈大金宣亮氏追悼論文集刊行会編『古代東国の考古学　大金宣亮氏追悼論文集』慶友社、二〇〇五年〉）。

（41）鈴木啓「安達郡の成立」（『二本松市史　第一巻　原始・古代・中世・近世　通史編一』二本松市、一九九九年）。

（42）前掲註（7）に同じ。本宮町史編纂委員会『本宮町史4　資料編　考古・古代・中世』（本宮町、一九九九年）。

（43）前掲註（7）に同じ。

（44）前掲註（35）に同じ。

（45）『福島県双葉郡小浜代遺跡　第一～三次発掘調査概報』（富岡町、一九七〇～七二年）。

（46）近年の研究により、八世紀初頭以前にさかのぼることが明らかになった真野古城跡の仏堂は、創建年代が付近の舘前廃寺（泉官衙遺跡）、堂の上廃寺（郡山五番遺跡）、夏井廃寺などといった郡衙周辺寺院と同時期となる。この仏堂も基本的には郡内第二の豪族の氏寺と想定しているが、この仏堂の檀越と考えられる真野古墳群を築いた勢力が行方郡においてどのような地位を占めたかは不明であるし、舘前廃寺の遺構も明らかになっていないので、位置づけは今後の課題である。

（47）松村知也氏は全国の山岳寺院・山岳寺院遺跡（三百七十六例）を集成している（松村知也「山岳寺院・山岳寺院遺跡一覧」〈摂河泉古代寺院研究会編『大谷女子大学文化財学科開設記念　山岳寺院の考古学』大谷女子大学文化財学科、二〇〇〇年〉）。東北地方の山岳寺院は十三例取り上げられているが、いずれも八世紀以前にさかのぼるものではないと考える。

（48）前掲註（3）、（4）、（5）。

(49) 山岳寺院の神仏習合については本書第二部第二章第一節で、掘立柱仏堂の神仏習合については、本書第二部第一章註(90)で簡単にふれる。集落の神仏習合については、前掲註(3)、(4)に記述がある。

(50) 前掲註(2)。高橋富雄『徳一と恵日寺』(福島中央テレビ、一九七五年)。同『徳一と最澄』(中央公論社、一九九〇年)。同『高橋富雄東北学論集　地方からの日本学　第十八集　合本　徳一菩薩道』(歴史春秋社、二〇〇五年)。同『同　第十七集　検証　徳一菩薩道』(同、二〇〇六年)。

(51) この本文は『青森県史　資料編　古代一　文献史料』掲載の原文を用いたが、『弘法大師空海全集　第七巻』(筑摩書房、一九八四年)、『弘法大師著作全集　第三巻』(山喜房佛書林、一九七三年)に基づいて、『県史』の「菩薩」を「薩埵」に修正した。

(52) 中井真孝『日本古代の仏教と民衆』(評論社、一九七三年)。

(53) 『慧日寺を掘る——史跡慧日寺跡発掘調査展——』(磐梯山慧日寺資料館、一九九三年)。

(54) 坂内三彦「平安時代の神々と信仰」(会津若松市史研究会編『会津若松市史二　会津、古代そして中世』会津若松市、二〇〇五年)。

(55) 前掲註(2)。

(56) 長岡龍作「楽法寺蔵観音菩薩立像　妙法寺蔵伝阿弥陀如来坐像・伝観音菩薩立像・伝虚空蔵菩薩立像」(『國華』一三二六号、二〇〇六年)。

(57) 熊谷公男「古代東北の豪族」(前掲註〈2〉所収)。

(58) 辻秀人『ふくしまの古墳時代』(歴史春秋社、二〇〇三年)。前掲註(8)。福島雅儀「陸奥南部における古墳時代の終末」(『国立歴史博物館研究報告』第四四集、一九九二年)。

(59) 前掲註(57)。

(60) 前掲註(18)。

(61) 会津郡には東日本最大級とも言われる会津大戸窯が所在し、この窯の須恵器は陸奥国の管理のもとで生産されたと考えられている(小林等・石田明夫『会津若松市史　一四　文化編一　陶磁器　会津のやきもの——須恵器から陶磁器まで——』〈会津若松市、二〇〇〇年〉)。

(62) 坂内三彦「陸奥国耶麻郡の成立」(『会津若松市史研究』八、二〇〇六年)。
(63) 梅宮茂「律令支配の転換」(福島市史編纂委員会『福島市史　第1巻　原始・古代・中世』福島市教育委員会、一九七〇年)。
(64) 木本元治「東北地方最古の寺院」(山田舜監修『図説福島市の歴史』郷土出版社、一九九九年)。
(65) 木本元治「東北地方の飛鳥時代」(『歴史』八五、一九九五年)。
(66)『仙台市文化財調査報告書第二八三集　郡山遺跡発掘調査報告書─総括編(一)─』(仙台市教育委員会、二〇〇一年)。
(67) 伊東信雄「福島市腰浜廃寺出土瓦の再吟味」(『福島市埋蔵文化財報告書第五集　腰浜廃寺跡確認緊急調査報告書』福島市教育委員会、一九七九年)。
(68) 辻秀人「陸奥南部の造瓦技法」(『太平台史窓』第四号、一九八四年)。
(69) 木本元治「腰浜廃寺跡」(前掲註〈64〉所収)。
(70) 藤木海「有蕊弁蓮華文鐙瓦の展開とその背景」(『福島考古』四七、二〇〇六年)。行方・宇多・信夫三郡における三蕊弁蓮華文軒丸瓦の展開は、九世紀前半から中葉にかけての陸奥国の仏教の世界では非常に目立つ現象である。藤木海氏はこの動きの背景として、陸奥国の在地の協力関係と、定額寺に国家仏教の一翼を担う機能を求める国家の仏教政策の存在を指摘している。この指摘は正しいばかりでなく、九世紀の陸奥国の仏教史を考える上で極めて重要な指摘である。しかし、同じ現象を豪族の地域支配の手段という視点から考えれば、筆者のような論の展開も可能であろう。
(71) 前掲註(69)。
(72)『西原廃寺跡発掘調査概報』(福島市教育委員会、一九七二年)。
(73)『福島市埋蔵文化財調査報告書第一一八集　西原廃寺跡』(福島市教育委員会、一九九九年)。
(74) 木本元治「西原廃寺跡──定額寺信夫郡菩提寺──」(前掲註〈64〉所収)。
(75) 木本元治氏は、九世紀第2四半期頃に腰浜廃寺が廃絶した後に、その瓦を模した西原廃寺が創建されたと考えている。しかし、腰浜廃寺の廃絶と西原廃寺(弘隆寺)の創建の前後関係については、木本氏の研究に導かれつつも、筆者の見解は若干異なり、次のように考える。まず、十六世紀の記録の存在（前掲註〈63〉）から、西原廃寺が弘隆寺であることは認めてよい。そうすると、西原廃寺の創建は天長七年（八三〇）以前となる。一方、福島市三本木窯から、腰浜廃寺の花文系軒瓦に対応する平瓦に、「嘉祥」の年号（八四八～五一）をヘラ書きしたものが出土している（前掲註〈68〉）。そこで、腰浜廃寺の花文系軒瓦は嘉祥年間を含む時期のものであり、腰浜廃寺の廃絶はそれ以後のこととなる。また、腰浜廃寺では寺域内から九世紀中葉から後半頃の竪穴住居が検出されており（前掲註〈74〉）、廃絶の時期はそれ以前となる。最も短く見積っても、天長七年以前から嘉祥年間まで二十年程度は腰浜廃寺と西原廃寺は併存していたこととなる（腰浜廃寺は定額寺であったはずであるから、この時期には信夫郡内に定額寺は二寺存在していたものであろう）。以上の解釈では説明しにくいのが、西原廃寺の創建瓦とされる単弁八葉蓮華文軒丸瓦が、腰浜廃寺の花文系軒丸瓦を模したものであり、腰浜廃寺の花文系軒瓦より新しいものであることである。おそらく、西原廃寺は、天長七年以前の創建時点では瓦葺きの仏堂は無く、瓦葺きの仏堂が建立されたのは腰浜廃寺に花文系軒瓦が葺かれるようになった九世紀中葉以後のことではないだろうか。南都の高僧を招いて民衆布教の拠点となる山岳寺院を建立し、その寺院が定額寺に指定されることが、西原廃寺を建立した豪族にとって、勢力拡大の重要な手段だったのである。信夫郡で最有力の豪族になってしまった後に寺院を建立したのではなく、最有力の豪族になるために寺院を建立したものであろう。

(76) 梅宮茂「初期密教寺院の初歩的考察」（『福島考古』二八、一九八七年）。

(77) 前掲註（76）。『二本松市史　第一巻　原始・古代・中世・近世　通史編一』（二本松市、一九九九年）。

(78) 史料の文脈からは寺院の建立と天台別院化が同時であるとは言えないが、実際には寺院の建立と天台別院化は一連の動きだったのではないだろうか。

(79) 八世紀前半に小幡遺跡を建立した勢力によって西南方約五キロメートルの丘陵上には、やはり磐座の近くにあり、神仏習合を伴う寺院である高松観音寺（白沢村史編纂委員会『白沢村史資料編〈原始・古代　中世　近世　近代〉』〈白沢村、一九九一年〉。同『白沢村史　通史編〈環境　通史　現代資料〉』〈白沢村、一九九三年〉）が建立されたものと考えられる。同時代史料に見えない高松観音寺は、徳一創建伝承を持つ寺ではあるが、西原廃寺（信夫郡菩提寺）の影響を受けた瓦を用いており、西原廃寺の影響下で創建されたものと考えられる。

（80）　前掲註（31）「神仏習合美術に関する覚書」。
（81）『国見山廃寺跡第三六次調査　現地説明会資料』（北上市埋蔵文化財センター、二〇〇五年）。
（82）　前掲註（29）。

第一部　七・八世紀陸奥国豪族層の仏教受容

第一章　七・八世紀陸奥国の郡衙周辺寺院とその意義

はじめに

陸奥国の郡衙周辺寺院[1]の研究は、陸奥国内の寺院遺跡・郡衙遺跡の発掘調査の進展や日本の歴史学・考古学の学会における郡衙周辺寺院（郡寺・郡名寺院・郡衙付属寺院などと呼ばれる寺院を含む）についての研究の深化に伴って、徐々に進んできた。

高橋富雄氏の「仏教文化の開花」[2]（一九六七年）は、「仏教の伝播」の項で、多賀城と多賀城廃寺など、城柵とそれに伴う寺院の組み合わせの例をあげるとともに、白河市の五箇廃寺（借宿《かりやど》廃寺）について、七世紀末から八世紀初期の白鳳様式の瓦が出土する寺院であり、白河関か白河軍団に関わるものとしている。また「奈良時代の仏教文化」の項では、多賀城廃寺や国分僧寺・国分尼寺のほか、菜切谷《なぎりや》廃寺・天平産金遺跡・笠島《かさしま》廃寺・上人壇廃寺・腰《こし》浜《はま》廃寺を、奈良時代にさかのぼる寺院として取り上げている。氏が取り上げた寺院のうち、借宿廃寺・菜切谷廃寺・上人壇廃寺・腰浜廃寺は、現在、郡衙周辺寺院に分類される寺院であるが、氏の論文ではそれらの寺院と郡衙との関係は注目されていない。

工藤雅樹氏は、「考古学から見た東北の古代寺院」[3]（一九七九年）において、「多賀城廃寺跡」「陸奥国分寺跡」「郡衙附属の寺院」「腰浜廃寺を中心として」「東北の定額寺」という五項目を立てて東北の古代寺院遺跡について論じているが、郡衙付属の寺院として、菜切谷廃寺（八世紀前半）、借宿廃寺（八世紀初頭か）、郡山台遺跡（陸奥国分寺より新しい時期）、上人壇廃寺（八世紀前半）の四寺院を取り上げ、（　）内に記したような年代を考えている。「腰浜廃寺を中心として」の項では、腰浜廃寺の九世紀のものとされる旋回花文瓦に注目し、腰浜廃寺が私寺であるとともに、『日本紀略』天長七年（八三〇）十月の条に見える定額寺、信夫郡菩提寺である可能性を指摘している。この工藤氏の研究は、現在に比べると、取り上げている遺跡の例が少なく、個々の遺跡についての情報量も少ないなかでの研究ではあるが、郡衙周辺寺院と郡衙の関係や、腰浜廃寺と定額寺の関係などについて論じている点、陸奥国の郡衙周辺寺院の研究の先駆的な研究と言えよう。

樋口知志氏の「仏教の発展と寺院」[4]（一九九二年）において、それまでの研究成果がまとめられ、多賀城成立以前の陸奥国における仏教伝播と寺院建立の歴史的展開が、通史的に記述された。樋口氏は八世紀までの古代寺院・仏堂跡として十六例を一覧表にまとめているが、その数も今日知られているものに近い。樋口氏は、陸奥国南部の郡衙周辺寺院の歴史について、七世紀代の国造による建立の時代と、七世紀末から八世紀代の郡（評）衙に付属する寺院の時代に時代区分して記述しているが、いずれの時期においても関東・中部地方との共通性を強調する。そして、陸奥国南部の郡司層は郡寺を拠点に仏教のイデオロギーを利用した在地支配を推進しており、そのような活動を背景として陸奥国分寺造営にも積極的に参加したとする。しかし、陸奥国中部の蝦夷と常に接触する北方の辺境地域に存在する大崎平野の三廃寺については、多賀城や多賀城廃寺と共通する瓦の使用から想定される官寺的な性格と、基壇一基のみからなる小規模な寺院という矛盾する性格を指摘し、『日本書紀』に見える蝦夷の沙門のような蝦夷系の僧が住んだ可能性と、城柵制と郡制が緊密に結びついたこの地域の特殊な支配機構による可能性を指摘している。

樋口氏の研究は今日の陸奥国の郡衙周辺寺院像の基礎となるものであるが、樋口氏のような高度な研究が可能になった背景には、（1）関和久《せきわぐ》遺跡・根岸遺跡などの郡衙と郡衙周辺寺院遺跡の調査の進展、（2）進藤秋輝氏や樋口氏ら[5][6]による多賀城創建期の官衙や寺院についての研究の進展、（3）木本元治氏、辻秀人氏らによる瓦の編年研究の進展、（4）山中敏史氏による全国の郡衙周辺寺院の研究の進展[7][8][9]、の四つがあると考えられる。これらのうち（4）については本書ではふれないが、（1）（2）（3）については、該当の遺跡や瓦について記述する際に取り上げたい。

現在における郡衙周辺寺院についての最も詳細な研究は木本元治氏のものである。氏は「陸奥南部の官衙・寺院」[10]（二〇〇五年）において、白河郡・磐城郡の郡衙と周辺寺院について詳論するとともに、磐瀬郡・安積郡・信夫郡・伊具《いぐ》郡・標葉郡・行方郡・宇多郡の郡衙遺跡と郡衙周辺寺院についてもかなり詳しくふれ、郡衙・寺院遺跡に具体的にふれるのみならず、先行する古墳群との関係、豪族居宅の有無などについても研究し、各郡の地域社会において、郡衙・寺院の成立がどのような意味を持っていたのか詳細に検討している。そしてその結果を、

①郡衙遺跡の成立年代は白河・安積・伊具・磐城・標葉・行方郡では七世紀第4四半期、磐瀬・信夫郡でもその可能性がある。

②郡衙周辺寺院の創建年代は宇多郡では七世紀第2四半期、信夫郡では第3四半期、白河・磐城郡では第4四半期、磐瀬郡では八世紀第2四半期で、郡衙遺跡より古い寺院もある。

③白河・磐瀬・磐城郡では郡衙遺跡の下層や近接地点に先行する居宅遺構が存在し、これらの郡では郡衙所在地点は地域首長層本拠地の中心であった。

④郡衙遺跡の院配置は白河郡と伊具郡は類似する可能性があるが、磐城郡と行方郡では地形に規制されそれぞれあり方が異なる。したがって各郡とも所在地の地形が異なるためそれに院配置が規制されているが、白河・磐城郡では、そこが首長層居宅の地であったことが選地の要因であった。

⑤大部分の郡では郡衙所在地の古墳群が古墳時代後期から飛鳥時代にかけて郡内で最も有力になっており、古墳のあり方からも有力地域首長層の本拠地に郡衙遺跡を造営したことが知られる。その傾向性が弱いのは阿武隈川河口以南では行方郡だけである。

の五点にまとめている。さらに、郡衙遺跡の造営時期が七世紀第4四半期でほぼ同じであることに注目し、郡衙遺跡が律令制地方支配確立と一体で進められたからとし、それにもかかわらず遺跡の構造に多様性があるのは、古墳群や寺院との関わりが示すように、その造営に地元の首長層が中心的に関わったためであるとする。また、陸奥国南部の郡衙のあり方はすべて評衙・豪族本拠地型であるとする。

木本氏の研究は、必ずしも郡衙周辺寺院を中心としたものではなく、郡衙とともに論じたものではあるが、郡衙周辺寺院を考える上で最も基本的な研究である。本章の記述は、木本氏の記述を基本とし（古代の郡域の比定を含む）、報告書の記述や個別論文の情報を加味したものである。

佐川正敏氏は、「寺院と瓦からみた白鳳期の陸奥国」[11]において、本章であつかう時代の過半を占める白鳳期の陸奥国の寺院と瓦を、次のように時代区分して提示している。

1「立評期（郡山Ⅰ期）官衙遺跡段階の陸奥北辺を意識した寺院造営と造瓦」（黒木田遺跡・腰浜廃寺跡）

2「郡山遺跡Ⅱ期官衙段階（六九四～七二四年頃）に本格的な寺院造営と造瓦活動が開始」

⑴伽藍配置が一応判明している寺院（郡山廃寺跡・夏井廃寺跡・借宿廃寺跡）

(2)寺院遺構は不明だが、複数の創建軒瓦の組み合わせから推定される複数の堂塔の存在（①舘前廃寺　②清水台遺跡）

(3)一堂のみ検出されている寺院（①郡山五番遺跡堂の上地区　②伏見廃寺　③菜切谷廃寺　④一の関遺跡）

(4)その他（寺院跡などの実態は不明）（①村北瓦窯　②角田郡山遺跡　③燕沢遺跡と大蓮寺窯跡　④高安窯跡）

その上で佐川氏は、郡山遺跡Ⅰ期官衙段階と氏が考える腰浜廃寺・中野廃寺の最古の瓦の祖形が西国に求められる可能性があること、郡山廃寺跡（郡山遺跡Ⅱ期官衙付属）の瓦が、群馬県伊勢崎市上植木廃寺のいわゆる百済大寺系の蓮弁をモデルとすること、坂東から陸奥国への軒丸瓦導入には特定の国から陸奥国の特定の地域へ導入するという明確な特徴があり、①山王廃寺を含む上野国から主として導入した「複弁七・八弁蓮華文軒丸瓦」は、陸奥国南半の浜通りに分布する、②上野と北武蔵の川原寺系複弁八弁蓮華文を祖形として変形させた「交差鋸歯文縁複弁六弁蓮華文軒丸瓦」は、陸奥国南半の阿武隈川流域の中通りに主として分布する、③武蔵国の「素弁縁棒状子葉付き単弁八弁蓮華文軒丸瓦（山田寺系）」は、陸奥国北半部の仙台平野と大崎平野に分布する、といった現象が見られることを確認するとともに、陸奥国の白鳳時代の瓦のモデルについていくつかの新知見を述べている。

佐川氏の研究は、寺院遺跡については各地の遺跡の調査成果を、瓦については、前掲の辻氏をはじめ、眞保昌弘氏[12]、佐川氏自身[13]、藤木海氏[14]らによって推進されてきた軒瓦の文様や瓦の製作技法に基づく瓦の系統や年代についての研究を、批判的に検討し概観したものである。

郡衙周辺寺院の瓦をはじめとする瓦の文様や技法の伝播経路の研究とその歴史的意義を究明する研究は、近年目覚ましい成果を上げている分野であり、八世紀初頭以後の奈良時代や平安初期の郡衙周辺寺院を中心とする瓦についても、佐川正敏氏[15]や藤木海氏[16]の研究が注目される。

以上、管見の範囲で、陸奥国の郡衙周辺寺院の全体について考察したこれまでの研究を概観したが、多様な問題意識に基づき多様な方法で研究がなされてきたこと、また、近年の発掘調査の進展により、考察のための材料が急速に増加し、実証的な研究が深化しており、陸奥国の郡衙周辺寺院の新たな全体像が求められる段階であることが指摘できるだろう。

これまでの研究の問題意識として次の三点が指摘できよう。第一は、国家の東北支配、および地方豪族の在地支配に、郡衙周辺寺院がどのような役割を果たしたかという問題である。この点についてとくに詳しく論じている樋口知志氏や木本元治氏の研究成果を受け継ぎながら、その後の研究成果を取り入れて、郡衙周辺寺院が国家の東北支配、地方豪族の地域支配に果たした役割を改めて考えることが本章の課題となろう。

第二は、東北地方における仏教受容の特色である。このような問題意識が強い研究として、仏教に焦点を絞った研究である高橋富雄氏や樋口知志氏のものをあげることができよう。この点については、筆者の力量を超えるため、本書では専ら樋口氏の論に依拠したい。

研究の第三は、東国からの技術の伝播の様相である。これは、辻氏や眞保氏、佐川氏、藤木氏の瓦の文様や技法に基づく研究に代表されるもので、律令国家の移民政策の存在とも関連し(17)、国家の陸奥国支配の特質や豪族の地域支配の特質を明らかにするための重要な材料ともなると思われるが、これらの研究成果を生かすこともまた、筆者にとっては今後の課題となる。

第一節　郡山廃寺成立以前の寺院

東北における仏教の存在が初めて史料に現れるのは、持統三年（六八九）である。それ以前の東北の仏教の様相は、遺跡・遺物のみから知られる。

古墳から出土した仏教関連の遺物としては、次の二点が著名である。

一つは福島県伊達郡桑折《こおり》町の七世紀前半の前方後円墳である、錦木塚《にしきぎづか》古墳から出土した銅鋺である。口径一四・二センチメートル、高さ六・一センチメートルで、全体はほぼ半球形である。この銅鋺は仏具であり、六世紀末から七世紀前半のものと考えられている。(18)

もう一つは福島県いわき市の八幡《やあど》横穴群の十三号横穴から出土した、三点の金銅製飾り金具である。この金具は忍冬唐草文を透かし彫りにした金銅製幡金具であり、わが国では法隆寺と正倉院に類例があるのみである。時期は七世紀初期と考えられる。(19)

以上のような考古遺物が埋納された時代に続いて、寺院が建立される時代が来る。

本章では、陸奥国において七世紀から八世紀初頭にかけて建立された寺院を、「はじめに」で取り上げた樋口知志氏、山中敏史氏、佐川正敏氏の研究を参考にさらに二時期に分けて論じたい。第一節では、郡山廃寺成立以前の七世紀前半から後半にかけての時期に成立した寺院について、第二・第三節では、郡山廃寺成立期の七世紀末から多賀城成立期以前の八世紀前半までの時期に成立した寺院について論じることとしたい。

東北の最古期の寺院は、相馬市の中野廃寺と福島市の腰浜廃寺、仙台市の郡山遺跡Ｉ期官衙内の仏堂である。第一節では、この三寺院について考えたい。

一　中野廃寺（福島県相馬市）

福島県相馬市中野廃寺跡（図1）は、仙台市から約五〇キロメートル南方、福島県浜通り地方の北部の相馬市にある。宇多川南岸の低位な海岸段丘上に立地している。付近には高松山古墳群や表西山《おもてにしやま》古墳群、福迫《ふくざく》横穴群があり、相馬市域でも多くの古墳が集中する地点の一つである。現在は海岸から宇多川を四キロメートルほどさかのぼった位置であるが、古代には宇多川が鵜の瀬岬の砂州に囲まれた内海である松川浦に注ぐ河口に位置し、船の寄港に最適な場所であった[20]。『万葉集』巻十四、三五五二（『新編国歌大観』三五七四番）の「松が浦に騒ゐ群立ち真人言思ほすなもろわが思ほすも」という歌に見える「松が浦」について『岩波古典文学大系』では、「未詳。福島県相馬市の東の入海、松川浦かという」としている[21]。

中野廃寺跡[22]は瓦片を大量に出土する場所を中心に、七三〇〇〇平方メートルに及ぶ遺跡である。ごく一部が発掘調査され、中心部の一画と想定される区域から礎石建物跡が検出されている。建物の基壇は東西約一八メートル、南北約一五メートルで、高さ四五センチメートルほどの版築が行われ、上面に拳大の石を敷き詰めた、たきこみ整地をしている。礎石は三個検出され、柱間二・四メートルの東西四間・南北三間で、規模は東西九・六メートル、南北七・二メートルの建物だったと想定される。建物の南北辺はほぼ磁北を示している。建物跡の東辺の東側約二メートルの版築の東辺にあたる位置に、建物跡の軸線と同様に、南北に人頭大の礫による石列が検出されている。また、この石列の東約二メートルの位置にも南北方向の瓦片が入った玉石列が検出された。北側トレンチからは柱穴が一個検出され、礎石建物以前に掘立柱建物があったことが確認された。礎石建物の南側三〇～四〇メートルの

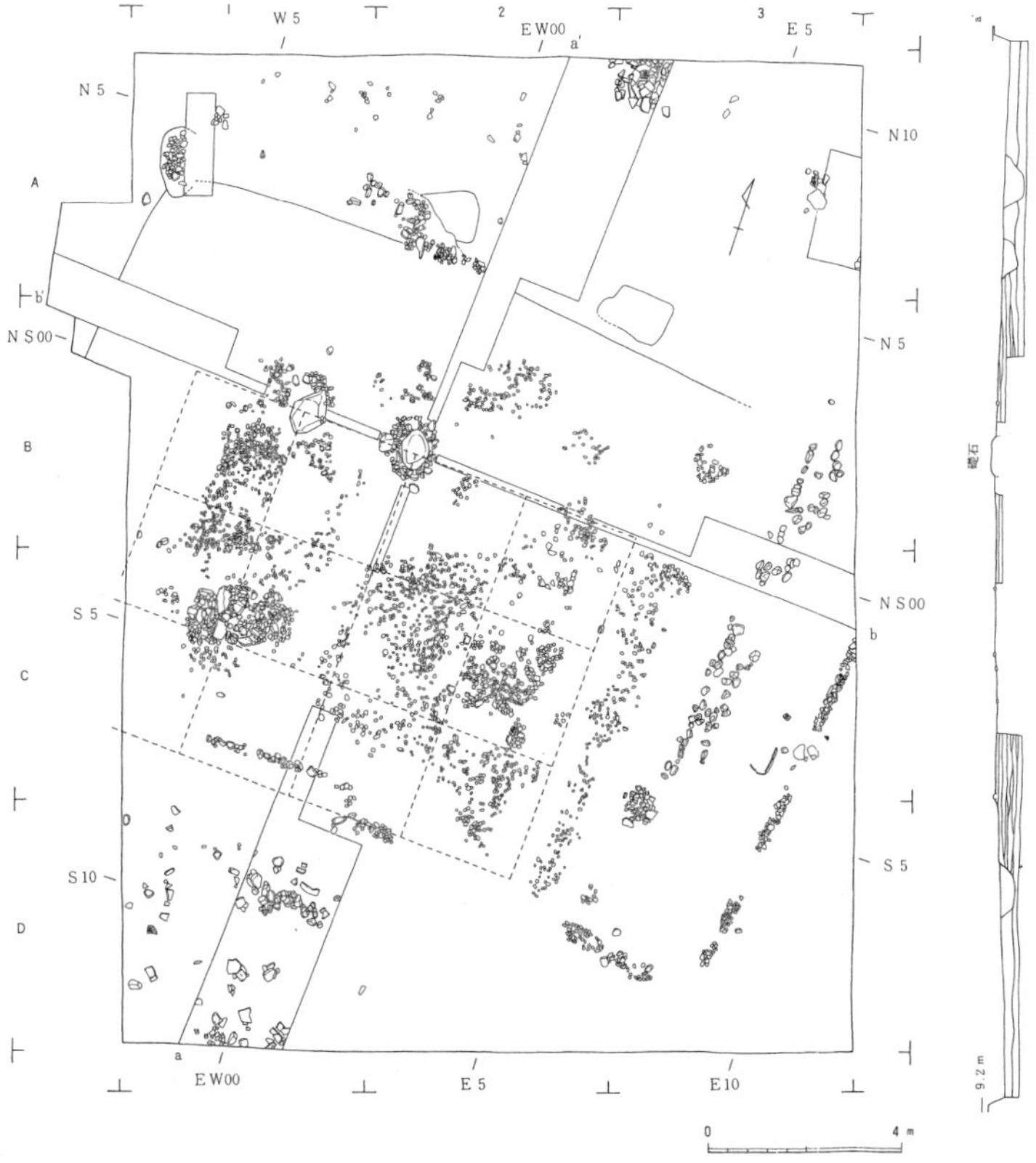

図１　中野廃寺跡中心建物実測図

位置の一四二号トレンチと、南東側一三〇メートルの位置の一二〇号トレンチからは、敷石遺構が検出されている。この礎石建物は間口が四間である点で、寺院の堂としては変則的である。しかし、法隆寺の中門が間口四間であることや、七世紀後半に位置づけられる埼玉県坂戸市の勝呂廃寺の金堂跡身舎の間口が四間である[23]ことから考えると、間口四間の主要堂宇はあり得るものと考えられる。特別区の建物は乱積み石基壇の礎石建物という、地方寺院にしては格式の高い建物であるので、この建物は金堂などの主要堂宇であったと考えられる。

　中野廃寺跡からの出土遺物は、

土師器・須恵器のほか、円面硯、鴟尾片、鬼瓦片、瓦塔片がある。中野廃寺跡出土の軒丸瓦はA類からH類までの八種に大別され、さらにA類とC類が細分化される。

中野廃寺跡出土の主な瓦は、七世紀第2四半期にさかのぼると考えられる単弁八弁蓮華文軒丸瓦（C類）、出土量が最も多い七世紀末から八世紀前半頃までのものとされる複弁八弁蓮華文軒丸瓦（A類）、九世紀前半の三蕊弁四葉花文軒丸瓦（D類）などである。

創建瓦である単弁八弁蓮華文軒丸瓦は、飛鳥豊浦寺系の瓦で、様式的にみて相馬市北部の善光寺三号窯跡、TK二一七期の須恵器の焼台に使用された平瓦と同時期であり、七世紀第2四半期にさかのぼるものである[24]。この瓦の類例は今のところ東北地方や関東地方では知られていないので、畿内の直接的な影響を受けている可能性がある。中野廃寺は、この瓦を使用する小規模な寺院として創建されたものと考えられる。

出土量が最も多い複弁八弁蓮華文軒丸瓦が使用された七世紀末から八世紀前半頃には、中野廃寺の規模が拡大したものと思われる。この複弁八弁蓮華文軒丸瓦は、いわき市夏井廃寺の複弁八弁蓮華文軒丸瓦の影響を受けたものであり、夏井廃寺のものは上野山王廃寺の創建瓦のうちの一つの、複弁七葉蓮華文軒丸瓦の影響を受けたものとされる。これらの軒丸瓦に対応するのは、ロクロ挽き重弧文軒平瓦である[25]。陸奥国内の他郡の瓦の影響を受けていることから、この時期には、中野廃寺は特別な寺院ではなくなっていたと思われる[26]。

九世紀前半頃に、三蕊弁四葉花文瓦を用いて新たな建築ないしは補修が行われる。この瓦は福島市腰浜廃寺で成立したものと考えられ、南相馬市泉廃寺や植松廃寺でも用いられているものである。

中野廃寺跡出土の瓦は種類が多く、出土する範囲も広いことから、七世紀末以降にはこの遺跡内に、寺院のみならず、宇多評衙が存在したと考えられている[27]。

中野廃寺跡出土瓦のうちの初期のものを製作したのが、中野廃寺の北約六キロメートルに位置する善光寺窯跡である。善光寺窯跡は七世紀初頭から八世紀前葉まで、須恵器生産が継続的に営まれた窯跡で、製作工人が定着して継続的に営まれた須恵器窯跡としては、東北地方最古のものの一つである(28)。善光寺窯跡を中心に、相馬市山崎窯跡・同市新城山《しんじょうやま》窯跡・同高田窯跡・新地《しんち》町向田《まちむかいだ》A遺跡などの須恵器窯跡が、相馬市北部からその北の新地町にかけて分布している。その多くは、七世紀中頃から後半に操業が開始されている。善光寺窯跡から出土する須恵器の変化は、基本的に関西地方の編年とほぼ対応していることから、大和政権との密接な関係が想定される(29)。

中野廃寺成立直後の七世紀後半には、善光寺窯跡の東側一帯の新地町向田地区から武井地区にかけての丘陵地に武井地区製鉄遺跡群が成立し、九世紀後半まで操業する。この遺跡群では製鉄・製炭・鍛造・鋳造に伴う全国的に見ても最大級の規模の遺構が検出されており、その遺構は、関西地方や中国地方で検出されている遺構とほぼ同様である。なお、この遺跡群の二〇キロメートル弱南の行方郡域には、この遺跡群に匹敵する規模の金沢地区製鉄遺跡群が同時期に展開している。これらの製鉄遺跡群は、大和政権の対蝦夷政策を示すものである(30)。

中野廃寺と最も関係の深い古墳群は、相馬市福迫《ふくざく》横穴群である。この横穴群は双龍環頭太刀《そうりゅうかんとうたち》を出土したことで知られ、六世紀から七世紀にかけて営まれたものである。福迫横穴群からは善光寺遺跡で生産された須恵器が多数出土しており、善光寺窯や中野廃寺との関係が考えられる。辻秀人氏は中野廃寺を、「造営したのは、福迫横穴群を営んだ勢力をおいてない(31)」と述べている。

評制成立以前の七世紀第2四半期に創建された当初の中野廃寺は、創建当初は郡衙周辺寺院の範疇に入らない。そこでその性質が問題になるのだが、従来の研究は、のちの宇多郡の地に存在していたと考えられる浮田国造の氏寺と考えている(32)。

しかし、筆者はもう少し大和政権の直営的な、後代の「官寺」にあたるような性質を考えたほうがよいとする立場である。いわば大和政権の東北経営上設けられた、屯倉・官家といったものに付属する寺院と考えたい。

まずこれまで見てきたように、中野廃寺跡の存在する宇多郡周辺は、須恵器生産や製鉄事業において、七世紀前半から後半にかけて、大和政権の東北経営の重要な拠点になったことは明らかである。また、交通の面から見ても、七世紀中葉の仙台市郡山遺跡成立前後の時点では、重要な拠点であったと推測される。大和政権と蝦夷との戦いは、しばしば海で行われている[33]。『常陸国風土記』香島郡条には、天智朝に「国覓《くにまぎ》」のために「陸奥国石城船造《いわきのふなつくり》」に命じて「大船」を造らせたという伝承が記されている。また、仁徳天皇紀五十五年条には戦いの場として「伊峙水《いしのみ》門《と》」が見え、斉明天皇紀四年四月条には「齶田浦《あぎたのうら》」、同六年三月条には「大河側」「海畔」などが見える。さらに雄略天皇紀二十三年八月丙子（七日）条では、吉備臣尾代《きびのおみおしろ》の率いる新羅派遣軍のなかに五百人の蝦夷がおり、吉備の地を通過中に雄略天皇の崩御を知って反乱を起こし、「娑婆水門《さばのみなと》」で尾代と戦い丹波国の「浦掛水門《うらかけのみなと》」で征圧されたことが見える。蝦夷の海戦能力を示す記事である。このように七世紀以前の東北経営における海戦の意義は非常に大きく、当然、水軍の根拠地も必要だったと考えられ、現在の松川浦に名残りを残す深い入り江の奥であったと考えられる中野廃寺の立地は、その要件を満たすものであろう。

中野廃寺の「官寺」的な性格を端的に示すものは、中野廃寺出土のものと同じ特徴を持つ善光寺窯跡の瓦が、宮城県仙台市郡山遺跡の第Ⅰ期官衙から出土していることである[34]。郡山遺跡Ⅰ期官衙については本節三項で述べる。

この善光寺窯・郡山遺跡第Ⅰ期官衙・中野廃寺の三者から共通の瓦が出土した事実について、長島榮一氏は、「どのようなネットワークで寺院の建設や補修が行われているかを探す手がかりが隠されているのではないだろうか」と述べている[35]。おそらく最初期の官衙遺跡である郡山遺跡Ⅰ期官衙と、郡域を越えたネットワークで結ばれていた善光寺窯は大和政権と非常に関係が深い窯であり、その窯が主として瓦を供給していた中野廃寺も、大和政権と非常に関係が深い寺院だったのではなかろうか。

行方郡に属する地域ではあるが、この付近において古墳時代中期から後期にかけて最も有力だったのは、中野廃寺から一七キロメートルほど南に位置する真野古墳群である。二基の前方後円墳を含む百基以上の古墳からなり、全長二八・五メートルの六世紀前半の前方後円墳である二〇号墳からは、日本中でもわずか五例ほどしか出土していない金銅製双魚袋金具が出土している[36]。真野古墳群と大和政権との密接な関係を示すものである。

真野古墳群の北西二〜三キロメートルの付近に浮田という地名（南相馬市鹿島区浮田・近世の浮田村）があり、藤木海氏によって『先代旧事本紀』の「国造本紀」に見える浮田国造との関係が指摘されている[37]。浮田国造の領域と想定される宇多・行方二郡の地域内で最大の古墳群であり、大和政権との密接な関係を示す遺物が出土した真野古墳群が、浮田国造の根拠地であった可能性が高い。その浮田国造の領域の北端部の松川浦に七世紀前半頃に大和政権の東北経営の拠点の一つが設けられ、やがて中野廃寺が建立されたのではなかろうか。松川浦周辺の大和政権の拠点や善光寺窯、中野廃寺の運営を担ったのが相馬市福迫古墳群を造営した豪族であろう。

七世紀後半には、浮田国造の領域に武井地区製鉄遺跡群と金沢地区製鉄遺跡群が成立する。藤木海氏は「行方郡衙が製鉄と深い関連をもって設置された」とするが[38]、卓見であり、宇多郡衙は武井地区製鉄遺跡群と、行方郡衙は金沢地区製鉄遺跡群と深い関連を持って設置されたものであろう。そのため、浮田国造の領域は二分され、浮田国造の一族は行方郡の郡領層となったものと考えられる。

ほかに中野廃寺の建立の背景として考える必要があることに、三点ほどふれておきたい。

第一に注目すべきことは、中野廃寺の建立は、辻秀人氏によって東北地方の古墳時代の第三の画期を構成する一要素として位置づけられていることである。東北地方には六世紀後半から横穴式石室や横穴が普及しはじめ、七世紀前葉には東北南部全域に普及する。前方後円墳は七世紀の前半で消滅する。また六世紀末以降、須恵器の継続的な生産が始まる。土師器も六世紀末以降、関東地方の影響が認められはじめ、七世紀初頭には前代の土器群とは一線を画する栗囲《くりがこい》式が成立する。この変化は、生活様式の変化を反映したものである。この時期には次の律令時代への新たな動きが認められる。すなわち、郡山遺跡のⅠ期官衙の成立、宮城県色麻《しかま》町色麻古墳群における関東系土器の出土と人の移住、そして相馬市善光寺窯の成立と中野廃寺の成立である。以上の動きをまとめて辻氏は、古墳時代の第三の画期と位置づける。第三の画期以降、東北地方南部に確実に畿内政権の直接的な支配が及んでおり、それは推古朝あるいはそれ以前から継続した天皇家、あるいは中央豪族の継続的な政策の結果であると考えられている。[39] 辻氏の研究は中野廃寺の成立を考える上で注目すべき研究である。

第二に重視すべきは、第一と重なるが、七世紀の宮城県域における関東系土器の普及に見られる人の移住である。六世紀末～七世紀初頭には、仙台平野の集落遺跡から関東系土器が出土するようになる。この現象は倭王権による移民政策の存在を示す。七世紀前半までの倭王権の蝦夷政策は、（1）植民と周辺地域の支配、（2）交易ネットワークと蝦夷集団の服属、および朝貢関係の設定、（3）前記（1）（2）の目的実現のための武力保持と、集落の防御を主な内容とするものであった。[40] 中野廃寺やその周辺からは関東系土器は出土していないが、中野廃寺の建立の背景として、このような現在の宮城県域への関東地方の住民の移住という事実は注目すべきである。

第三に注目すべきことは、この寺院の成立と前後する時期の皇極天皇紀の元年（六四二）十月丁酉（十五日）条に、「蘇我大臣設二蝦夷於家一。而躬慰問」という記事があることである。関連記事は同年九月癸酉（二十一日）条の「越辺蝦夷数千内附」、十月甲午（十二日）条の「饗二蝦夷於朝一」である。すなわち、越の辺境の蝦夷数千人が帰服し、その指導者が十月十二日に朝廷で饗応されたのち、十五日に蘇我入鹿は蝦夷を家に招いて饗応し、親しく労りの言葉をかけたということである。この記事は、直接的には蘇我氏の大和政権内での高い地位を示すものであろうが、蘇我氏が対蝦夷政策に積極的に関わっていたことを示す可能性も否定できない。そうだとすれば、そのなかで寺院の建立がなされたことも考えられよう。中野廃寺出土の最古の瓦は、蘇我氏と縁の深い豊浦寺(41)に起源を持つ豊浦寺系であり、豊浦寺の瓦を製作した京都府宇治市菟道東の隼人登り瓦窯跡の、第三期の豊浦寺補修瓦と酷似しているとされている。材料が不十分ではあるが、蘇我氏の関与という視点は、大化の改新以前になぜこの地に寺院が出現したのかという問題を考える際の糸口になり得ると考える。

二　腰浜廃寺（福島県福島市）

腰浜廃寺(42)（図2）は福島県中通り北部、仙台市から七〇キロメートルほど南、福島市内の東部の郡衙遺跡である、五郎内《ごろううち》遺跡の東の阿武隈川左岸に位置している。

ごく一部が発掘調査されている。主要伽藍としては、金堂らしい基壇の一部が検出されただけである。そのほか掘立柱建物や一本柱列・区画溝などが出土している。

基壇は掘込地業《じぎょう》（建物を建設する前の段階で地山や整地土を掘り下げ、粘土や砂利などを混ぜた土で強固な地盤を造成すること）を伴う礎石建物跡で、基壇の外縁が確認されている。基壇規模は東西二一メートル・南北一八メートルで、東西棟の建物の基壇である。基壇上部は削り取られており、根石や礎石は検出されていない。基壇は自然石の乱積みか、平瓦を転用した瓦積み基壇か、平瓦と石の交互積み基壇のいずれかだったと考えられている。

この建物の規模は蘇我倉山田石川麻呂《そがのくらのやまだのいしかわのまろ》が七世紀の後半に建立した、山田寺の金堂基壇の規模と近似している。山

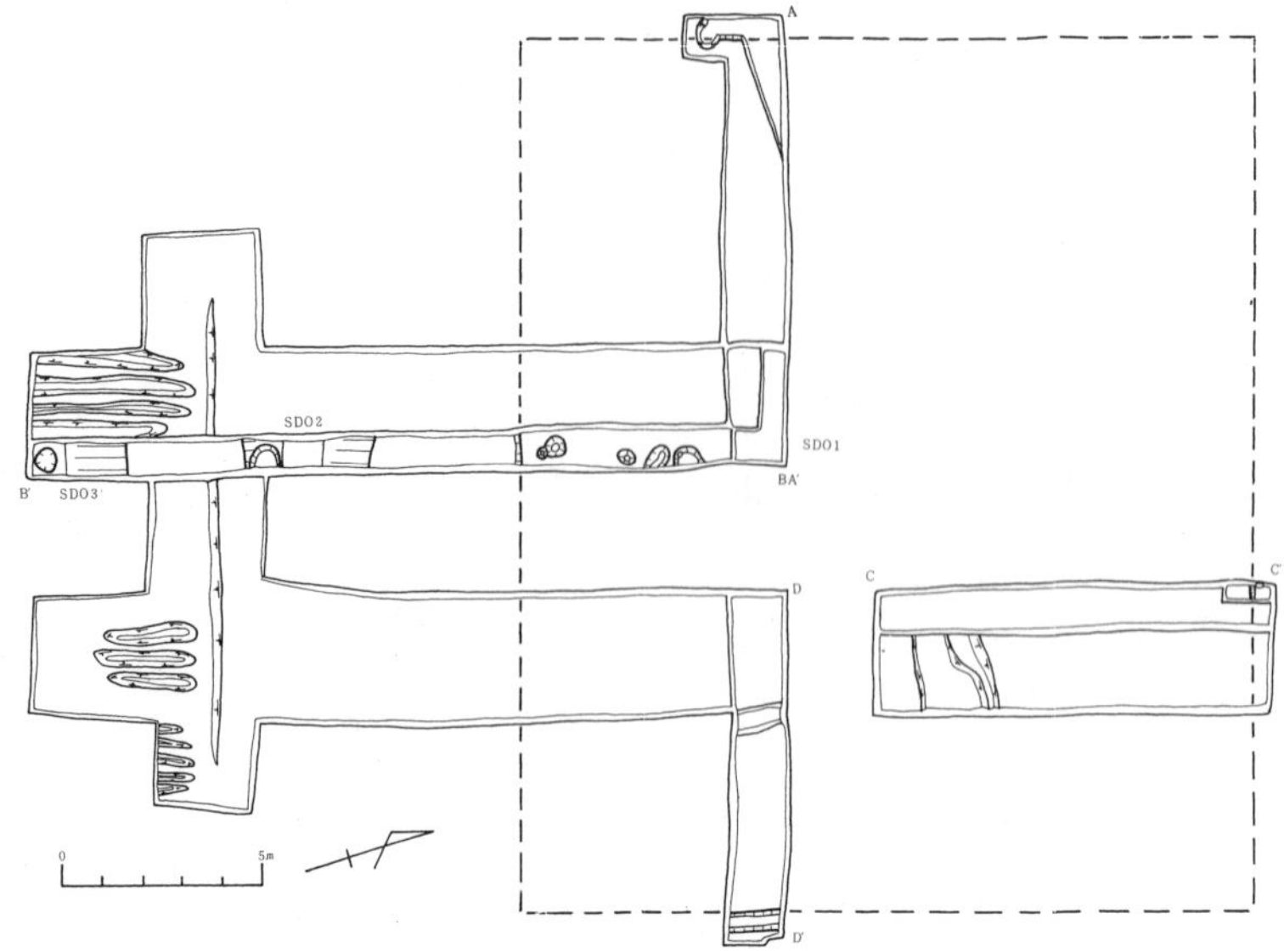

図2　腰浜廃寺跡基壇建物実測図

田寺の金堂基壇は東西二一・六メートル、南北一八・三メートルである。このようなことから、腰浜廃寺の基壇跡は寺院の金堂と考えられている。中央有力豪族の氏寺の金堂基壇と同程度の規模を持つこの基壇が金堂の基壇であれば、地方寺院の金堂基壇としては大型であり、国府付属寺院である郡山廃寺や多賀城廃寺の金堂基壇よりも大規模である。この基壇を講堂の基壇とする説もあるが、桁行と梁間の比から考えると、金堂基壇と考えるのが妥当であろう。

　このような破格の規模の金堂の存在は説明しがたいとも言えるが、腰浜廃寺が九世紀中葉の廃絶に至るまで、国府多賀城系の瓦の影響を受けずに独自の瓦を使用する寺院であったことや、腰浜廃寺の後継寺院である西原《にしはら》廃寺の中心建物が、建立時には陸奥国分寺に次ぐ陸奥国第二の巨大な建物であったことなどを考えると、腰浜廃寺の金堂の巨大さは、腰浜廃寺独自の伝統の一部分として十分理解できると思う。

　腰浜廃寺跡の主な出土品は鴟尾、円面硯片などである。

腰浜廃寺からは九種類の軒丸瓦、十三種類の軒平瓦が出土している。軒丸瓦は、四種類の蓮華文系瓦と五種類の花文系瓦に分けることができる。蓮華文系瓦は七～八世紀のものであり、花文系瓦は九世紀のものである。腰浜廃寺跡からは、多賀城・陸奥国分寺・同尼寺・胆沢城などから出土する陸奥国府系の瓦が出土しないことは注目されている。

腰浜廃寺の最古の瓦である単弁八葉蓮華文軒丸瓦は、広島県寺町廃寺の瓦と酷似しており、寺町廃寺の創建瓦同様、七世紀後半のものと考えられている。また、この単弁八葉蓮華文軒丸瓦の蓮華文は百済末期様式であり、法隆寺献納仏中の弥勒菩薩半跏像や、「辛亥年（六五一年）七月十日記。笠評君名大古臣、辛丑日崩去辰時。故児在布奈太利古臣、又伯在建古臣、二人志願。（句読点は筆者）」の造像銘記のある観音菩薩像などの、飛鳥時代から白鳳時代の小金銅仏の台座の蓮華文と共通するものであることも、この瓦が七世紀後半のものであることを裏づけている(43)。

腰浜廃寺の蓮華文系瓦を製作したのは、北東方約四キロメートルのところに位置する宮沢瓦窯であり、花文系瓦を製作したのは、東方約三キロメートルに位置する赤埴瓦窯である。

腰浜廃寺と関係の深い古墳群は、阿武隈川の対岸に位置する福島市上条古墳群である。上条古墳群一号墳は全長四〇メートル程度の前方後円墳で、墳丘には横穴式石室が露出しており、近くの二号墳からは、金銅製圭頭太刀柄頭、直刀、須恵器横瓶が出土している。付近には豊富な副葬品を出土した月ノ輪山一号墳をはじめとする、横穴式石室を持つ古墳群が点在する。また同じ福島市黒岩には、圭頭太刀などを出土した浜井場古墳群がある(44)。

腰浜廃寺は信夫郡に位置し、信夫郡衙遺跡と推定される未発掘の五郎内遺跡に隣接しており、信夫郡衙の周辺寺院と考えられているが、なぜ七世紀後半という早い時期にこの地に寺院が成立したのかということが問題となる。先に中野廃寺成立の背景として、大規模な生産遺跡の近くであることとともに、交通の要衝であることをあげた。

腰浜廃寺も付近には宮沢窯があり、東山道沿いの交通の要衝にあるのだが、他の地域に比べて抜きん出て重要な地点であるとまでは言えないように思われる。しかしながら、この寺院の建立の背景としては次の二点が参考となる。

まず第一点目は、腰浜廃寺を建立した上条古墳群を営んだ勢力は、古くから信夫郡内で最有力の勢力であったわけではなく、信夫郡内で覇権を握るのは、腰浜廃寺建立の頃であると考えられることである。古代の信夫郡の版図である福島盆地を全体として見ると、五世紀から七世紀前半までを通して、盆地北部の国見町から桑折《こおり》町にかけて分布する塚野目古墳群に、最も有力な古墳が存在する。(45) とくに錦木塚《にしきぎづか》古墳（塚野目四号墳）は七世紀前半の日本でも最後の時期の前方後円墳で、全長四二メートル、後円部にきれいに形を整えられた切石を用いて造られた横穴式石室を持つ。須恵器、直刀、装身具のほか、先に述べたように、仏教用具である銅鋺が出土している。(46)

この錦木塚古墳の被葬者を中心とする塚野目古墳群を営んだ氏族から、上条古墳群や腰浜廃寺を営んだ氏族に、盆地内における覇権が移動したことが想定される。その背景としては、何らかの形で大和政権の力が強く及んだことが考えられる。

第二に考えなければならないことは、これまで述べてきたように、腰浜廃寺の創建瓦が広島県寺町廃寺の瓦と酷似することである。

『日本霊異記』上巻第七縁によれば、備後国三谷郡の大領が百済の乱れた時にあたって救援に出陣するとき、無事に帰還することができたならば寺院を建立することを誓願し、幸いに無事帰国することができたので、百済から伴い帰った弘済禅師に建立させた寺院が三谷寺である。

寺町廃寺は、発掘調査の結果、整った法起寺式の伽藍配置を持つ寺院であること、軒丸瓦には四期の変遷が確認され、七世紀後半から九世紀初頭まで存続した寺院であることなどが判明した。創建期の素弁蓮華文軒丸瓦は百済の寺院の軒丸瓦と類似していることや、建物基壇に百済の寺院で多く見られる塼が使用されていることから、百済の影響を強く受けた寺院であると考えられ、『日本霊異記』に見える三谷寺であることは通説となっている。[47]

『続日本紀』慶雲四年（七〇七）五月癸亥（二十六日）条に、「讃岐国那賀郡錦部刀良、陸奥国信太郡生王五百足、筑後国山門郡許勢部形見等、各賜二衣一襲及塩・穀一。初救二百済一也、官軍不レ利。刀良等被二唐兵虜一。没作二官戸一、歴二卌余年一乃免。刀良、至レ是遇二我使粟田朝臣真人等一、随而帰朝。憐二其勤苦一、有二此賜一也」とある。神英雄氏は、この記事や『日本霊異記』上巻第七縁・第十七縁などを総合し、このとき帰国した「陸奥国信太郡生王五百足」について、慶雲四年時点では現宮城県域にあった陸奥国志太郡は成立しておらず、「信太郡」は「信夫郡」であるとして、神氏の論文執筆当時には寺町廃寺の創建が八世紀初頭と考えられていたことに基づき、[48]腰浜廃寺は「陸奥国信太郡生王五百足」の一族が建立したものであり、備後寺町廃寺も『続日本紀』には見えないが、同様に唐から帰朝した三谷郡の豪族により創建されたものであるとし、『日本霊異記』に見える説話はそのような事実を背景とするものとした。[49]

現在では、この記事に見える「陸奥国信太郡」は現宮城県域にあった「志太郡」であり、「信夫郡」とするのは史料の恣意的な解釈であるとして否定されている。また、寺町廃寺の創建瓦の年代も、八世紀初頭ではなく七世紀後半とされている。しかしながら、筆者は神氏の発想は示唆に富むと考えるものである。腰浜廃寺の創建には、『日本霊異記』の伝える三谷寺の創建に類似するような事情が想定できるのではなかろうか。すなわち、信夫評の豪族が「信太郡」の「生王五百足」らとともに百済出兵に参加し、その功績により、百済からの技術の導入による寺院の建立を許された、と断言することまではできないだろう。しかし、倭国北東部のこの地に備後寺町廃寺と酷似する瓦を持つ寺院が建立された背景として、倭国の朝鮮半島出兵を巡るさまざまな動きが、この地に波及した可能性を考えることも必要であると思う。

腰浜廃寺は、出土した瓦から見た場合、東北地方の他の古代寺院や官衙跡とは異なる独自の動きが見られる。(50)その背後には渡来系の技術者集団の存在が想定されるのだが、技術者集団の存在を含めて、なぜこの寺院の瓦が、ついに陸奥国府多賀城の影響を受けることが一度もなく、寺院の廃絶間近の九世紀になってもさらに新たな形式の瓦を生み出すような、独自の展開を見せたのかということが問題となる。

筆者としては、腰浜廃寺は、やはり信夫評の豪族が天皇に対して周辺の評の豪族とは異なる種類の大きな功績をあげ、その功績により寺院の建立を許され、渡来系の技術者集団を賜与されたという歴史があったのではないかと考える。腰浜廃寺は郡衙周辺寺院ではあるが、七世紀末以降の郡衙周辺寺院とは、多少異なった事情により創建されたと考えたい。その功績と褒賞、そして他の郡衙周辺寺院よりも、また国府付属寺院の郡山廃寺よりも古い歴史と巨大な金堂を持つ腰浜廃寺の存在が信夫郡の豪族にとって極めて大きな誇りだったからこそ、信夫郡の豪族は、腰浜廃寺を独自の特色を持つ寺院として維持したのであろう。

腰浜廃寺についても、廃絶についてもふれておきたい。腰浜廃寺の終末期の花文系軒丸瓦は高句麗系といわれる極めて特徴のあるものであり、渡来人の影響が想定されている。花文系軒丸瓦は五種類知られているが、すべて九世紀初期以降のものと考えられている。花文系瓦もかなりの量が出土していることから、九世紀初頭に寺院の大改修か建て替えが行われたと考えられる。その一方で腰浜廃寺の寺域内と考えられる場所から、九世紀中葉から後半の竪穴住居跡が検出されていることから、腰浜廃寺はその時期には廃絶していたと考えられる。(51)

三　郡山遺跡Ⅰ期官衙内の仏堂

郡山遺跡(52)は仙台平野のほぼ中央部に位置する。仙台平野の中央部を東流する名取川と、北西から名取川に合流する広瀬川の合流地点の北西一・五キロメートル付近に位置し、南北を両河川によって防御されるとともに、両河川による河川・海上交通の便宜が得られるところに立地する。

郡山遺跡は七世紀半ばから末葉の時期のⅠ期官衙と、七世紀末から八世紀前葉のⅡ期官衙に分けられる。このうち多賀城成立以前の陸奥国府と考えられるⅡ期官衙については、第三節「一　郡山廃寺」の項で述べる。

郡山遺跡Ⅰ期官衙の施設の造営基準方位は、真北に対して西に五〇～六〇度振れ、正面が東南方向と考えられる。全体の外囲施設は材木列塀であり、東南・西南・西北辺が確認されており、西南辺の長さは二九五・四メートル、西南辺と東北辺の間隔は六〇四メートル以上と推測され、官衙全体の形は古代の地方官衙では珍しい長方形である。

遺構検出地域の北部で調査が進んでおり、この地域に掘立柱塀・材木列塀・板塀などで囲まれ、政庁と考えられる中枢区、北・南倉庫区、北・南雑舎区、鍛冶工房区などがある。

熊谷公男氏は、この郡山遺跡Ⅰ期官衙は七世紀中葉に日本海側の越に設置された渟足《ぬたり》（六四七年）・磐舟柵（六四八年）に対応して太平洋側の陸奥に設置された城柵であるとする。(53)今泉隆雄氏も同様のことを述べ、蝦夷の地への支配領域拡大と蝦夷の帰服の拠点として設けられ、軍隊が駐屯し、国司・鎮官などの中央派遣官が城司として駐屯したものと考えている。(54)

このⅠ期官衙から少量の瓦が出土している。長島榮一氏は、その瓦のなかに福島県相馬市善光寺窯跡の須恵器焼台に使用された平瓦とほぼ同じ特徴を持つものがあり、その瓦が福島県相馬市中野廃寺に供給されていることを指摘し、郡山遺跡I期官衙の瓦も後の郡域を越えた遠方からもたらされた可能性があり、瓦葺き建物の造営に関わる部署がここに設けられていた可能性があるとしている。これに対して山中敏史氏は、郡山遺跡I期官衙を前期名取評衙とした上で、その前期名取評衙内部に小規模な瓦葺きの仏堂が設けられていた可能性を指摘している[55]。山中氏は、その仏堂は、愛媛県松山市の久米官衙遺跡に七世紀後半に存在していた仏堂同様、王権によって造営された初期官寺的な性格を有する寺院であり、蝦夷征討に関わる王権護持祈願所としての機能を果たしていた蓋然性が高いとする[56]。

郡山遺跡I期官衙の主要な性格は今泉氏の見解に従いたい。しかし、I期官衙のなかに王権によって造営された仏堂が存在した可能性があるという山中氏の結論には非常に興味を惹かれる。山中氏の説は、氏の前期評衙論と分かちがたく結びついたものであり、今泉氏のI期官衙論とは簡単には折衷できない。しかし、I期官衙から出土する瓦から仏堂の存在の推定が可能なのであれば、中央派遣官の駐屯する城柵内に建てられた仏堂は、一般的な初期評衙内に建てられた仏堂以上に王権直属の性格が強い仏堂と考えられよう。また、I期官衙から出土する瓦の一部は長島氏の指摘のように郡域を越えた供給網によることも、その仏堂の王権直属的な性格を示すものとなろう。

四　陸奥国における最初期の寺院の特色

木本元治氏[57]は、相馬市善光寺窯の発掘調査の成果をもとに中野廃寺の創建を七世紀第2四半期とし、福島市宮沢窯跡の発掘調査報告書の再検討により、腰浜廃寺の創建を七世紀第2四半期後半から第3四半期とした[58]。その上で木本氏は、この二遺跡に見られる七世紀第2四半期における仏教の伝播は、福島県北部における特殊な状況や特殊なルートを示すものではなく、東国に一般的な現象であると推定する。そして、これらの寺院建立の背景として、七世紀前半の南東北地方において、新興の家父長層の台頭に直面した古墳時代以来の豪族層が、自らの支配権を維持するために地方官僚的性格を強めていくなかで、国家の地方豪族支配の手段である仏教を受容したことをあげる。また、中野廃寺・腰浜廃寺の建立主体はそれぞれ、『先代旧事本紀』に見える「浮田国造」と「信夫国造」であろうとする。

樋口知志氏はこれを受けて、七世紀の国造段階では関東・中部地方と仏教伝播に関する事情はあまり変わるところがなかったとし、陸奥南部ではこの後、仏教文化は継続的に展開したとする(59)。

佐川正敏氏は、中野廃寺と腰浜廃寺の両者がともに当時の陸奥国の北端に位置する点が非常に重要であるとする。宇多郡は浜通り（後の石城国）のほぼ北端であり、信夫郡は中通り（後の岩背国）の北端に位置することから、蝦夷の領域と対峙する当時の陸奥国北端と仙台平野進出を明確に意識して、宇多評と信夫評に最初の寺院を建立したものとしており、両寺院ともに創建は七世紀第3四半期と考えたいとし、現在、七世紀第2四半期にさかのぼるとされている中野廃寺の年代の再検討を提唱している。佐川氏はまた、郡山遺跡Ⅱ期官衙段階の陸奥国の郡衙周辺寺院の瓦は坂東に系譜があり、特定の国から陸奥国の特定の地域へ導入するという明確な特徴があることを指摘する有力な論者であるが、その一方で、氏が郡山遺跡Ⅰ期官衙段階と考える腰浜廃寺と中野廃寺の創建瓦の系譜は、再検討が必要としつつも、「両者の祖形は坂東よりも西国に求めたほうがよいかもしれないが」と述べている(60)。

山中敏史氏は郡衙の成立の画期を、（1）孝徳朝期から天武朝前半頃（七世紀第3四半期）の前期評・前期評衙段階、（2）天武朝後半頃から文武朝期（七世紀第4四半期）の後期評・後期評衙段階、（3）八世紀第1四半期の郡制試行段階の初期郡衙段階、と仮称して考察している。郡衙成立の中心的な画期は（2）の後期評・後期評衙段階であり、（1）の前期評衙は王権との関係がとくに強い地域にのみ設けられ、遺跡の構造も後期評衙にはつながらないものとする。そして、前期評衙にしばしば付属する寺院は王権直属の祈願所的な性格を持つものがある一方、後期評衙に付属する寺院は評内の豪族の知識寺であり、公的な性格を持つものとする。

山中氏は前期評衙に付属する寺院の代表的な例として、斉明天皇が斉明七年（六六一）の西征の途中に泊まった伊予熟田津の石湯行宮との関係が指摘されている、愛媛県松山市久米官衙遺跡の七世紀第3四半期の仏教施設らしき建物や、宮城県仙台市の名取評衙の遺跡ともいわれる郡山遺跡の第Ⅰ期官衙内部に存在したと想定する仏堂をあげる。(61)

この時代の陸奥国の寺院の位置づけは、木本氏と樋口氏が共通し、佐川氏は異なるが、中野廃寺と腰浜廃寺の性格の共通性を重視する点では三氏とも共通している。

筆者は、両寺の成立年代については木本氏に従うが、両寺および郡山遺跡Ⅰ期官衙内の仏堂の三者それぞれの性格の相違を重視する立場である。すなわち、各寺院の項で述べてきたように、中野廃寺建立の背景には、大和政権の東北進出の拠点となった屯倉の存在を推測し、腰浜廃寺建立の背景には、大和政権の百済出兵の際に信夫郡の豪族が功績をあげたことがあると推測した。さらに、郡山遺跡Ⅰ期官衙内の仏堂は、中央派遣官が常駐する城柵に付属する仏堂であると考えたのである。

第二節　郡山廃寺成立前後の寺院——その一、国造制施行地域——

七世紀末は、山中敏史氏が後期評衙が成立したとする大きな画期であるが、陸奥国においては七世紀末から八世紀初頭といわれる時期に、国府に付属する宮城県仙台市郡山廃寺のほか、郡衙周辺寺院として、少なくとも福島県白河市借宿廃寺、いわき市夏井廃寺、南相馬市舘前廃寺、宮城県大崎市伏見廃寺、加美郡加美町菜切谷廃寺、加美郡色麻町一の関遺跡の六寺院が成立する。これまでに調査された遺跡を見る限りでは、陸奥国の郡衙周辺寺院は、七世紀末のこの時期に郡衙と同時に成立したものが多いようである。陸奥国の郡衙遺跡は十分な調査がなされていないものが多く、郡衙周辺寺院の存在や成立時期が不明の遺跡が多いため、あまり明確に言えないが、七世紀末の時期を、陸奥国における郡衙周辺寺院の体制的な成立期とここでは考えておきたい。

さて、先にあげた六寺院に限っても、建立された場所の歴史的性格は大きく異なる。借宿廃寺や夏井廃寺、泉廃寺跡の寺院の建てられた白河・磐城・行方などの陸奥国南部の諸郡は、国造制が敷かれていた地域に属する(62)。郡山廃寺を含む現宮城県中部の四寺院が建てられた地域は、おおむね古墳時代前期には古墳文化が及んでいるものの、国造制未施行地域であり、七世紀以降、大量の関東系移民や陸奥国南部出身の移民が送り込まれ、七世紀後半以降には城柵が設置された地域である。これら六寺院の成立の前後関係ははっきりせず、どういう順序に並べて記述するかということ自体、すでに一定の結論を前提とするものである。ここでは上記の地域の性質に従い、南に位置するものから並べている。

一　借宿廃寺（福島県白河市）と白河郡衙

古代の白河郡は福島県中通り（内陸部の阿武隈川流域）南部（県南部）、白河市・西白河郡・東白河郡・石川郡の範囲にあたり、その郡衙遺跡は西白河郡泉崎《いずみざき》村の関和久《せきわぐ》遺跡・関和久上町《かみちょう》遺跡であり、郡衙周辺寺院は白河市借宿廃寺（図3）である。これらが所在する地域は阿武隈川上流域で最も平地が発達した場所で、郡衙遺跡はその狭窄部の北岸に、借宿廃寺跡は南岸に位置している。東山道についての旧説(63)に従えば、東山道からは西に六キロメー

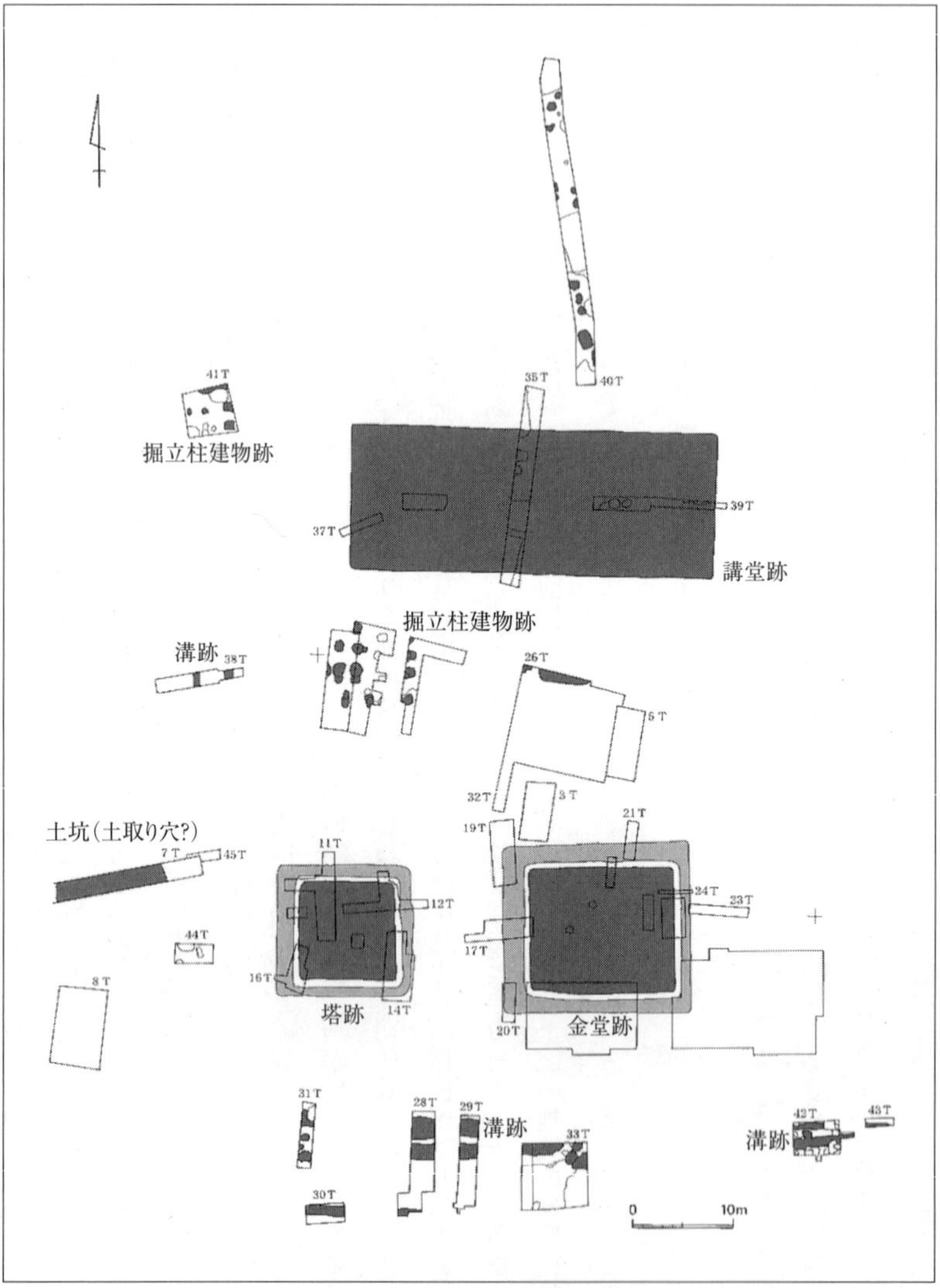

図3　借宿廃寺跡遺構配置図

金堂跡・塔跡のアミの濃い部分は基壇跡。アミの淡い部分は掘込地業跡。両者の間の白い部分は基壇化粧を抜き取った痕跡である。

トルほど離れている。しかし、東山道が郡衙遺跡付近を通過していたという見解が相次いで出されており、(64)それに従いたい。

郡衙遺跡は正倉院・館院を中心とした関和久遺跡と、郡庁院や工房が見られる関和久上町遺跡に分かれ、六〇〇メートルほど離れている。

関和久遺跡は南半部の明地《みょうち》地区と、北半部の一段高い段丘上の中宿《なかじゅく》古寺《ふるでら》地区に分かれる。明地地区は東西三二〇メートル、南北二七〇メートルの大溝に区画された内部から、掘込地業《じぎょう》と礎石を有する倉庫を中心とした建物群が群を形成して検出されており、正倉院跡と考えられる。正倉院北側のさらに一段低い面は阿武隈川の上流からの旧水路であり、運河跡と考えられる。

中宿・古寺地区の西半部からは南面に四脚門・東面に八脚門を有する一本柱塀と、溝に区画された内部から間仕切りを有する建物群が検出されている。その東側では東門と目隠し塀を隔てて東西五間・南北五間で、南に庇を有する建物が検出された。この東側建物周辺から「白」「厨」「水院」などの墨書土師器杯が出土しており、同類のものが西側の施設に持ち込まれていることから、西側の施設は館院、東側の建物はそれに伴う厨と考えられる。

関和久上町遺跡では、遺跡の中央部から郡庁院正殿と考えられる二間×七間の身舎《もや》に南庇の付く建物と周囲を区画する溝、その付属施設と考えられる一本柱塀で区画された建物等が検出されている。また郡庁院と考えられる部分の北西側では漆工房らしき竪穴住居、東側では五基の炉を持つ鍛冶工房跡が検出されている。さらに約六〇〇メートル北の丘陵には関和久瓦窯跡が所在する。関和久上町遺跡は、郡庁院を中心として周囲には工房群が広がっていたと考えられる。(65)

借宿廃寺は関和久遺跡の南西一・五キロメートルの位置に、阿武隈川を挟んで南岸に位置する。借宿廃寺では、主要伽藍のうち金堂と塔および講堂跡が検出されている。これらの堂宇の配置は法隆寺式と考えられる。塔跡は基壇規模が東西九・六メートル、南北九・六メートルで、基壇化粧は木造であった可能性が高い。礎石や根固め石は確認されていない。金堂跡は基壇規模東西一四・四メートル、南北一二・三メートルで、基壇化粧は塔跡と同様である。礎石は三個現存し、残存する礎石と基壇跡の関係から、一間の規模は八尺ほどであったらしく、四間×五間の建物と想定されている。講堂跡は掘込地業が確認されている。掘込地業の規模は東西三六・二メートル、南北一四・二メートルである。講堂跡は通常の法隆寺式伽藍配置に比べ、東に寄っている。

主な出土遺物として、複弁六弁蓮華文軒丸瓦、ロクロ挽き重弧文軒平瓦、平瓦、丸瓦、塼仏、瓦塔がある(66)。

郡衙遺跡および借宿廃寺の創建期の瓦は、複弁六弁蓮華文軒丸瓦とロクロ挽き重弧文平瓦の組み合わせであり、郡衙遺跡からも出土する多賀城Ⅰ期の瓦より古い特徴を持つ。複弁蓮華文軒丸瓦は大きく最初の形態と退化形態の二種類に分けられ、この退化形態より文様の崩れたものが磐瀬郡の上人壇廃寺より出土している。上人壇廃寺の瓦は軒平瓦や平瓦の製作技法から、多賀城Ⅰ期と同時代と考えられる。それより二段階古い関和久遺跡と借宿廃寺の創建瓦は、七世紀第4四半期後半頃のものと考えられる(67)。

郡衙遺跡と借宿廃寺の創建瓦である複弁六弁蓮華文軒丸瓦の類例は、茨城県大津廃寺にある。大津廃寺の瓦は下野薬師寺の川原寺式の文様を祖形とし、下野・下総の一部、常陸に分布する複弁蓮華文の変化のなかで出現するものである。白河郡衙遺跡と借宿廃寺の創建瓦は、常陸で用いられた意匠が採用されたものである。この両遺跡の創建瓦は、安積郡衙遺跡とされる福島県郡山市の清水台遺跡の最古の瓦や、磐城郡の郡衙周辺寺院である夏井廃寺の創建瓦と共通する特色があり、清水台遺跡と夏井廃寺の瓦も、大津廃寺の影響を受けたものである(68)。

関和久遺跡の周辺には関連遺跡が多い。借宿廃寺の北西六〇〇メートルには、六世紀後半築造になる東北最大の後期古墳である下総塚古墳（墳長七一・八メートル）が所在し、その西には六世紀末から七世紀前半の豪族居館が位置している。そしてこの居館は、その南の平坦地に広がる大規模な集落である舟田《ふなだ》中《なか》遺跡の一部となっている。これらの北約一キロメートル、関和久遺跡の西一・七キロメートルの阿武隈川北岸丘陵斜面には、畿内の直接的な影響を受けた横口式石郭を主体部とする、七世紀後半の谷地久保《やちくぼ》古墳・野地久保《のじくぼ》古墳がある。また関和久遺跡でも郡衙遺構に先行する方位・構造が異なる建物群が検出されており、地域首長層の居宅が存在した可能性がある[69]。

借宿廃寺の所在する白河郡は十七の和名抄郷を有する大郡であり、郡衙も六世紀後半以来の豪族の本拠地に成立しており、旧来の伝統的な豪族の勢力が温存されている。七世紀前半の中野廃寺と七世紀後半の腰浜廃寺が、いずれも七世紀前半までの地域における最有力の勢力と、必ずしも直接的にはつながらない形で成立するのとは対照的である。この白河郡の様相は、後述する磐城郡の夏井廃寺と共通する。

当時の白河郡の版図に属するが、郡衙遺跡の北東約一二キロメートルの位置に、玉川村の宮ノ前古墳がある。宮ノ前古墳は石室が切石造であることなどから七世紀後半の築造と考えられ、谷地久保古墳と大きな年代差はない。谷地久保古墳と宮ノ前古墳は、白河地域における七世紀後半代の古墳の双璧といえる。そのため宮ノ前古墳の被葬者は評の助督クラスの人物で、朝廷によって新たに起用された新興勢力と考えられる。阿武隈川を挟んで宮ノ前古墳と近接する六世紀後半の矢吹町鬼穴《おにあな》古墳群や谷中《やなか》古墳群は、宮ノ前古墳と関係がある[70]。

玉川村江平《えだいら》遺跡からは天平十五年（七四三）三月某日の日付のある木簡が出土しており、それには呰万呂《あざまろ》という名前の人物が最勝王経や大般若経を精誦したてまつったことが書いてある。『続日本紀』に、聖武天皇が全国の出家した僧のいる寺に対して、この年の一月十四日から四十九日間、金光明最勝王経を転読するよう命じたことが記されている[71]。呰万呂は宮ノ前古墳の被葬者に連なる、たとえば子孫のような人物であったと考えられる。報告書では、呰万呂はこの江平遺跡で最勝王経を読んだと考えている。工藤雅樹氏は、呰万呂は白河郡の郡衙周辺寺院である借宿廃寺で、最勝王経の転読に従事した人物の一人であるとしている[72]。聖武天皇の命に応えた法会が郡衙周辺寺院である借宿廃寺でなされたことは、郡衙周辺寺院が国家仏教の末端を担っていたことを示すことは序章でふれたとおりである。

しかし、この最勝王経転読が借宿廃寺で行われたか玉川村の地で行われたかにかかわらず、次のことは言える。すなわち、玉川村を根拠地とする白河郡第二の豪族も、第一の豪族同様、仏教を篤く信仰していた。一方、寺院は郡内に借宿廃寺しか存在せず、寺院固有の法会は借宿廃寺でしか行うことができなかった。したがって、玉川村を根拠地とする勢力も、借宿廃寺の檀越であったと考えられる。

当時、白河郡には最有力の豪族の根拠地にある借宿廃寺しか寺院は存在しておらず、最勝王経転読を行った玉川村を根拠地とする白河郡第二の勢力に属する「呰万呂」も、借宿廃寺の檀越であったと考えられる。このことは陸奥国の郡衙周辺寺院が、郡内の複数の豪族を檀越としていたことを示す貴重な例である。白河郡や磐城郡において郡衙周辺寺院と郡衙の創建瓦が同一であることと相俟って、陸奥国の郡衙周辺寺院の性格を考える材料となり得るものである。

借宿廃寺は、白河郡衙付近を古くから根拠地としていた谷地久保古墳を営んだ豪族の氏寺であると同時に、白河郡東部を根拠地としていた第二の豪族も知識として借宿廃寺建立・維持に加わり、借宿廃寺における法会に参加していたと考えられる。そこから借宿廃寺が、白河郡内の豪族を、仏教を紐帯として結びつける役割を果たしていたことが推測される。寺院の建立は、技術的にも、おそらく制度的にも、陸奥国の豪族単独でできるものではなく、国家の公認と援助を必要とするものであった。国家は白河郡内の二大勢力を一郡に編成する一手段として、寺院を利用したものであろう。

二　夏井廃寺（福島県いわき市）と磐城郡衙

古代の磐城郡は、福島県浜通り（太平洋岸）南部、いわき市南部の小名浜湾付近から双葉郡楢葉町に及ぶ範囲で、郡衙遺跡はいわき市平下大越《たいらしもおおごえ》の根岸遺跡であり、郡衙周辺寺院は夏井廃寺(73)（図4）である。この郡衙所在地域は阿武隈山地を水源とする郡内最大の河川である夏井川の河口である。郡衙遺跡はその南に張り出した低丘陵上にあり、寺院はその丘陵近くの川に面した平地に位置する。

夏井川河口を見下ろす丘陵を構成する北側尾根の先端には郡庁院が位置し、その西側には曹司から正倉院（北院）へと変わる建物群が所在する。北側尾根より谷を挟んだ南斜面の平坦部の東側には正倉院（南院）、西側には曹司が位置しており、ここまでが郡衙遺跡の遺構群とされている。根岸遺跡における郡衙遺跡の遺構群は、丘陵上の平坦面を利用して東西・南北それぞれ三〇〇メートル程度の範囲にコンパクトにまとめて配置されており、白河郡の場合とは異なった院配置の構造をとっている。正倉建物群からは、創建期と考えられる六葉複弁蓮華文軒丸瓦が出土している。

また、郡衙遺跡遺構群の南約一〇〇メートルの一段高い平坦面上には、七世紀前半から八世紀前半の居宅跡がある。石城《いわき》国造、磐城評督、磐城郡司の地位を受け継いだ氏族の居宅と考えられている。

夏井廃寺(74)は、郡衙遺跡のある丘陵下の北側約一〇〇メートルの平地に位置する。金堂・塔・講堂跡と、区画施設が検出されている。

夏井廃寺の金堂は南北棟で東面する。金堂の真北に講堂があり、金堂の真西に塔がある。変則的であるが観世音

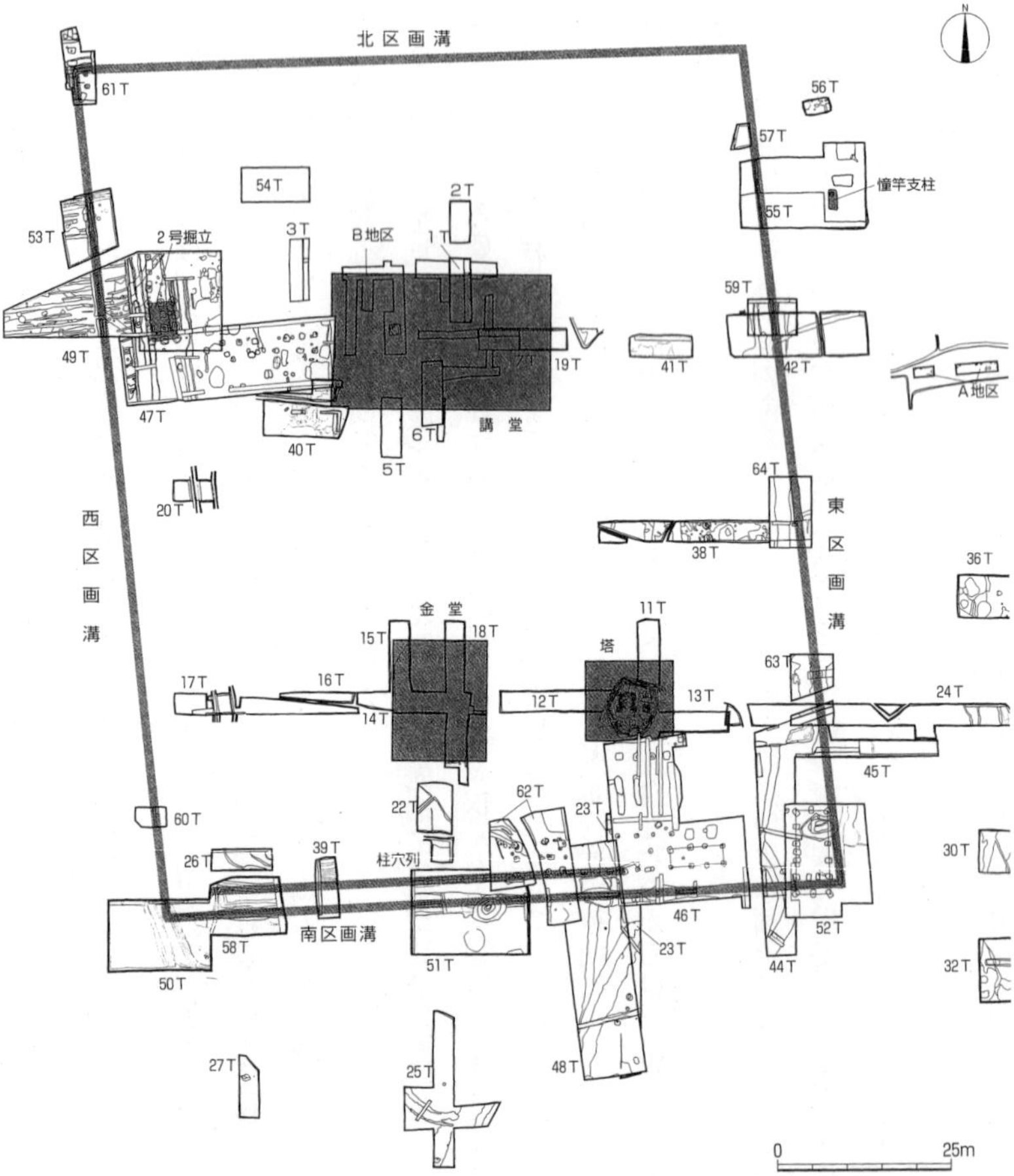

図4　夏井廃寺跡Ⅱ期（寺院完成期）遺構配置図

寺式の伽藍配置である。七世紀末から八世紀初頭のⅠＡ期（寺院創建期）に金堂と講堂が建てられ、八世紀前半から中頃のⅠＢ期（塔建立期）に三重塔らしい塔が建てられた。八世紀後半から九世紀前半のⅡ期（寺院完成期）に三つの堂の周囲を区画する菱形にゆがんだ区画溝が開削され、南の内側には柱穴列が設置され、東区画溝の北東には幡竿支柱が据え付けられた。九世紀後半から十世紀前半のⅢ期（寺院衰退期）にはⅡ期の区画溝は廃絶し、かわって土塁状遺構が主要伽藍を区画する。塔と金堂の南側には四脚門が建立され、土塁状遺構はその中門にとりつく。Ⅲ期の段階で主要伽藍三棟がすべて存在していたかは不明であり、またⅢ期以降、夏井廃寺が廃絶した時期を特定することはできない。

『夏井廃寺跡』では夏井廃寺の主要三伽藍の規模を、郡山廃寺や多賀城廃寺と比べている。三廃寺の基壇の規模は次のとおりである。

夏井廃寺	塔	基壇東西一二・八メートル	南北一一・八メートル
	金堂	基壇東西一三・一メートル	南北一七・二メートル
	講堂	基壇東西三二・一メートル	南北一九・五メートル
	区画溝	東西九六・三メートル	南北一一九・五メートル
郡山廃寺	塔	基壇東西一一メートル	南北一一メートル
	金堂	基壇東西一七・五メートル	南北一九・五メートル
	講堂	基壇東西三七メートル	南北一八・五メートル
多賀城廃寺	塔	基壇東西一一～一一・一六メートル	南北一〇・九八四～一一・六メートル

金堂　基壇東西一六・三三二メートル　南北一九・五九七～二〇・三メートル
講堂　基壇東西三一・一八メートル　南北一八・七〇八メートル

夏井廃寺は、郡山廃寺や多賀城廃寺のような国レベルの寺院ではないが、「郡レベルとしては主要伽藍をそなえた本格的な古代寺院であった」と、『夏井廃寺跡』ではこの数字をもとに述べている。夏井廃寺はまた、郡山廃寺、多賀城廃寺と同じく、観世音寺式という珍しい伽藍配置であることが注目される。郡山廃寺と夏井廃寺ではどちらが先に創建されたか不明ではあるが、夏井廃寺の伽藍配置は、郡山廃寺のものを、豪族が何らかの特権として導入することを許された可能性があると考えている。

なお、夏井廃寺建立期の養老二年（七一八）に陸奥国が分割され、石城国が成立し、夏井廃寺は一時的に石城国衙に付属する寺院となった可能性があることにも注目しておきたい[75]。夏井廃寺の建物のなかでは八世紀前半には完成していたとされる塔の基壇の規模が、郡山廃寺や多賀城廃寺に比して大きいのは、あるいはそのことと関係するかもしれないと考えるからである。

郡衙遺跡・寺院ともに創建瓦は六葉と八葉の複弁蓮華文軒丸瓦とロクロ挽き重弧文平瓦で、六葉のものは白河郡と同類であり、茨城県大津廃寺のものと似たものである。八葉のものは本章第一節「一　中野廃寺」の項で述べたように上野山王廃寺の影響を受けたものであり、ともに七世紀第4四半期後半頃のものと考えられる。

この郡衙遺跡所在地点に接する滑津川《なめづがわ》河口域には、五世紀後半には優れた埴輪を多数出土したことで著名な神谷《かみや》作《さく》古墳が成立し、六世紀以降も多くの古墳群や優秀な金属製品を多数出土した中田装飾横穴などが造営される。さらに七世紀初頭頃には、夏井川河口域でも大型方墳である甲塚《かぶとづか》古墳（現在は円墳に近い形で残っており、直径約三七メートル）が造営される。滑津川河口域から夏井川河口域にかけての地域が古墳時代中期後半から飛鳥時代まで、郡内で最も有力な豪族の本拠地であった。その一画の太平洋上の航路を見下ろす丘陵上に七世紀前半に豪族居館が造営され、七世紀第4四半期に評衙遺跡と寺院が造営される。白河郡と同様、評衙は伝統的な有力豪族によって造営されたといえる。

郡衙周辺には水運の便のよい夏井川流域を中心に、生産遺跡が配置されている。夏井川を一〇キロメートルほどさかのぼったところにある、夏井廃寺の瓦を供給した梅ノ《うめの》作《さく》窯跡をはじめとする窯跡群、郡衙の西九キロメートル付近に位置し、「磐城郡印」の印章鋳型や私印・鏡などの鋳型を出土した番匠地《ばんじょうち》遺跡、製鉄遺構の検出された清水《しみず》遺跡、郡衙の九キロメートルほど北に位置し、官営の木製品製作工房や須恵器・製鉄遺構が検出されている大猿田《おおさんだ》遺跡やその周辺のタタラ山遺跡、大久保F遺跡などが代表的なものである。

また、郡衙遺跡は太平洋を見下ろすことのできる丘陵上にある。太平洋沿岸を航行する船を監視でき、また逆に船からも見えるところである。港湾管理のみならず、船の航行の把握とも関連する施設が存在した可能性がある。

磐城郡においては、かねてより郡領を出す氏族が二つ存在したことが指摘されている。この二つの郡領氏族の存在という視点から、磐城郡の郡衙周辺寺院について考えてみたい。

磐城郡の郡領氏族は少なくとも、（1）石城直《いわきのあたい》→磐城臣→阿倍磐城臣と改姓した氏と、（2）丈部《はせつかべ》→於保《おお》磐城臣と改姓した二氏がある。『常陸国風土記』多珂《たか》郡条における、石城評の立評申請者である石城直美夜部《みやべ》と部《べの》（近年「丈部」とする説が有力であり、筆者もそれをとる）志許赤《しこあか》の二氏が、譜代氏族として九世紀半ばまで残ったと考えられている。(76)

七世紀末に建立され十世紀まで存続した磐城郡衙周辺寺院である夏井廃寺は、同時期の郡衙遺跡である根岸遺跡の北側に隣接している。根岸遺跡の南部には、七世紀前半から八世紀中頃の豪族居宅が存続する。この居宅は初代評督と考えられる石城直美夜部か、助督と考えられる丈部志許赤の居宅と考えられ、どちらかといえば美夜部の居宅である可能性が高いとされる。

白雉四年（六五三）の石城評設置から七世紀末の根岸遺跡の評衙成立までは数十年の間があるが、白雉四年段階で石城評の最有力者であった石城直美夜部の拠点に、七世紀末に磐城評衙が設置され、郡衙周辺寺院である夏井廃寺も石城直氏の氏寺として建立されたものであろう。

一方、丈部氏の根拠地と考えられているのが、磐城郡の北端近く、『常陸国風土記』にも多珂郡の道後《みちのしり》として見えている苦麻《くま》の村の遺称地である双葉郡大熊《おおくま》町熊《くま》付近を流れる熊川河口の南方四キロメートルあまりに位置する小浜代遺跡である。(77) 郡衙遺跡ではないが、磐城郡内では根岸遺跡に次ぐ公的な施設と考えられる。この遺跡は七世紀末または八世紀初頭に成立し、九世紀代まで続いた。成立当初の性質は「丈部系豪族の拠点に近い所に設けられたある種の官衙的施設」であり、その後七二〇年代末から七三〇年代頃に、多賀城系の瓦を用いた基壇建物が建てられ、その建物は仏堂と考えられている。その時点で、小浜代遺跡は寺院的な要素が強くなるとされる。この仏堂は、磐城臣氏がにぎる夏井廃寺に対抗する形で、多賀城系の瓦が用いられているとされる。(78) 仏堂と想定される基壇は二つ検出されており、その規模は西基壇遺構が一辺五・六メートルの方形であり、東基壇遺構は一辺五・五メートルの方形である。

七〜九世紀における磐城郡内の豪族の様相と寺院の様相を合わせ考えると、次のようなことが言えよう。七世紀末に、夏井廃寺が石城直氏の氏寺として建立された際には、第二の豪族である丈部氏も知識としてその建立に参加し、以後、夏井廃寺で行われる法会に参加していたものと考えられる。第二の豪族たる丈部氏が仏教に関わらなかったとは考えにくいからである。七二〇年代末から七三〇年代頃に、丈部氏の根拠地である小浜代遺跡に仏堂が設けられたことにより、丈部氏も自前の法会を行うことができるようになったが、引き続き夏井廃寺で行われる法会にも参加していたと思われる。夏井廃寺は伽藍の整った地方的大寺院であり、おそらく定額寺であって、天皇が「天下諸寺」に命じた法会を開催する場であるのに対し、小浜代遺跡には小規模な仏堂があるだけであり、行われる法会にも限界があったと考えられるからである。

結局、七～十世紀を通じて、夏井廃寺は磐城郡の豪族層を仏教の知識の思想によって結合し、評制、郡制を宗教的に補強する働きをしたと考えられる。

磐城郡と借宿廃寺については、他に、夏井廃寺出土文字瓦と、磐城郡における大領氏族の交代という二つの問題を考える必要がある。

磐城郡においては、九世紀中葉に大領氏族が交代したことが知られる。

『続日本後紀』承和七年（八四〇）三月戊子（十二日）条、同十年（八四三）十一月癸亥（十五日）条に見え、同十一年（八四四）正月辛卯（八日）条で阿倍磐城臣を賜姓される「磐城郡大領」の「磐城臣雄公」は、石城直美夜部の系統であったと考えられる。ところが、荒田目《あつため》条里遺跡において、「仁寿三年」（八五三）の年紀と「於保臣」の署名を持つ木簡とともに出土した「大領「於保臣」」の署名を持つ郡符木簡により、仁寿三年頃には、磐城郡大領は（丈）部志許赤の子孫である丈部系の豪族に交代していたことが知られる。

このような大領氏族の交代に伴い、本来石城直氏（＝磐城臣氏＝阿倍磐城臣氏）の氏寺であった夏井廃寺の運営氏族が交代したかどうかが問題となるが、寺領荘園なども持ち、磐城郡からは相対的に独立した組織であったはずの夏井廃寺の運営主体が、すぐに変わることは考えられない。基本的には石城直氏系統の阿倍磐城臣氏の氏寺として存続し、丈部氏系の於保磐城臣氏も寺領をさらに施入するなどして夏井廃寺を保護することにより、宗教政策を推進したと考えられる。初めてかどうかはわからないが、新たに郡領となった於保磐城臣氏は、そのように他氏の氏寺を利用できたが故に、本拠地の小浜代遺跡の仏教施設を拡大する必要もなかったし、また本格的な寺院を建てることは困難であったと考えられるのである。(79)

夏井廃寺からは人名や郡名を示す文字瓦が出土しており、興味深い。

人名としては「広刀自女」「[丈]部尼刀自[女]」「[広]成女」「[壬][生]部浄成」「丈部」「[丈]」「丸子[部]」がある。年代は、一部のものは、八世紀末から九世紀初頭とされる。また、不明の文字の残画から、弘仁十四年（八二三）ないしは承和十四年（八四七）と考えられる「□□十四年七月」銘文字瓦もある。

これらの人名を示す文字瓦は、寄進者の名を記したものと考えられるが、丈部、[壬][生]部、丸子[部]など多数の姓からなる。丈部姓は、夏井廃寺跡から西北西一・五キロメートルに位置する荒田目条里遺跡から出土した人面墨書土器に、「磐城□　磐城郷　丈部手子麿召代」とあることから丈部氏の本貫地《ほんがんち》が近隣にあったらしい磐城郷であることがわかり、そのため夏井廃寺の文字瓦にも丈部姓のものが多いと考えられている。(80)

『続日本紀』神護景雲三年（七六九）三月辛巳（十三日）条で、磐城郡人外正六位上丈部山際が「於保磐城臣」を賜姓されており、丈部氏の最有力の一族は、以後「於保磐城臣」であったと考えられる。したがって、文字瓦に見える丈部姓はその同族であり、磐城郷に本拠地を置く有力な一族と考えられるが、丈部系の最有力氏族ではない。夏井廃寺は石城直氏の氏寺と考えられるが、八世紀末から九世紀にかけての時期には、丈部系を含む多様な氏族の寄進を受けていたと考えられよう。おそらく七世紀末から八世紀にかけて、郡領級豪族の権威の象徴であった郡衙周辺寺院が、周辺もしくは郡内の富豪層に、その檀越を広げつつあったことを示すものであろう。これは、会津や白河などの他地方で集落に関連する掘立柱仏堂が建立されるなど、民衆布教が展開した動きと対応する現象であると考えられる。

三　上人壇廃寺（福島県須賀川市）と磐瀬郡衙

福島県中通りの中部の須賀川市付近にあった古代の磐瀬郡の郡衙所在地域は、須賀川市の阿武隈川に支流の釈迦堂川が合流する付近である。釈迦堂川河口より一キロメートルほどさかのぼった栄町遺跡(81)が郡庁院で、その北約五〇〇メートルに郡衙周辺寺院の上人壇廃寺（図5）が位置する。

郡庁院は奈良時代には成立しているが、創建時期は不明である。この場所では七世紀中頃を中心とした時期には、郡庁院に先行して方位を異にする梁間二間の長大な掘立柱建物群が存在しており、地域首長層の居宅の地に、郡衙遺跡が造営されたことが知られる。

郡衙周辺寺院の上人壇廃寺は八世紀第2四半期の創建であり、郡衙遺跡の創建が先行する可能性もある。またこれらの東に接して近世の奥州道中が通っており、それは東山道だった可能性がある。

上人壇廃寺は四天王寺式の流れを汲む伽藍配置で、三分の二町四方の内郭内の建物は、南から、中門、塔、金堂からなり、講堂は持たない。出土した瓦類、須恵器、土師器から、寺院の創建は奈良前期とされる。

創建当時の伽藍は三分の二町四方の区画を持ち、中門、東門、西門が区画によって連絡され、そのなかに塔（六角瓦塔と推定）、金堂が中門を含めて中軸線上に配置されており、金堂の東と西に経蔵、鐘楼があったと考えられる。この北部延長線上内郭外部に、僧房と考えられる四間×二間の東西棟の建物が検出されている。

塔跡は東西一〇・五メートル、南北八メートル、高さ九〇センチメートルの方形基壇で、礎石建物であったと推

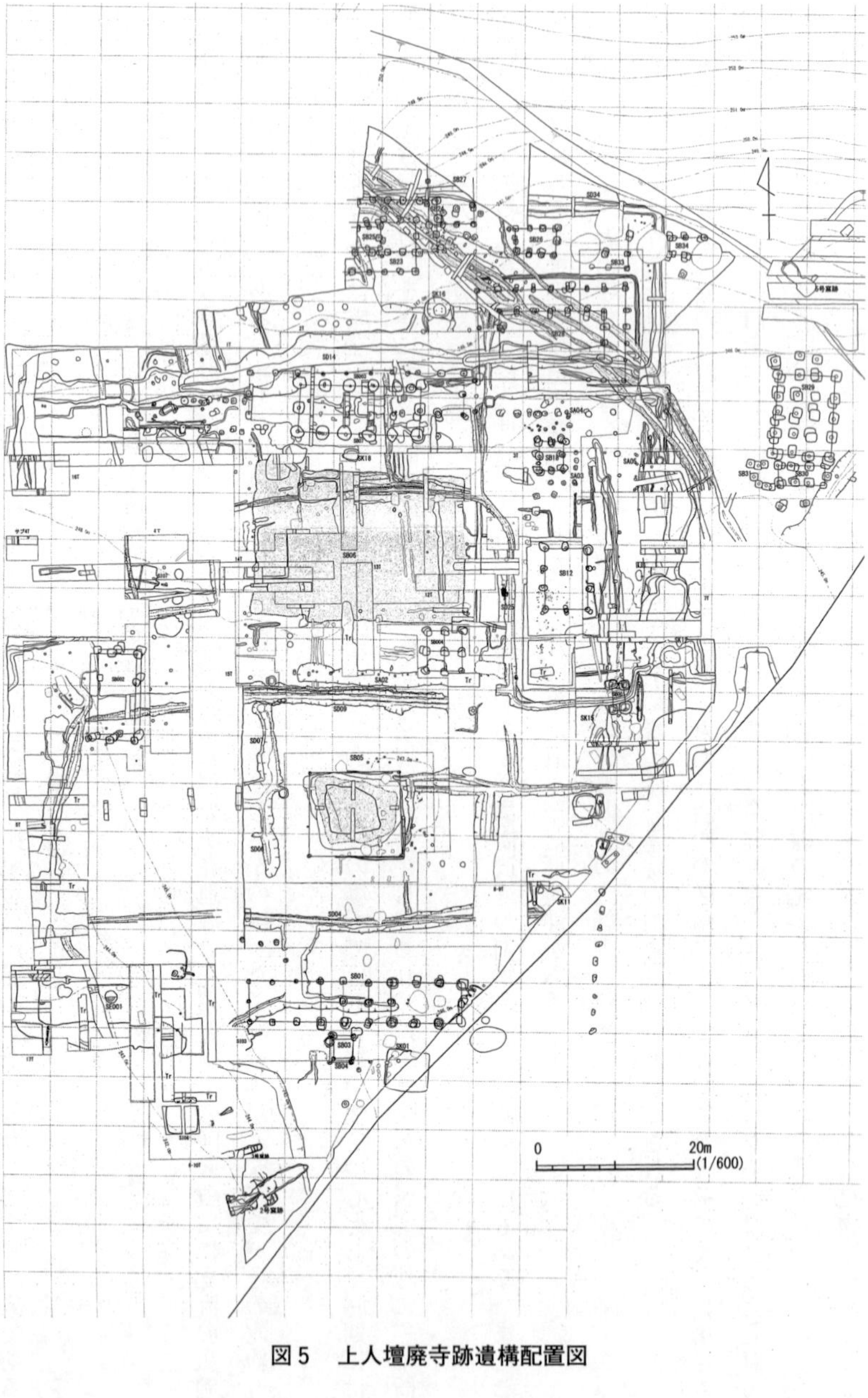

図５　上人壇廃寺跡遺構配置図

測される。礎石、根石等の遺構は認められない。瓦塔が用いられ、覆い屋が建てられていたらしい（この建物を金堂とする考えもある）。金堂跡は掘込地業のみの残存であるが、礎石建物と推測されている。創建当時の地業の規模は概報に記載がない[82]が、柱間一〇尺で桁行八間、梁間五間の建物が想定されている。

上人壇廃寺では、平安時代初期に大改造が行われる。中門、東門、西門は創建時より小規模になり、築地は柵列に変わったようである。金堂も建て替えられ、南北一五メートル、東西三〇メートルになったと考えられている。この時期の建物の配置は中軸線上に中門、塔（六角瓦塔）、金堂があり、この東に二間×三間の高床建物がある。経蔵か鐘楼と考えられる。内郭の北東外側に東西八間・南北六間の四面庇付き掘立柱建物が成立し、数回の建て替えが認められる。この建物は講堂とも考えられている。

出土遺物は、荘厳経に使用された金銅製軸頭七点、鉦鼓、六角瓦塔、緑釉碗（愛知県小牧市尾北窯出土のものと同様のもの）、灰釉碗二点（同前）、灰釉長頸瓶（同前）、灰釉輪花碗三点（同前）、円面硯などである。

創建時の軒丸瓦は六葉複弁蓮華文で、周縁に鋸歯文があるものである。この瓦は瓦塔の覆い屋とされる建物、金堂とされる建物に葺かれていたと考えられる。また築地に葺かれていた可能性も高い。これらの建物の補修瓦として、六葉蓮華文の流れを汲む特殊瓦があり、第二次補修瓦として山形文を基本とする六葉文軒丸瓦がある。第二期の平安時代の瓦は十字文軒丸瓦である。

上人壇廃寺については、養老二年に成立した石背《いわせ》国の国府付属寺院であるとする説[83]もある。上人壇廃寺の廃絶は概報によると十二世紀であるが、出土する土器は八～九世紀のものが中心であるという指摘がなされている[84]。したがって、寺院として存続していたのは九世紀までであろう。九世紀代には、上人壇廃寺と後述する（第二部第一章第二節）米山寺跡の寺院が同時に存在していたらしい。

四　清水台遺跡（福島県郡山市）と安積郡衙

安積郡衙関連遺跡として知られ、明確な寺院遺構は発見されていないが、佐川正敏氏は寺院の存在を推定している[85]。創建瓦は、交差鋸歯文縁複弁六弁（複弁六弁蓮華文）軒丸瓦（中房蓮子二重で古相[86]）と重弧文軒平瓦のセットと、棒状子葉をもつ単弁八弁（単弁八弁蓮華文）軒丸瓦と重弧文軒平瓦のセット（麓山瓦窯跡産）がある。奈良時代以降の修理用軒瓦も複数種あるので、複数の堂塔があったと考えられる。

五　堂の上廃寺（福島県双葉郡双葉町）と標葉郡衙

福島県浜通り中部にあった古代の標葉郡は、福島県の太平洋側中央部の双葉郡富岡町から浪江町の地域で、郡衙所在地域は双葉町の前田川河口域である。郡衙遺跡は、前田川河口を見下ろす台地上の郡山五番遺跡である。五番地区では、調査により掘立柱建物群が検出され、三時期の変遷が確認された。掘立柱建物で規模が確認されたのは八棟で、二間×五間の官衙風建物が五棟あり、二間×三間の建物が三棟あった。礎石が存在することはわかっていたが、移動しており、礎石建物は検出できなかった。出土瓦は多彩であり、軒丸瓦は八葉単弁蓮華文瓦が五種類、十一葉単弁蓮華文瓦が二種類、十三葉単弁蓮華文瓦が一種類である。軒平瓦は、変形偏行唐草文瓦、波状文瓦、木葉文瓦、無文瓦、重弧文瓦の五種類がある。創建瓦は八葉単弁蓮華文軒丸瓦とロクロ挽き重弧文軒平瓦であり、上野山王廃寺の影響下にいわき市夏井廃寺に採用された瓦の影響を受けて相馬市中野廃寺で採用され、中野廃寺で退化した瓦に似たものである。五番地区の建物の創建時期は七世紀末～八世紀初頭である。

堂の上地区では版築を持つ建物の存在を確認し、かつて周辺に多量の礎石があったことも聞き込みで明らかになった（図6）。農道地に埋めた礎石の存在や、根石を集めた土坑なども確認された[87]。この堂の上地区の版築を持つ建物は金堂の可能性が指摘されており[88]、郡衙周辺寺院とも考えられる。しかし、この遺構からは瓦は出土していない[89]。堂の上地区に存在した寺院を本書では堂の上廃寺と呼称する。

周囲には塚越古墳群・清戸《きよと》迫《さく》横穴墓群などが分布し、郡内でも最も有力な、後期から終末期の墳墓群が所在する地域となっている[90]。

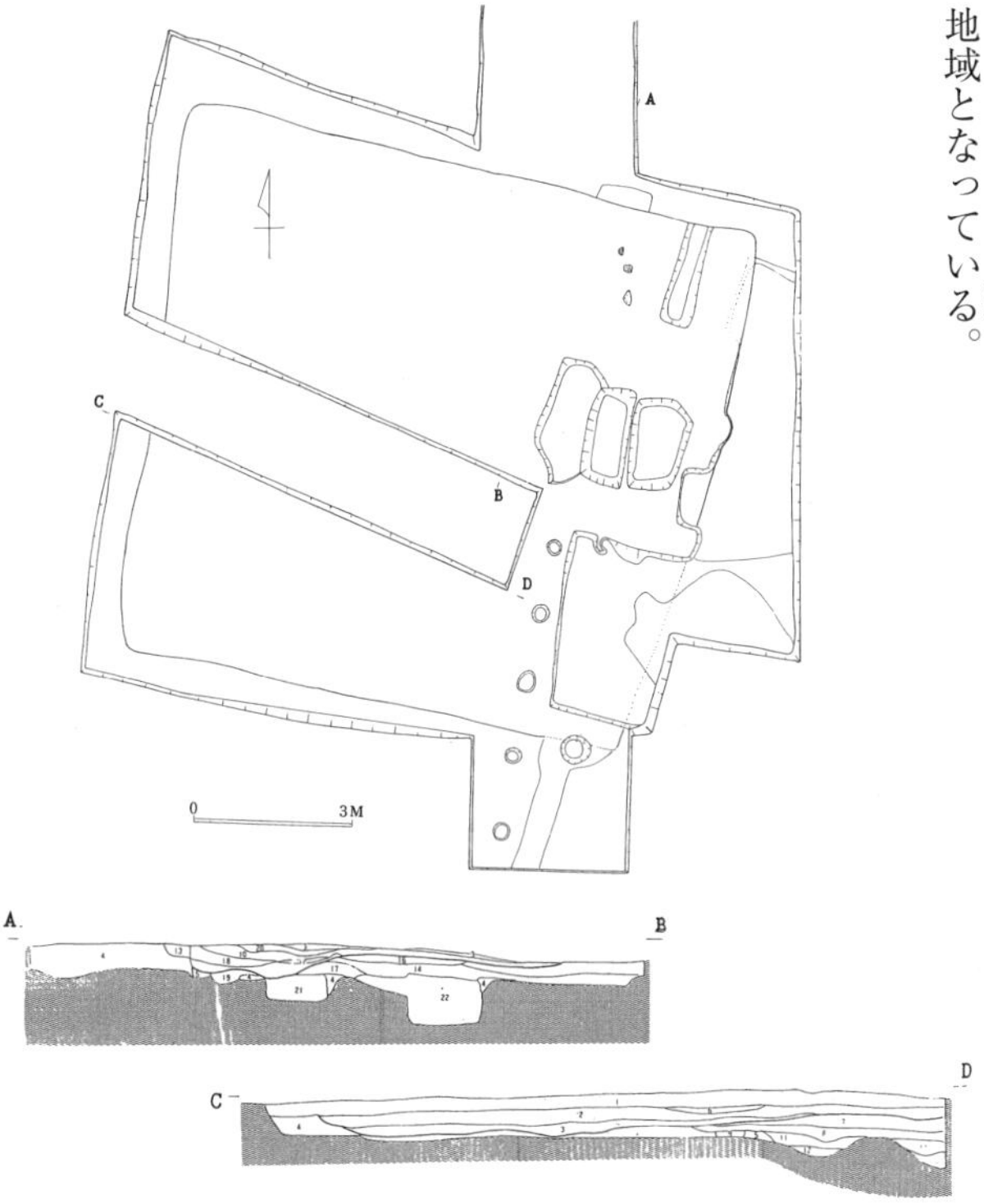

図6　堂の上廃寺跡基壇建物実測図

六　館前廃寺（福島県南相馬市）と行方郡衙

福島県浜通り北部にあった古代行方郡は標葉郡の北に位置し、南相馬《みなみそうま》市の新田川河口域が郡衙所在地域となっている。郡衙遺跡の名称は泉官衙遺跡であり、寺院遺跡は泉官衙遺跡の東端の館前地区にあるので、本書では館前廃寺（図7）と呼称する。郡衙遺跡は新田川河口から五〇〇メートルほどさかのぼった、川の屈曲部に面する段丘上に位置する。この面は幅一五〇～二〇

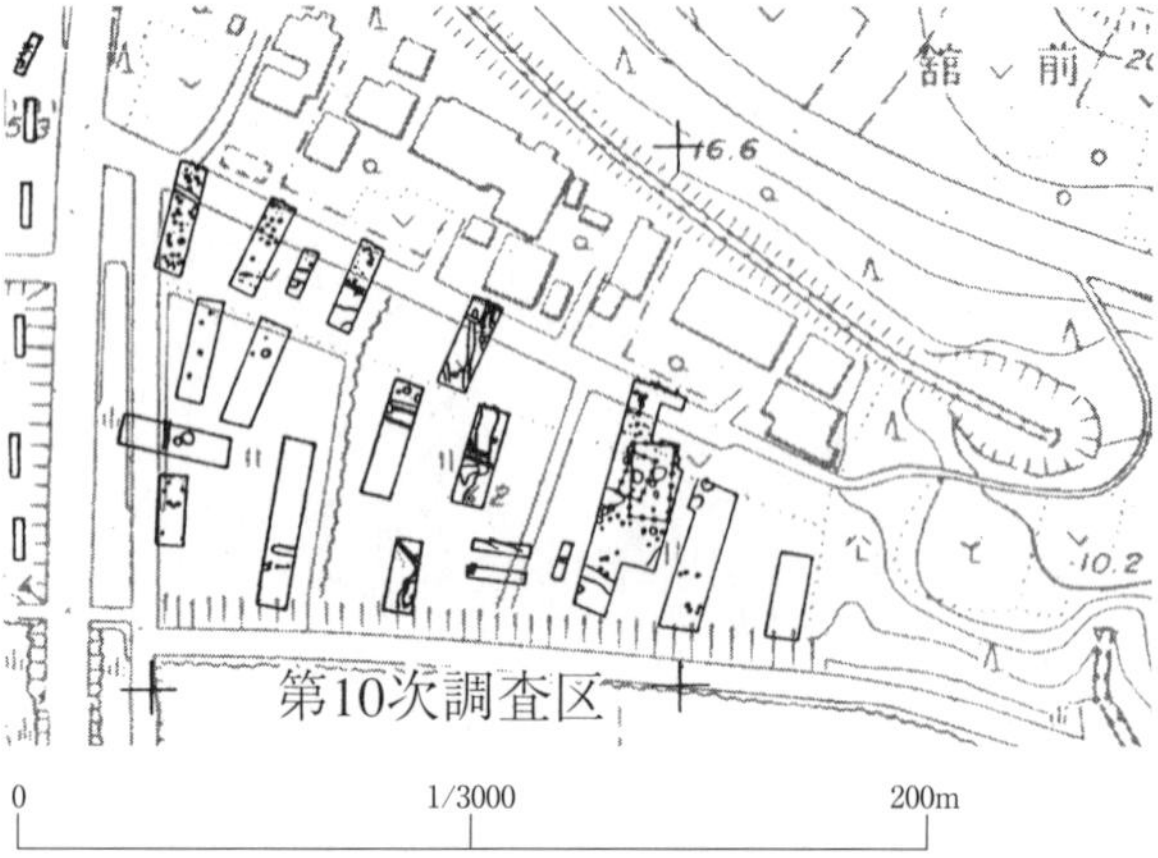

図７　舘前廃寺跡（泉官衙遺跡舘前地区）遺構配置図

〇メートルで丘陵に沿って延びており、その地形に合わせるように東から、郡庁院・正倉院・館院がほぼ接するように配置されている。

創建時（I期）の郡庁院はN―一五度―E方向の一本柱塀による方形区画中央やや北に正殿、塀に張りついて前殿・後殿・両脇殿が配置される構造である。II期になると正殿に四面庇が付き、方位も真北となるが、所在位置は踏襲している。この郡庁院の南には運河らしき水路が確認されている。正倉院は郡庁院の約二〇〇メートル西に位置し、一辺一〇〇メートルから二〇〇メートル規模のものへと拡張されている。郡衙遺構の創建期は七世紀末、II期は八世紀、III期は九世紀とされている。なお、館院の成立は八世紀後半か九世紀初頭と推定される。また養老三年（七一九）に整備された官道は、遺跡の約五キロメートル西の陸前浜街道付近と推定されている。

遺跡範囲の東端の舘前地区では瓦溜《かわらだ》まり（瓦の廃棄穴）が確認され、多量の瓦のほか塼《せん》、鬼板、円面硯が出土している。また、朱の付着した軒平瓦が出土していることから、付近に塼積み基壇の丹塗り総瓦葺きの建物が数棟存在した可能性があり、その建物は寺院だったと考えられている。瓦からみるとその寺院の創建は七世紀第４四半期であり、九世紀の中葉までは存続していたと考えられており、瓦の編年がなされている。

寺院I期（七世紀第４四半期）は花葉文軒丸瓦と重弧文軒平瓦の組み合わせ、寺院II期（八世紀第１四半期）は花文軒丸瓦と木葉文軒平瓦、均整唐草文軒丸瓦、寺院Ⅲ期は、細弁蓮華文軒丸瓦と釣針文軒平瓦（ともに多賀城系）、寺院Ⅳ期は、三蕊弁四葉花文軒丸瓦（腰浜廃寺系。対応する軒平瓦は未確認）とされている[91]。

関連する遺跡としては、新田川河口と背後の丘陵や二キロメートル西方の丘陵に後期古墳群や横穴墓群が所在するが有力なものはなく、むしろ六キロメートルほど北の真野川流域が有力である。そうしたことから、郡衙の設置は、旧来の在来氏族の影響が少なく、さらに河川と海岸の結節点という交通の要衝を選んでなされたものと考えられている[92]。

この泉官衙遺跡の北方約一・五キロメートルには、全国最大規模の製鉄遺跡群として有名な金沢地区製鉄遺跡群があり、南方約五キロメートルの地点には、泉廃寺跡で出土する瓦を生産していたと考えられる京塚沢瓦窯跡がある[93]。

七　陸奥国南部における郡衙周辺寺院の意義

陸奥国南部の郡衙遺跡と寺院成立のあり方について詳細に検討した木本元治氏はいろいろな特徴を指摘しているが、そのなかで本章と関係がとくに深い指摘は次の三点である。

（一）郡衙遺跡の成立年代は、白河・安積・伊具・磐城・標葉・行方郡では七世紀第4四半期、磐瀬・信夫郡でもその可能性がある。

（二）付属寺院とされたものの創建年代は、宇多郡では七世紀第2四半期、信夫郡では第3四半期、白河・磐城郡では第4四半期、磐瀬郡では八世紀第2四半期で、郡衙遺跡より古い寺院もある。

（三）大部分の郡では郡衙所在地域の古墳群が古墳時代後期から飛鳥時代にかけて郡内で最も有力となっており、

古墳のあり方からも、有力地域首長の本拠地に郡衙遺跡を造営したことが知られる(94)。

これらの指摘は非常に重要であり学ぶべきものである。しかし、(三)については、この結論自体は正しいが、郡により傾向に差があり、信夫・宇多・行方の三郡においては前代の有力豪族と必ずしも連続していない側面があり、その背景には国家の強い関与が想定されることはこれまで述べてきた。

これらの東北地方の郡衙周辺寺院の特色として、三点指摘したい。

第一は、七世紀第4四半期の郡衙遺跡の体制的な成立期に建立された寺院が三寺院あり、比較的多いことである。

第二点は、郡衙周辺寺院は国家との関係の深かった郡に多く建立されたと考えられることである。宇多郡と行方郡は製鉄遺跡があり、白河郡と磐城郡・磐瀬郡は陸奥国中部・北部に大量の移民を出している。また、磐瀬郡は、養老二年に陸奥国が三分割された際に、石城・石背両国の中心となったと考えられる。

第三点は、八世紀初頭までの郡衙周辺寺院は、一郡に二寺ある例が見られず、郡衙周辺寺院の建立が制度的に貫徹しているように見えることである。陸奥国南部においては、六世紀後半の時期に在地の豪族の勢力が大和政権によって弱体化されたことが指摘されており、この地域は七世紀後半の評制成立期においても、国家の支配力が強く及ぶ地域だったことが、その背景として考えられる。この三つの特徴をもとに、七世紀末頃における陸奥国の郡衙周辺寺院の意義を考えてみたい。

まず、寺院が一郡に一つしかないという特徴であるが、このことは、陸奥国の郡衙周辺寺院が、国家の強い影響下に建立されたことを示している。そしてその役割は、評制施行の際、評内の豪族を精神的に結びつけることであった。そのことを示す貴重な実例が、先に述べた白河郡の例である。白河郡には七世紀後半には二か所に有力豪族が存在していたが、寺院は郡衙とともに郡西部の最有力豪族の根拠地に建てられた。しかし、八世紀前半の時期に東部の豪族が最勝王経転読の事業に参加しており、その事業は郡内唯一の寺院であった郡衙周辺寺院で行われていたと考えられる。

信夫郡においても評内に南北二つの有力な勢力があり、郡衙周辺寺院が建立されなかった地域の豪族も古墳に銅鋺を副葬していることから、おそらく仏教に深く心を寄せていたことが知られる。そしてその勢力が、八世紀中葉に徳江廃寺を建立するのである。

安積郡においては、郡衙遺跡と推定される郡山市清水台遺跡付近の郡衙周辺寺院は未発見であるが、郡北部の十世紀には安達郡となる地域に、郡山台遺跡の塔遺構と小幡《おばた》遺跡という小規模な寺院遺跡が八世紀前半に成立することが注目される。

また、広大な版図を持つ磐城郡においても北部に第二の有力な勢力の存在が知られ、その勢力は八世紀前半もしくは中葉には、小浜代遺跡に仏堂を建立するのである。

陸奥国における評制施行と郡衙周辺寺院の成立が深い関係にあることは、陸奥国における郡衙周辺寺院が、七世紀末の郡衙遺跡の体制的成立期に比較的多く建立されていることからも言えると考えられる。これらの寺院の建立と修理、僧侶の活動の維持、そこで行われる法会への参加などが、郡内の豪族を精神的に、また経済的にも結びつける役割を果たし、評制の成立と維持に重要な役割を果たしたものであろう。

第三節　郡山廃寺成立前後の寺院——その二、国造制未施行地域——

国造制施行地域である宮城県南端部以南に多くの郡衙周辺寺院が成立するのとほぼ同時期の七世紀末から八世紀

初頭に、国造制未施行地域である宮城県中部の仙台市付近とその三〇キロメートルほど北の大崎平野に、四か所の寺院が建立された。これらの寺院は山中敏史氏によってすべて郡衙周辺寺院に分類されるが、東北地方の研究者は、城柵の設置に伴って城柵同様、国家による労働力編成によって建立された寺院＝官寺と定義することが多い。以下、それらについて検討する。

一　郡山廃寺（宮城県仙台市）

仙台市郡山廃寺（図8）は、北に接する郡山遺跡第Ⅱ期官衙と同時期、すなわち七世紀末から八世紀初めにかけてのもので、官衙の南に二町四方の寺域を占める。伽藍は東西一二〇〜一二五メートル、南北一六七メートルの材木列（塀）で区画された中の、中央西寄りに位置している。講堂跡と考えられる基壇建物の南方は、遺構の残存状況が悪い上に、宅地化により調査を実施することが難しい状況である。発掘調査により明らかになった講堂、僧房、瓦葺き建物跡の存在と、伝承ではあるが塔跡推定地の存在は、国府多賀城に付属する多賀城廃寺の伽藍配置（観世音寺式）に通ずる点が多い。瓦葺き建物跡の位置が金堂であるとすれば、ほぼ同じとなるであろう。郡山廃寺では、多賀城廃寺では存在しない南大門に相当する位置で八脚門が発見されたことから、多賀城廃寺を上回る広さを有していたことは確実である。寺域東辺の井戸から、罫線引きに用いた木製の定規や木簡が出土した。この定規は経文が習書してあり、写経に用いられたものであることが知られる。

郡山遺跡第Ⅱ期官衙は、遺構の規模が大きいこと、この遺跡の廃絶と同時期に多賀城が創建されること、東山道上に位置しながら当時、陸奥国の領域であった最上・置賜両郡を支配する上で便利な場所に位置していることなどから、陸奥国府と考える説が有力である。郡山廃寺は初期の陸奥国府に付属した、大規模な寺院であったと考えら

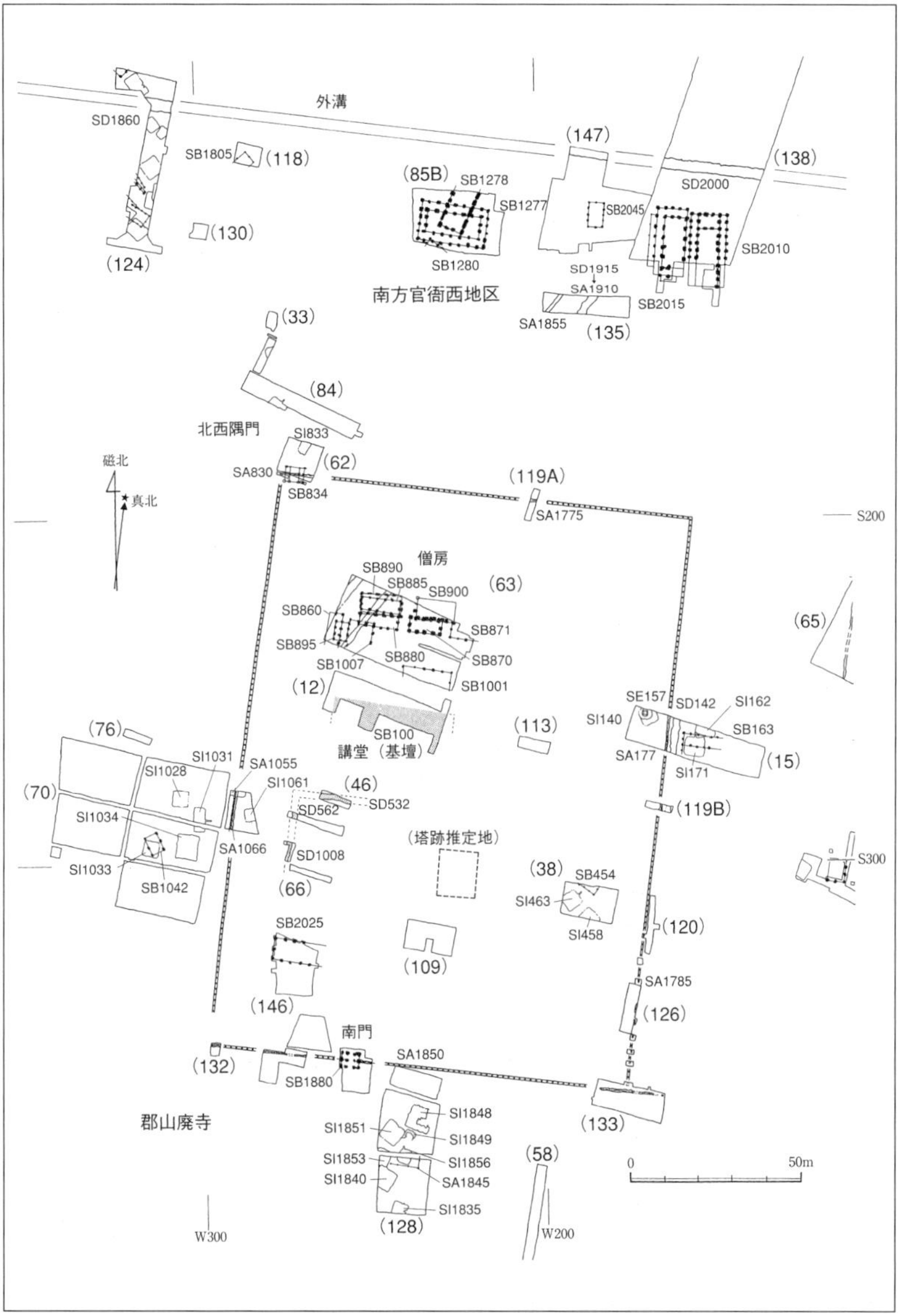

図８　郡山廃寺跡遺構配置図

れる。また、郡山廃寺は陸奥国府が郡山遺跡から多賀城に移転し、多賀城廃寺が創建されたあとも、八世紀後半頃まで存続したと考えられている。[95]

郡山廃寺は、僧房の検出や経文が習書されている木簡の出土から、持統紀の有名な蝦夷の沙門の三記事との関連が指摘されている。[96]郡山廃寺はこの史料に見えるような蝦夷系豪族への仏教布教の拠点としての役割をも果たしていたと考えられる。

しかし、陸奥国南部の諸郡には、郡山廃寺の成立以前にすでに二つの郡衙周辺寺院があり、郡山廃寺の成立と同じ頃に、泉廃寺、夏井廃寺、借宿廃寺の三寺院が成立している。これらの郡衙周辺寺院の存在する諸郡が国家の東北経営を支えたことを考えると、それらの寺院を統制する役割を持っていたことも想定できる。とくに、陸奥国南部の諸郡は国家の東北政策を人的・物的に強く支える役割があったと考えられるので、陸奥国南部の諸郡の寺院の統制や指導は、国府にとって必要だったであろう。『続日本紀』大宝二年（七〇二）二月丁巳（二十日）条に見える諸国の国師が、[97]陸奥国においては国府と想定される郡山遺跡に同方位で隣接する郡山廃寺に住んだことは十分考えられよう。

また、国府周辺の現宮城県中南部の諸郡からは、郡衙周辺寺院の遺跡が見つかっていないことから、周辺諸郡のための法会を行ったり、郡衙で行われた法会に僧を派遣するなど、周辺諸郡の仏事を引き受けていたものと考えられる。

二　伏見廃寺（宮城県大崎市）

伏見廃寺（図9）は、多賀城の三五キロメートルほど北にある名生館《みょうだて》遺跡（玉造郡衙遺跡[98]）の南一・二キロメートルにあり、同遺跡の付属寺院である。名生館遺跡と同じ瓦が出土することから、同遺跡第Ⅱ期と同じ時期に創建されたと考えられる(99)。

建物基壇と思われる土壇の規模は東西幅が一七・六メートル、南北幅が一四・六メートルに復元されている。土壇の高さは最高で七〇センチメートルであるが、本来はさらに高かったと考えられる。この土壇上にはかつて礎石が存在していたが、調査時点においては開田時の削平により、礎石も根固め石も確認できなかった。土壇の規模から、土壇上の建物は五間×四間の規模の金堂であると推測されている。

発掘調査で出土した遺物は、多量の瓦と少量の土師器・須恵器である。軒丸瓦には名生館官衙遺跡と同種・同笵の、山田寺系単弁蓮華文軒丸瓦と多賀城創建期の重弁蓮華文軒丸瓦、素弁蓮華文軒丸瓦、樹枝文軒丸瓦、四弁花文軒丸瓦などが出土している。軒平瓦ではロクロ挽き重弧文軒平瓦、ヘラ描き重弧文軒平瓦、押形格子文軒平瓦、素文軒平瓦が出土している。創建瓦は、山田寺系単弁蓮華文軒丸瓦とロクロ挽き重弧文軒平瓦の組み合わせと考えられている。伏見廃寺の創建年代は多賀城創建以前である七世紀末～八世紀初頭と推定され、九世紀代まで存続していたものと考えられる(100)。

大崎・牡鹿《おじか》地域における建評の前提となるのは、七世紀中葉から後半にこの地域に広がる「囲郭《いかく》集落」である。これらは、竪穴住居・小型の掘立柱建物から構成され、周囲や内部が溝や塀によって区画され、関東系土器を伴い、関東からの移民を含むものと考えられる。旧古川市の名生館遺跡、三輪田《みわだ》・権現山遺跡、南小林《みなみおばやし》遺跡、黒川郡大和《たいわ》町の一里塚遺跡、牡鹿地方の赤井遺跡がそれである。これらの遺跡は、文献では柵《き(さく)》と呼ばれるものにあたり、柵《きの》造《みやつこ》に統率されていた。そして、より上位の柵であり、中央派遣官が常駐する郡山遺跡Ⅰ期官衙に管轄されていた。

これらの柵は全国的な国境確定作業が行われた天武朝末年に再編され、いくつかの評が成立した。この段階で、

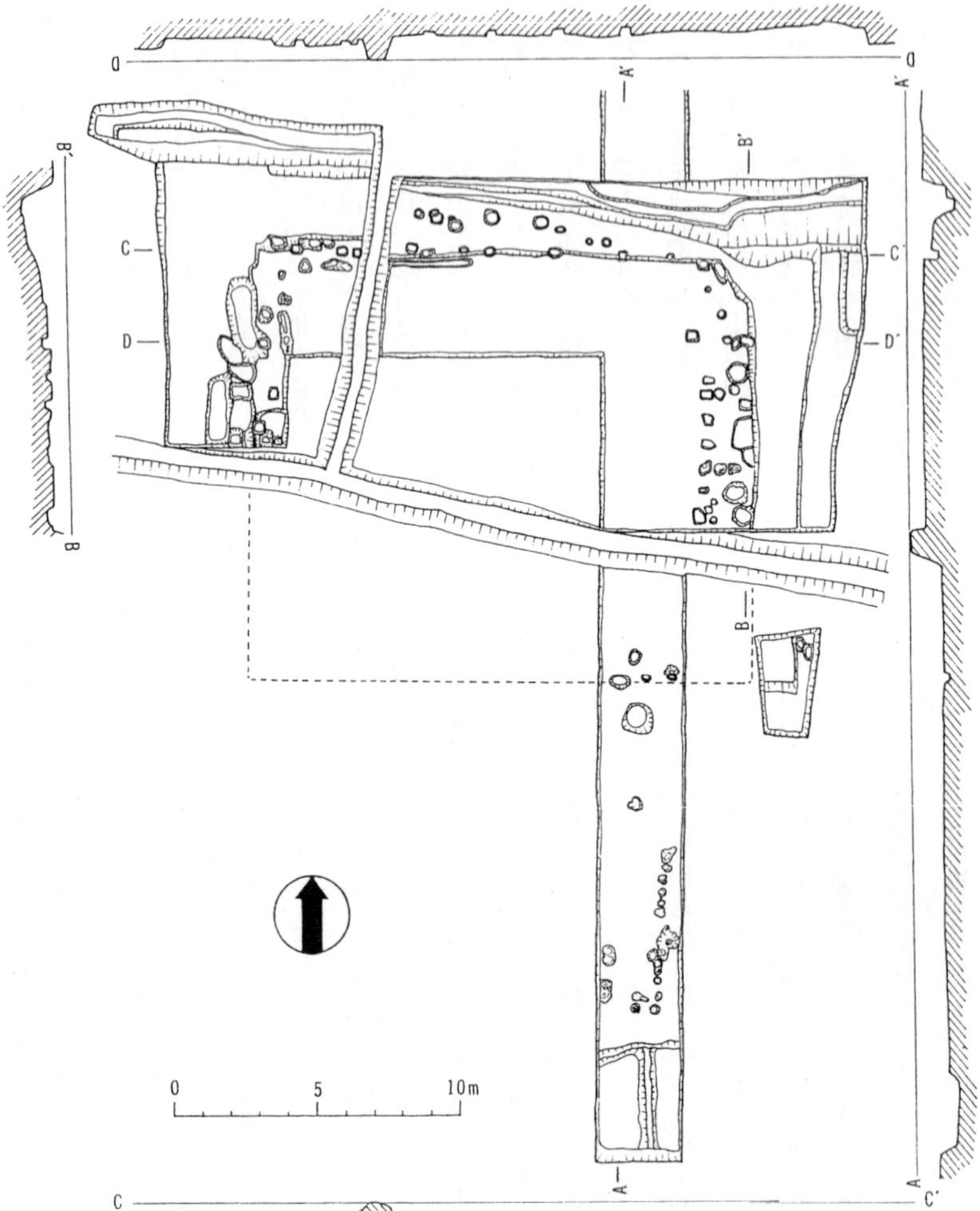

図９　伏見廃寺跡遺構実測図

少なくとも信太・牡鹿（仮称）の二評が置かれ、黒川評（仮称）も置かれた可能性がある。そして、『続日本紀』和銅六年（七一三）十二月辛卯（二日）条に丹取《にとり》郡を建てるとあるが、これは旧古川市から旧志太郡に及ぶ領域を持っていた、信太郡の北寄りの部分が分割され独立したものである。この丹取郡の郡衙が、名生館遺跡の第Ⅱ期に成立した政庁と考えられる。そして伏見廃寺は、この新設の丹取郡衙に付属する寺院として成立した。ただし、瓦の様式から見ると、伏見廃寺の成立は七世紀末までさかのぼる可能性があり、文献上の丹取郡成立の時期をさかのぼる可能性は残っている。

大崎・牡鹿地方では、霊亀元年（七一五）の富民千戸の移配、養老四年（七二〇）の蝦夷の反乱を経て、神亀元年（七二四）の多賀城の創建と同時期に、玉造・新田・色麻・牡鹿などのいわゆる天平の五柵が設置され、それまでの郡が一郡三～四郷規模の郡に再編され、黒川以北十郡が成立する。その際、名生館遺跡は玉造《たまつくりのさく》柵兼郡衙となったと考えられる[101]。その後、八世紀前半のうちに玉造柵は宮沢遺跡に移転し[102]、以後、名生館遺跡は玉造郡衙として存在した。伏見廃寺は玉造郡衙の付属寺院として、九世紀まで存続した。

三　一の関廃寺（宮城県加美郡色麻町）

一の関廃寺（図10）は色麻《しかま》町一の関に所在し、色麻柵跡かと言われていたが、金堂跡と推定される瓦葺きの基壇建物跡を発見したために、色麻柵に関連する寺院跡と考えられるようになった。しかし、現在では、この寺院が付属した官衙は不明である。多賀城創建より古い軒丸瓦が出土し、伏見廃寺と同時期の七世紀末から八世紀初頭の成立とされる[103]。

一の関廃寺の中心建物の基壇の規模は東西一四・三メートル、南北一一・四メートルで、基壇の方向は真北とほ

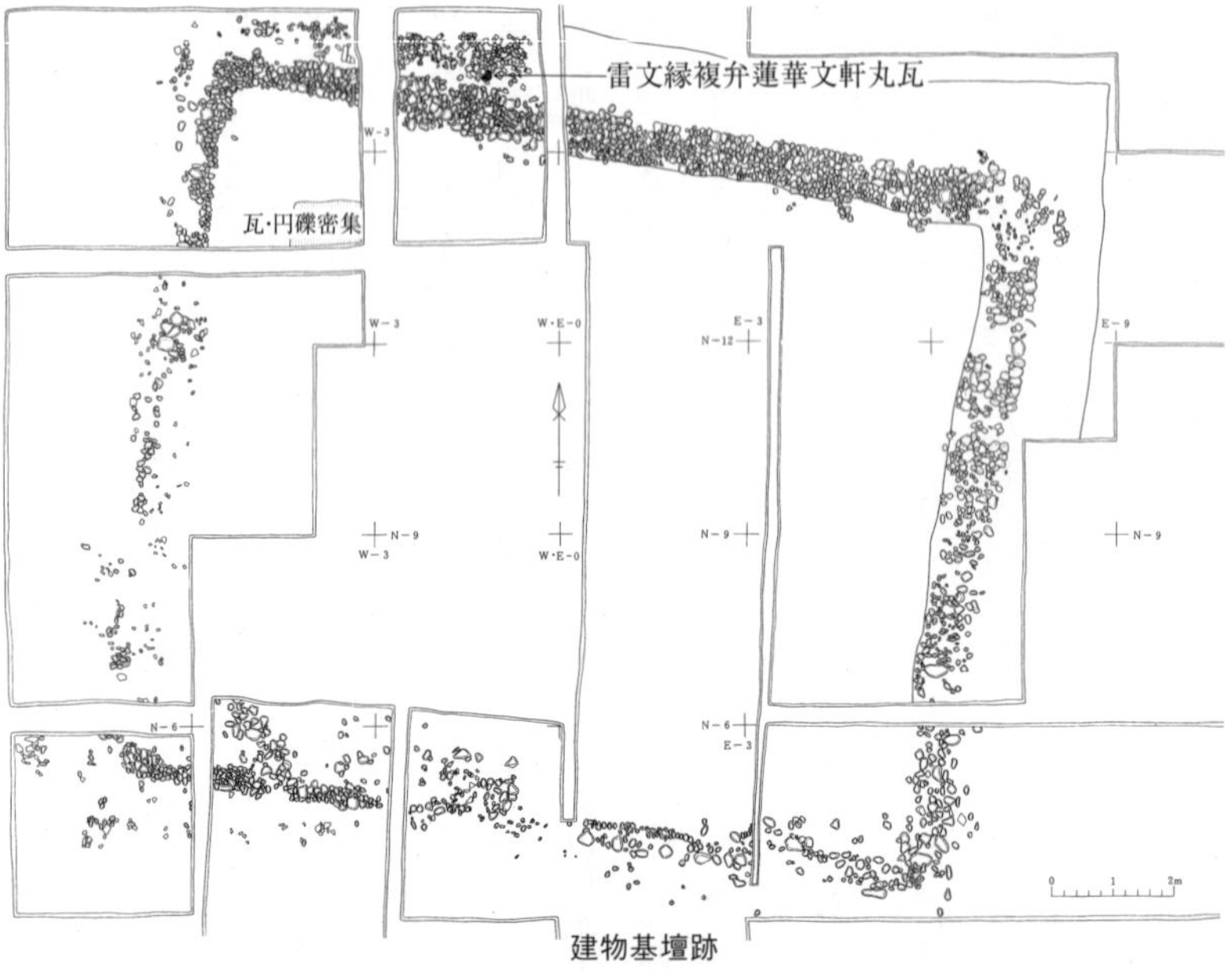

図10　一の関廃寺跡基壇遺構実測図

ぼ一致している。外周部分は幅〇・八〜一メートルの石組帯である。この石組帯は直径六〜二〇センチメートルの円礫が数段重なった状態で認められ、その間隙に直径二〜六センチメートルの小円礫が配されていた。この基壇化粧は、菜《な》切谷《ぎりや》廃寺のものと類似しているとされる。

基壇建物の東側約三〇メートルの位置に二つの柱穴からなる第一建物跡、北側約二五メートルの位置に数棟が重複する第二建物跡が検出されている。第二建物跡の一部の柱穴から、四間×四間の建物が復元できる。柱穴配置の方向は基壇建物と同じく真北である。第二建物の北東、基壇建物から八〇メートルほど北に離れた位置に第三建物跡があるが、柱穴が著しく重複しており詳細は不明である。このほか、調査区内からは建物群の外側の位置から竪穴住居跡、土坑、土塁状遺構、溝状遺構が検出されている。

出土遺物は瓦、土師器、須恵器、赤焼土器、円面硯などである。

瓦はほとんどが、建物基壇跡とその周辺から出土したものである。軒丸瓦は雷文縁複弁蓮華文軒丸瓦、重弁蓮華文軒丸瓦、素弁蓮華文軒丸瓦、鋸歯文蓮華文軒丸瓦、珠文縁蓮華文軒丸瓦、重圏文軒丸瓦、樹枝文軒丸瓦があるが、雷文縁複弁蓮華文軒丸瓦が最も量が多い。軒平瓦は破片で量も少なく、交差唐草文軒平瓦一種類のみである。(104)

一の関廃寺は多賀城創建以前の成立であるが、その時期には、大崎・牡鹿地方には、信太・丹取・黒川・牡鹿の四郡程度しか存在しなかったと考えられ、この廃寺がいかなる官衙に付属していたかは不明である。しかし、補修瓦と推定されるものとして、多賀城創建瓦でも最終段階に属する、色麻町日の出窯跡群C・D地点などで生産された重弁蓮華文軒丸瓦（多賀城分類二三〇）(105)が出土しており、同種の瓦は東山官衙遺跡（加美郡衙）や城生《じょう》遺跡（色麻柵兼郡衙）の郡衙遺跡としての創建瓦として用いられており、これらの施設と深い関係にあったことは事実である。

この寺院は、時期や規模も他の二廃寺と共通性があり、柵兼郡衙に付属していたものである可能性がある。しかし、この寺院を付属させていた柵兼郡衙はまだ発見されていない。木本元治氏は、陸奥国南部の郡衙周辺寺院の様相を敷衍して検討し、大崎平野の寺院遺跡は付近の古墳群を築いた在地勢力によって建立されたものであり、城柵や郡衙に先行するものもあるとし、一の関廃寺は、付近の色麻古墳群を築いた勢力により建立されたものとしている。(106)大崎平野の三廃寺は瓦の供給ネットワークが城柵と共通することから官寺と考えられているが、そのネットワークの成立は八世紀前半の多賀城成立期以降であるとする余地もあり、創建瓦については別の解釈も可能である。木本氏の研究は、従来の官寺説に再検討を迫るものと言えよう。寺院が城柵や郡衙に先行することもあるという視点から、関東系移民を含む在地勢力と城柵支配の関係を再考してみることも必要であろう。

四　菜切谷廃寺（宮城県加美郡加美町）

加美郡加美町の菜切谷《なぎりや》廃寺（図11）は城生遺跡（色麻柵兼郡衙）の北八〇〇メートルにあり、この官衙の付属寺院と考えられる。金堂と推定される建物が発見され、多賀城創建瓦である重弁蓮華文軒丸瓦が出土する。

遺跡は一基の基壇からなる。基壇は黄色粘土を積み上げ、周囲に安山岩の川原石を積み上げて側壁としたもので、規模は東西一二・七メートル、南北一〇・八メートルである。基壇の高さは現存する最も高いところで一・四メートルである。基壇の表面には礎石が一個あった以外には、根固め石も礎石を埋めた窪みも発見できなかった。周辺地区には礎石と思われる石が複数残存している。(107)

創建瓦は一の関廃寺と同じく、雷文縁複弁蓮華文軒丸瓦であり、対応する軒平瓦は知られていない。(108)最も多く出土する瓦は、重弁蓮華文軒丸瓦と珠文縁唐草文軒平瓦（多賀城分類二三〇と六六〇）であり、多賀城創建期の最後段階のものであり、八世紀中葉のものである。この種類の瓦（多賀城分類二三〇・二三一と六六〇の組み合わせ）は色麻町の日の出窯跡群C・D地点などで生産されたものであり、多賀城政庁や多賀城廃寺で少量出土したほかは、陸奥国府と加美郡・色麻郡に集中しており、軒平瓦と軒丸瓦がセットで認められるのは、東山遺跡と城生遺跡、および付属寺院である菜切谷廃寺に限られる。

この瓦の集中の様相と、この瓦が都で創作されて間もない平城宮の瓦をモデルとしたこと、モデルとなった瓦は天平九年（七三七）の陸奥出羽柵連絡路建設事業の際、持節大使として多賀城に赴任した藤原麻呂の都での私邸でも葺かれた可能性もあることから、二三〇・二三一と六六〇は、陸奥出羽柵連絡路建設事業の顕彰のために新調された瓦であるとされる。二次にわたる陸奥出羽柵連絡路建設事業は、第一次が加美郡衙、第二次が色麻柵を出発点としている。色麻柵の遺跡である城生遺跡と加美郡衙の遺跡である東山遺跡、および東山遺跡南方の方格《ほうかく》地割（壇の越遺跡）は、陸奥出羽柵連絡路建設という国家的大事業に伴い、一体的に造営・整備されたものである。(109) 城生遺跡の付属寺院である菜切谷廃寺は、城柵としての城生遺跡の成立以前に、雷文縁複弁蓮華文軒丸瓦を用いて成立していたが、陸奥出羽柵連絡路建設という国家的大事業に伴い、色麻柵兼色麻郡衙の付属寺院として大規模に改修されたことになる。

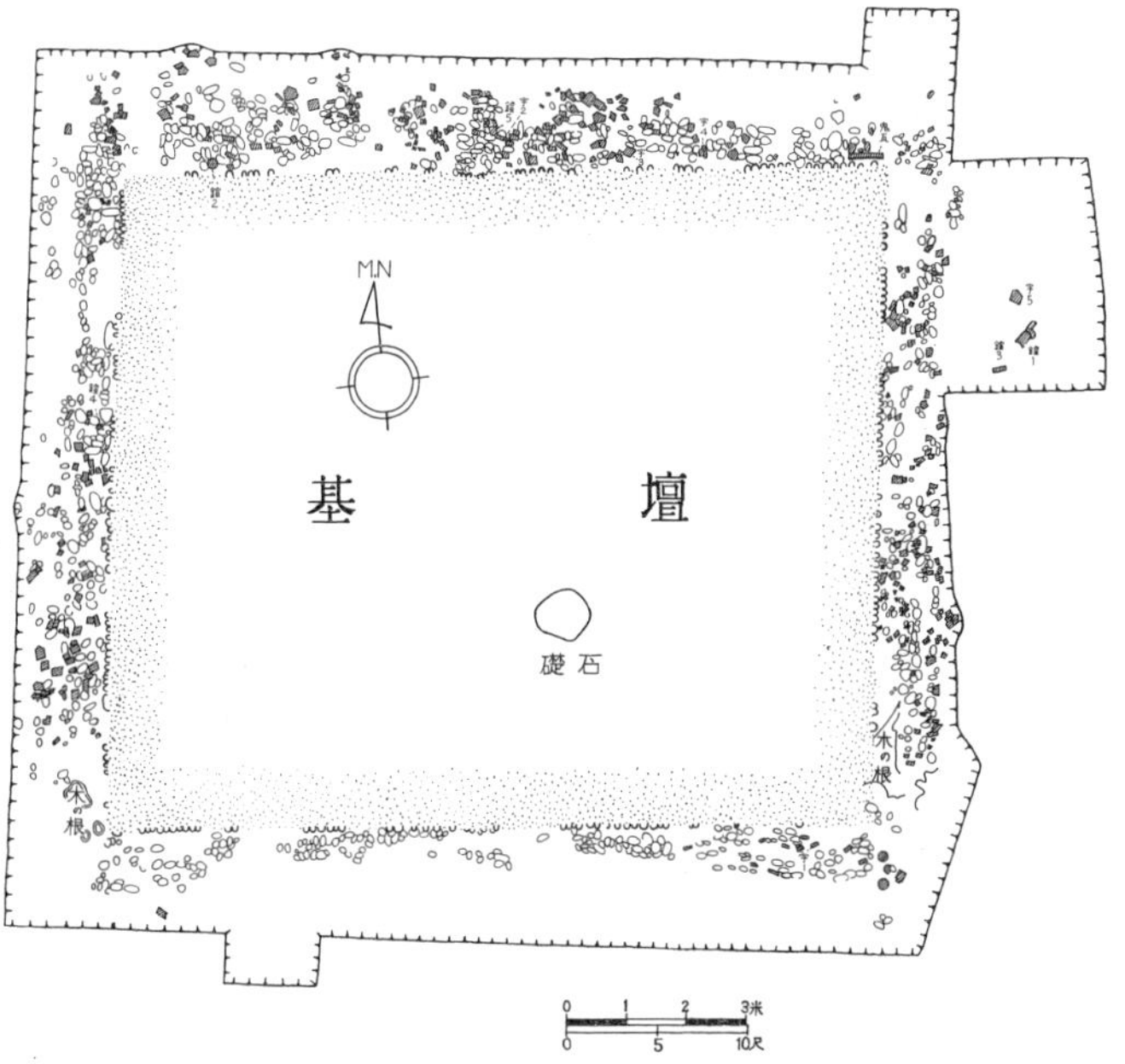

図11　菜切谷廃寺跡実測図

菜切谷廃寺の創建瓦は、一の関廃寺の創建瓦と同様、七世紀末〜八世紀初めのものであり、色麻郡衙である城生遺跡よりもさかのぼるものである。城生遺跡の母体である官衙が別にあり、それに付属したものと考えることもできるが、官衙と有機的な関係を持ちつつも、かなり離れた位置に建てられた寺院と考えることもできよう。

五　真野古城跡（福島県南相馬市）

真野古城跡（図12）は、泉官衙遺跡の北東方約六キロメートル、中野廃寺跡の東南方約七キロメ

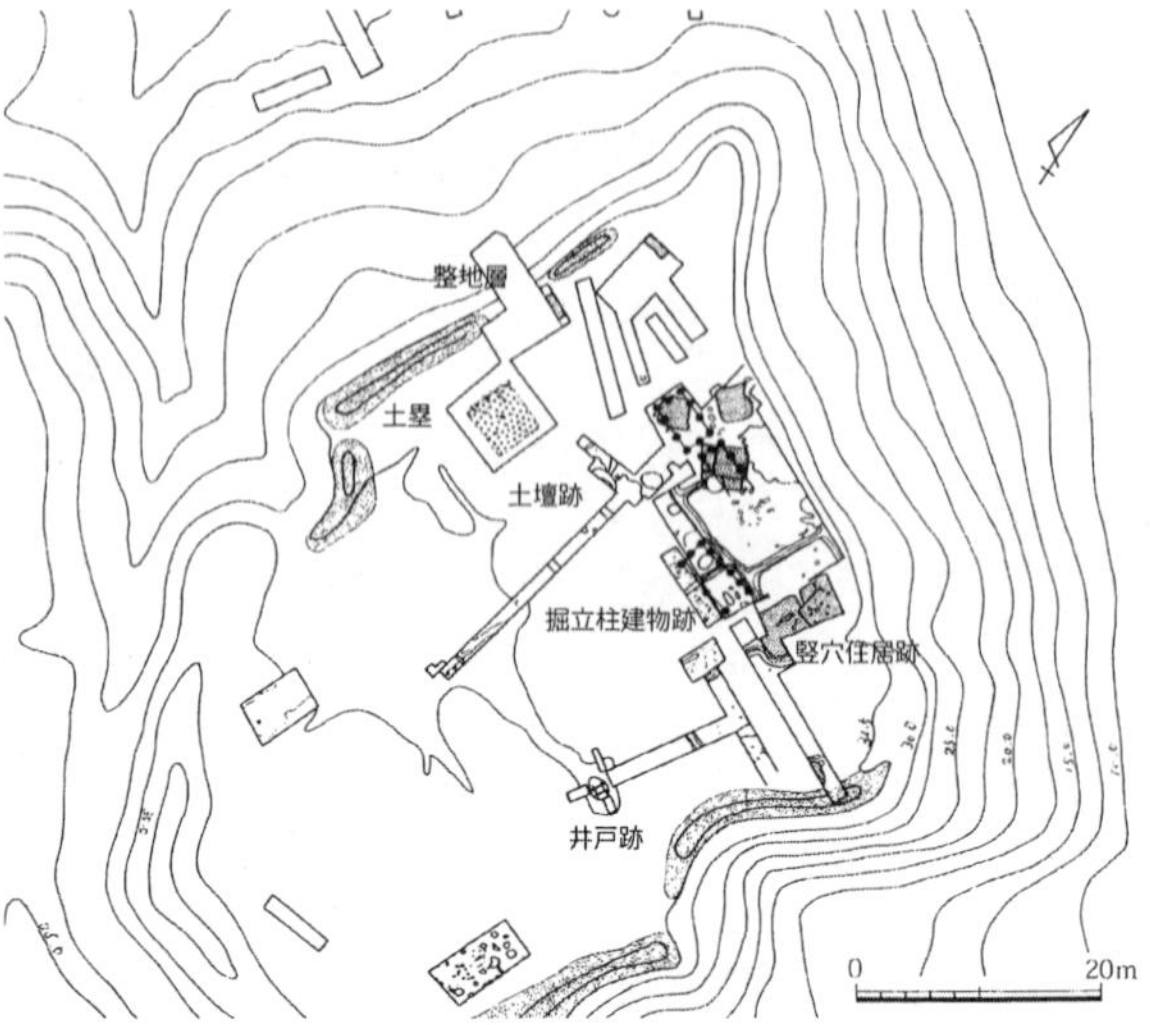

図12　真野古城跡遺構配置図

ートルに位置する。真野川中流域の南岸の丘陵上に立地している(110)。真野古城跡の眼下に位置する沖積地には、六世紀から十世紀にかけての集落遺跡である大六天《だいろくてん》遺跡がある。大六天遺跡からは「少毅殿　千之」と刻書された須恵器長頸瓶が出土している。また真野古城跡の一〜二キロメートル西方には、古墳時代中期から後期にかけての古墳群で、合計百基を超える大古墳群であったとされる真野古墳群がある。この古墳群は、六世紀前半頃の前方後円墳である二〇号墳から金堂製双魚佩が出土したことで著名である(111)。真野古墳群に引き続き、真野古城跡と同じ丘陵上の一・二キロメートル西方には大窪横穴群があり、首長系譜は終末期以降も連続したと考えられる(112)。

　真野古城跡では過去に六回の発掘調査が行われ、礎石建物跡一棟、掘立柱建物跡三棟、竪穴住居跡九軒、土坑、整地層などが確認されている。

　この遺跡の展開を、以下、藤木海氏の研究(113)をもとに、私見を加え概観する。真野古城跡においては、まず六〜七世紀には竪穴住居群が営まれる。その後、八世紀初頭に蓮蕾文軒丸瓦Ⅰ類を葺いた仏堂が建立される。その仏堂が継続したかどうかは不明であるが、一枚造の平瓦を用いた仏堂が八世紀後半から九世紀頃に建立される。その仏堂が壊されて現在まで残る基壇（東西九・三メートル、南北一一メートル）が造成され、瓦を用いない礎石建物の仏堂が建立された。遺跡内から八～九世紀の土器が出土していることから、その仏堂も九世紀に属するものであろう。掘立柱建物の方位は礎石建物と方位を同じくすることから同時期のものであり、寺院運営施設や豪族居宅の可能性が考えられる。

以下、藤木氏の研究によって述べる。真野古城跡はこの地区に古墳時代後期段階から居住して真野古墳群を営み、律令期を経て平安時代においては行方軍団の少毅などを輩出した豪族が、自らの本拠地に造営した氏寺である。蓮蕾文軒丸瓦Ⅰ類は、真野古城跡の寺院を造営するために、独自に招聘された渡来系の技術者が製作したものである。

真野古城跡出土の蓮蕾文軒丸瓦Ⅰ類の文様の系譜は高句麗の軒丸瓦に求められる可能性があり、渡来系の文様に精通した瓦工または画師らの関与も考えられる。この軒丸瓦は泉官衙遺跡のⅣ群と分類される蓮蕾文軒丸瓦（八世紀前半代）の原型となるものであり、素弁蓮華文軒丸瓦Ⅱ類はⅣ群の系譜を引く。泉官衙遺跡のⅣ群と素弁蓮華文軒丸瓦Ⅱ類は館院所用瓦であり、祖形は真野古城跡の蓮蕾文軒丸瓦Ⅰ類に求められる。このことは、真野古城跡の瓦葺き建物の造営に関わった集団が、八世紀前半において、行方郡衙のなかでとくに館院の造営に関与していたことを示すものである。

六　国造制未施行地域の寺院の特色

伏見廃寺、一の関廃寺、菜切谷廃寺については樋口知志氏が詳細に考察している[114]。樋口氏は、三廃寺の規模は一般の郡衙周辺寺院に大きく劣る一方で、三廃寺に葺かれていた瓦は、多賀城や大崎平野の城柵・官衙をも範囲内に含む、郡の範囲を越えた広域的な行政の機能を通じて生産・使用されていたと考えられることなどから、これらの廃寺は強く公的な性格を帯びた仏教施設だったとする。そして、このような特色を持つ三廃寺の性格については、蝦夷の僧が住んだ仏堂である可能性と、内地における郡衙周辺寺院と同様の性格を持つ施設ではあるが、城柵制と郡制が緊密に結びついた特異な支配機構のために、小規模な寺院となった可能性を指摘している。

筆者は、樋口氏の説のうちの前者は採らない。蝦夷の僧のみが住んだ寺院が城柵に付属したというのは、やや不自然に感じる。やはり、城柵に付属する寺院は城柵を守護するのが主目的であり、蝦夷の僧がいてもよいが、公民出身の僧が中心だったと考えたい。

ところで、この三廃寺は、規模や特徴の点でよく似ていることは確かだが、すべてが本当に城柵に付属していたのかという点では疑問が残る。

伏見廃寺が近接する名生館官衙遺跡の第Ⅱ期官衙に付属する形で成立したことは、共通する瓦を用いていることから明白であると考えられる。しかし、菜切谷廃寺は近接する城生遺跡の官衙よりも先に成立しており、成立時点では城柵付属寺院とは言い難い。さらに一の関廃寺は、近接する城柵が未発見であり、現時点では城柵付属寺院とは言い難い。

このような城柵と寺院の不一致については、木本元治氏のように、陸奥国南部のあり方を敷衍して、古墳群を営んだ勢力が寺院を建て、次いでそこに官衙である城柵が造られたとすれば、ついに官衙が造られなかったかもしれない一の関廃寺の例を含めて説明がつく。しかし、大崎平野と陸奥国南部の在地支配のあり方が大きく異なっていることは、大崎平野の北辺に複数の城柵があること、大崎平野周辺の郡が和名抄郷三〜四郷に小さく編成されていること、当の三廃寺がすべて金堂基壇のみしか検出されない小規模寺院であることなどから明白であり、そのような側面を捨象して立論することはできない。

筆者は、大崎平野における城柵と寺院の設置目的の相違ということを考慮すべきだと考える。大崎平野の城柵は平野の北から東側の縁に分布しているが、その分布は平野を北側からの攻撃から防御するために生じたと考えられ、地域支配よりも軍事拠点としての役割を重視した配置である。一方、寺院は地域支配のために建立されたと考えられる。そう考えれば、城柵の位置と寺院の位置が一致しないことは十分あり得ると考えられる。

八木光則氏は、大崎平野に存在する一般に城柵遺跡とされる遺跡を、城柵遺跡と郡衙遺跡に区別し、大崎平野においては、「夷俘《いふ》対応の城柵と公民対応の郡家を共存させるきめ細かな二元支配が必要とされた」としている[115]。大崎平野の三廃寺の位置づけは、まさに八木氏の視点から考え直すことによって可能になるのではないかと考えられる。

大崎平野において、後の『延喜式』や『和名抄』に記される形に郡が編成されたのは、多賀城が創建された神亀元年（七二四）頃とされており[116]、大崎平野の三廃寺が成立した七世紀末から八世紀初頭の時期の評や郡の領域は、まだ十分に明らかにされていない。そういった面もあわせて、創建時の大崎平野の三廃寺の意義を明らかにすることは、これからの課題であると考えられる。

伏見廃寺はおおむね成立当初から名生館官衙遺跡（丹取郡衙・玉造郡衙）の付属寺院であり、菜切谷廃寺は成立後まもなく城生遺跡（色麻郡衙）の付属寺院となった。一の関廃寺もある時点で、周辺の郡衙の付属寺院となったことは想定できる。それらの郡衙や城柵兼郡衙は、郡衙ではあるものの、成立の事情は陸奥国南部の郡衙とは大きく異なっており、国家の直接的支配が格段に強く及んでいる。また、三廃寺はその規模の小ささを考えると、共通する瓦を持つ多賀城廃寺成立以後は、その出先機関的な役割を果たしていたのではないかとも考えられる。

しかし、八世紀前半時点では官寺的性格が強かったとしても、三廃寺はいずれも九世紀後半まで存続している。その背景には、関東地方や陸奥国南部出身の人々を中心に、寺院創建当初から仏教信仰が存在し、寺院の官寺的な性格が衰えて以後も、寺院を維持する力となったことがあると考えられる。

七世紀第4四半期の陸奥国には、第二節で検討した国造制施行地域の郡衙周辺寺院、国府付属寺院の郡山廃寺、さらに郡衙級の城柵に関連する大崎平野の三廃寺が、比較的近接した時期に成立した。このうち、郡山廃寺と大崎平野の三廃寺はともに国家の直接的な造営になるもので、その関係は「国府級」―「郡衙級」で明白とも考えられる。それでは、この四つの寺院と同時期に成立した陸奥国南部の国造制施行地域の郡衙周辺寺院は、単に、別々の理由で同時期に成立しただけであり、相互に深い関連はないのだろうか。

筆者は、郡山廃寺や城柵付属寺院の建立などに見られる仏教政策は、政策推進に協力した陸奥国南部の諸郡にも影響を及ぼし、寺院の建立を促進させたと考える。さらに、陸奥国南部における寺院建立の背景として、国家の東北経営に陸奥国南部の諸郡が果たした役割が大きかったことがあげられる。白河・安積・行方の三軍団が多賀城に派遣されていた。また、陸奥国南部出身の移民の存在はとくに重要である。国造制未施行地域の現宮城県・岩手県域につくられた郡内には、和名抄郷として、白河郷が三郷、磐城郷が三郷、磐瀬郷が一郷、会津郷が一郷見られる。これらの郷名となる郡は、移民を送ったのみならず、移民を支えたものと考えられる。このように国家の東北経営に協力した代償として、あるいは協力の功績により、陸奥国南部の諸郡における郡衙周辺寺院の建立が、積極的に国家により援助されたと考えられる。

註

（1）本書では、山中敏史「地方官衙と周辺寺院をめぐる諸問題――氏寺論の再検討――」（『地方官衙と寺院――郡衙周辺寺院を中心として――』奈良文化財研究所、二〇〇五年）に倣い、「評衙・郡衙遺跡から二キロメートル程度以内の地域に位置し、評衙・郡衙と併存していた寺院」を「郡衙周辺寺院」と呼称する。
（2）高橋富雄「仏教文化の開花」（豊田武編『東北の歴史　上巻』吉川弘文館、一九六七年）。
（3）工藤雅樹「考古学から見た東北の古代寺院」（『東洋学術研究』一八―三、一九七九年）。
（4）樋口知志「仏教の発展と寺院」（須藤隆・今泉隆雄・坪井清足編『新版古代の日本　九　東北・北海道』角川書店、一九九二年）。
（5）進藤秋輝「多賀城創建をめぐる諸問題」（高橋富雄編『東北古代史の研究』吉川弘文館、一九八六年）。
（6）樋口知志「律令制下東北辺境地域における仏教の一様相」（『国史談話会雑誌』三〇、一九八九年）。
（7）木本元治「善光寺・黒木田遺跡及び宮沢窯跡群出土の瓦の年代について――東北地方への仏教伝播期の様相について――」（『福大史学』第四六・四七合併号、一九八九年）。木本氏はその後、同「阿武隈川における奈良時代寺院に関する新知見」（『福島考古』四〇、一九九九年）においても瓦の年代を明らかにすることにより陸奥国の在地支配を論じているが、それについては後に詳しくふれる。
（8）辻秀人「陸奥南部の造瓦技法――腰浜廃寺・関和久遺跡出土瓦の検討――」（『太平台史窓』三、一九八四年）。同『企画展　陸奥の古瓦――瓦が語る福島の古代史――』（福島県立博物館、一九八八年）。氏のその後の論文として、同「陸奥国における雷文縁複弁四弁、単弁八弁蓮華文軒丸瓦の展開について」（『古代』九七、一九九四年）がある。
（9）山中敏史「評・郡衙の成立とその意義」（奈良国立文化財研究所創立三〇周年記念論文集『文化財論叢』同朋舎出版、一九八三年）。この論文はその後、同『古代地方官衙遺跡の研究』（塙書房、一九九四年）に収められた。
（10）木本元治「陸奥南部の官衙・寺院」（『日本考古学協会二〇〇五年度福島大会シンポジウム資料集』日本考古学協会二〇〇五年度福島大会実行委員会、二〇〇五年）。木本氏は二〇〇七年の、同「福島県中通り地方（阿武隈川流域）の郡家と関連寺院」（『第三三回古代城柵官衙遺跡検討会資料集』（古代城柵官衙遺跡検討会、二〇〇七年）に

おいて、さらに詳細に郡衙・周辺寺院について記述している。また、同「陸奥北部における城柵と郡家遺跡の成立」（『福大史学』第七四・七五合併号、二〇〇三年）では、「陸奥南部の官衙・寺院」においてふれなかった陸奥北部の郡衙周辺寺院について詳細に記述している。

(11)　佐川正敏「寺院と瓦からみた白鳳期の陸奥国」（『古代社会と地域間交流――寺院・官衙・瓦からみた関東と東北――』日本考古学協会第七六回総会実行委員会、二〇一〇年）。

(12)　眞保昌弘「陸奥国南部に分布する二種の複弁系鐙瓦の歴史的意義について」（『古代』九七、一九九四年）。同「夏井廃寺出土古瓦の基礎的研究」（『いわき市教育文化事業団研究紀要』三、一九九二年）。同「陸奥国南部における川原寺系鐙瓦の展開とその意義」（前掲註〈11〉所収）。

(13)　佐川正敏「仙台市郡山廃寺所用軒丸瓦の調査報告」（『東北学院大学東北文化研究所紀要』三五、二〇〇三年）。同「福島県原町市泉廃寺跡出土軒丸瓦が語る古代行方郡寺の様相」（『同』三六、二〇〇四年）。

(14)　藤木海「瓦からみた陸奥南部の寺院造営と坂東――山王廃寺系軒先瓦の文様と技術系譜を中心に――」（前掲註〈11〉所収）。この論文には関東地方から陸奥国に導入された瓦についての研究史が要領よく整理されている。

(15)　佐川正敏「陸奥国の平城宮式軒瓦六二八二―六七二一の系譜と年代――宮城県中新田町城生遺跡と福島県双葉町郡山五番遺跡・原町市泉廃寺――」（『東北学院大学東北文化研究所紀要』三二、二〇〇〇年）。同「平安時代前期陸奥国・出羽国の宝相華文軒丸瓦の研究」（『同』三三、二〇〇一年）。

(16)　藤木海「有蕊弁蓮華文鐙瓦の展開とその背景」（『福島考古』四七、二〇〇六年）。同「泉廃寺と関連遺跡の八世紀における造瓦――泉廃寺跡出土のⅡ群とⅣ群をめぐって――」（『同』五〇、二〇〇九年）。同「陸奥国行方郡衙周辺寺院の陸奥国府系瓦について――郡衙周辺寺院と定額寺との関連をめぐる試論――」（『国士舘考古学』五、二〇〇九年）。

(17)　村田晃一「飛鳥・奈良時代の陸奥北辺――移民の時代――」（『宮城考古学』二、二〇〇〇年）。

(18)　山中雄志・木本元治『桑折町埋蔵文化財報告書一一　錦木塚古墳発掘調査報告書』（桑折町教育委員会、一九九四年）。辻秀人『図説　福島の古墳』（福島県立博物館、一九九二年）。毛利光俊彦「古墳出土銅鋺の系譜」（『考古学雑誌』六四―一、一九八七年）。毛利光氏は六世紀末～七世紀前半の東国の古墳から数多く出土する鋳造銅鋺に

ついて詳論している。また同氏は、古代の寺院関係史料に頻出する銅鋺は、法隆寺献納宝物など現存する寺院の銅鋺と同じものであり、古墳から出土する銅鋺は寺院に現存する銅鋺と形態が類似することなどから、本来は仏器であったとする。さらに、これらの銅鋺は畿内政権による地方把握の手段として各地域に白鳳時代に配布されたものであり、こうした動向を前提として各地域に白鳳寺院が建立されたとする。

(19)　いわき市教育委員会『いわき市の文化財』（いわき市教育委員会、二〇〇三年）。前掲註（18）『図説　福島の古墳』。この遺物の存在については樫村友延氏よりご教示いただいた。

(20)　荒木隆「陸奥南部の郡衙立地条件と水運」（『福島県立博物館紀要』一五、二〇〇〇年）。

(21)　高木市之助・五味智英・大野晋校注『日本古典文学大系　六　万葉集三』（岩波書店、一九五〇年）。相馬市史編纂会『相馬市史　一　通史編』（相馬市、一九八三年）。

(22)　渡辺一雄・大竹憲治・水井幸一編『黒木田遺跡』（相馬市教育委員会、一九七七年）。『相馬市文化財調査報告書第六集　県営ほ場整備事業　相馬西部地区遺跡分布調査報告書』（相馬市教育委員会、一九九〇年）。中野廃寺跡は現在、黒木田遺跡と称している。

(23)　栃木県立しもつけ風土記の丘資料館編『第五回企画展　東国の初期寺院――古墳時代から律令時代への動き――』（栃木県教育委員会、一九九一年）。

(24)　前掲註（8）『企画展　陸奥の古瓦――瓦が語る福島の古代史――』。野馬追の里原町市立博物館編『野馬追の里原町市立博物館企画展図録第一三集　古代の瓦と今の瓦――泉廃寺跡を中心として――』（野馬追の里原町市立博物館、二〇〇〇年）。

(25)　木本元治「善光寺・黒木田遺跡及び宮沢窯跡群出土の飛鳥時代の瓦」（『福大史学』四六・四七合併号、一九八九年）。同「東北地方の飛鳥時代」（『歴史』八五、一九九五年）。

(26)　中野廃寺の瓦は藤木海氏により、Ⅰ期（創建期）、Ⅱ期（本格的な造営期）、Ⅲ期（補修期）の三時期に分類されるが、そのうちⅡ期についての研究がここではとくに注目される。Ⅱ期（本格的な造営期）は複弁七、八葉蓮華文軒丸瓦で、重弧文軒平瓦が伴う。最古の複弁七葉蓮華文軒丸瓦は山王廃寺のⅣ式と呼ばれる瓦を直接のモデルとして成立し、その後、Ⅰ期の有稜素弁蓮華文軒丸瓦の特徴を取り入れた複弁八弁蓮華文軒丸瓦が展開した。これらの瓦の年代は七世紀第4四半期を中心とする時期である。山王廃寺からの影響は、同時期の夏井廃寺にも見られ、陸奥南部沿岸部の地域的な特徴として注目され、この地域がそれまで持ち得た地域間交流を反映したものである。しかし、軒丸瓦の製作技法、組み合う軒平瓦の文様・技法の細部までが山王廃寺と全く一致しているわけではないので、山王廃寺から陸奥への工人の移動は想定できない。中野廃寺と夏井廃寺ではこの時期、山王廃寺Ⅳ式の影響が端的に現れ、以後、大規模で継続的な造営が行われていることから、少数の熟練した瓦工が各地に移動して直接瓦を生産したのではなく、在地の非熟練労働者に文様や技術を伝え、大量の瓦の受容に対応したと考えられる。その結果、受容の過程で在地的な変容や別系統の技法が加わり、各遺跡の瓦で細部に違いが現れたものと考えられる（前掲註〈14〉）。

(27) 福島雅儀「陸奥南部における古墳時代の終末」（『国立歴史民俗博物館研究報告』第四四集、一九九二年）。
(28) 福島県文化センター『福島県文化財調査報告書第一九二集　国道一一三号バイパス遺跡調査報告Ⅳ』（福島県教育委員会、一九八八年）。
(29) 前掲註(27)。
(30) 飯村均『律令国家の対蝦夷政策・相馬の製鉄遺跡群』（新泉社、二〇〇五年）。
(31) 辻秀人『ふくしまの古墳時代』（歴史春秋社、二〇〇三年）。
(32) 前掲註(4)。
(33) 長島榮一『仙台市文化財調査報告書第二八三集　郡山遺跡発掘調査報告書―総括編―（一）（二）』（仙台市教育委員会、二〇〇五年）。
(34) 前掲註(1)「地方官衙と周辺寺院をめぐる諸問題――氏寺論の再検討――」。
(35) 長島榮一「仙台市郡山遺跡出土の平瓦をめぐって」（『阿部正光君追悼集』阿部正光君追悼集刊行会、二〇〇〇年）。
(36) 前掲註(18)『図説　福島の古墳』。前掲註(31)。
(37) 藤木海「泉廃寺跡とその周辺――行方郡における七世紀の様相――」（日本考古学協会二〇〇五年度福島大会実行委員会編集発行『日本考古学協会二〇〇五年度福島大会シンポジウム資料集』二〇〇五年）。藤木氏は行方郡は、金沢地区製鉄遺跡群の成立とともに、浮田・染羽両国造の支配領域の一部を割いて成立した郡であり、行方郡の最有力の郡司層は、染羽国造の領域に属した太田川流域に終末期古墳を築いた首長の系譜に連なるとしている。明確な証拠に基づく極めて説得力のある研究であり、本書の記述も藤木氏の研究に従って書き改める必要を感じる。

(38) 藤木海「陸奥国行方郡衙周辺寺院の陸奥国府系瓦について――郡衙周辺寺院と定額寺との関連をめぐる試論」(『国士舘考古学』五、二〇〇九年)。

(39) 前掲註(31)。

(40) 熊谷公男『古代の蝦夷と城柵』(吉川弘文館、二〇〇四年)。同『蝦夷の地と古代国家』(山川出版社、二〇〇四年)。

(41) 網干善教『大和の古代寺院跡をめぐる』(学生社、二〇〇六年)。

(42) 以下の発掘調査の内容については、次に拠る。伊東信雄・伊藤玄三・内藤政恒『腰浜廃寺』(福島市史編纂準備委員会、一九六五年)。梅宮茂・柴田俊彰・鈴木啓・伊東信雄『福島市埋蔵文化財調査報告書第五集　腰浜廃寺跡確認緊急調査報告書』(福島市教育委員会、一九七九年)。柴田俊彰・辻秀人・鈴木啓『福島市埋蔵文化財報告書第七集　腰浜廃寺Ⅱ』(同、一九八〇年)。柴田俊彰・鈴木啓・辻秀人・佐藤敏也『福島市埋蔵文化財報告書第一〇集　腰浜廃寺Ⅲ』(同)。柴田俊彰『福島市埋蔵文化財報告書第一六集　腰浜廃寺Ⅳ』(同)。

(43) 伊東信雄「福島市腰浜出土瓦の再吟味――広島県寺町廃寺跡出土瓦との比較において――」(前掲註〈42〉『福島市埋蔵文化財調査報告書第五集　腰浜廃寺跡確認緊急調査報告書』所収)。なお、腰浜廃寺と寺町廃寺の瓦の類似に関連して、信夫郡と現在の広島県地方が古代において関係が深かった例として『先代旧事本紀』の「国造本紀」に、信夫国造が安岐(安芸)国造と同祖であると見えること、『和名類聚抄』に、信夫郡の郷名として安岐郷が見え、安芸国からの移民があったらしいことが指摘されている(ふくしまの歴史編纂委員会『ふくしまの歴史　一原始・古代』(福島市教育委員会、二〇〇五年)。

(44) 前掲註(31)。

(45) 工藤雅樹『律令国家とふくしま』(歴史春秋社、二〇〇一年)。

(46) 前掲註(18)『桑折町埋蔵文化財報告書一一　錦木塚古墳発掘調査報告書』。同『図説　福島の古墳』。

(47) 島田朋之『ひろしまの古代寺院　寺町廃寺と水切り瓦』(広島県立歴史民俗資料館、一九九八年)。

(48) 広島県草戸千軒町遺跡調査研究所『備後寺町廃寺――推定三谷寺跡第一次発掘調査概報――』(三次市教育委員

会、一九八〇年）。同『備後寺町廃寺――推定三谷寺跡第二次発掘調査概報――』（同、一九八一年）。同『備後寺町廃寺――推定三谷寺跡第三次発掘調査概報――』（同、一九八二年）。
(49) 神英雄「古代陸奥国における仏教受容形態に関する一考察」（『龍谷大学仏教文化研究所紀要二五』一九八六年）。
(50) 前掲註（27）。木本元治「腰浜廃寺跡――特異な瓦の展開」（山田舜監修『図説　福島市の歴史』郷土出版社、一九九九年）。
(51) 前掲註（50）「腰浜廃寺跡――特異な瓦の展開」。
(52) 前掲註（33）。今泉隆雄「古代国家と郡山遺跡」（前掲註〈33〉所収）。
(53) 熊谷公男『蝦夷の地と律令国家（日本史リブレット一一）』（山川出版社、二〇〇四年）。前掲註（40）。
(54) 前掲註（52）「古代国家と郡山遺跡」。
(55) 長島榮一「仙台市郡山遺跡・郡山廃寺の調査」（註〈1〉所収）。前掲註（35）。
(56) 前掲註（1）「地方官衙と周辺寺院をめぐる諸問題――氏寺説の再検討――」。
(57) 前掲註（7）「善光寺・黒木田遺跡及び宮沢窯跡群出土の瓦の年代について――東北地方への仏教伝播期の様相について――」。
(58) 腰浜廃寺の創建年代は、伊東信雄氏が瓦の文様と伴出須恵器から導いた七世紀後半という年代観（前掲註〈43〉）を補強するものである。
(59) 前掲註（4）。
(60) 前掲註（11）。
(61) 前掲註（34）。
(62) 今泉隆雄「律令国家とエミシ」（前掲註〈4〉所収）。
(63) 山田安彦「陸奥国」（藤岡謙二郎編『古代日本の交通路Ⅱ』大明堂、一九七八年）。
(64) 菅原祥夫「陸奥国――福島県」（古代交通路研究会『日本古代道路事典』八木書店、二〇〇四年）。木下良監修・武部健一著『完全踏査古代の道――畿内・東海道・東山道・北陸道――』（吉川弘文館、二〇〇四年）。
(65) 前掲註（10）「陸奥南部の官衙・寺院」。鈴木功『白河郡衙遺跡群――古代東国行政の一大中心地』（同成社、二

〇〇六年）。同「舟田中道遺跡と周辺の遺跡群」（前掲註〈10〉『日本考古学協会二〇〇五年度福島大会シンポジウム資料集』所収）。島村一志「関和久遺跡」（同）。竹谷陽二郎・鈴木啓・伊東信雄・木本元治・辻秀人・渡邉一雄・平川南・梅宮茂『福島県文化財調査報告書第一五三集　関和久遺跡』（福島県教育委員会、一九八五年）。郡衙遺跡と寺院以外の周辺遺跡については、主として木本氏の記述をもとに鈴木氏著書を参照して記述した。

(66) 鈴木功・佐藤圭司『白河市埋蔵文化財調査報告書第四〇集　借宿廃寺跡確認調査報告書Ⅰ』（白河市教育委員会、二〇〇四年）。同『同、第四四集　同、Ⅱ』（同、二〇〇五年）。鈴木功『同、第四五集　同、Ⅲ』（同、二〇〇六年）。鈴木功・佐藤圭司『同、第四七集　同、Ⅳ』（同、二〇〇七年）。『借宿廃寺跡発掘調査　現地説明会資料』（同）。

(67) 前掲註（10）。

(68) 前掲註（8）『企画展　陸奥の古瓦――瓦が語る福島の古代史――』。

(69) 前掲註（65）『白河郡衙遺跡群――古代東国行政の一大中心地』。前掲註（10）「陸奥南部の官衙・寺院」。

(70) 前掲註（45）。

(71) 福島県文化振興事業団『福島県文化財調査報告書第三九四集　福島空港・あぶくま南道路遺跡発掘調査報告一二　江平遺跡』（福島県教育委員会、二〇〇二年）以下、本文中では「報告書」と略す。

(72) 前掲註（45）。

(73) 磐城郡衙と周辺遺跡については次の論文に拠る。前掲註（10）「陸奥南部の官衙・寺院」。猪狩みち子「磐城郡家（根岸官衙遺跡群の場合）」（『第三三回古代城柵官衙遺跡検討会―資料集―』古代城柵官衙遺跡検討会、二〇〇七年）。

(74) 廣岡敏・中山雅弘・猪狩忠雄・本田善人・梛良幸広・猪狩みち子・斉藤美穂・渡邉一雄・今泉隆雄『夏井廃寺跡』（いわき市教育委員会、二〇〇四年）。廣岡敏・猪狩みち子「根岸遺跡・夏井廃寺とその周辺」（前掲註〈10〉『日本考古学協会二〇〇五年度福島大会シンポジウム資料集』所収）以下、本文中では『夏井廃寺跡』と略す。

(75) 角田文衞「国分寺の設置」（『角田文衞著作集　第二巻』法藏館、一九八五年）。

(76) 垣内和孝「陸奥国磐城郡司の系譜」（『日本歴史』七一一、二〇〇七年）。今泉隆雄「陸奥国と石城郡」（財団法人

いわき市教育文化振興事業団編『根岸遺跡』二〇〇〇年）。
(77)『小浜代遺跡――範囲確認調査――』（富岡町教育委員会、一九九五年）。富岡町史編纂委員会『富岡町史　第三巻　考古民俗編』（福島県富岡町、一九八七年）。『富岡町歴史民俗資料館第三回企画展　古代の瓦を見てみよう』（富岡町教育委員会、二〇〇六年）。
(78)工藤雅樹「小浜代遺跡の歴史的意義」（前掲註〈77〉『小浜代遺跡――範囲確認調査――』所収）。
(79)小浜代遺跡の近傍の富岡町内に郡山という地名が存在する。工藤氏は前掲註（78）論文において、この地域には平安時代末頃までに楢葉郡が成立したと推察されるとし、その成立は十世紀にさかのぼる可能性もないではないとする。そして富岡町の郡山には、楢葉郡設置以前に公的施設が置かれ、楢葉郡設置にあたって、そこに郡衙が置かれた可能性があるとする。このような工藤氏の指摘をもとに考えれば、大領の地位が丈部系の於保磐城臣氏に移った時点で、丈部系豪族の根拠地の可能性のある富岡町の郡山に、郡衙が一時的に移動した可能性はないとは言えない。「大領「於保臣」」の署名を持つ郡符木簡は根岸遺跡の至近にある荒田目条里遺跡から出土しているが、郡内各地に命令を下す郡符木簡の性質を考えると、出土地点のそばに郡衙があったとは限らないわけである。
(80)前掲註（74）『夏井廃寺跡』。
(81)前掲註（10）「陸奥南部の官衙・寺院」。皆川隆男「石背郡」（『第二六回古代城柵官衙遺跡検討会資料』古代城柵官衙遺跡検討会、二〇〇〇年）。須賀川市教育委員会『栄町遺跡第一二次調査現地説明会資料』（須賀川市教育委員会、二〇〇四年）。同『栄町遺跡第一三次調査現地説明会資料』（同、二〇〇五年）。
(82)須賀川市教育委員会『上人壇廃寺跡――発掘調査概報――』（須賀川市教育委員会、一九八一年）以下、本文中では「概報」と略す。本項では遺跡の概略を「概報」に基づいて記したが、平成十九年度・二十年度の調査で、「概報」の内容とは異なる事実が明らかになっている（皆川隆男「福島県須賀川市上人壇廃寺跡」〈古代城柵官衙遺跡検討会第三五回事務局編集発行『第三五回古代城柵官衙遺跡検討会資料集』二〇〇九年〉）。調査のさらなる進展を待ちたい。なお、図5及び表1⑤のデータは、平成十九年度以降の調査にもとづく。
(83)前掲註（75）。
(84)前掲註（81）「石背郡」。

(85) 前掲註(11)。

(86) 複弁六弁蓮華文軒丸瓦は、陸奥国内において、清水台遺跡のほか、夏井廃寺・借宿廃寺・上人壇廃寺・角田郡山遺跡といった郡衙・郡衙周辺寺院遺跡で出土する。眞保昌弘氏によれば、この一群の瓦は川原寺系の文様系譜によるものであり、その有力な祖形は下野薬師寺、および下野薬師寺の創建瓦に影響を与えた群馬県太田市の寺井廃寺という、上野国を中心とした坂東北部にある。陸奥国内の複弁六弁蓮華文軒丸瓦は三群に分けられ、その内部において同文違笵となるような状況である。祖形に近く古い要素を持つ一群には清水台遺跡の瓦と角田郡山遺跡の瓦が属し、清水台遺跡の瓦のほうが祖形に近い。一群より様式上後出する二群には、借宿廃寺（関和久・関和久上町遺跡を含む）・夏井廃寺（根岸遺跡を含む）・茨城県大津廃寺の瓦が属する。これらは相互に交流関係がある。これらの影響下に作られたのが三群であり、上人壇廃寺と茨城県長者屋敷遺跡の瓦である。眞保氏は、このような瓦の伝播は、律令制成立期の陸奥国南部の諸郡で並行して官衙・寺院が造営された際に、坂東北部を中心とする地域から瓦の文様や技術が移入されたことを示すが、このような様相が生じた原因として、この地域に広域供給窯が発達していないこと、阿武隈川流域は国造制施行地域で、国造の領域を引き継いで成立した各郡の独立性が強いこと、坂東北部の上毛野・下毛野氏などの豪族との関係が深いことを反映するとする（前掲註〈12〉「陸奥国南部における川原寺系鐙瓦の展開とその意義」）。

(87) 渡邉一雄・大竹憲治『郡山五番遺跡Ⅲ』（双葉町教育委員会、一九八〇年）。双葉町史編さん委員会『双葉町史第二巻　原始・古代・中世資料』（福島県双葉町、一九八四年）。大竹憲治・山田廣編『郡山五番遺跡――双葉町大字郡山五番地内における試掘調査報告』（双葉町教育委員会、一九八二年）。

(88) 桑原滋郎「城柵を中心とする古代官衙」（前掲註〈4〉所収）。

(89) 佐川正敏氏は、瓦の出土しない堂の上地区の基壇遺構と、約三五〇メートル離れた五番地区出土の多様な瓦をもとに、複数の堂塔の存在を推定し、今後の再調査を期待する（前掲註〈11〉）。藤木海氏は、郡山五番遺跡の五番地区から出土する多賀城二三〇・二三一の影響を受けた八世紀第2四半期の単弁細弁蓮華文軒丸瓦が、泉官衙遺跡の寺院遺跡である舘前廃寺でも出土している（Ⅱ群瓦）ことに注目し、五番地区にも寺院が存在し、天平年間に両寺院の大規模な修造が行われ、その際、郡域を越えて瓦の供給を行う体制が成立したとする。この泉官衙遺跡のⅡ群瓦は泉官衙遺跡舘前地区の寺院の創建期以来の造瓦技法を継承した集団によって生産されたものである。（前掲註〈16〉「有蕊弁蓮華文鐙瓦の展開とその背景」、同「泉廃寺と関連遺跡の八世紀における造瓦――泉廃寺跡出土のⅡ群とⅣ群をめぐって――」。藤木氏の立論は説得力に富み、郡山五番遺跡の寺院については、藤木氏の指摘をもとに再検討する必要を感じる。

(90)　前掲註（10）「陸奥南部の官衙・寺院」。前掲註（45）。

(91)　佐川正敏氏は泉官衙遺跡舘前地区の出土瓦を検討し、寺院の推移を次のように推測している。七世紀後葉から八世紀初頭が軒瓦Ⅰa期である。この時期の瓦は大型の花葉文軒丸瓦と四重弧文軒平瓦・五重弧文軒平瓦の組み合わせであり、Ⅰa期の後半には小型の花文軒丸瓦と三重弧文軒平瓦の組み合わせを葺いた。新しい段階のⅠb期には小型の花文軒丸瓦と木葉文軒平瓦の組み合わせを用いた。大型の花葉文軒丸瓦を金堂に用い、花文軒丸瓦が塔や講堂、門所用というような使い分けがあった。軒瓦間には明瞭な形式差があり、堂塔が時間差をもって造営されたことを示す。泉官衙遺跡の郡庁院はⅠ期とⅡ期で方位を変えるが、舘前地区の寺院は建て替えは想定できず、郡庁院のⅠ期かⅡ期のどちらかに対応した方位で存続したと想定される。軒瓦Ⅱ期は八世紀中葉であり、細弁蓮華文軒丸瓦A・B種と包み込み技法による釣針文軒平瓦A～D種の組み合わせである。この瓦の出土数は少なく、郡山五番遺跡で主として所用した瓦群を転用、搬入した可能性がある。軒瓦は変更するが、製作技法上は軒瓦Ⅰ期の影響をとどめるこの時期は創建事業が補足的に行われた。軒瓦Ⅲ期は九世紀中葉であり、軒平瓦は不明であるが、二蕊弁四葉花文軒丸瓦一種と三蕊弁四葉花文軒丸瓦二種の計三組を葺いていた。これらは他遺跡で同笵品を確認できないことからこの寺専用に生産されたと考えられ、三種の軒瓦を三棟以上の建物に葺いていたと考えられる。この時期は寺院完成後ほぼ百年後にあたり、修理期と位置づけられる。軒瓦Ⅲ期以降の瓦は全く存在せず、郡庁院が十世紀前半には廃絶したことと対応し、寺院も法灯を絶やしたと考えられる（前掲註〈13〉「福島県原町市泉廃寺跡出土軒丸瓦が語る古代行方郡寺の様相」）。

(92)　荒淑人「行方郡家の様相――泉廃寺跡の調査成果――」（『第三三回古代城柵官衙遺跡検討会―資料集―』古代城柵官衙遺跡検討会、二〇〇七年）。原町市教育委員会『泉廃寺跡――遺跡が語る古代のはらまち――』（原町市教育委員会、二〇〇三年）。同「泉廃寺跡（第一〇次調査）」（『原町市内遺跡発掘調査報告書四』一九九八年）。同「泉廃寺跡（第一二・一三次調査）」（『同　五』二〇〇〇年）。同「泉廃寺跡」『県営高平地区ほ場整備事業関連遺跡発掘調査報告書Ⅲ』（福島県相双農林事務所・原町市教育委員会、二〇〇二年）。前掲註（10）「陸奥南部の官衙・寺院」。

（93）藤木海「泉廃寺とその周辺」（前掲註〈10〉『日本考古学協会二〇〇五年度福島大会シンポジウム資料集』所収）。前掲註（10）「陸奥南部の官衙・寺院」。前掲註（45）。前掲註（88）。

（94）前掲註（10）「陸奥南部の官衙・寺院」。

（95）今泉隆雄「花開く仏教文化」（『図説　宮城県の歴史』河出書房新社、一九八八年）。『仙台市文化財調査報告書第三八集　宮城県仙台市郡山遺跡Ⅱ——昭和五六年度発掘調査概報——』（仙台市教育委員会、一九八二年）。『同、第九六集　同、Ⅶ——昭和六一年度発掘調査概報——』（同、一九八七年）。前掲註（33）。

（96）前掲註（4）。

（97）佐久間竜「国師について」（『続日本紀研究』一二三、一九六四年）。田村圓澄「国師」（『国史大辞典』）。

（98）古川市史編さん委員会『古川市史　第六巻　史料一　考古』（古川市、二〇〇六年）。

（99）前掲註（95）「花開く仏教文化」。前掲註（4）。

（100）前掲註（98）。佐々木茂楨「宮城県古川市伏見廃寺跡」（『考古学雑誌』第五六巻第三号、一九七一年）。

（101）熊谷公男「多賀城創建再考」（『古代東北・北海道におけるモノ・ヒト・文化交流の研究』平成一五～一八年度科研費報告書、二〇〇七年）。なお、城柵は従来、築地塀などに囲まれた軍事施設であると同時に、内部に国府相当もしくはそれに準ずる規模の政庁を持ち、国司四等官のいずれかが常駐する施設と考えられてきた。しかし近年、郡衙相当半町規模の政庁や正倉などが、築地塀に囲まれて存在する東山遺跡、城生遺跡、名生館遺跡の様相が明らかとなり、また、その施設が文献上「柵」と呼ばれていたと考えられることから、城柵の類型の重要な要素として、「城柵兼郡家（築地塀等で囲まれた郡家）」という類型が加えられるに至っている（熊谷公男「城柵と城司——最近の「玉造等五柵」に関する研究を手がかりとして——」〈『東北学院大学東北文化研究所紀要』三九、二〇〇七年〉）。

（102）八木光則「城柵の再編」（『日本考古学』第一二号、二〇〇一年）。

（103）前掲註（95）「花開く仏教文化」。前掲註（4）。

(104) 宮城県文化財調査報告書第四八集『一の関遺跡』(宮城県教育委員会、一九七八年)。
(105) 多賀城出土瓦の分類については、宮城県多賀城跡調査研究所『多賀城跡　政庁跡本文編』(宮城県文化財保護協会、一九八二年)を参照のこと。
(106) 前掲註(10)「陸奥北部における城柵と郡家遺跡の成立」。
(107)『宮城県文化財調査報告書(第二編)菜切谷廃寺跡』(宮城県教育委員会、一九六一年)。前掲註(95)「花開く仏教文化」。前掲註(4)。
(108) 前掲註(8)『企画展　陸奥の古瓦――瓦が語る福島の古代史――』。
(109) 前掲註(15)「陸奥国の平城宮式軒瓦六二八二―六七二一の系譜と年代――宮城県中新田町城生遺跡と福島県双葉町郡山五番遺跡・原町市泉廃寺――」。
(110) 戸田有二『鹿島町文化財調査報告書第九集　真野古城跡』(鹿島町教育委員会、一九九三年)。鹿島町史編纂委員会『鹿島町史　第三巻　資料編二　原始・古代・中世』(福島県鹿島町、一九九九年)。
(111) 前掲註(18)『図説　福島の古墳』。
(112) 前掲註(16)「泉廃寺と関連遺跡の八世紀における造瓦――泉廃寺跡出土のⅡ群とⅣ群をめぐって――」。藤木海「真野古城跡」(教育委員会における説明資料)。
(113) 前掲註(16)「泉廃寺と関連遺跡の八世紀における造瓦――泉廃寺跡出土のⅡ群とⅣ群をめぐって――」。前掲註(112)「真野古城跡」。
(114) 前掲註(4)。
(115) 前掲註(102)。
(116) 前掲註(101)「多賀城創建再考」。

補註

今泉隆雄氏は奥羽越三国の支配領域の拡大について包括的にまとめている(前掲註(62))。今泉氏の研究から陸奥についての部分を要約すると次のようになる。陸奥では七世紀中葉から九世紀初頭にかけて段階的に評・郡を設置し、支配領域を拡大した。その過程は以下の五段階に整理される。

第一段階＝七世紀中葉＝令制国の設置期。この時期には陸奥では亘理《わたり》・伊具・信夫郡以南の宮城県南端と福島県域が版図であった。この地域は大和政権の時代に国造制が施行された北限の地域である。

第二段階＝七世紀後半。この時期には陸奥では、宮城郡以南の仙台平野を中心とする地域、およびその北の大崎平野に版図が拡大した。国造制支配の行われなかったこれらの地域およびそれより北は蝦夷の地であり、城柵の設置と柵戸の移配による辺境型方式によって建評された。

第三段階＝八世紀初め。陸奥では黒川郡以北の十郡と遠田郡（宮城県大崎平野から牡鹿半島へ及ぶ地域）に版図が拡大した。大崎平野から牡鹿半島にかけての地域における郡制の拡大と充実によって、和銅五年（七一二）の最上・置賜郡の出羽国移管、養老二年（七一八）、現福島県域の石城・石背国の分国が可能になった。ただし両国は、神亀元年（七二四）までに陸奥国に再併合された。

第四段階＝七六〇年代以降。陸奥では宮城県北端部付近の栗原・磐井・登米《とよめ》・桃生《ものう》・気仙郡に版図が拡大した。宝亀五年（七七四）、蝦夷の桃生城侵略から、宝亀十一年（七八〇）の伊治砦麻呂の乱を経て、弘仁二年（八一一）まで続く宮城県北端部と岩手県北上川流域を巻き込んだ、いわゆる三十八年戦争の時代に突入する。

第五段階＝九世紀初め。陸奥の胆沢郡から斯波郡までの岩手県北上川中流域が版図となった。

第二章　八世紀陸奥国における寺院の展開

第一節　陸奥国中部における官寺の展開

一　多賀城廃寺（宮城県多賀城市）

多賀城廃寺（図1）は、陸奥国府と鎮守府が所在した多賀城の東南約一キロメートルの多賀城市大字高崎の丘陵上にある。この寺は寺名が伝わっていなかったので多賀城廃寺と呼ばれているが、付近の山王遺跡東町浦地区から、十世紀初頭頃の万灯会に用いられたと思われる多数の土器が出土し、そのなかに「観音寺」と記された墨書土器があったことから、「観音寺」が多賀城廃寺の寺名を示すとする説が有力である。多賀城創建瓦と同じ瓦が出土することから、多賀城と同じく八世紀前半に創建され、十世紀中頃まで存続し、多賀城と盛衰をともにしたと考えられる。すでに発掘調査によって、中門・金堂・三重塔・講堂・鐘楼・経蔵・僧房などの建物跡が検出されている。伽藍配置は、三重塔と東向きの金堂を東西に配置する点に特徴があるが、この配置は筑前大宰府の観世音寺と基本的に同じである。日本の西の守りである大宰府観世音寺の伽藍配置に類似した観世音寺式の伽藍配置であることから、東北方の守りである多賀城の付属寺院としてふさわしい形式であるとも言われている。華麗な緑釉・灰釉陶器が多

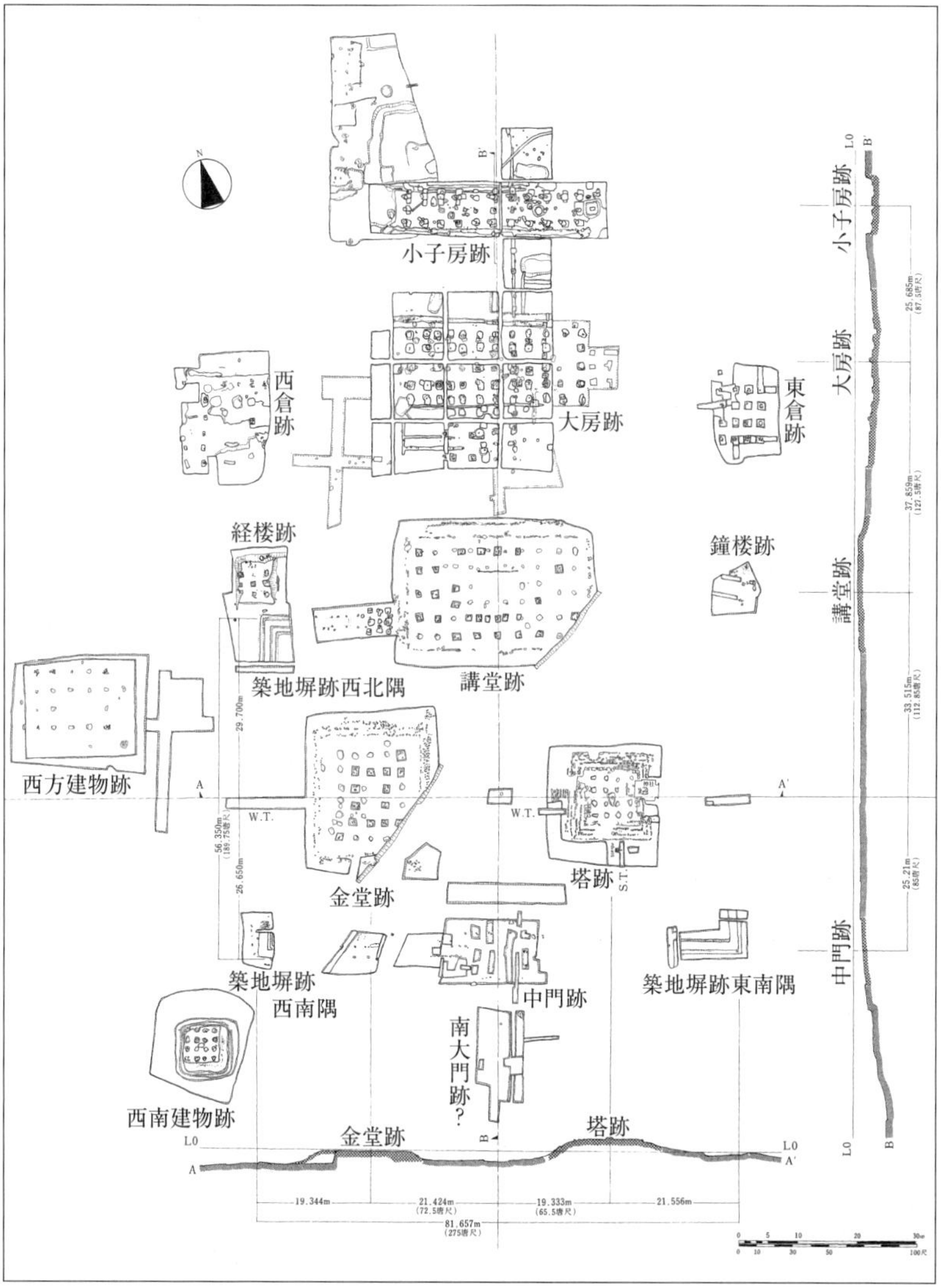

図１　多賀城廃寺跡全域実測図

数出土している。愛知県豊田市猿投窯や畿内で焼いたものである。塑像片・泥塔・陶塔なども出土している。(1)

陸奥国では、他の国々に国分寺が建立されるに先立って七世紀末から八世紀前半にかけて、国家により国衙に付属する官寺である郡山廃寺や多賀城廃寺が建立された。陸奥国では仏教に対して、一般的な鎮護国家という以上に、蝦夷経営の順調な発展が期待されていたためであろう。(2)

二　陸奥国分寺（宮城県仙台市）

陸奥国分寺（図2）は、宮城県仙台市宮城野区木ノ下に所在する。このあたりは弥生・古墳時代から仙台平野の中心であったらしく、東北地方第四の大古墳である遠見塚《とおみづか》古墳も近くに所在する。ふつう国分寺は国府の近くに所在するが、陸奥国分寺は国府多賀城から西南方に約一三キロメートル離れている。

寺地は八〇〇尺（二四二・四メートル）四方であり、その中央に南大門・中門・金堂・講堂・僧房が一直線上に並ぶ。中門と金堂は復廊の回廊で結ばれており、金堂と講堂の間には左右対称の位置に、右に鐘楼、左に経楼がある。講堂の北面と僧房は軒廊で連結されており、七重塔と思われる塔は金堂の東にあり、周りを回廊がめぐっている。

建立の時期は創建瓦からみて、天平神護三年（七六七）以前に造営が進んでいたと考えられる。瓦は、九世紀の復興瓦も含めて、北方の台の原・小田原瓦窯群で焼いた。

国分寺は多賀城とともに、貞観十一年（八六九）の大地震で被害を受け、復興された。多賀城第Ⅳ期と同じ瓦が出土する。承平四年（九三四）、七重塔が落雷によって焼亡しその後は再建されなかった。この火災によって焼け落ちた相輪が、発掘によって塔の北側の土中に突き刺さった状態で発見された。国分寺は鎌倉時代にはなお存続し

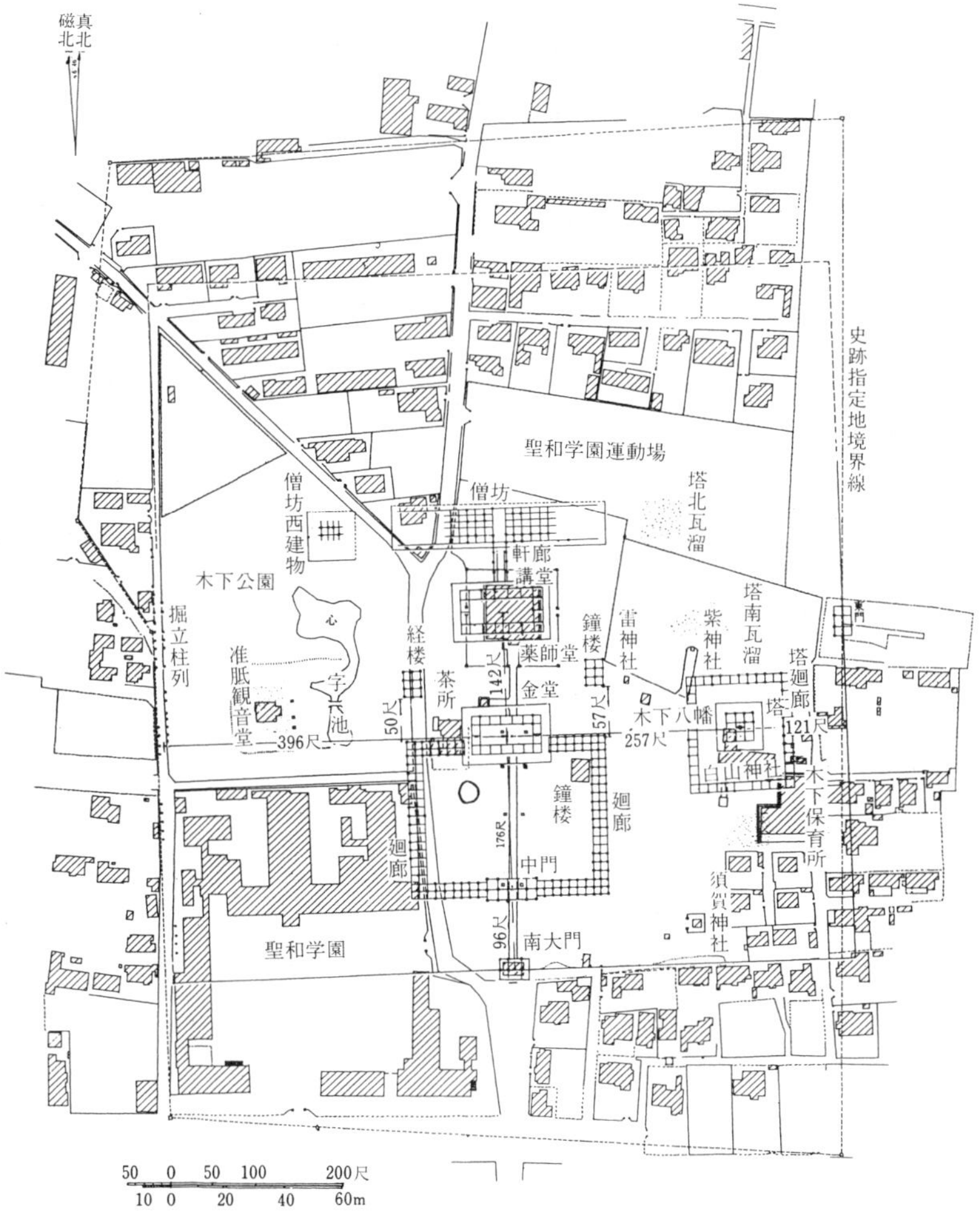

図2　陸奥国分寺跡平面図

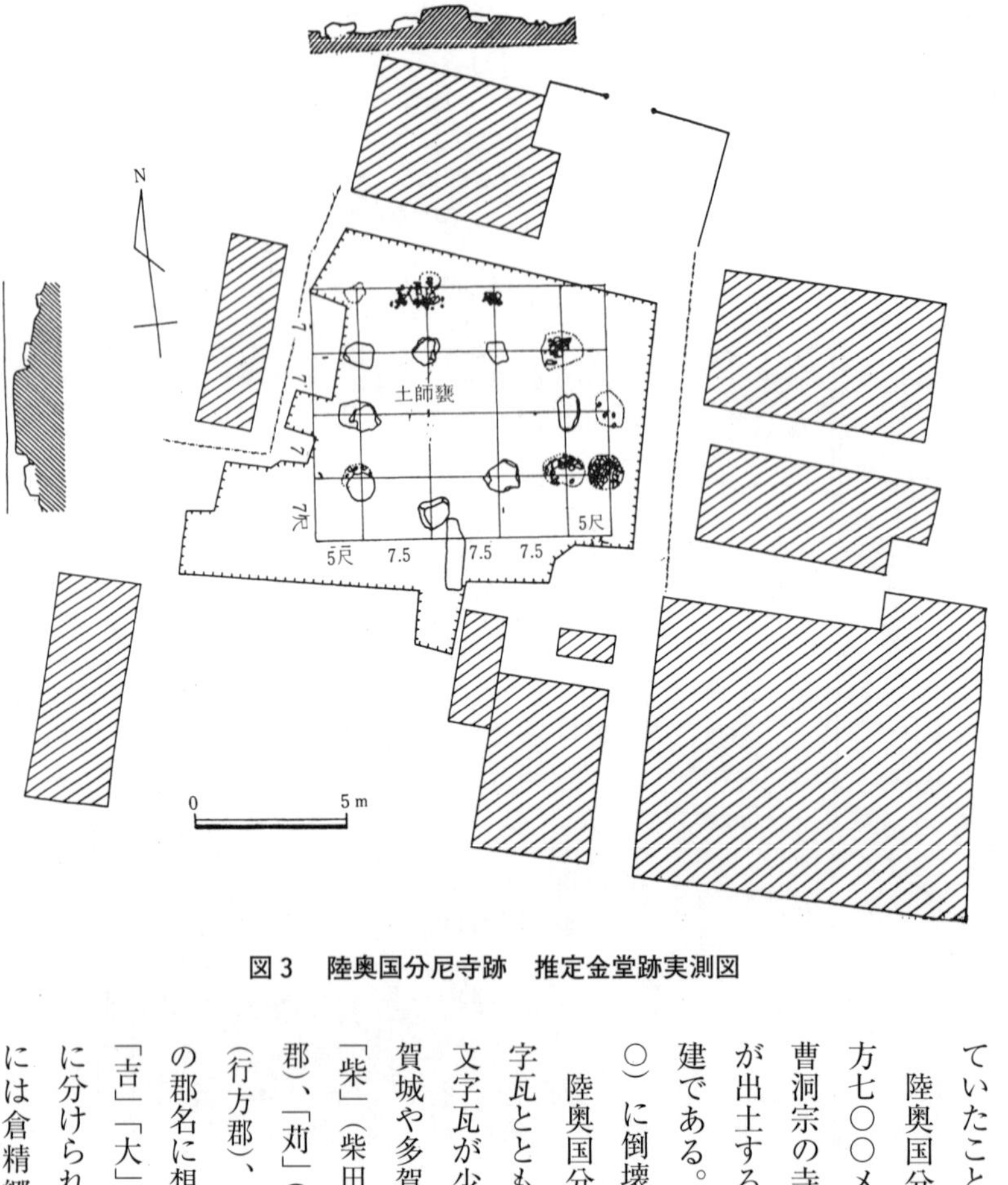

図 3　陸奥国分尼寺跡　推定金堂跡実測図

ていたことが知られている。

陸奥国分尼寺（図3）は、国分寺の東方七〇〇メートルにある国分尼寺という曹洞宗の寺院が跡地で、国分寺の創建瓦が出土するので、国分寺と同じ時期の創建である。国分尼寺は承暦四年（一〇八〇）に倒壊したとされる(3)。

陸奥国分寺では多賀城第Ⅱ期の押印文字瓦とともに、第Ⅱ期の印面に似た押印文字瓦が少数出土する。その文字瓦は多賀城や多賀城廃寺では出土せず、記名は「柴」（柴田郡）、「石」（磐城郡または磐瀬郡）、「苅」（刈田郡）、「会」（会津郡）、「行」（行方郡）、「標」（標葉郡）など国内南部の郡名に想定されるものと、「百」「倉」「吉」「大」「真」など意味が不明なものに分けられる。これらの郡のうち会津郡には倉精郷・大江郷、行方郡には吉名郷・大江郷・真野郷があり、意味が不明な文字と共通するので、これら押印文字瓦は、陸奥国の南部諸郡との関わりで理解してもよいだろう。陸奥国分寺における多賀城第Ⅱ期とそれ以外の押印文字瓦には、生産時期や生産体制の差が指摘され、郡名文字瓦には生産経費の負担が想定されている[4]。

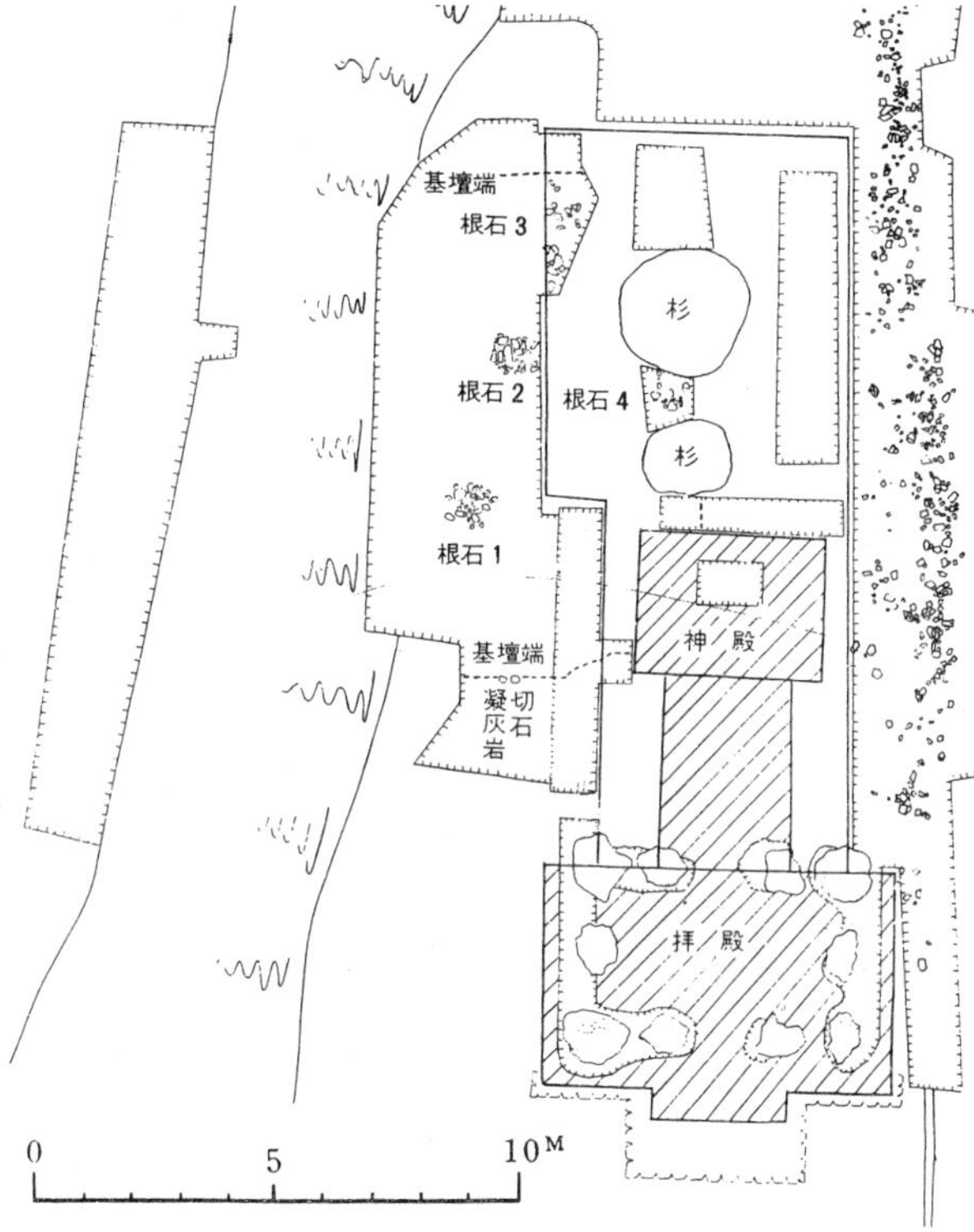

図４　黄金山産金遺跡礎石建物跡実測図

国分寺瓦に陸奥国南部の郡名が記されている背景として、樋口知志氏は、陸奥国南部の諸郡では郡司層が郡衙周辺寺院を中心として、仏教を利用した在地支配を押し進めていたためとする[5]。

三　黄金山産金遺跡
（宮城県遠田郡涌谷町）

黄金山《こがねやま》産金遺跡（図４）は、宮城県遠田郡涌谷町黄金迫《こがねばさま》の黄金山神社の地にある。『続日本紀』天平二十一年（七四九）二月丁巳（二十二日）条に見える、陸奥国の産金地と考えられる。基壇を持つ礎石建物が検出されたが、規模は、はっきりしていない。建物の頂部を飾った、頭部が六角錐形の瓦製擬宝珠が出土していることから、この建物は六角円堂であったと推測されている。出土する軒瓦は、六葉重弁蓮華文軒丸瓦と偏行唐草文軒平瓦で、軒丸瓦の弁数は異なるが、多賀城第Ⅱ期・国分寺創建瓦とよく似たものである。瓦製擬宝珠と丸瓦の一点に、「天平」とヘラ書きされている。どちらもヘラ書きの下部が欠けているが、瓦の製作年代を示すもので、天平感宝・天平勝宝・天平宝字・天平神護のいずれかの年号にあたると考えられ、この仏堂はその頃建立されたものと考えられる。産金による褒賞の際、私度の沙弥の小田郡の人丸子連宮麻呂が師位僧となり、応宝という法名を授けられたが（『続日本紀』天平感宝元年〈七四九〉閏五月甲辰〈十一日〉条）、彼がこの仏堂に住んだ可能性も考えられている。この地には産金以前から地主神が祀られていたが、産金により、神主日下部深淵は褒賞され（同条）、やがて神社も官社となったらしい。式内社黄金山神社であり、現在まで続いている。(6)

第二節　陸奥国南部における豪族の寺院建立

一　小浜代遺跡（福島県双葉郡富岡町）

小浜代遺跡（図5）は、福島県双葉郡富岡町小浜地内に位置する。富岡川が太平洋に注ぐ河口付近にあり、汀線より西に約一〇〇メートルの北岸、標高約二七メートルの台地上にある。

磐城郡衙遺跡の根岸遺跡の北約二四キロメートル、行方郡衙遺跡の泉廃寺跡の南約三〇キロメートル、標葉郡衙遺跡の郡山五番遺跡の南約一〇キロメートルの地点に位置する。『常陸国風土記』多珂郡条の「建御狭日命、当二所レ

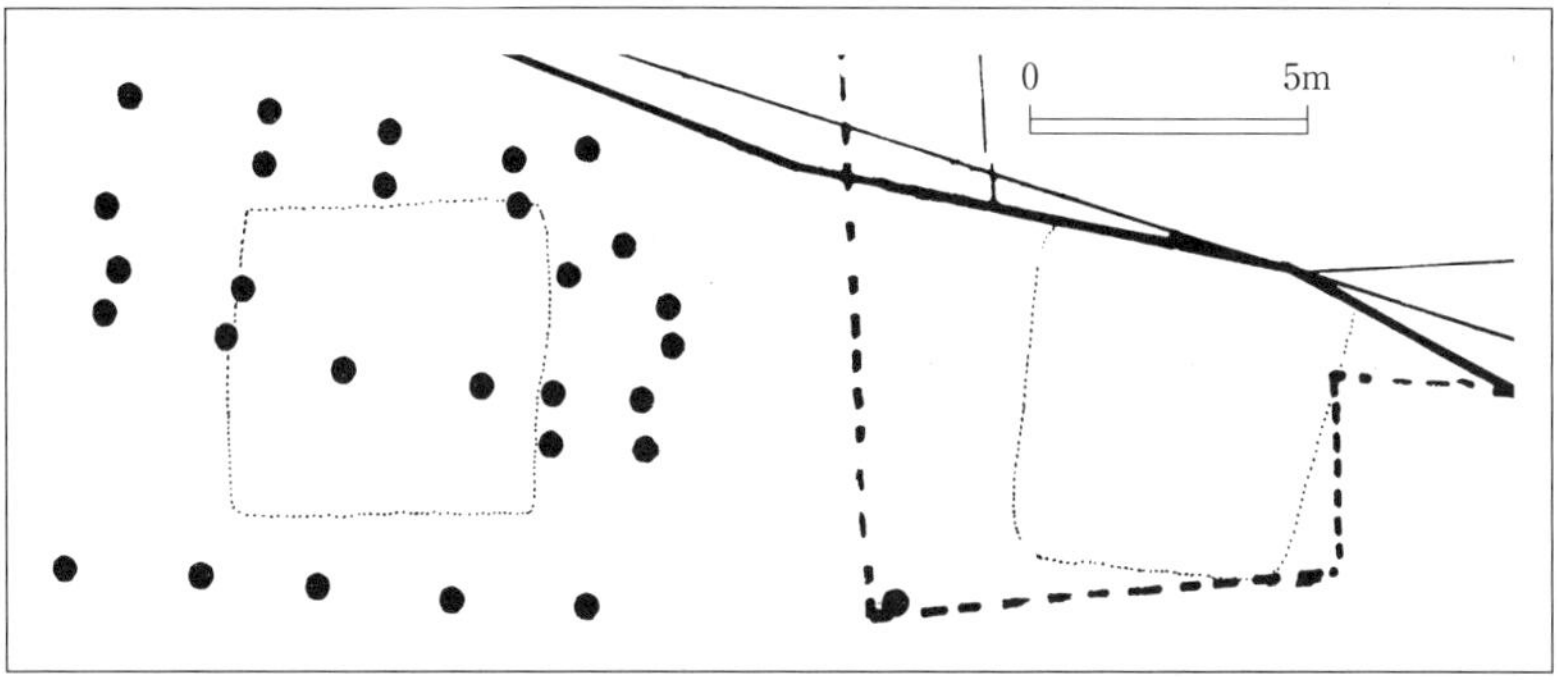

図５　小浜代遺跡遺構配置図（西基壇と東基壇）

遺時一、以二久慈堺之助河一、為二道前一、去郡西北六十里、今猶俤道前里。陸奥国石城郡苦麻之村、為二道後一」（『日本古典文学大系』）の部分に見える、「苦麻」の遺称地として最有力な双葉郡大熊町熊の南四～五キロメートルのところに位置する。古代には磐城郡楢葉郷の所在地であったと考えられる。

小浜代遺跡は郡衙や寺院の建物配置は持たないが、官衙・寺院関係の建物群とされる。

遺構は四つの時期に区分される。

一期は七世紀末で、五間×四間、四間×二間の掘立柱建物からなる。二期はそれに続く時期で、五間×三間、四間×三間、三間×二間の掘立柱建物などからなる。三～四期は八世紀中・後葉から九世紀にかけての遺構である。三期は東基壇建物と西基壇建物を中心とする。これらの基壇建物は瓦葺きの掘立柱建物であったと考えられる。瓦は六葉重弁蓮華文軒丸瓦と重弧文軒平瓦で、多賀城の第二期瓦を真似てこの地で焼いたものと考えられる。四期の主要建物は礎石を有する北基壇である。

出土遺物として特筆されるのは奈良三彩片で、二個体分が出土している(7)。

この遺跡の性格について詳細に検討した工藤雅樹氏は、概略次のように結論づけている。

小浜代遺跡は、七世紀末葉の丈部系豪族の拠点近傍に設けられた豪族の本拠地であるとともに、磐城郡衙の出先的な機能を併せ持つ施設であった。八世紀前半に瓦を用いた建物が造られた時点で、磐城臣氏が握る磐城郡衙に夏井廃寺が付属する状況に対抗する形で、小浜代遺跡に仏堂が建てられ、磐城臣に対抗する意味もあって、夏井廃寺と異なる多賀城系の瓦が用いられた。この地域には平安時代末までに楢葉郡が成立するが、その地域のまとまりが奈良時代にさかのぼって存在したことを示す遺跡である(8)。

工藤氏は、文献から磐城郡第二の有力豪族として丈部氏の存在を指摘し、小浜代遺跡が磐城郡第二の豪族の根拠地と考えられることから、丈部氏と小浜代遺跡を結びつけている。その点は実証されているわけではないが、妥当な推論であると考える。また、それ以外の点での遺跡の評価は極めて妥当なものである。

二　郡山台廃寺（福島県二本松市）

延喜六年（九〇六）に安積郡を割いて成立した(9)安達郡の郡衙遺跡が、二本松市長者宮、郡山台にまたがる郡山台遺跡である。阿武隈川の支流である杉田川南岸の、緩やかな丘陵の下端から中腹に位置する。この遺跡の一画に寺院跡が存在する。

郡山台遺跡は大きく東地区と西地区（図6）に分かれている。郡衙遺跡は東地区から検出された。丘陵の最下部の、杉田川に接する東地区東端では、正倉と思われる四棟の建物遺構が検出され、一〇トンを超す焼籾が出土している。中央平坦部の遺構は四期に区分される。A期とBⅠ期は、安達郡独立以前の建造物群で、郡衙の前身とみなされている。A期は古墳時代後期の集落が埋没した跡に営まれた掘立柱建物群で、四棟の掘立柱建物が検出されており、比較的長期にわたって少数の建物が続いており、一般集落とは異なる性格の建物である。BⅠ期は、この地区内を南北方向に走る浅い谷の方向に建物方向を合わせて四棟からなる掘立柱建物群が営まれるが、区画施設はなく、建物は点在してまとまりがない。

BⅡ期は安達郡衙成立期で、中央部全体が溝、道、掘立塀によって区画され、企画性のある建物群が配置される。出土土器によって十世紀の年代が与えられる。C期は、全体の区画はBⅡ期から継承され、一部の掘立柱建物跡が

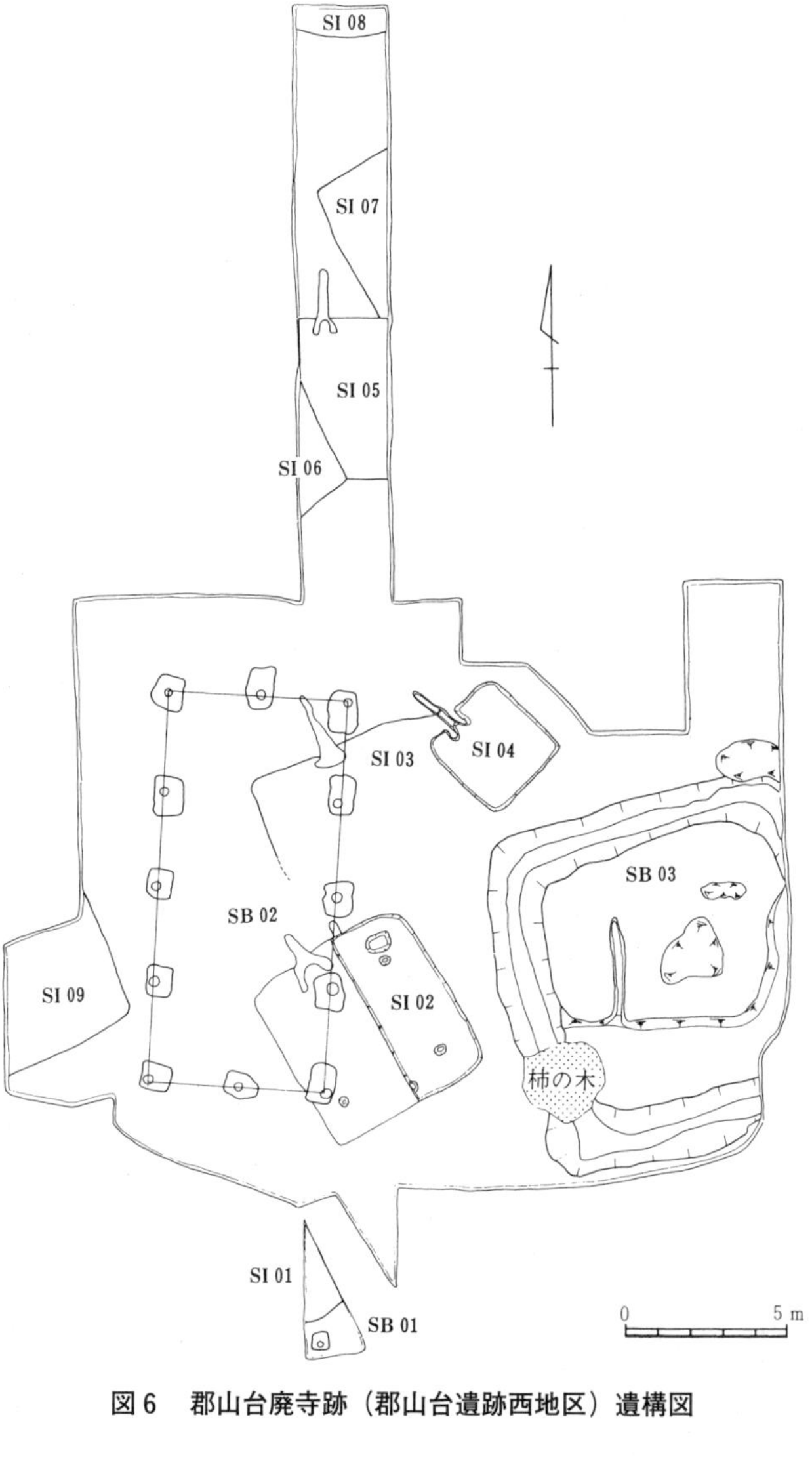

図６　郡山台廃寺跡（郡山台遺跡西地区）遺構図

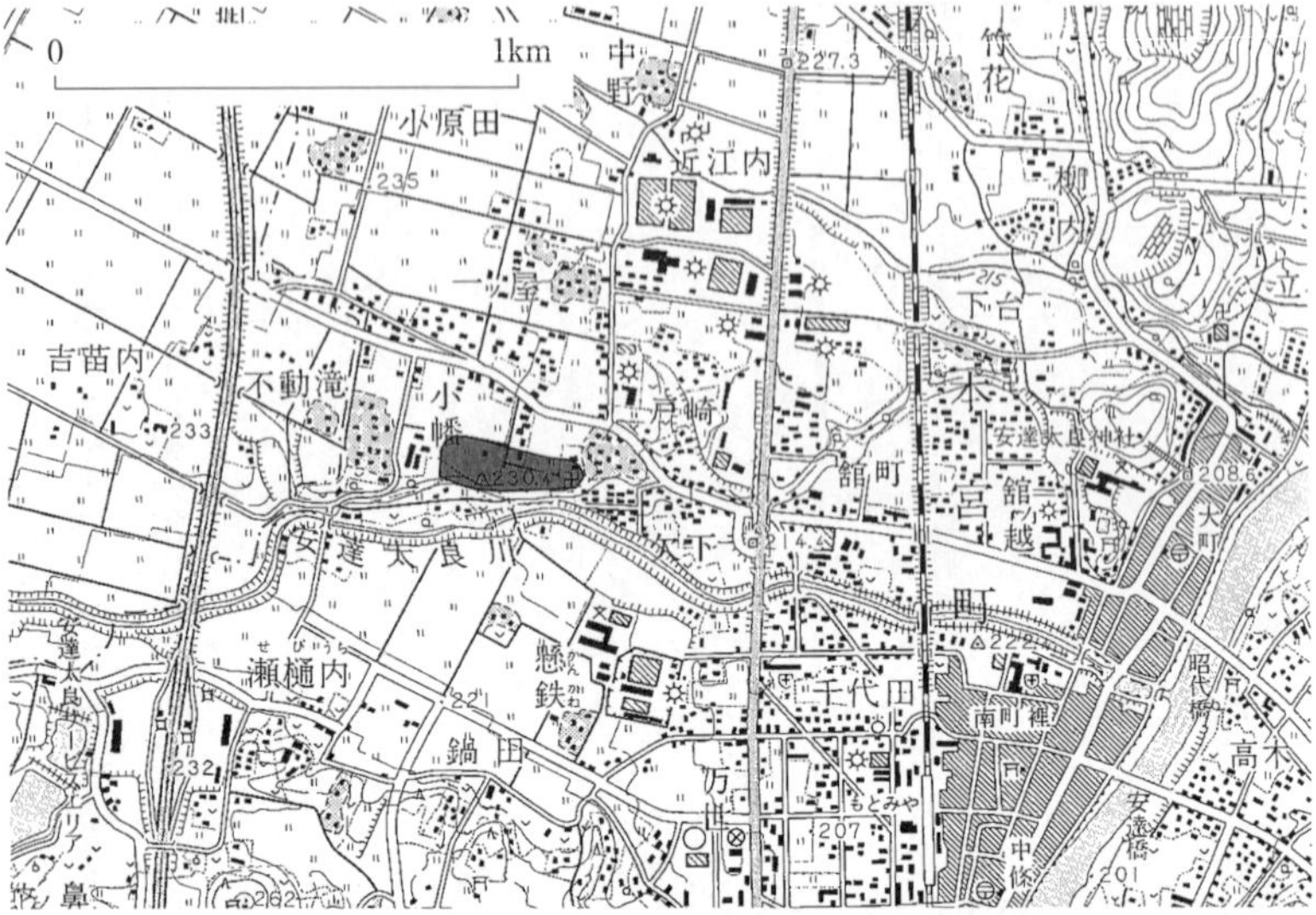

図7　小幡遺跡位置図

建て替えられる。C期の存続期間は十世紀内にあると考えられている。

寺院の塔の遺構が検出された西地区は、東地区から約四〇〇メートル離れた緩やかな丘陵の頂部に位置している。この地点から二棟の掘立柱建物跡と、一棟の礎石建物が検出された。これらの遺構は、七世紀後半から八世紀初頭の竪穴住居を埋め戻して整地した上に建てられている。SB〇二掘立柱建物跡は、桁行四間・梁間二間の南北棟で、柱間は一〇尺（約三メートル）で整っており、南方に七・五メートル離れて桁行をそろえてSB〇一掘立柱建物跡が並ぶらしい。SB〇三礎石建物跡は基壇上に建つが、基壇の工法は独特で、ほぼ正方形に地山のローム層に溝を掘り巡らし、その内側に黒土と黄褐色土を積み重ねて基壇を築いている。基壇は一辺が七メートルのほぼ正方形であり、中央に径二メートルの穴があり、この位置から明治十年頃搬出したと伝える石が、二本松市内の民家の庭園にある。石は一・三メートル×一メートルの花崗岩で、表面を平らにして中央に径二三センチメートル、深さ一五センチメートルの穴がある。この穴は中心柱の臍を入れるもので、この石が塔の芯礎であることは明らかである。SB〇三礎石建物跡は寺院の塔の基壇であり、小規模であることから三重塔と推定される。

出土瓦は小型の単弁九弁蓮華文軒丸瓦と、指描き重弧文軒平瓦の組み合わせである。この瓦は本宮町の小幡遺跡（図7）でも出土しており[10]、安達郡に孤立的に分布するものである。軒丸瓦は山田寺系のもので、三重県名張市の夏井廃寺跡の八世紀初頭の瓦と類似しており、やや変形しているが古式な様相を残す。また軒平瓦の技法は多賀城創建期のものと共通する。そのような点から、この瓦は八世紀前半に位置づけられる。塔跡の方形溝中の出土瓦の堆積が上・下層二段に分けられ、前後二時期にわたることが判明しており、八世紀の前葉から十世紀まで建て替えによって三重塔が継続したものと考えられる。なお、この西地区では上記三棟の建物以外は検出されていないので、主要伽藍としては塔のみを持つ寺院だった可能性もある。西地区に存在していた寺院を本書では郡山台廃寺と呼称する。

この塔は八世紀前半にこの地方の豪族の氏寺として創建され、延喜六年の安達郡の成立とともに郡衙周辺寺院となったものと考えられる。この周辺の大玉《おおたま》扇状地、杉田川流域には、古墳時代前期から終末期までの古墳群がほぼ連続して営まれていることから、これらの古墳群を造営してきた集団が、郡山台遺跡の造営にも関係していたものと考えられる[11]。

三　徳江廃寺（福島県伊達郡国見町）

福島盆地北部の伊達郡国見町大字徳江に所在する（図8）。阿武隈川左岸の藤田扇状地面の西端に位置する。阿武隈川からの距離は二〇〇～五〇〇メートルである。西に一～二キロメートルに位置する塚野目古墳群は、五世紀

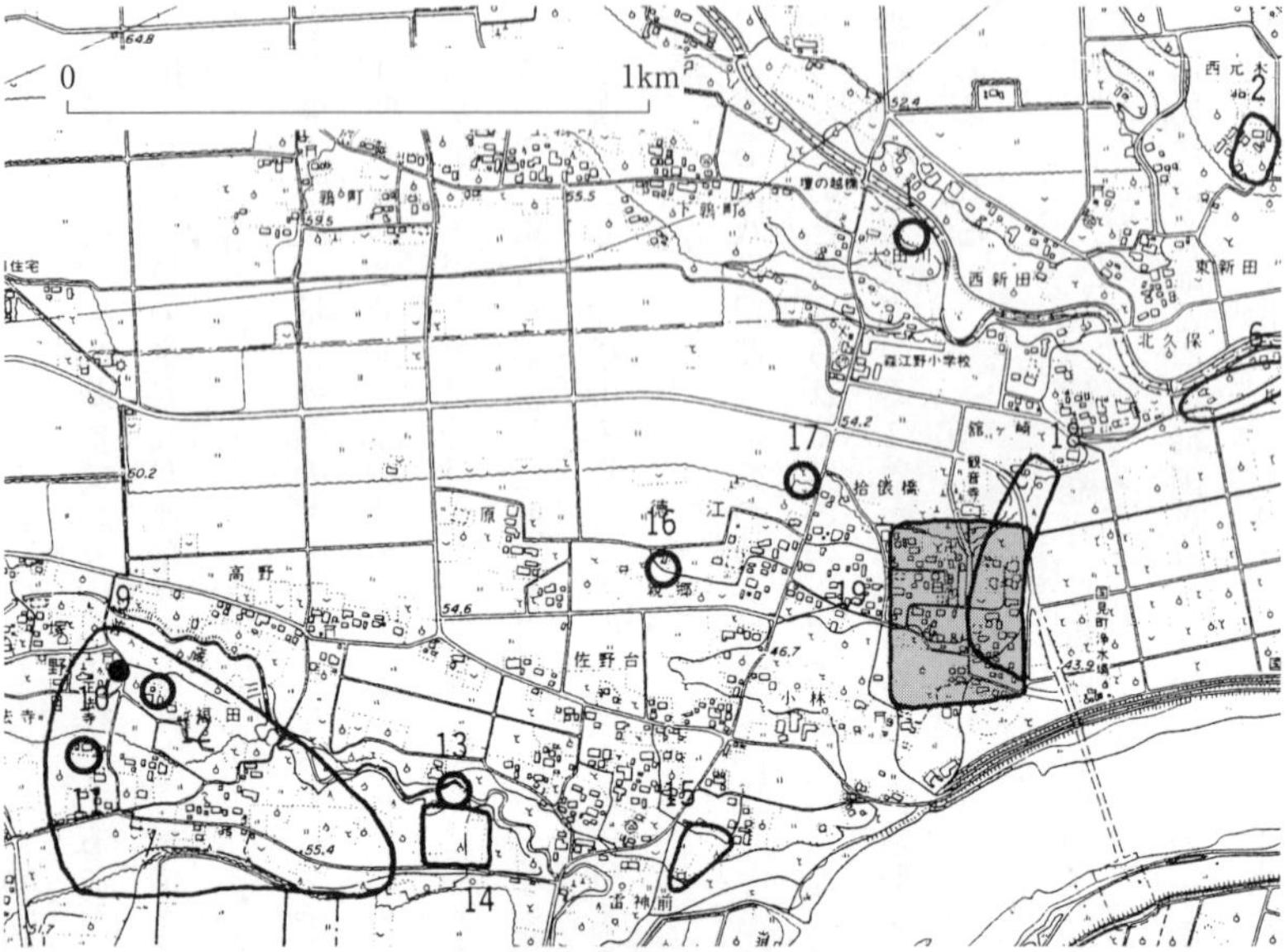

図８　徳江廃寺跡位置図

から七世紀前半まで福島盆地内で最も有力な古墳が築かれたところである。錦木塚《にしきぎづか》古墳は七世紀前半の前方後円墳で、全長四二〜四三メートル、横穴式石室を持つ。副葬品として須恵器・直刀など伝統的なもののほか、仏教用具である銅鋺が出土している。七世紀前半までは福島県内で最も有力な豪族の根拠地であったが、七世紀後半には、盆地南部の腰浜廃寺を建立した勢力に、盆地最有力の豪族の地位を奪われてしまったと考えられている。

徳江廃寺はそのような場所に、八世紀後半に建立されたものと考えられている。これまでの調査では掘立柱建物の一部などが検出されているが、主要な建物は未検出である(12)。

軒丸瓦は四種類出土している。第一類は単弁六葉蓮華文軒丸瓦、第二類は単弁八葉蓮華文軒丸瓦、第三類は旋回花文軒丸瓦であるが、そのほかに陸奥国府系の多賀城跡二一二軒丸瓦と同類の、八世紀中葉の単弁八弁蓮華文瓦が出土している。軒平瓦は一枚造り縄目タタキ平瓦の上部を長方形に区画し、顎部としている。顎部文様は軒丸瓦第二類の中房文様に類似したものが、凹凸交互に並べられている。第一類は瓦当面に文様があるもので、中央部に珠文、側部に鋸歯文が付されている。第二類は瓦当文様がないものである。

創建瓦は、八世紀中葉の多賀城系の単弁八弁蓮華文軒丸瓦である。第三類軒丸瓦は腰浜廃寺と共通するもので九世紀初頭までさかのぼり、第一、二類軒丸瓦はつくりも雑なので、第三類よりも新しい時期であるが、九世紀代のものと考えられる(13)。

第三節　八世紀陸奥国における寺院展開の様相

以上、八世紀の陸奥国において建立された寺院を概観したが、現宮城県域の陸奥国中部（当時は陸奥国北部）と現福島県域の陸奥国南部では、寺院の建立の様相が非常に異なっていることは明らかである。

陸奥国中部には、七世紀末から八世紀初頭にかけて、国府である郡山遺跡Ⅱ期官衙に付属する郡山廃寺と、三〇キロメートルあまり北の大崎平野に三廃寺が建立されていた。大崎平野の三廃寺に葺かれていた瓦は、多賀城や大崎平野の城柵・官衙をもその範囲内に含むところの、郡の枠を越えた広域的な行政の機能を通じて、生産・使用されていたと考えられる。また、出土瓦にたびたび見られる周辺地域の郡名や移民系住民の出身地らしい国名を示す文字も、行政機構の機能を通じて、瓦の生産が公的なかたちで地域住民に課されたことを示すものである(14)。そのようなことから、この四寺院は官寺と呼ばれる(15)。

八世紀初頭までに陸奥国中部には以上のような寺院が存在していたが、それらに加えて八世紀のうちに陸奥国中部に建立されたことが知られるのは、国府付属寺院である多賀城廃寺、国分二寺、黄金山産金遺跡の仏堂のわずか四寺院であり、これらの寺院もまた、官寺そのものであるか、官寺的な性格が強い寺院であり、すべて多賀城系の文様を持った瓦が用いられている。しかも、陸奥国における産金の褒賞という特別な事情で建立された黄金山産金遺跡の仏堂以外の三寺院は、国府の周辺に建立されている。

八世紀を通じて、国府所在郡以外の陸奥国中部の諸郡にほとんど寺院が建立されないからといって、この地域の豪族に仏教がほとんど受容されていなかったと考えることはできない。この地域には九世紀に至っても非常に少ししか寺院は建立されないが、九世紀に至るまで仏教信仰がほとんど広がらなかったと考えることは難しい。八世紀においても九世紀においても、陸奥国中部の豪族層の仏教信仰の受容度は、寺院の数に表れるほどには、陸奥国南部と極端な差はなかったのではなかろうか。大崎平野の三廃寺は補修瓦を使用しながら、九世紀後半まで存続している。また、『続日本紀』天平感宝元年（七四九）閏五月甲辰（十一日）条の陸奥国産金の褒賞記事にも、在地の豪族らしい私度の沙弥の小田郡の人丸子連宮麻呂が師位僧となり、応宝という法名を授けられたことが見える。おそらく、豪族層には広汎に仏教信仰が広がっていたと考えられる。

そのように仏教信仰が広まっていたにもかかわらず寺院が建立されなかった背景には、やはり国衙の政策があったと想定される。すなわち、国府周辺の陸奥国中部の豪族は、多賀城廃寺や陸奥国分寺の建立や維持に協力し、その一方では、これらの寺院が、彼らの宗教的な希求を満たすというような政策があったと想定されるのである。

しかしながら、陸奥国分寺の瓦のなかに、陸奥国南部の諸郡を示すと思われる文字を記す文字瓦があることは著名である。国分寺瓦に陸奥国南部の郡名が記されている背景として樋口知志氏は、陸奥国南部の諸郡では、郡司層が郡衙周辺寺院を中心として仏教を利用した在地支配を押し進めていたため、とする(16)。重要な指摘であろう。

そういったことを考慮すれば、国分寺も周辺の郡の在地支配に大きな役割を果たしていたことは考えられるものの、大崎平野の瓦窯で製作された瓦を創建瓦として、陸奥国南部における郡衙周辺寺院とさほど違わない時期に成立した多賀城廃寺が、周辺の郡の郡衙周辺寺院の代わりとなるような役割をも担ったのかもしれない。

陸奥国南部の国造制施行地域では、評制施行以前にさかのぼる中野廃寺をはじめとして、評制施行後には、とくに国家と関係が深い評を中心に郡衙周辺寺院が建立される。その際、一郡に一寺という原則があったように考えられる。そのなかでとくに注目されるのは、白河郡、磐城郡、信夫郡には、郡内（評内）に二つの有力豪族が存在しており、郡衙周辺はそれらの豪族を結束させる役割の一端を担っていたと考えられることである。これは陸奥国の評制施行の上で、郡衙周辺寺院が大きな意味を持っていたことを示すものである。

八世紀以降、磐城郡と信夫郡の郡衙から離れた第二の豪族の根拠地に第二の寺院が、安積郡にはおそらく第二・第三の寺院が建立された。これらの寺院は、郡衙周辺寺院に比べて本格的な伽藍配置を持たないと思われるが、そのなかには早い段階で安達郡といった郡を分立させる豪族による郡山台遺跡が含まれているのが注目される。郡の設置に先行する寺院建立が、国家ないしは国府に認められたものである可能性を示す。また、小浜代遺跡の瓦と徳江廃寺の創建瓦が、時期と技術水準は異なるものの、ともに多賀城系の文様を持つ瓦であることは注目される。国衙の支持を背景に建立されたことを示すものであろう。

ただし、寺院の規模は小規模であったと考えられ、郡衙周辺寺院の機能を完全に代替するものではなかったようだ。

八世紀においては、豪族の氏寺であると同時に国家仏教の末端を担った定額寺である郡衙周辺寺院と、単なる豪族の氏寺である郡内第二・第三の寺院が、役割を分担しながら併存していたものと考えられる。

註

（1）多賀城市史編纂委員会『多賀城市史　第一巻　原始・古代・中世』（多賀城市、一九九七年）。同『同、第四巻　考古資料』（同、一九九一年）。宮城県教育委員会・多賀城町『多賀城跡調査報告Ⅰ――多賀城廃寺跡――』（吉川弘文館、一九七〇年）。岡田茂弘「多賀城廃寺の再検討」（『東北歴史博物館研究紀要』五、二〇〇四年）。
（2）今泉隆雄「花開く仏教文化」（『図説　宮城県の歴史』河出書房新社、一九八八年）。
（3）陸奥国分寺跡発掘調査委員会編『陸奥国分寺跡』（河北文化事業団、一九六一年）。角田文衞編『新修国分寺の研究　第三巻　東山道と東海道』（吉川弘文館、一九九一年）。仙台市史編さん委員会『仙台市史　通史編二　古代・中世』（仙台市、二〇〇〇年）。同『仙台市史　特別編　二　考古資料』（同、一九九五年）。
（4）山路直充「文字瓦の生産――七・八世紀の坂東諸国と陸奥国を中心に――」（平川南・沖森卓也・栄原永遠男・山中章編『文字と古代日本　3　流通と文字』吉川弘文館、二〇〇五年）。
（5）樋口知志「仏教の発展と寺院」（須藤隆・今泉隆雄・坪井清足編『新版古代の日本　九　東北・北海道』角川書店、一九九二年）。
（6）前掲註（2）。宮城県教育委員会『宮城県の文化財』（宮城県教育委員会、一九九三年）。
（7）田中正能監修『富岡町史　第三巻　考古・民俗編』（福島県富岡町、一九八七年）。『小浜代遺跡――範囲確認調査――』（富岡町教育委員会、一九九五年）。
（8）工藤雅樹「小浜代遺跡の歴史的意義」（前掲註〈7〉『小浜代遺跡――範囲確認調査――』所収）。
（9）弥永貞三「志摩国ほか数国の国府の位置をめぐって」（『日本古代社会経済史研究』岩波書店、一九八〇年）。
（10）本宮町史編纂委員会『本宮町史　第一巻　通史編Ⅰ　原始・古代・中世』（本宮町、二〇〇二年）。同『同、第四巻　資料編Ⅰ　考古・古代・中世』（本宮町、一九九九年）。
（11）『郡山台Ⅰ』（二本松市教育委員会、一九七七年）。二本松市『二本松市史　第三巻　原始・古代・中世　資料編一』（二本松市、一九八一年）。鈴木啓「安達郡の成立」（『同、第一巻　通史編一　原始・古代・中世・近世』同、一九九九年）。木本元治「阿武隈川流域における奈良時代寺院に関する新知見」（『福島考古』四〇、一九九九年）。
（12）『国見町文化財調査報告書第七集　国見町の文化財　徳江・小坂地区遺跡分布調査』（国見町教育委員会、一九九〇年)。

(13)『国見町文化財調査報告書第五集　国見町の文化財　徳江廃寺跡発掘調査』(国見町教育委員会、一九八六年)。前掲註(11)「阿武隈川流域における奈良時代寺院に関する新知見」。木本元治「福島県中通り地方の郡家と寺院」(『第三三回古代城柵官衙遺跡検討会資料集』古代城柵官衙遺跡検討会、二〇〇七年)。

(14)前掲註(5)。

(15)前掲註(2)。

(16)前掲註(5)。

追記

本書校正中に、宮城県仙台市太白区長田町の十八夜観音堂の菩薩像が八世紀末の制作であり、奈良時代末より大年寺山付近に伝来し、大年寺山周辺に存在した陸奥国府付属の山寺の遺像である可能性があることを知った(長岡龍作「菩薩像　宮城　十八夜観音堂」〈有賀祥隆『東日本に分布する宗教彫像の基礎的調査研究――古代から中世への変容を軸に』東北大学、二〇一〇年〉)。この像の存在を考慮しながら、八世紀の陸奥国の寺院の展開について考察を深める必要を感じる。

第二部　九世紀陸奥国における山岳寺院と民衆布教の展開

第一章　九世紀陸奥国における掘立柱仏堂の展開

第一節　先行研究と課題

本章の目的は、古代の陸奥国に分布する掘立柱仏堂（図1、表1）の特色を明らかにし、その成立の歴史的背景を探ることである。これまでの研究では、陸奥国の掘立柱仏堂は、東国の「村落内寺院」の一種としてあつかわれることがあった[1]。それにもかかわらず、筆者が「村落内寺院」と呼ばない最大の理由は、本章で論じるように、関東地方の「村落内寺院」と東北地方の「掘立柱仏堂」とは、成立の背景が、かなり異なると考えるからである。

あらかじめ「掘立柱仏堂」の概念規定をしておきたい。「掘立柱仏堂」は、九〜十世紀頃の陸奥国に見られる中心建物が掘立柱建物である仏教施設である。中心建物の特徴や仏教関連遺物の出土などにより、仏教施設と判断される。掘立柱仏堂は集落の内部や近傍、あるいは有力農民層（富豪層）の居宅に隣接して位置し、それらとの関係が想定される。郡衙との関係が想定されるものも二例ある。陸奥国の掘立柱仏堂の主要建築は、すべて礎石を用いない掘立柱の建物であり、基壇や坪地業《つぼじぎょう》（礎石建物の柱の下にあたる部分のみ穴を掘って版築する地業）は確認されておらず、瓦も使用されていない。

図１　陸奥国の掘立柱仏堂の分布

表1　陸奥国掘立柱仏堂遺跡一覧

図版番号	遺跡名（所在地）	中心仏堂の規模（記述は東西×南北）	主な付属施設	仏堂の年代	仏教（宗教）関連出土遺物・墨書土器	立地および周囲の遺跡	文献※1	類型※2	報告書名・参考文献
1	赤根久保遺跡（西白河郡東村大字上野出島字赤根久保）	一号建物（四×三間、八・六×六・九m）。桁行において東から一間目と西から一間目に長方形の土坑。	一号住居跡。土坑十数基。	9世紀中葉を中心とする時期	穿孔された内黒土師器坏。「宝丁」「午」「大」○に「大」などの墨書土器。	丘陵の頂部。丘陵下部の緩斜面は古代の遺跡の密集地。○・七km東に笊内《ざるうち》古墳群（後期）、一km東に官衙風建物群を含む谷《や》地前《じまえ》遺跡。	2　3　4	2	「赤根久保遺跡」（福島県文化センター編、福島県文化財調査報告書第六七集　国営総合農地開発事業『母畑地区遺跡発掘調査報告』二、福島県教育委員会、一九七八年）。
2	達中久保遺跡（石川郡石川町大字赤羽字達中久保・翁沢）	一号建物（四×三間、八・一×六・九m）。全体的には一間四面庇の構造。庇の部分のみに三回の改築。	仏堂のそばの三号住居跡。七号土坑?。	9～10世紀初頭	「千万」「真」「富」「大」「合」「南」○に「朱」「斤」などの墨書土器（集落から）。	洪積台地上。周囲から奈良・平安時代の竪穴住居が九十棟余り検出（八世紀から十世紀初頭）	1　2　3　5	2	「達中久保遺跡」（福島県文化センター編、福島県文化財調査報告書第三二八集　国営総合農地開発事業『母畑地区遺跡発掘調査報告』三九、福島県教育委員会、一九九六年）。
3	下悪戸遺跡（石川郡石川町大字中野字悪戸）	（双堂）正堂二号建物（三×二間、七・九×六・二m）。礼堂四号建物（二時期・推定三×二間、推定七・三×四・六m）。（二号に先行す	竪穴状遺構。一号建物（一×一間）?。	9世紀前半を上限とする	底部に「□奉」、体部に「寺」もしくは「奉」と墨書された土師器坏。「宮寺」と書かれた土師器坏。	阿武隈川東岸の中位段丘上。丘陵下段に集落の中心部。付近に悪戸古墳群（七世紀初頭）。	1　2　4	2　4	「下悪戸遺跡」（福島県文化センター編、福島県文化財調査報告書第一一六集　国営総合農地開発事業『母畑地区遺跡発掘調査報告』一二、福島県教育委員会、一九八三年）。

	4	
	江平遺跡（石川郡玉川村大字小高）	
る建物）三号建物（三×二間、六・二×四・二m）。	A期 一号建物（五×四間、一二×九・四m）。	B期 （四期の変遷）①一一号建物（五×四間、一〇・八×八・三m）。②一二号建物（五×四間、一一・四×九・三m）。③九号建物（三×二間、八・一×五・四m）。④一〇号建物（三×二間、八×五・四m）。（九・一〇号の前後関係不明）
	仏堂の西に方形建物（二×二間）、僧房風南北棟（二×五間）が整然と東西に並ぶ。	南側に前庭状の広場。四脚門。東西に平行する四条の溝跡（区画施設）があり、その中央が土橋状になり四脚門が構築される。
	9世紀前半代に盛期	
	灯明皿多数。四面庇建物周辺から「寺」墨書土器。沢を挟んだ調査区東端部から「太社」墨書土器。他に刻書土器「正」「十」「七」。墨書土器「夫」「安」〇に「丙」「上」「員」「定」「財」「珎」「土」「子」「集」「九」「太内」「太田」「勝」「□油」「□子ま」「得三十□□廿日十日」など。	
	阿武隈川東岸の河岸段丘。東側に平安時代の一般的な集落を構成する竪穴住居跡群や掘立柱建物跡群。遺跡内には古墳時代の集落（五世紀後半）、古墳群（五世紀後半～六世紀前葉）。奈良時代の集落。「天平十五年」等と記された木簡や笛等が出土。	
	2　4　5	
	1	2
	福島県文化振興事業団編、第三九四集『福島空港・あぶくま南道路遺跡発掘調査報告一二、江平遺跡』（福島県教育委員会、二〇〇二年）。	

5	上宮崎A遺跡（福島県西白河郡矢吹町上宮崎）	Ⅱ期（八世紀後半）二九号（二×二間〈南側柱列は三間〉、四・六×四・七m）。Ⅲ期（八世紀末～九世紀初）三二号（三×三間、五・七×五・四m）。Ⅳ期（九世紀前葉）三〇号B（南側と東側が三間で北側と西側が二間、六・一×五・八m）。Ⅴ期（九世紀中葉以降）三〇号A（三×三間〈東側柱列は二間〉、六・一×六・一m）。	南には参道の空間。北にこの調査区唯一の総柱建物と住居らしい掘立柱建物。南にも掘立柱建物。	8世紀後葉～9世紀中葉以降	（Ⅲ期）人為的に破壊された「井」刻書土師器坏。（Ⅳ期）「小中嶋」「嶋」「中」「大」墨書土器。（Ⅴ期）「小□」墨書土師器坏。	緩やかな台地上の平地。八世紀後葉、大規模な土木事業により台地上の窪地を埋めて整地した上で造られた四軒の大型の竪穴住居からなる集落内。Ⅲ期には一つ、Ⅳ期にはすべての住居が掘立柱になる。		4	「上宮崎A遺跡」（福島県文化センター編、福島県文化財調査報告書第三五二集『福島空港・あぶくま南道路遺跡発掘調査報告一』、福島県教育委員会、一九九八年）。
6	米山寺跡（福島県須賀川市西川字坂ノ上）（「米山寺」の名称は米山寺経塚の銘に基	一号建物（五×四間、一三×一一m）。（報告書は六間×五間とするが、現地には五間×四間に復元。筆者もそれを採る）柱穴が多くて、完全に復元できず。	北側に二×二間の総柱建物、二×三間の建物（以上、時期不明）。東側に二×三間の建物、二×二間の	9～12世紀（管野和恵氏のご教示による）	平瓦（三〇点。一号建物に使用されたものではないとされる）。他は土師器・須恵器などで、宗教関連遺物や墨書土器は出土していない。	小丘陵の南麓。丘陵頂部には米山寺経塚。丘陵中腹に「山王権現遺構」とされる三棟の九世紀代の建物跡あり。栄町遺跡から東に六〇〇m。		1	『米山寺跡　史跡岩代米山寺経塚群発掘調査報告書』（須賀川市教育委員会、一九八二年）。

	づく）		建物（以上九世紀）。						
7	東山田遺跡第一次調査区（郡山市田村町山中字東山田・金沢字仲原）	一号建物（四×三間で、西庇と北庇付きの東西棟・八・九×六・五m）。	二号建物（二×二間の総柱建物。北側が約三・二m、南側が約二・九m）。一号鍛冶遺構。	9世紀代か	瓦塔片（一号鍛冶遺構出土、八世紀第4四半期から九世紀前半頃）。	上位砂礫段丘上。東山遺跡（奈良・平安時代を中心とした集落遺跡で、一部に有力農民層の居宅を含む）最下部の末端の丘陵上。		2	郡山市埋蔵文化財発掘調査事業団編、新公園都市東山ヒルズ造成関連『東山田遺跡——第一次調査報告——』（郡山市教育委員会、一九九六年）。
8	砂畑遺跡（いわき市平菅波《たいらすぎなみ》字砂畑《すなはた》）。	（Ⅵ期）七四号建物（三×三間、五・三×五・二m）。雨落ち溝を伴う。前身の七三号建物（Ⅴa期・九世紀末～十世紀初頭）も仏堂の可能性あり。	七五号建物（二×三間、三・二×六・六m）。建物群の周囲に溝がめぐる。	10世紀前葉	木製菩薩坐像（像高九cm。十一世紀以前。約二五〇m北の溝出土）。「寺」「山寺」墨書土器。僧名を含む郡符木簡（礼堂地区の大溝出土）。	夏井川右岸の沖積地に挟まれた微高地の浜堤上。荒田目条里遺跡（礼堂地区）の南に隣接。仏堂そばには方形区画に囲まれた豪族居宅（八世紀中葉～十世紀中葉）。		3	猪狩みち子・矢島敬之・末長成清・樫村友延・高島好一『荒田目条里制遺構・砂畑遺跡』（いわき市埋蔵文化財調査報告第八四冊、福島県いわき市教育委員会、二〇〇二年）。
9	赤粉遺跡（双葉郡楢葉町）	三号建物（三×二間、四・三×三・七m）。内部に長方形の土坑が梁と平行して左右	四号建物（二×三間）、五号建物（三×二間）、	9世紀中葉～後葉	「小寺」「寺佛」「井出寺」墨書土器。緑釉陶器片（集落内から）。	河岸段丘上。製塩に使われた多量の筒形土器が出土している平安時代の計画村落	4	4	『楢葉町文化財調査報告書第一一集　赤粉遺跡——平安時代前期集落の発掘調査報告——』（楢葉町教

			対称的に掘り込まれている。	土坑等が付属施設か。		他に「中内」「富成」「丈永」「子内」「□奉」等墨書土器。	（八世紀中・後葉～十世紀前・中葉）。複数の住居で住居廃棄時にカマド祭祀が行われた。			育委員会、一九九七年）。
10	内屋敷遺跡（喜多方市塩川町大字会知字内屋敷・堀込）		（Ⅳc期）一八二号建物（三×三間、七×五・二m）。建物内部から束柱状の小さな柱穴が四個検出されている。Ⅳb期（九世紀前半）・Ⅳd期（九世紀後半～末）にも仏堂が存在した可能性あり。	東側に一五七号建物（瓦塔を安置した堂か。二×二間）。一五九号建物（僧房か。四×二間）。南側に溝。	9世紀中葉	瓦塔片（一個体分・九世紀中頃）。灯明具。水瓶。薬壺。黒色土器坏（底面に「サ十」〈菩薩を示すか〉の刻書）。	阿賀川右岸の河岸段丘上。倉庫群を含む掘立柱建物がある程度の企画性をもって並ぶ遺跡。水路と陸路の交差する交通の要衝。Ⅳa期～d期を通じて周溝を持つ神社跡あり。	2 5 6 7 8	3	塩川町文化財調査報告第一二集　県営経営体育成基盤整備事業塩川西部地区遺跡発掘調査報告書七『内屋敷遺跡』（塩川町教育委員会、二〇〇四年）。
11	鏡ノ町遺跡（喜多方市塩川町大字四奈川字鏡ノ町）※3	Ⅰ期	三六号建物（三×三間、四・六×五・五m）。周溝付。	遺跡内に周溝付き建物や周溝、総柱建物が複数ある。	8世紀後葉～9世紀初頭	（特別なものはなし）。	田付川の東の河岸段丘上。ある程度の企画性をもって配置された四面庇付き建物や長舎・倉庫など。東南部の河川で律令的祭祀が盛んに行われ、墨書土器、人面墨書土器（人物・「古得」「宿」「又生」「財」	2 8	4	塩川町文化財調査報告第三集　県営低コスト化水田農業大区画ほ場整備事業塩川西部地区遺跡発掘調査報告書『鏡ノ町遺跡A』（塩川町教育委員会、
		Ⅱ期	（双堂）正堂三三号建物（三×二間、七・八×五・一m）。礼	北側に倉（二一・二一号建物）。南側に広場。	9世紀前半	瓦塔片（九世紀前半。北西側の二号方形竪穴状遺構出土）。			2	一九九七年）。塩川町文化財調査報告書第八集　県営低コスト化水田農業大区画ほ場整備事業　塩

	Ⅲ期	Ⅳ期	
			12
			東高久遺跡（会津若松市神指町大字高久字東
堂五七号建物（三×二間、八×四・四m）。	三二号建物（推定五×四間、推定一二・九×一一・二m）。	（前半の小期）二七号建物（五×四間、一二・七×九・五m）。（後半の小期）七号建物（五×四間、一三・二×一一・六m）。	（Ⅱa期）六号建物（三×二間、五・一×四・四m）。内側に四本の柱が立ち、柱が東西方向では一致
柵列。神社遺構（五・九号建物）。	西側に倉（四〇号）。北側に僧房（一一号）。東西に屋（二五・三一号）。南側に広場・神社遺構（六・二一号）。	南側に広場。柵列。饗宴や儀式等に関わる廃棄土坑（三号不明遺構）。	西側に五号建物・四〇号建物・五六号建物。南側に九号
	9世紀後半	9世紀末～10世紀前葉	9世紀中頃
	奈良三彩の小壺（三二号建物のP五埋土中から出土。特別に埋納されたものではない）。猿投・尾北窯産の施釉陶器（河川跡出土）。	「天」を則天文字風に模したらしい特殊文字を墨書した土師器。	「太麦」と書かれた木簡や「集」「足」と書かれた墨書土器が約五十点。猿投窯産
「丈」「田」〈最多〉など）や金属器模倣土器（黒色土器）、施釉陶器（緑釉・灰釉）、陶硯（舟形二面硯・風字硯）、瓦塔片、火車片が出土。石帯（丸鞆・十三世紀の溝跡出土）。			阿賀川と湯川の間の河岸段丘上。八世紀末から九世紀末を中心とする時期の掘立柱建物跡約五十棟と、
			6 8
1			3
川西部地区遺跡発掘調査報告書五『鏡ノ町遺跡B』（塩川町教育委員会、二〇〇一年）。			会津若松市文化財調査報告書第一〇四号『東高久遺跡――奈良・平安時代「多久郷」の有力な推定地――』（会津若松市教

	高久）		せず、内部が独立した空間となっており、内陣と考えられる。	建物。南西に一一号建物。以上を溝が囲む。		の九世紀前半の緑釉陶器の碗。	井戸跡や溝跡などの遺構を検出。			育委員会、二〇〇五年）。
13	壇の越遺跡（宮城県加美郡加美町鳥嶋・鳥屋ヶ崎）		（第Ⅱ群）（双堂）正堂八一二号A・B建物（五×四間の北庇付き・同位置で建て替え。新しいほうの八一二号B建物は、一一・五×一〇・四m）。礼堂八一一号建物（五×二間、一一・四×四・七m）。九世紀後半頃の第Ⅰ群も仏堂の可能性あり。	北側に八二〇号建物B（八×四間）。八二一号AB建物（五×二間）。八七〇号建物（二×五間）。東側に幢竿支柱（九〇〇号柱列）。	10世紀前半	瓦塔片（二号土坑出土・九世紀後葉）。鉄鉢模倣土器。灯明皿多数（一号坑土出土）。「寺」「上寺」「府見」「大万」「器」「田」「安」「倍」字墨書土器。	河岸段丘上に立地。遺跡の北に隣接する丘陵上には東山官衙遺跡（加美郡衙跡）。	9	1	『壇の越遺跡Ⅳ——平成一一年度発掘調査報告書——』（宮崎町〈現在は加美町〉教育委員会、二〇〇三年）。
14	上鬼柳Ⅲ遺跡（岩手県北上市鬼柳町上鬼柳）	Ⅰ期	（双堂）正堂七号建物（三×二間、七・一×五・三m）。礼堂八号建物（三×二間、七・三×五・三m）。周溝を持つ。	三号・四号（四号が先行）建物跡（三×二間、六・八×四・九m）。	9世紀中葉〜後半	「寿」字墨書土器（九号建物周溝出土）。穿孔された土師器坏形土器二点（九号建物周溝出土）。二彩陶器の長頸瓶の口縁部破片（一〇号	和賀川の右岸段丘の縁辺部に立地。竪穴住居跡二十一棟、工房跡一棟、掘立柱建物跡十二棟、窯跡三基、土坑十四基を検出（九世紀末〜十世紀代）。	11 10 9	2	「上鬼柳Ⅲ遺跡」（岩手県文化振興事業団埋蔵文化財調査報告書第一六一集『上鬼柳Ⅱ・Ⅲ遺跡発掘調査報告書〈東北横断自動車道秋田線建設関連遺跡発掘調査〉』〈財〉岩手県文化振興事業団埋蔵文化財センター、一九九二

		Ⅱ期 （双堂）正堂九号建物（旧柱穴）（三×二間、八・四×六・四m）。礼堂一一号建物（三×二間、七・九×四・七m）。	9世紀末～10世紀初頭	建物跡に隣接するⅥB三三号土坑出土）。「佛」字刻書土師器坏（遺構外のⅥB区の北西の掘立柱建物跡群の検出面出土）。「寺」字墨書土器（ⅦA四号土坑出土）。				年）。
		Ⅲ期 （双堂）正堂九号建物（新柱穴）。礼堂一〇号建物（三×二間、八・四×五・二m）。	10世紀代					
		Ⅳ期 一二号建物跡（三×二間、五・一×三・四m）。	10世紀代					
15	岩崎台地遺跡群（北上市和賀町岩崎地内）	（五期にわたる。前後関係は筆者の見解。付属建物は未検出）①CVx一九建物（五×四間、一五×一二m）。②CVx一八建物（五×四間、一四・七×一一・五m）。③CVu二〇建物（四×四間、一〇・八×一一・九m）。④CVu一九―2建物（四×四間、一〇×一一・八m）⑤CVu一九―1建物（五×四間、一二・二×一〇・二m）。	9世紀後半～10世紀前半か	（集落から）「吉」「十」「中」「山井」「内財」「内」「山万」「富」「為」「永」等の墨書土器。	和賀川の右岸段丘の縁辺部に立地。百二十棟以上の住居跡や掘立柱建物跡、四基の土坑墓、三個の甕棺、八基の火葬墓などの平安期の遺構。遺跡内に七世紀前半の古墳群。	9 10 11	1	岩手県文化振興事業団埋蔵文化財調査報告書第二一四集『岩崎台地遺跡群発掘調査報告書（東北横断自動車道秋田線建設関連遺跡発掘調査）』（財）岩手県文化振興事業団埋蔵文化財センター、一九九五年）。

16	南部工業団地内遺跡K区（北上市相去町）	K一〇一b建物（三×三間、七・九×六・八m）。四面庇付き風の建物（後継建物である三×二間の総柱建物も仏堂か）。	10世紀頃	付近からは十二世紀頃とも考えられる小銅造神像。	河岸段丘上。付近に竪穴住居（九世紀後半から十世紀前半）が分布。	9 10 11	2	北上市埋蔵文化財調査報告第一八集『南部工業団地内遺跡Ⅱ』（北上市教育委員会、一九九五年）。
17	根岸遺跡（北上市黒岩）	（双堂）正堂一八号建物（五×三間、一一・六×七・四m）。礼堂六号建物（五×一間、一一・三×三・四m）。	10世紀代	特になし。	北上川東岸の高台。七〇〇m北東に白山廃寺跡。		1	「根岸遺跡　発掘調査現地説明会資料」（北上市教育委員会、二〇〇九年）。

※1　文献名は以下の通り（これらの文献において仏堂の存在を指摘されているにもかかわらず本書で取り上げなかった陸奥国の遺跡は、参考までに註記した）。

1　須田勉「東国における古代民間仏教の展開」（『国士舘大学文学部人文学会紀要』三二、一九九九年）。※須田氏は他に相馬市境A遺跡、猪苗代町観音屋敷遺跡に「村落内寺院」の存在を指摘している。

2　富永樹之「東国の「村落内寺院」の諸問題――千葉県以外を主体として――」（『在地社会と仏教』独立行政法人文化財研究所奈良文化財研究所、二〇〇六年）。

3　辻秀人「福島県・東北の古代官衙とその周辺」（『茨城県考古学協会雑誌』一二、二〇〇〇年）。

4　菅原祥夫「陸奥国南部の宗教遺物――福島県中通り・浜通り地方を中心として――」（国士舘大学考古学会「古代社会と宗教部会」発表資料、二〇〇二年）。※菅原氏は「陸奥国南部における富豪層居宅の倉庫群」（奈良国立文化財研究所『古代の稲倉と村落・郷里の支配』一九九八年）において、郡山市の東山田遺跡・正直C遺跡の中心部の官衙風建物群の一部を仏堂としている。

5　宮田安志「福島県における仏教関連遺構・遺物出土の集落について」（帝京大学山梨文化財研究所・山梨考古学協会『遺跡の中のカミ・ホトケ』資料集、二〇〇三年）。

6　石田明夫「発掘された恵日寺」（『会津若松市史　二　会津、古代そして中世』会津若松市、二〇〇五年）。

7　坂内三彦「陸奥国耶麻郡の成立」（『会津若松市史研究　八』会津若松市、二〇〇六年）。

8　和田聡「十世紀～十一世紀の会津――遺跡から見た該期の様相――」（柳原敏昭・飯村均編『中世会津の風景』高志書院、二〇〇七年）。※和田氏は他に会津板下町青木遺跡、四百刈《よんひやくがり》遺跡の掘立柱建物を仏堂としている。

9　沼山源喜治「北上盆地の古代集落における仏神信仰」（『北上市埋蔵文化財センター紀要』一、一九九九年）。※沼山氏がこの論文で取り上げている岩手郡岩手町「黄金堂遺跡」と「どじの沢遺跡」の仏堂は掘立柱であるが、山岳寺院の一部と考え、本稿では取り上げなかった。

10　八木光則「奥六郡安倍氏から奥州藤原氏へ」（日本考古学協会二〇〇一年度盛岡大会研究発表資料集『都市・平泉――成立とその構成――』二〇〇一年）。

11　杉本良「北上市国見山廃寺跡とその周辺の寺院群」（奥州市埋蔵文化財センター『埋文考古学フォーラム　掘立柱から礎石建へ資料集』二〇〇七年）。

※2　類型は本章第三節参照。

※3　鏡ノ町遺跡のⅡ～Ⅳ期の中心部の建物は仏堂であると筆者は考えている。Ⅲ期とⅣ期の中心建物は、東西五間・南北四間で、三間×二間の身舎に四面庇の付いた掘立柱建物である。山中敏史氏は全国の豪族居宅や郡衙の建物を集成しているが、五間×四間の四面庇付き建物は一例しかない（山中敏史「地方豪族居宅の建物構成と空間的構成」〈独立行政法人文化財研究所奈良文化財研究所『古代豪族居宅の構造と機能』二〇〇六年〉）。福島県では、豪族居宅の例としては屋敷遺跡第一期（九世紀中葉）の一棟だけがあるが、珍しい例である。この形式はやはり寺院の系譜を引くものであろう。また、同位置のⅡ期の三三・五七号建物は、関東地方に多く（須田勉「東国における双堂建築の出現――村落内寺院の理解のために」〈『国士舘史学』九、二〇〇一年〉）、陸奥では下悪戸遺跡・壇の越遺跡・上鬼柳Ⅲ遺跡に見られる双堂と考えられる。

中心仏堂の形態は時期により変化する遺跡もあるが、十七遺跡からそれぞれ代表的な建物一つを取り上げて例示してみると、最大規模のものとして五間×四間（東西×南北。以下同じ）のいわゆる三間四面堂（江平・米山寺・鏡ノ町・岩崎台地）や、五間×三間の側柱建物の片面に庇が付いて五間×四間となったもの（壇の越）、それ以下の規模のものとして、五間×三間（根岸）、四間×三間（赤根久保・達中久保・東山田）、三間×三間（上宮崎A・砂畑・内屋敷・南部工業団地内）、三間×二間（下悪戸・赤粉・東高久・上鬼柳Ⅲ）のものがあり（計十七例）、規模の差が大きい。これらのなかには双堂（下悪戸・壇の越・上鬼柳Ⅲ・根岸）もある。付属施設は、複数の掘立柱建物を持つものから、竪穴住居一つのみのもの、さらにはほとんどないものと多様である。付属の掘立柱建物は、瓦塔を安置したらしい建物や僧房風の建物、門など顕著な特色を持つものもあるが、多くは側柱建物の屋や総柱建物の倉である。区画施設としては溝が多く、塀を持つものもある。区画施設を持つ遺跡は付属建物も多い傾向がある。一方、区画施設がない場合も多いが、その場合でも多くは仏堂の周囲に空間があり、清浄さを保った寺域（境内）を持っていたと考えられる。

掘立柱の仏堂でも、集落から離れた山間部にあり山岳寺院と考えられるものは、その仏堂が付属する集落や官衙等が簡単には明らかにならないので、今回は「掘立柱仏堂」には含めなかった。以上のような「掘立柱仏堂」概念は、本章で取り上げた十七例の遺跡から導き出されたものであり、あくまで作業仮説的な概念であり、その概念の有効性は今後のさらなる検討を通じて明らかにされるべきものである。

掘立柱仏堂を、陸奥国を単位として取り上げた研究はまだないようである。これまでの研究は、関東地方を中心とする「東国」の「村落内寺院」の一部として取り上げた須田勉氏(2)や富永樹之氏(3)の研究と、陸奥国の一部の地域のもののみを取り上げた菅原祥夫氏(4)、宮田安志氏(5)、石田明夫氏(6)、和田聡氏(7)、沼山源喜治氏(8)、八木光則氏(9)、杉本良氏(10)の研究が代表的なものであろう。

須田氏は、古代には王権を中心とした仏教と民間仏教の二つの流れがあることを念頭に東国の民間仏教を分析し、上野・北武蔵を道忠が創始した教団の活動圏とする一方、会津などの陸奥国南部や常陸・両総地域には瓦葺き建物を持たない寺が見られるなどの共通性があり、徳一の布教圏と重なるとする。富永氏は「村落内寺院」の研究史を整理した上で、千葉県以外の東国（陸奥国を含む）の「村落内寺院」遺跡を集成してその特徴を分析し、「A…村落の構成員が建立・運営主体」「B…村落の一般構成員と村落首長・富豪が協力し、建立・運営」「C…氏寺、準氏寺」という三類型に分類している。

菅原氏は福島県（中通り・浜通り）の集落遺跡出土の宗教遺物を集成しているが、広い視点からの集成であるため、自ずと福島県の古代宗教の様相が明らかとなっている。宮田氏の研究は福島県の集落遺跡の仏教関連遺構・遺物を集成して考察したもので、福島県域についての基本的研究である。石田氏は、慧日寺や勝常寺を中心とする会津地方の古代仏教を論じるなかで、会津地方の掘立柱仏堂にふれ、徳一の布教の影響下に成立したものとしている。和田氏は会津地方の平安時代の遺跡の展開を論ずるなかで、会津地方の掘立柱仏堂を集成している。

沼山氏の研究は岩手県の集落遺跡の仏教関連遺構・遺物を集成して詳細に分析し、国見山廃寺・黒石寺・成島毘沙門堂などの「初期寺院」を拠点に布教が行われ、北上盆地の集落に仏教が伝播したとするもので、岩手県内の掘立柱仏堂についての最初の本格的研究である。八木氏は、安倍・清原氏の文化の諸要素が平泉に継承、発展されることを述べるなかで北上周辺の仏教遺跡を取り上げ、「国見山廃寺がこの当時から地域の核となり、仏教に熱心に帰依した在地有力者または住民が存在していた」とし、これらの遺跡を安倍氏の文化の一要素と位置づけている。杉本氏は北上盆地の寺院建築の建築工法の変遷をたどるなかで、北上市の掘立柱仏堂にふれている。

これらの研究はいずれも極めて学ぶところの多いものであるが、陸奥国を一つの単位とするものではない。これまでの研究成果に学びながらも、陸奥国を一つの単位として検討する、というのが本章の特色である。

以下、取り上げる遺跡は、仏教に関わる遺物が出土しているか建物の構造や配置が特殊であるということから、筆者が掘立柱仏堂であると判断した遺跡である。根拠となる遺構と遺物の特徴についてはそれぞれの報告書に基づいて記述したい。また、この十七の遺跡については、現地説明会資料も含めると、すべて、仏教関連遺跡であると

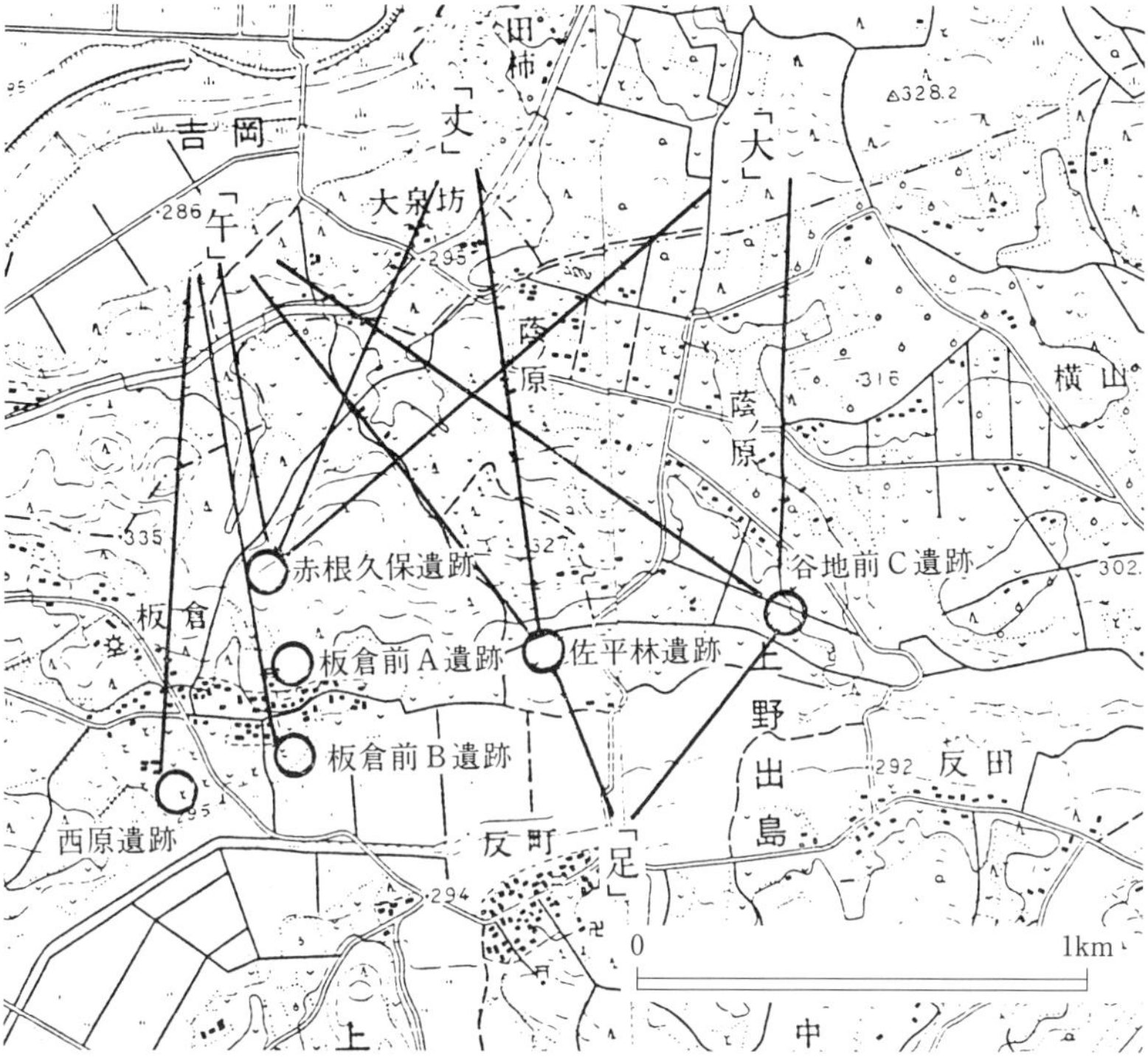

図２－１　赤根久保遺跡付近の遺跡（鬼頭、本章註㊻より）

いう先行研究が存在する。筆者はそれらを踏襲したが、鏡ノ町遺跡のみは、遺跡内の仏堂について新しい解釈を提示するものである（以下、第二節の遺跡については図1・表1も参照のこと）。

第二節　掘立柱仏堂遺跡の概略

一　赤根久保遺跡（福島県西白河郡東村）

福島県西白河郡東《ひがし》村大字上野《かみの》出《で》島《じま》字赤根《あかね》久保《くぼ》に所在する（図2－1～3）。白河郡衙跡である西白河郡泉崎《いずみざき》村関和《せきわ》久《ぐ》遺跡の東約四・五キロメートルの地点である。以下、報告書に基づいて記述する。

阿武隈川と、社《やしろ》川の支流である矢武《やぶ》川とに囲まれた地域の中にあり、同時期の集落遺跡群と並んで位置しているが、集落遺跡群が丘陵下部に立地するのとは異なり、丘陵の頂部に立地している。丘陵下部の緩斜面は、古墳時代から奈良・平安時代の遺跡の密集地であることが確認されている。

掘立柱建物跡一棟、住居跡一棟、土坑十数基で構成される九世紀中葉を中心とする時期の遺跡である。掘立柱建

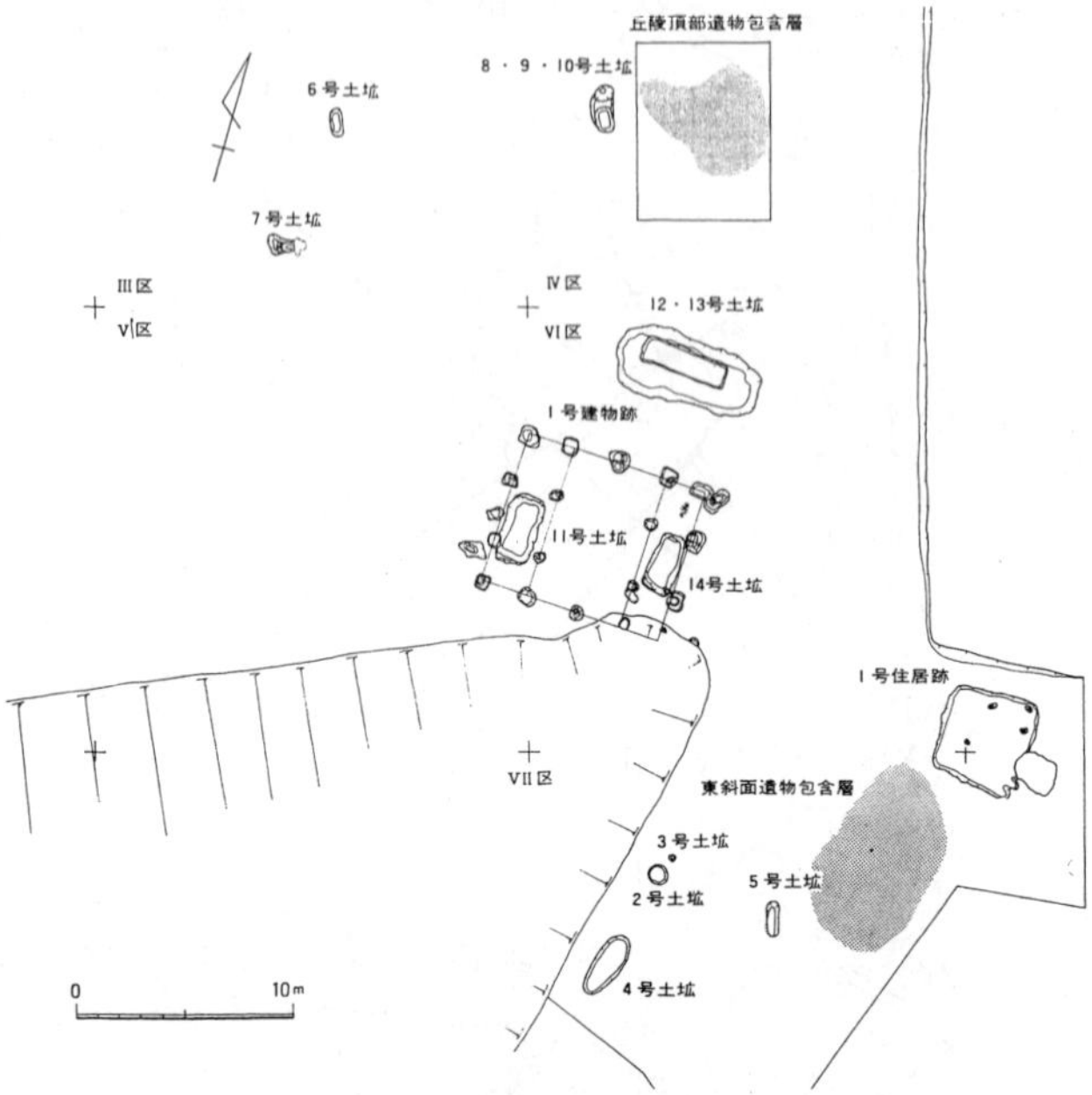

図２－２　赤根久保遺跡

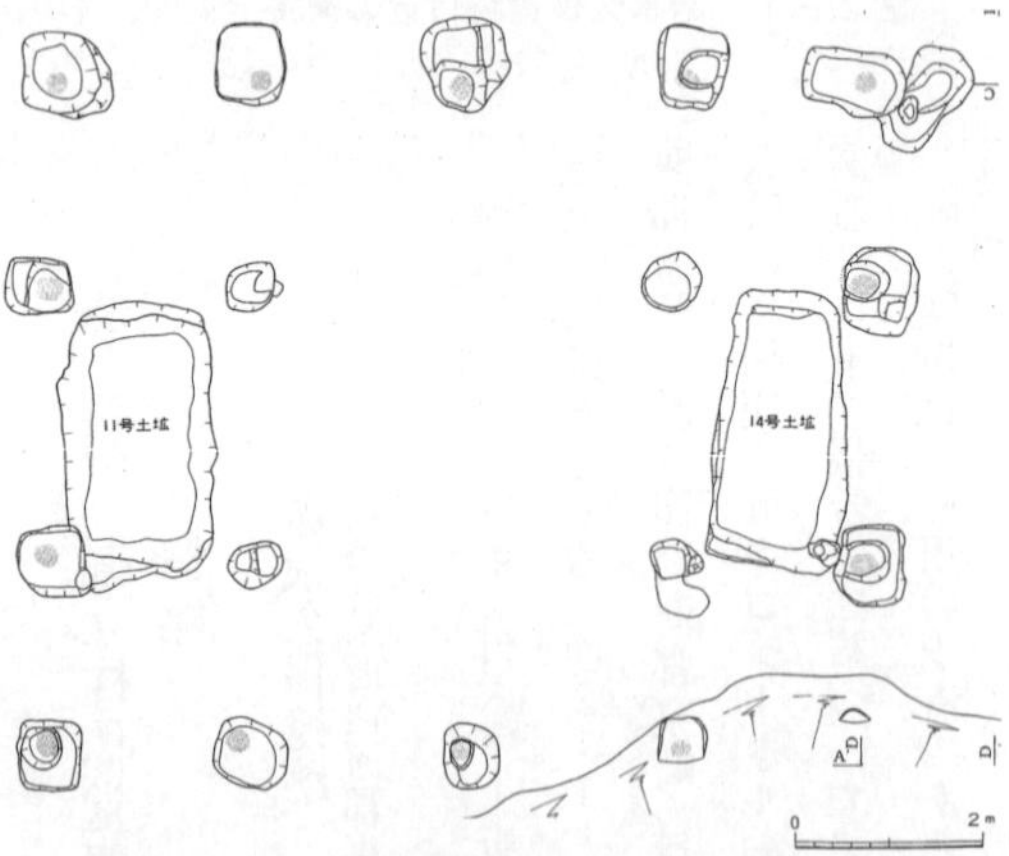

図２－３　赤根久保遺跡１号建物跡

物跡は、東西四間・南北三間で、規模は東西八・六メートル、南北六・九メートル、建物方向はN―三度三〇分四〇秒―Eである。桁行において東から一間目と西から一間目に、小規模ではあるが東西側柱列と間尺をほぼ同じくして柱穴状のピットが位置する。そしてそのピットの両外側の屋内に、南北二・八メートル程度、東西一・六～一・四メートル、深さ七〇センチメートルの長方形の土坑がある。この土坑からは「午」などの文字が記された墨書土器が出土している。

竪穴住居は一辺四メートル前後の隅の丸い台形状である。この住居からは「宝丁」や「午」と記された坏などの墨書土器が出土している。また住居からは穿孔された内黒土師器坏の破片が出土している。この破片は住居の数メートル南にある遺物包含層出土の破片と接合する。底部の中央と体部下部に直径八ミリメートル前後の孔がある。孔はいずれも焼成前に穿たれ、推定で四ないし五個あったものと考えられる。類例としては福岡県沖ノ島一号遺跡の七世紀中葉以降の遺物がある。この遺跡は「祭祀と深い関わりのあった遺跡」である[11]。

二　達中久保遺跡（福島県石川郡石川町）

達中久保《たつちゅうくぼ》遺跡（図3―1・2）は、石川郡石川町大字赤羽《あかばね》字達中久保および翁沢《おきなざわ》に所在する。関和久遺跡の東約六キロメートル、赤根久保遺跡の北東約三キロメートルに位置する。阿武隈川から一キロメートルほど東側の洪積台地上に立地する。以下、報告書に基づいて記述する。

奈良・平安時代の竪穴住居が九十棟余り検出されている。出土土器の実年代は八世紀から十世紀初頭である。遺跡西区中央部に東西四間・南北三間の掘立柱建物跡がある。規模は東西八・一メートル、南北六・九メートル、建物方向はN―一七度―Eである。この建物跡の側柱列に囲まれた内部には、各側柱列から第一間目よりやや外側に規則的な配置を示す、四個の掘形（掘立柱を地面に立てるための穴）が検出された。そのためこの建物は、全体的には一間四面庇の構造ととらえられる。南辺の庇の幅が最も狭いことから、建物の正面は北辺側と考えられる。

この建物跡は、庇の部分のみに三回の改築が見られるものの、当初から同じ構造・規模で造営された。造営時期は、奈良時代～平安前期とされる竪穴住居よりも新しいが、達中久保遺跡の集落の存続期間のうちは存続したもの

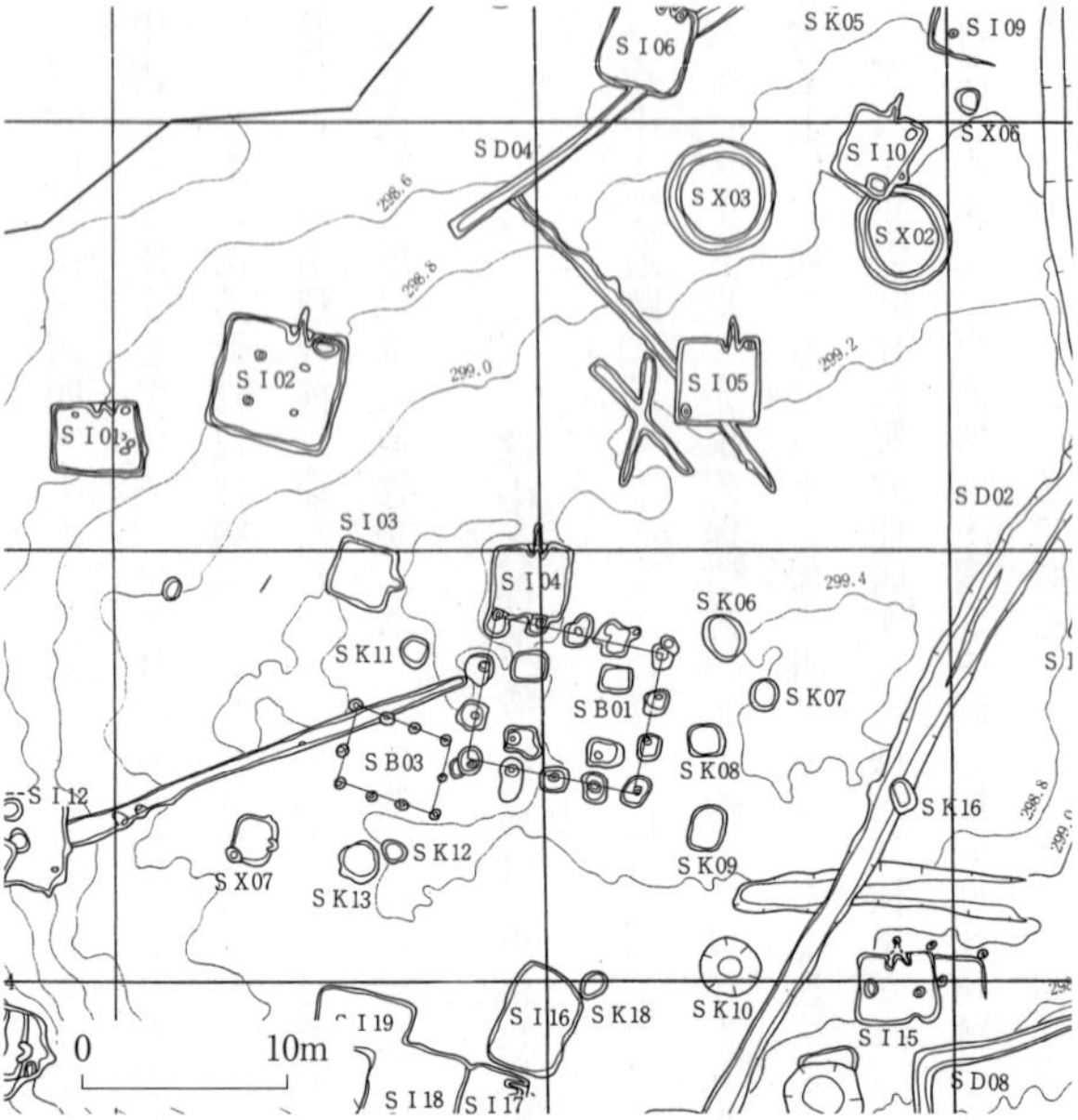

図３－１　達中久保遺跡

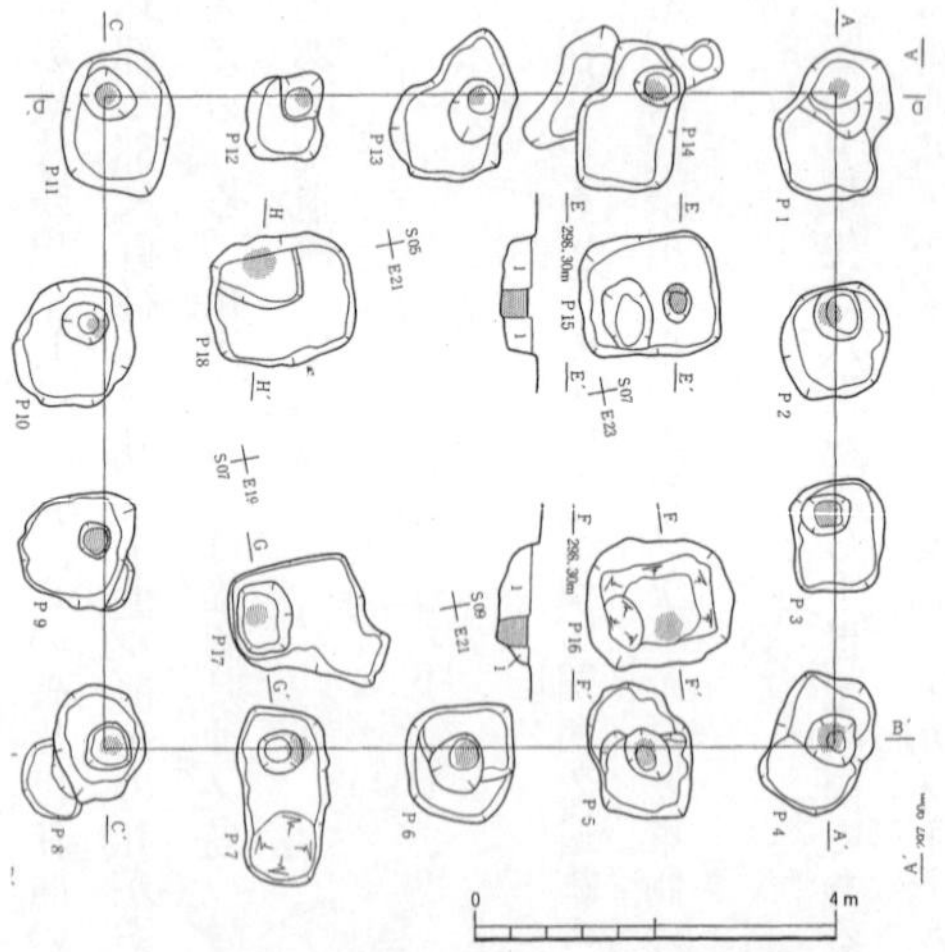

図３－２　達中久保遺跡１号建物跡

と推定される。この建物跡の正面は集落の中心である北側に向けられ、集落内でも最も高い地点に建てられている。また、とくに接近する三号竪穴住居を除けば、ある程度の距離を持って平安時代の竪穴住居群が営まれており、集落を構成する人々の意識のなかに、建物跡周辺を聖地化してとらえていた傾向がうかがわれる。この建物は「極めて宗教的な色彩の強い建物」である(12)。

三　下悪戸遺跡（福島県石川郡石川町）

下悪戸《しもあくど》遺跡（図4－1～3）は石川町大字中野字悪戸に所在する。関和久遺跡の北東約一〇キロメートル、江平遺跡の南約二・七キロメートルに位置する。以下、報告書に基づいて記述する。

阿武隈川東岸の中位段丘上に立地している。遺跡最上部で掘立柱建物が四棟検出されている。二号建物は東西三間・南北二間で、規模は東西七・九メートル、南北六・二メートル、建物方向はN—二七度—Eである。この建物の柱穴掘形は方形もしくは長方形で、一辺の長さの平均値は一メートルを超えており、柱根の平均直径は三六センチメートルで非常に太い。その南に約二メートルの間隔を置いて存在する四号建物は、遺構が調査区外にはみ出している。これらの建物の時期の上限は九世紀前半である。二号建物からは底部に「□奉」、体部に「寺」もしくは「奉」と墨書された土師器坏が出土している。また二号建物から一〇メートルほど離れた竪穴状遺構からは、「宮寺」と書かれた土師器坏が出土している。この遺構は「直ちに特定の寺院と判断することは現段階ではできない」。しかし、この地に伝承の残る「薬師堂」であった可能性もある(13)。

四号建物は、東西三間・南北二間と考えると、東西七・三メートル、南北四・六メートルほどの規模になる。二号建物と四号建物が双堂をなしていたと考えられる。

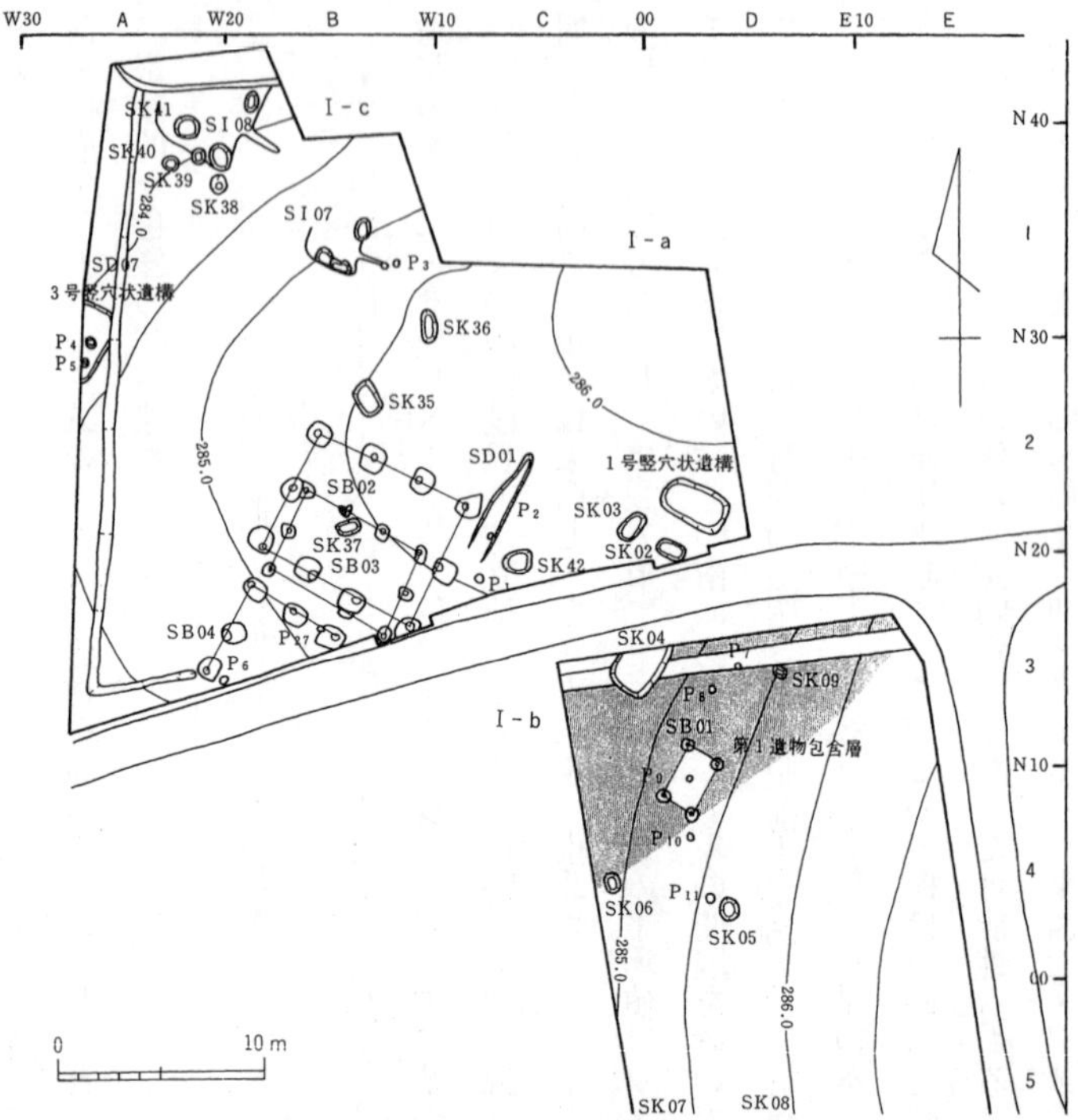

図４－１　下悪戸遺跡

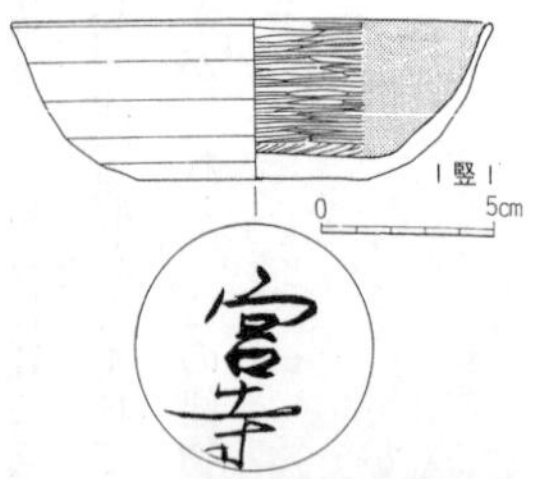

図４－３　下悪戸遺跡１号竪穴状遺構出土土師器坏

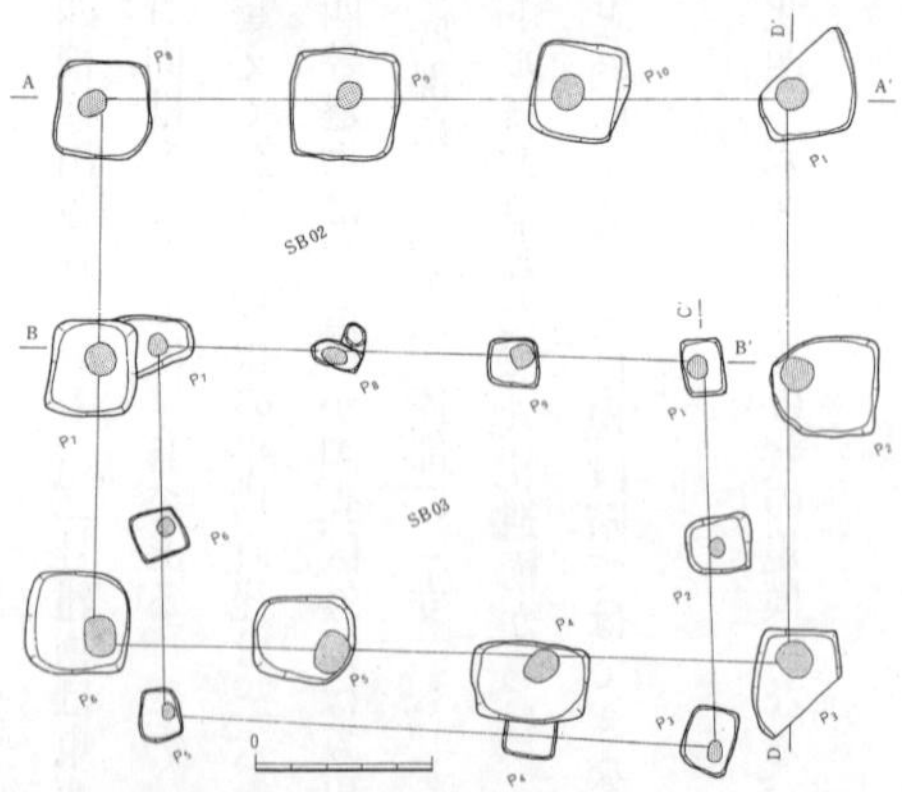

図４－２　下悪戸遺跡２号建物跡

四　江平遺跡（福島県石川郡玉川村）

石川郡玉川村大字小高《おだか》にある。関和久遺跡の北東約一二キロメートル、磐瀬郡衙跡である須賀川市栄町遺跡の南約一一キロメートルに位置する。阿武隈川東岸の河岸段丘上に立地している。以下、報告書に基づいて記述する。江平《えだいら》遺跡の奈良・平安時代の遺構は、五世紀後葉から六世紀前葉の古墳群を避けるように分布している。奈良時代では西部調査区から集落および沢地を利用した堰跡が検出され、沢地から「天平十五年」銘のある木簡や、横笛など貴重な遺物が多数出土している。

平安時代では、東部調査区に一般的な集落を構成する竪穴住居跡群や掘立柱建物跡群が検出されている。この集落の西側に隣接し、南側に門・柵・溝を配置した四面庇付き建物跡を中心とする寺院跡と考えられる区域がある（図5－1）。

寺院跡と目される掘立柱建物群は九世紀前半代に盛期を迎えたものであり、A・Bの二期に時代区分されている。A期（図5－2）は三棟の掘立柱建物が整然と東西方向に並ぶ。各建物跡の南北の軸線方位はN―一二度―Wである。中心となる建物SB〇一（図5－4）は、東西五間・南北四間の四面庇建物で、柱筋の通りはあまり良好でなく、柱間寸法も一定でない。規模は東西が約一二メートル、南北が約九・四メートルである。SB〇七はSB〇一の西側約六メートルの地点にある。SB〇一とSB〇七の位置関係は、東西方向の中軸線において線対称となる。SB〇七の形状は特異で、まず布掘り風の方形溝を埋め戻し、その後に計八個の柱穴掘形を掘り込んだ二間×二間の方形建物跡である。規模は東西約三メートル、南北約三・五メートルである。SB七九はSB〇一の西側約六メートルの地点にある。SB〇一とSB七九の位置関係は、北辺の柱列がそろっている。SB七九は五間×二間の側

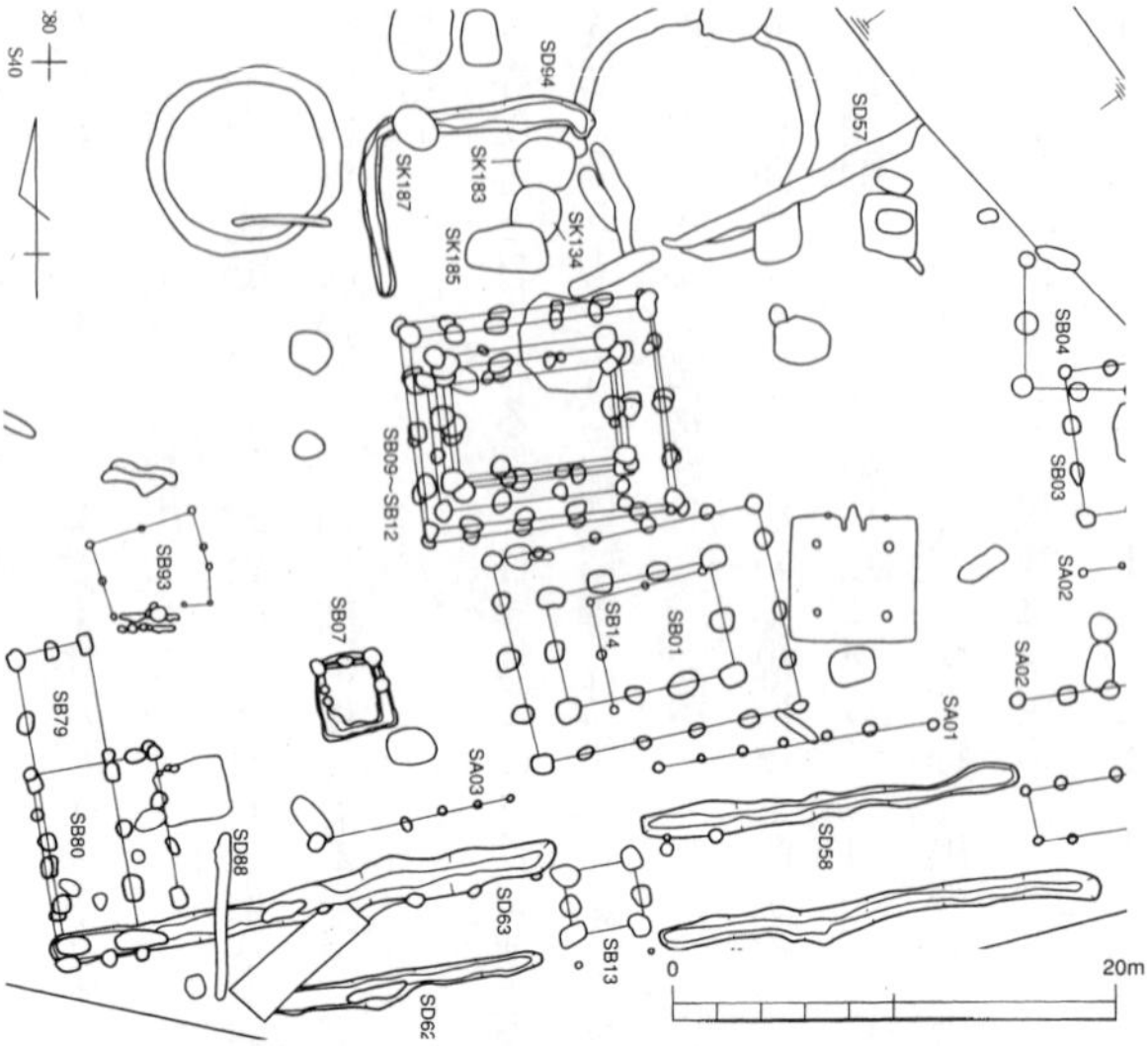

図5－1　江平遺跡（中央部調査区建物群）

柱建物で、長屋風の南北棟である。

Ｂ期（図5－3）の建物群の軸線方位はＮ—七度—Ｗである。中心となる建物ＳＢ〇九～一二は重複関係にあり、ＳＢ一一・ＳＢ一二・ＳＢ〇九（図5－5）・ＳＢ一〇の順で変遷する。時期の古い二つは東西五間・南北四間の四面庇建物、新しい二つは、古い二つの身舎の部分に相当する東西三間・南北二間の建物である。ＳＢ一一・ＳＢ一二をＳＢ〇一と比較すると身舎の部分は面積はほぼ等しいが、庇下部の一間通りはＳＢ一一・ＳＢ一二のほうが一〇パーセントほど縮小している。最小のＳＢ一〇の規模は東西八メートル、南北五・四メートルである。ＳＢ一三はＳＢ〇九～一二の南側約一五メートルのところにある。ＳＢ〇九～一二とＳＢ一三の位置関係は、南北方向の中軸線上において線対称となる。

ＳＢ一三は計八個の柱穴で構成されるが、南辺にある二個の柱穴が非常に小さい。おそらく主体となる柱穴は南辺を除いた計六個の大きな掘形で、四脚門である。ＳＤ五八・六一～六三の計四条の溝跡が東西に平行してあるが、その中央が土橋状になってＳＢ一三が構築されていることから、各溝跡は同時に機能していたと思われる。溝の間に土塁状の盛り土が施されていた可能性がある。ＳＢ〇九～一二の東・西・北側には区画施設が確認されていないが、一九・二〇・二七号古墳が北・西の境界となっていた可能性がある。この建物群は「現時点では「寺」の可能性が最も高い」。

江平遺跡では、四面庇建物が検出された周辺で「寺」の墨書土器が、沢を挟んだ調査区東端部で「太社」の墨書土器が出土し、同一集落において寺・社の宗教施設がやや距離を空けて存在していた可能性がある[14]。

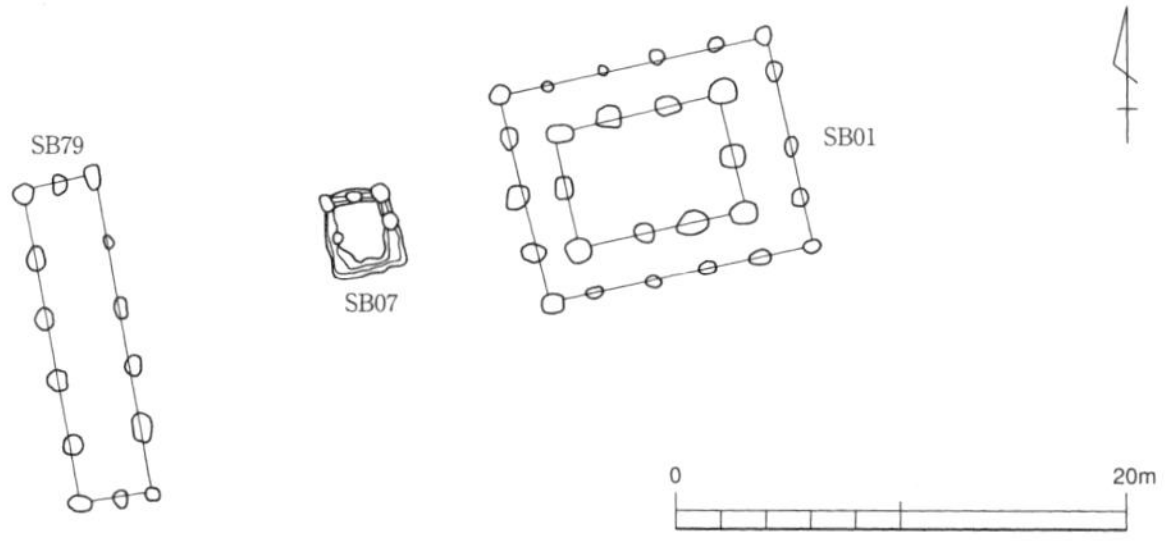

図５－２　江平遺跡Ａ期

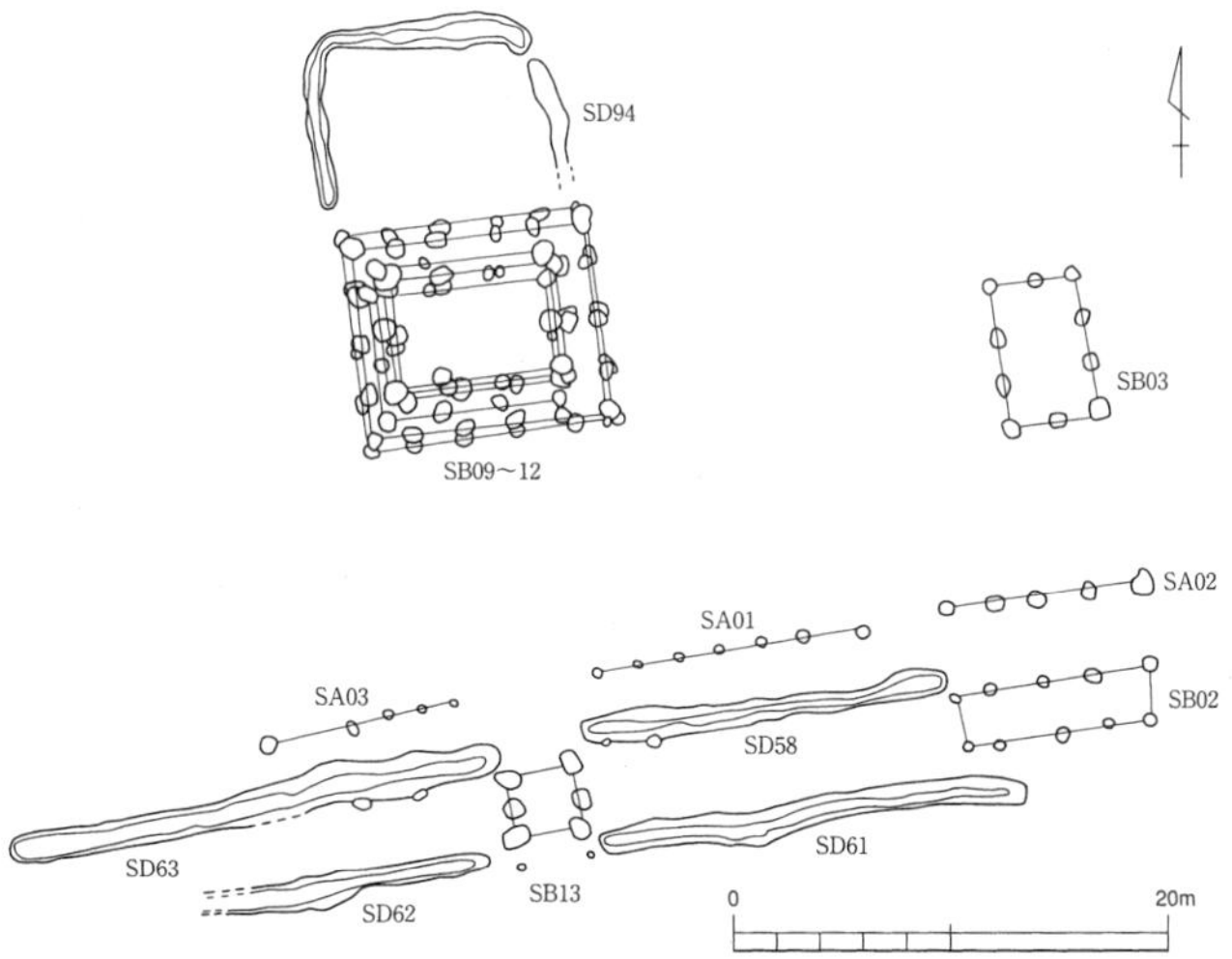

図５－３　江平遺跡Ｂ期

ＳＢ〇二はＡ期のＳＢ七九よりやや規模が小さいが、形態が似ているので、後継建物であり、僧房と考える。ＳＢ〇三は法具類を収納する建物と考える。Ｂ期の中心仏堂の北側にあるＳＤ九四溝跡に囲まれた空間は、祭祀の場とも、神社の本殿のような建物や瓦塔などが置かれたとも考えられる異例な空間である。このような空間の意味が解明できれば、掘立柱仏堂の性格がよくわかるのであろうが、今のところ手がかりがない。ＳＤ五八・六一～六三溝跡によって構成される区画施設の北側に平行して、ＳＡ〇一～〇三の柵列が区画施設を形作っており、溝跡と別の時期の区画施設と考えられるが、前後関係はわからない。

平川南氏はこの遺跡の仏堂遺構の年代を、八世紀後半から九世紀前半頃と考えている。(15)

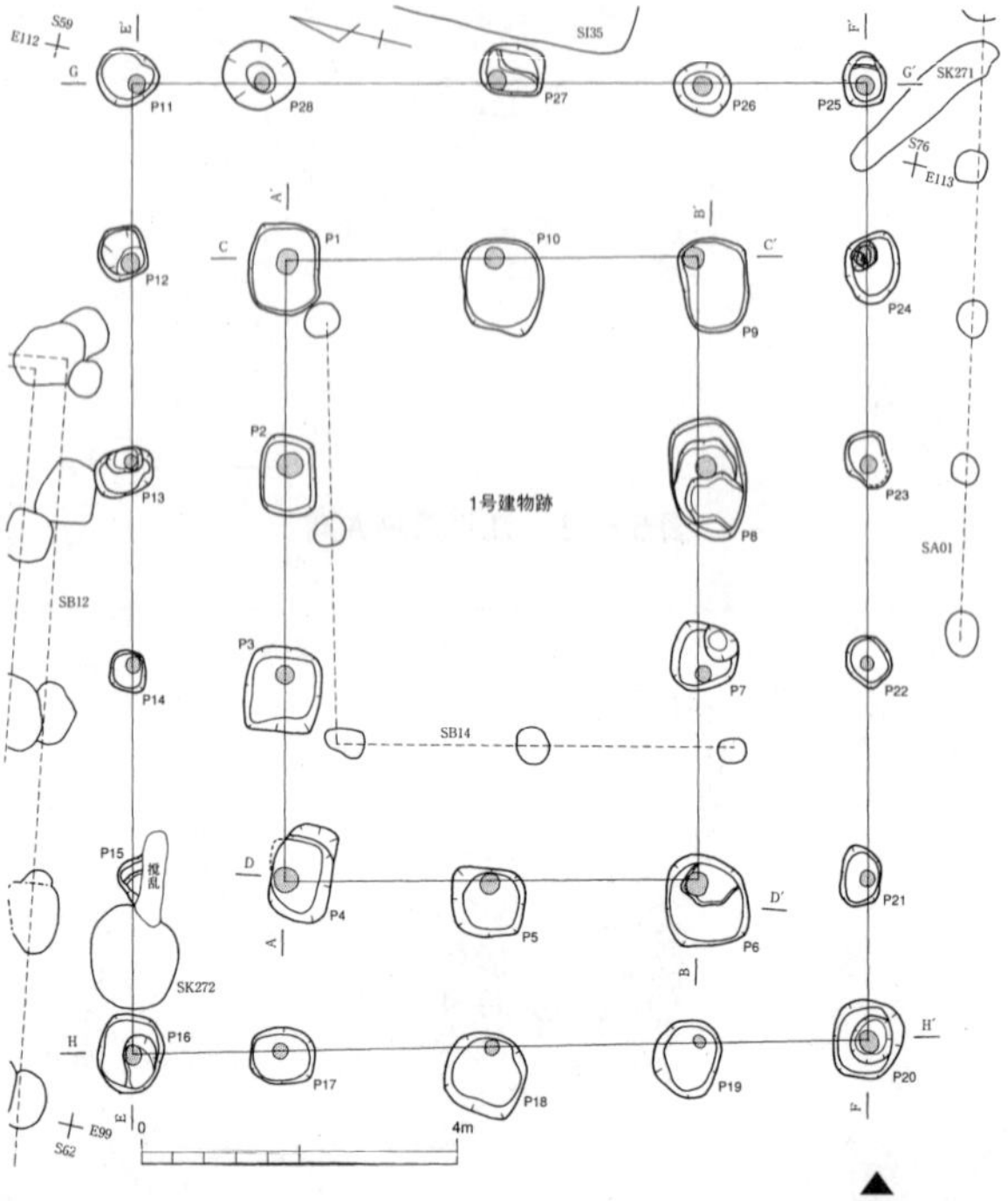

▲図5－4　江平遺跡1号建物跡

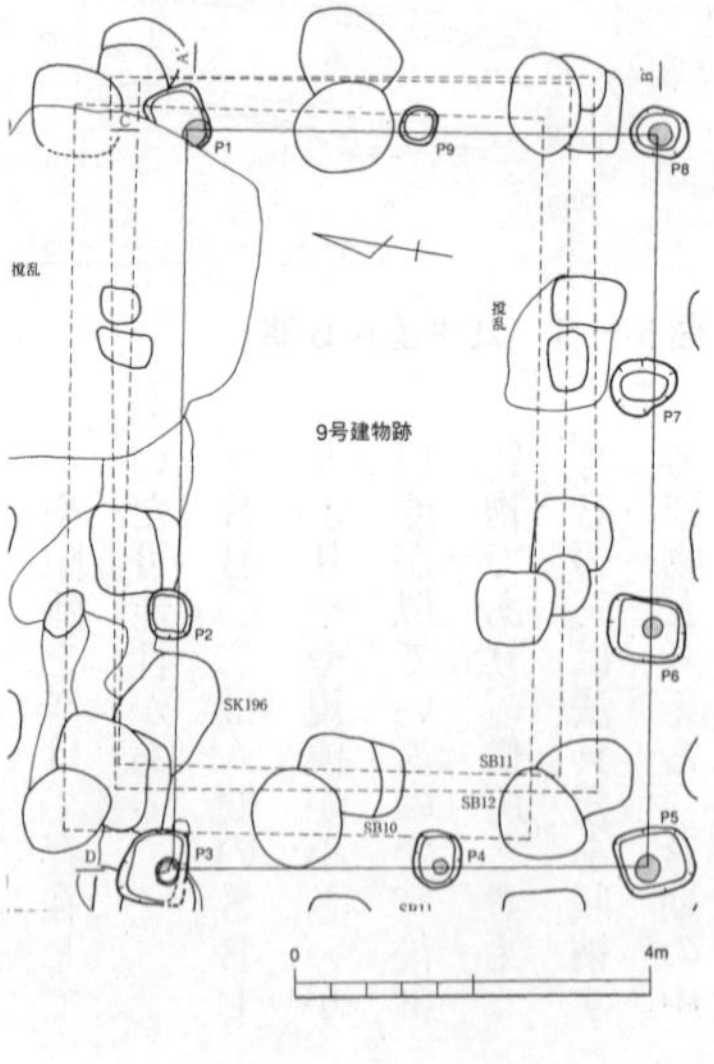

図5－5
江平遺跡9号建物跡

五　上宮崎A遺跡（福島県西白河郡矢吹町）

福島県西白河郡矢吹町にある（図6－1）。関和久遺跡の北北東八キロメートル、江平遺跡の西約五キロメートル、栄町遺跡の南約一一キロメートルの位置である。以下、報告書に従って記述する。

矢吹が原と呼ばれる緩やかな台地上の平地にある。八世紀後葉のⅡ期に、大規模な土木事業により台地上の窪地を埋めて整地し、周辺に四軒の大型の竪穴住居である四・六・七・八号住居が建てられる。同時にそのそばに仏堂と考えられる二九号掘立柱建物（図6－2）が建てられる。東西二間・南北二間で、規模は東西四・六メートル、南北四・七メートルである。南側柱列は三間であった可能性が高い。その南側に二五・三三号建物が付随する。二九号建物の南には参道の空間があり、その空間は仏堂とともに九世紀後半のⅤ期まで維持される。二九号建物の北にこの調査区唯一の総柱建物の一五号建物があり、倉と考えられている。二九号建物と一五号建物は、数度にわたり同じ位置で建て替えられることから、両者には密接な関係があると考えられる。また、一五号建物と九・三一・一一号建物はL字形に並んでいる。この時期には大型の竪穴住居が政治・経済上の中核、二九号建物が信仰上の中核であり、それに付随する遺構群でこの遺跡が構成されていた。

八世紀末から九世紀初めのⅢ期も、中心部の遺構の配置はおおむね同じである。二九号建物は若干拡張され、三二号建物となる。集落南部に官衙的なクランク状の配置をなす一～五号建物が建てられる。これらの建物は柱や柱掘形規模も大型である。最大の一号建物の南には焼土遺構であるSX〇一があり、何らかの儀礼が行われたと考えられる。

九世紀前葉のⅣ期にはⅡ～Ⅲ期の大型住居が廃棄され、別の場所にやや小型の住居が出現する。掘立柱建物はや

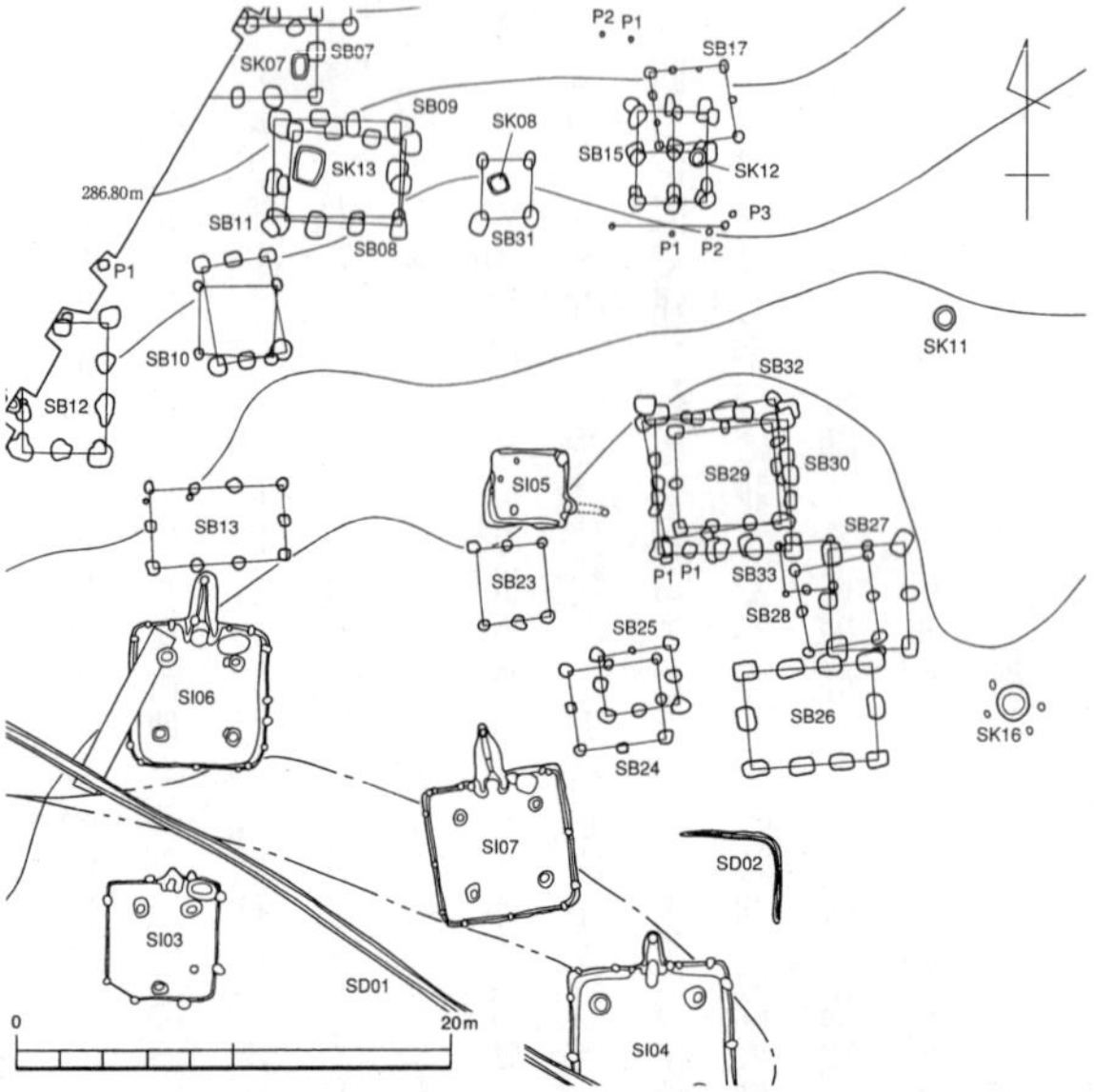

図６－１　上宮崎Ａ遺跡

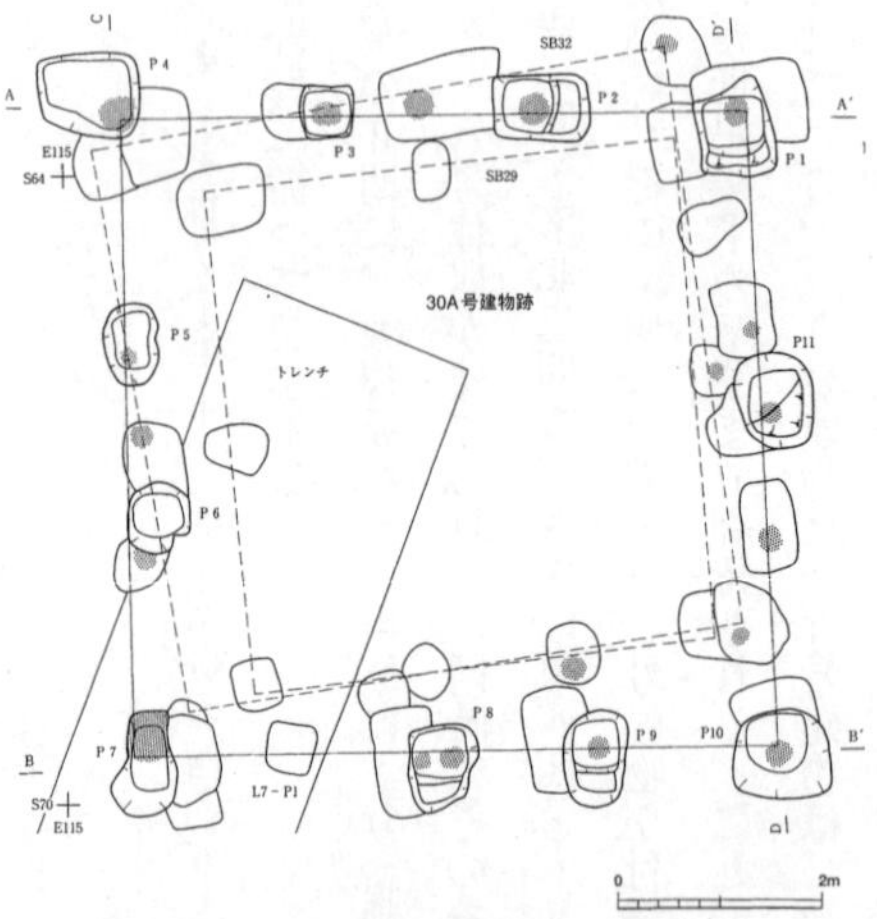

図６－３　上宮崎Ａ遺跡30号Ａ建物跡
実測図

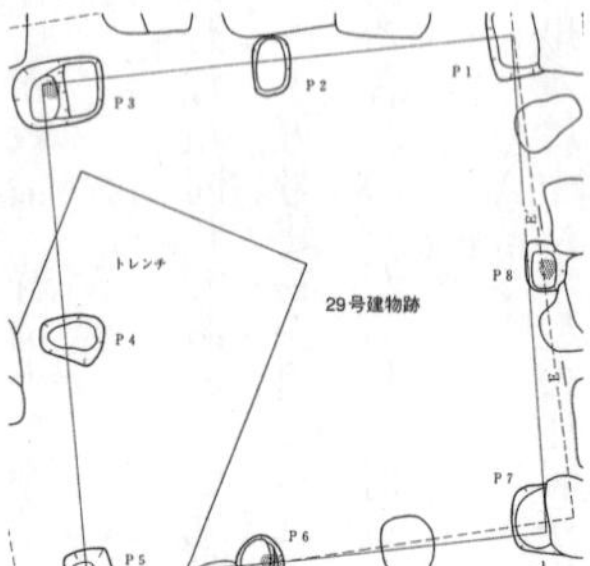

図６－２　上宮崎Ａ遺跡29号建物
跡実測図

や拡散もしくは拡大する。三二号建物はさらに拡張され、三〇号B建物となる。

九世紀中葉以降のV期には、竪穴住居が姿を消す。三〇号B建物は若干拡張され三〇号A建物（図6－3）となる。三〇号A建物は南北三間・東西三間の正方形であるが、東側柱列のみ二間である。規模は南北六・一メートル、東西六・一メートルである。西側柱列の方位はN―四度―Wである。一五号建物は廃棄され、柱間が不規則で柱穴も貧弱な一七号建物が建てられた。V期の集落には衰退のきざしは見えないが、V期を最後に集落は消滅する。

この遺跡の中心建物は報告者によって「寺院」とされている。(16)

この遺跡は周辺を東山道が通っていた可能性がある。福島県内の東山道の経路については山田安彦氏(17)の説や、菅原祥夫氏(18)、今泉隆雄氏(19)の復元案がある。山田氏の説は、西白河郡　東村釜子《ひがしむらかまのこ》から中島町《なかじま》二子塚にかけての一帯を松田駅とし、その付近で東流する阿武隈川を渡って北上し、間もなく東に曲がって、北流する阿武隈川に沿って現須賀川市中心部の岩瀬駅に至る。今泉氏の案は詳細がはっきりしないが、山田氏が松田駅とする付近を通過し、そこから直線的に北上し、須賀川市の岩瀬駅に至るようである。両氏の案では東山道は白河郡衙を通らず、その東方六キロメートルくらいの場所を通過する。菅原氏の復元案は、借宿《かりやど》廃寺付近を松田駅とし、関和久遺跡を経て須賀川市に至る。菅原氏の案が、関和久遺跡から「駅家」と書かれた墨書土器が出土している点で説得力がある。今泉氏の復元による経路が上宮崎《かみみやざき》A遺跡の最も近くを通っているが、菅原氏の復元案による経路も、上宮崎A遺跡の西方一・二キロメートル程度のところを通っている。

六　米山寺跡（福島県須賀川市）

米山寺跡《べいさんじ》（図７－１）は須賀川市中心部に所在する。磐瀬郡衙遺跡である栄町遺跡から東に八〇〇メートル、郡衙周辺寺院の上人壇廃寺からも東に九〇〇メートルほどの位置である。釈迦堂川左岸の山王山と呼ばれる小丘陵の南側の麓にある。山王山の頂部には米山寺経塚がある。以下、報告書に従って記述する。

中心となる一号建物跡（図７－２）はA地区の中央部に位置する。一号建物跡の所在する場所の地形は南北三〇メートル、東西二五メートルの平場で緩やかな斜面である。柱掘形は規模が〇・八メートル×一メートル程度で、その数は数百に及び、遺構の重複による破壊が激しい。古代から中世にかけて、数回前後の建て替えが行われたと考えられる。報告書で想定する建物は後期のものと考えられる。

遺構の規模は桁行六間・梁間五間で、規模は東西約一三メートル、南北約一一メートルである。柱間七尺の四面庇建物で身舎の桁行四間・梁間三間に四面庇が付き、それに濡れ縁が付いている。濡れ縁まで含めた規模は東西一七メートル、南北一六メートルである。建物の中軸線は西に八度偏している。

二～六号建物は、一号建物の北に接するB地区に存在する。この地区は南面する緩斜面である。数多くの掘立柱建物群が検出されており、遺物などから一号建物と同時期のものと考えられている。遺構は重複による破壊が激しく、遺構全体の各時期ごとの解明は無理と考えられた。柱間六尺のものが多く、総柱建物と、中に柱を持たない建物とに分けられている。二号建物と四号建物は一号建物の北に接し、東西二間・南北二間の総柱建物で、倉庫様の性格の建物と考えられる。建物の中軸線は西に一二度偏している。二つの建物は重複するが、遺構が直接重複する部分がないため、前後関係は不明である。三号建物はB地区北部にあり、中柱を持たない高床式の建物と考えられ

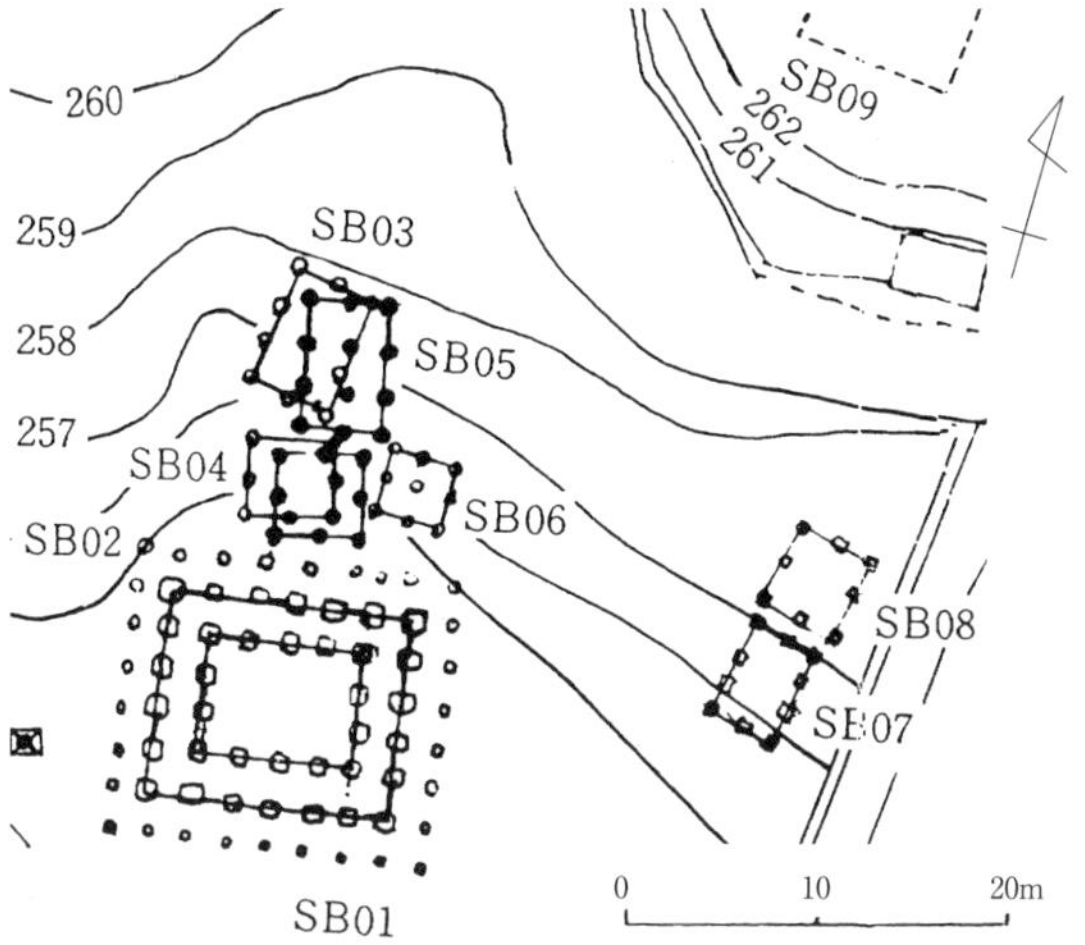

図７－１　米山寺跡

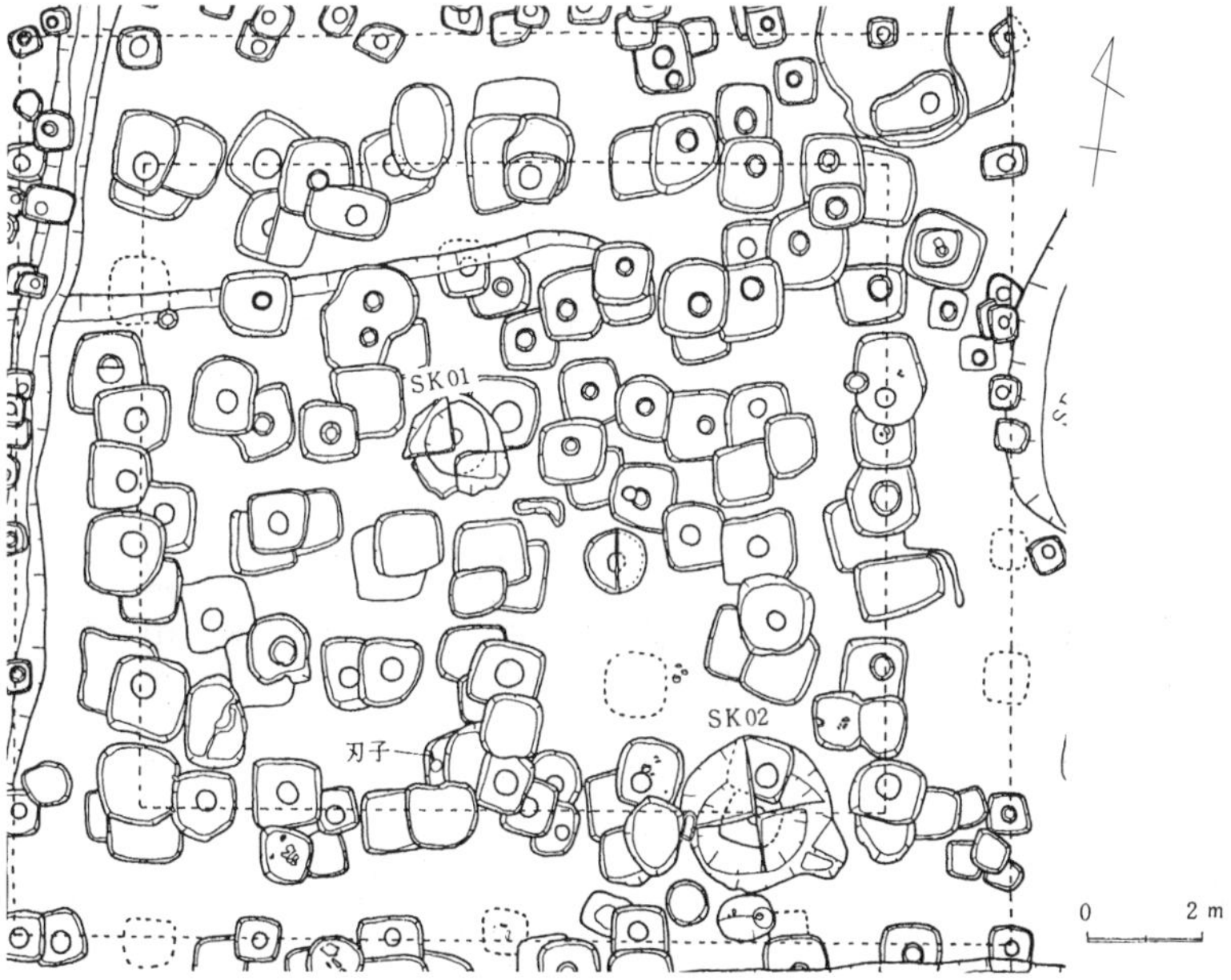

図７－２　米山寺跡１号建物跡

る。規模は東西三間・南北三間で、柱間六尺、中軸線は八度西に偏している。五号建物は三号建物と重複している建物で、建物の性格は三号建物と同じと考えられる。建物の中軸線は西に三二度傾いている。このように強く西を向くものは他にない。六号建物は、東西二間・南北二間、柱間六尺の総柱建物で、建物の中軸線は西に一九度偏している。二〜六号建物の柱穴の掘形はすべて七〇センチメートル前後の正方形で、柱は、痕跡から三〇センチメートルの丸柱とされている。

B地区―二は、B地区の東側に位置し、山王三社と考えられる遺構の下に位置し、その遺構と同じ方向であることから、山王三社遺構に付属する遺構と考えられる。

七号建物は東西二間・南北三間で、柱間は一・八メートル、高床式の住居向けの遺構である。八号建物は東西二間・南北二間の建物で、厨として使用されたと考えられる。八号建物から出土した土師器坏は表杉ノ入式《おもてすぎのいり》であることから、九世紀の建立と考えられる。七・八号建物はともに二五度西に偏しており、柱穴掘形の規模はどちらも七〇センチメートル前後の正方形で、柱は七号については記載がないが、八号は痕跡から二五センチメートルの丸柱である。

山王権現遺構は、B地区―二の北側斜面に東西三〇メートルにわたって並んで位置する。建物はすべて西に二五度偏している。トレンチによる調査が行われている。

九号建物跡は三社遺構の西側にあたり、検出された礎石の根石《ねいし》等から推定して、東西五間・南北五間で柱間六尺の東西棟と考えられる。一〇号建物は三社遺構の中央部にあたり、高さ約一メートルの基壇を持ち、その敷地は東西八メートル、南北八メートルの広さを持ち、幅一メートル、高さ五〇センチメートルの土塁によって囲まれている。建築遺構の規模は不明である。一一号建物は三社遺構の東にあたり、その敷地は東西六メートル、南北五メートルで、周囲は土塁によって囲まれている。A地区の建物群の年代は出土遺物から八～十二世紀と考えられ、B地区の建物群の年代は、九世紀である。[20]

このA地区とB地区の遺構の年代は、現在では、九世紀から十二世紀と考えられている。[21]

七　東山田遺跡第一次調査区（福島県郡山市）

郡山市田村町山中字東山田・金沢字仲原に所在する。安積郡衙跡である郡山市清水台《しみずだい》遺跡の南南東約七キロメートル、栄町遺跡の北東約六キロメートルの位置である。以下、報告書に従って記述する。

遺跡の南西側を流れる黒石川や小河川と、それらの本流である谷田《やた》川により浸食された上位砂礫段丘上にある。第一次調査区（図８－１）は、東山遺跡最下部の末端の丘陵上にある。

一号鍛冶遺構から、八世紀第４四半期から九世紀前半頃に位置づけられる瓦塔片が出土している。鍛冶遺構から二〇～三〇メートルほど西に、並立する一・二号掘立柱建物跡がある。この二つの建物は他の建物とは異なる特殊な構造であり、南面で軒をそろえて並立していたと考えることもできることから、堂宇であった可能性が指摘されている。一号掘立柱建物（図８－２）は東西四間・南北三間で、西庇と北庇付きの東西棟である。規模は東西約八・九メートル、南北約六・五メートルである。柱間間隔にはかなりのばらつきがある。北側柱筋上と北入側柱筋上に、東側柱列から東に突出してそれぞれ一基ずつ柱穴が検出され、建物本体に付帯する塀跡もしくは柵跡と考えられている。二号掘立柱建物跡は、東西二間・南北二間の総柱建物である。建物本体の柱穴とは別に、東西の側柱列と平行して東と西にそれぞれ二基ずつの四基のピットがある。塀跡もしくは柵跡、あるいは建物本体から屋根をかけた、軒先の支柱としての機能が考えられる。建物の大きさは北側が約三・二メートル、南側が約二・九メートルである。

この建物群は報告者によって、「断定はできないが堂宇的な可能性も捨てきれない」「今後の調査で「村落内寺院」の実態を検証し得る遺構や遺物が検出されることに期待したい」と述べられている。(22)

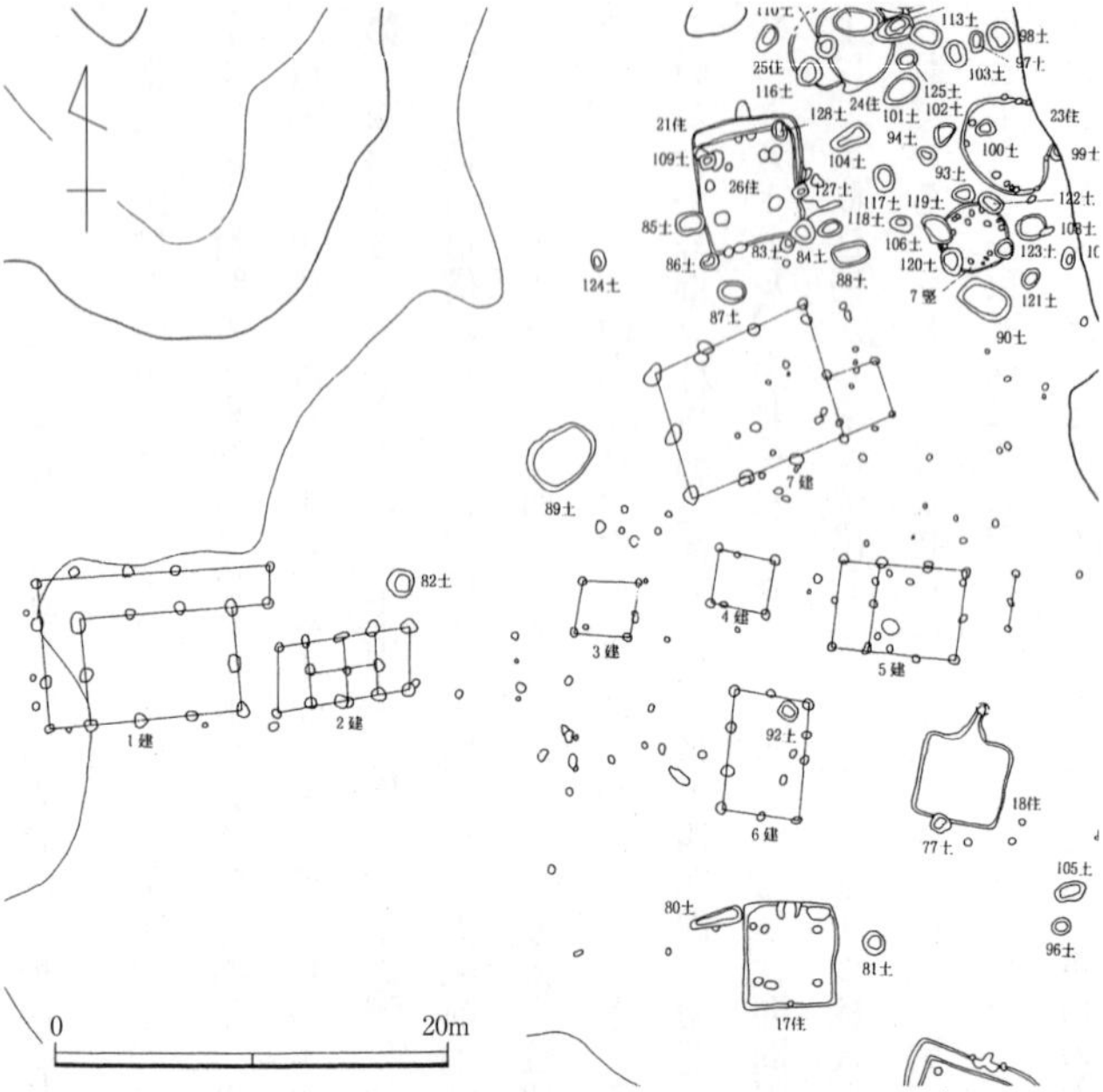

図８－１　東山田遺跡第１次調査区

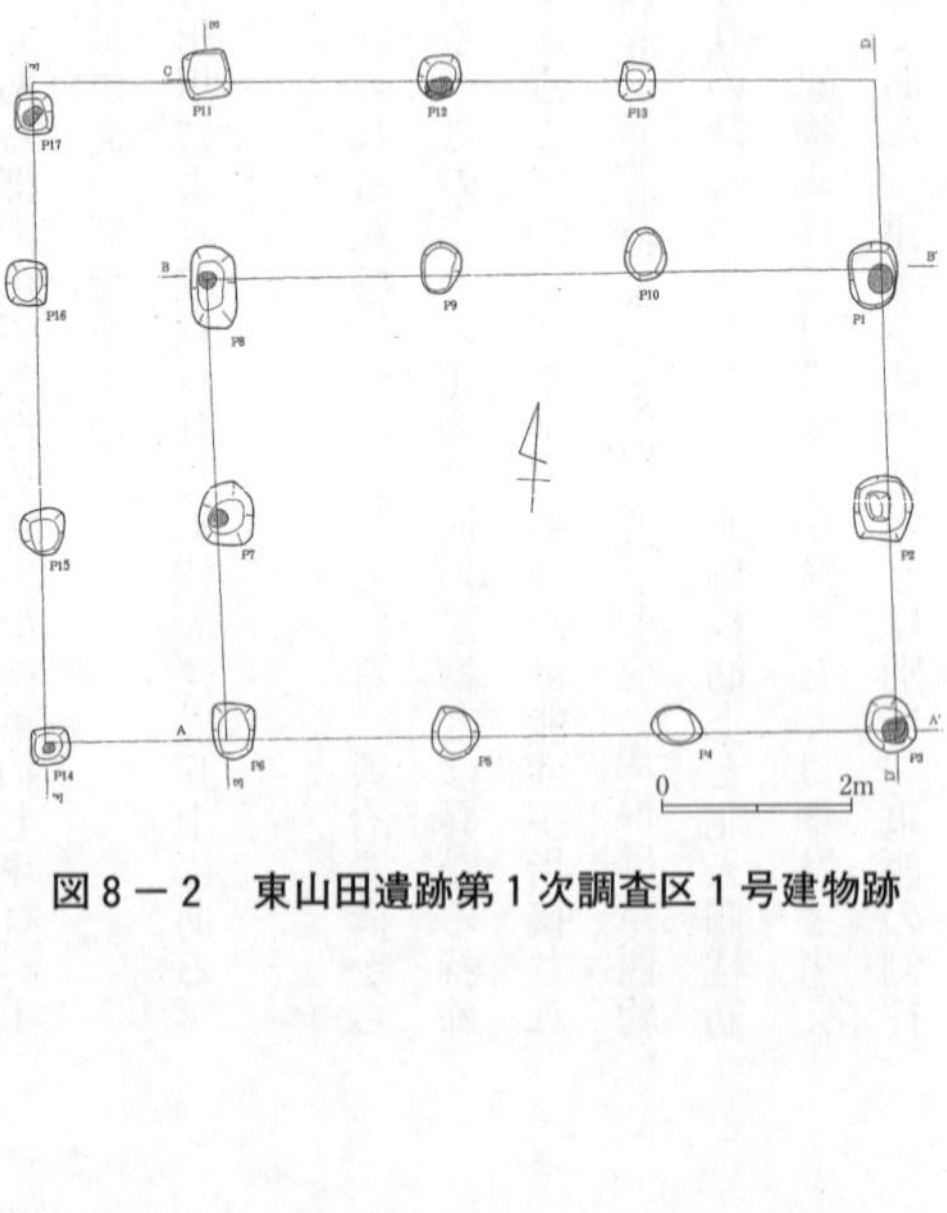

図８－２　東山田遺跡第１次調査区１号建物跡

八　砂畑遺跡（福島県いわき市）

いわき市平《たいら》菅波《すぎなみ》字砂畑《すなはた》に所在する。磐城郡衙遺跡である根岸遺跡の東北東約三キロメートルの位置であり、荒田《あった》目《め》条里遺跡（礼堂《れいどう》地区）の南に隣接している。以下、報告書に従って記述する。

夏井川右岸の沖積地に挟まれた微高地の浜堤《ひんてい》上に立地している。仏堂と推測される建物のそばには、方形区画に囲まれた豪族居宅が存在する。八世紀中葉に出現し、七期にわたる変遷が見られ、十世紀中葉まで存続した。郡の行政に携わるような人物の私的な建物、もしくは郷の機能を担った建物である。居宅を使用した氏族は、大領於保《おお》

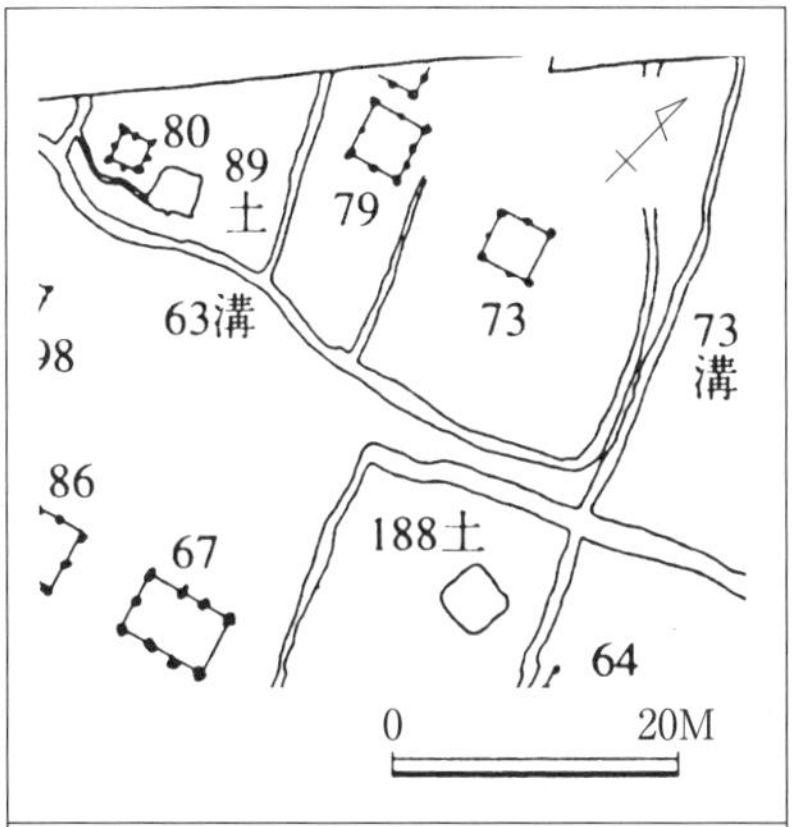

図9－1　砂畑遺跡Ⅴa期

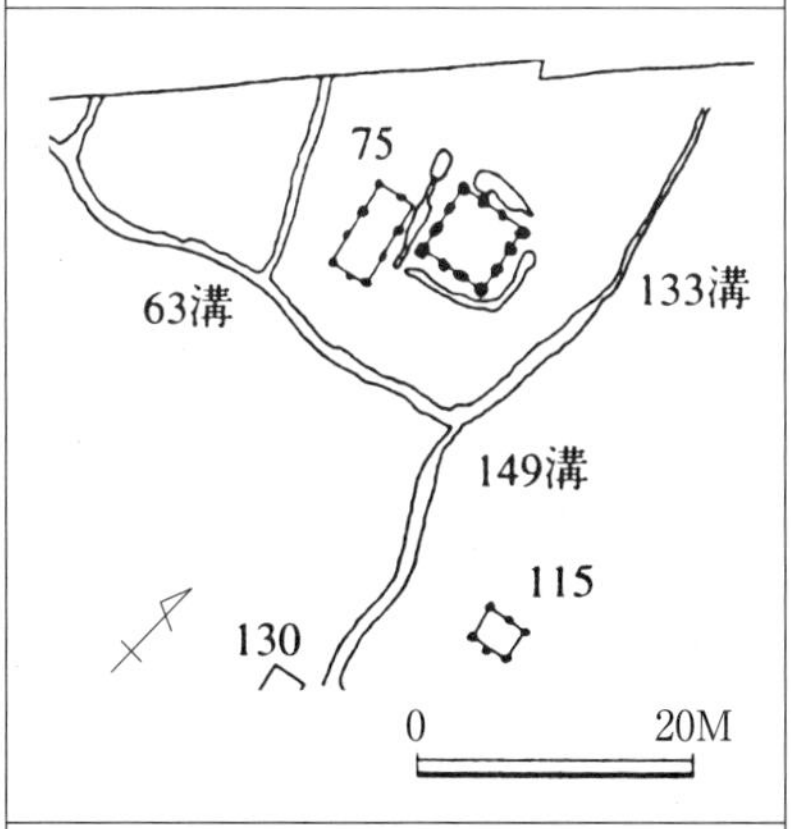

図9－2　砂畑遺跡Ⅵ期

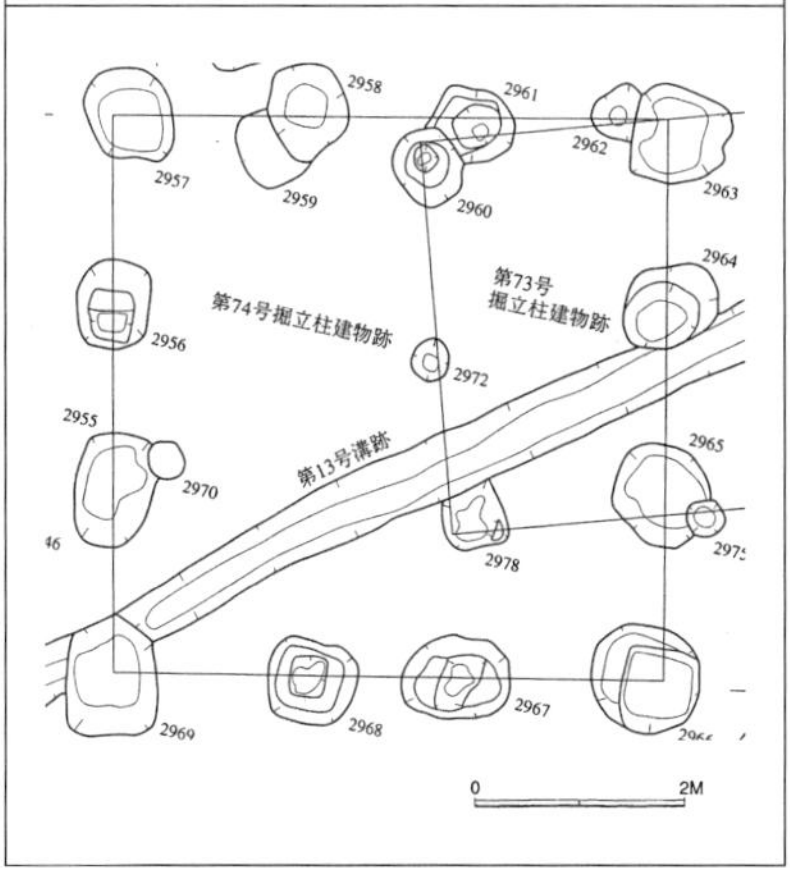

図9－3　砂畑遺跡74号建物跡

磐城臣《いわきのおみ》に比べればかなりランクが下がるが、郡の行政に携わり、於保磐城臣と血縁関係にあるような氏族で、大領からの恩恵を受けて一緒に発展した氏族の居宅と考えられる。

十世紀前葉の第Ⅵ期（図9－2）に、居宅を囲む方形区画の北側に、大型で方形の第七四号掘立柱建物が建てられている（図9－3）。周辺に雨落溝《あまおちみぞ》を伴い、長方形の第七五号掘立柱建物が隣接することから、堂宇のような仏教施設であると考えられる。これらの建物を区画する第六三号溝跡は、Ⅴ期から継続して使用されていた。第七四号建物は東西三間・南北三間の方形で、規模は東西五・三メートル、南北五・二メートルで、東側柱列の方向はN―一二度―Wである。周辺を取り囲むように位置する第一二三号土坑、第一三二・一三五号溝跡は、この遺構に関係するものである。東側に二メートルあまり離れた位置に、関連する第七五号掘立柱建物跡がある。東西二間・南北三間の南北棟で、規模は東西三・一メートル、南北六・六メートル、桁行方向はN―一二度―Wである。この建物群は十世紀中葉の第Ⅶ期には姿を消す。

九世紀末～十世紀初頭の第Ⅴa期に、第七四号建物とほぼ同じ位置に区画溝に囲まれた二棟の方形の建物、すなわち第七三・七九号掘立柱建物跡が出現していた（図9－1）。付属する施設は検出されておらず、倉庫との区別も明確なものではないが、区画溝を伴うことからこの一郭の特殊性がうかがわれ、第七三・七九号掘立柱建物跡が、第七四号掘立柱建物跡の前身である可能性もある。豪族居宅に隣接して存在することから、これらの施設の建立にも、居宅内の豪族が深く関わっていたと考えられる。

仏教関連の遺物としては建物跡の二五〇メートルほど北にある第二五六号溝から、大量の遺物とともに、像高九センチメートルほどの木製の菩薩坐像が出土している。土器類の年代から、十一世紀は下らないものである。墨書土器では、礼堂地区（「荒田目条里遺跡」として著名な遺跡）の大溝から「寺」「山寺」の墨書が出土している。調査区内では「山」の墨書が一点出土しているのみであるが、周辺に仏教関連の施設が存在していたことは間違いない。「山寺」は、平地の集落内に位置する第七四号掘立柱建物跡の堂宇とは別の建物と考えられる。また礼堂地区の大溝から出土した木簡（第二号、第一〇号）には僧名も認められる。[23]

九　赤粉遺跡（福島県双葉郡楢葉町）

赤粉遺跡（図10－1）は双葉郡楢葉町大字下繁岡《しもしげおか》字赤粉《あかごな》と井出《いで》字館《たて》ノ沢《さわ》にまたがって所在する。海岸から一キロメートル弱の、井手《いで》川を眼下に見下ろすことができる丘陵南平坦部に立地する。標高は三〇～四〇メートルである。以下、報告書に従って記述する。

この遺跡は九世紀代を中心とする時期のもので、竪穴住居五十三棟、掘立柱建物十一棟が検出されている。報告書の最末尾にある遺跡の概要を記した頁である「抄録」の特記事項は、「平安時代前期の計画村落」「製塩に使われた多量の筒形土器が出土している」「「中内」の墨書が多い」「住居廃棄時にカマド祭祀が行われたと推測できる」となっている。竪穴住居から緑釉陶器片（一個体の五分の三程度）が出土していることも注目される。遺跡は出土土器から、八世紀中葉～後葉のⅠ期から十世紀初頭～中葉（中葉でも、ややさかのぼる時期）のⅥ期まで六期に編年されている。百四点の墨書土器が出土している。九世紀前半の三七号住居から「小寺」の墨書土師器坏が、九世紀後葉～末葉の一五号住居から「寺佛」の墨書土師器坏が、九世紀末から十世紀初頭のカマドのない四四号住居（一般的な住居ではない）から「井手寺」の墨書赤焼土器の坏が出土している。この集落遺跡の最上部の九世紀中葉～後葉の三号掘立柱建物跡（桁行三間・梁間二間、四・三×三・七メートル、面積一六平方メートル、図10－2）の内部には、長方形の土坑が梁と平行に左右対称的に掘り込まれており、西白河郡東村の赤根久保遺跡の仏堂との類似が指

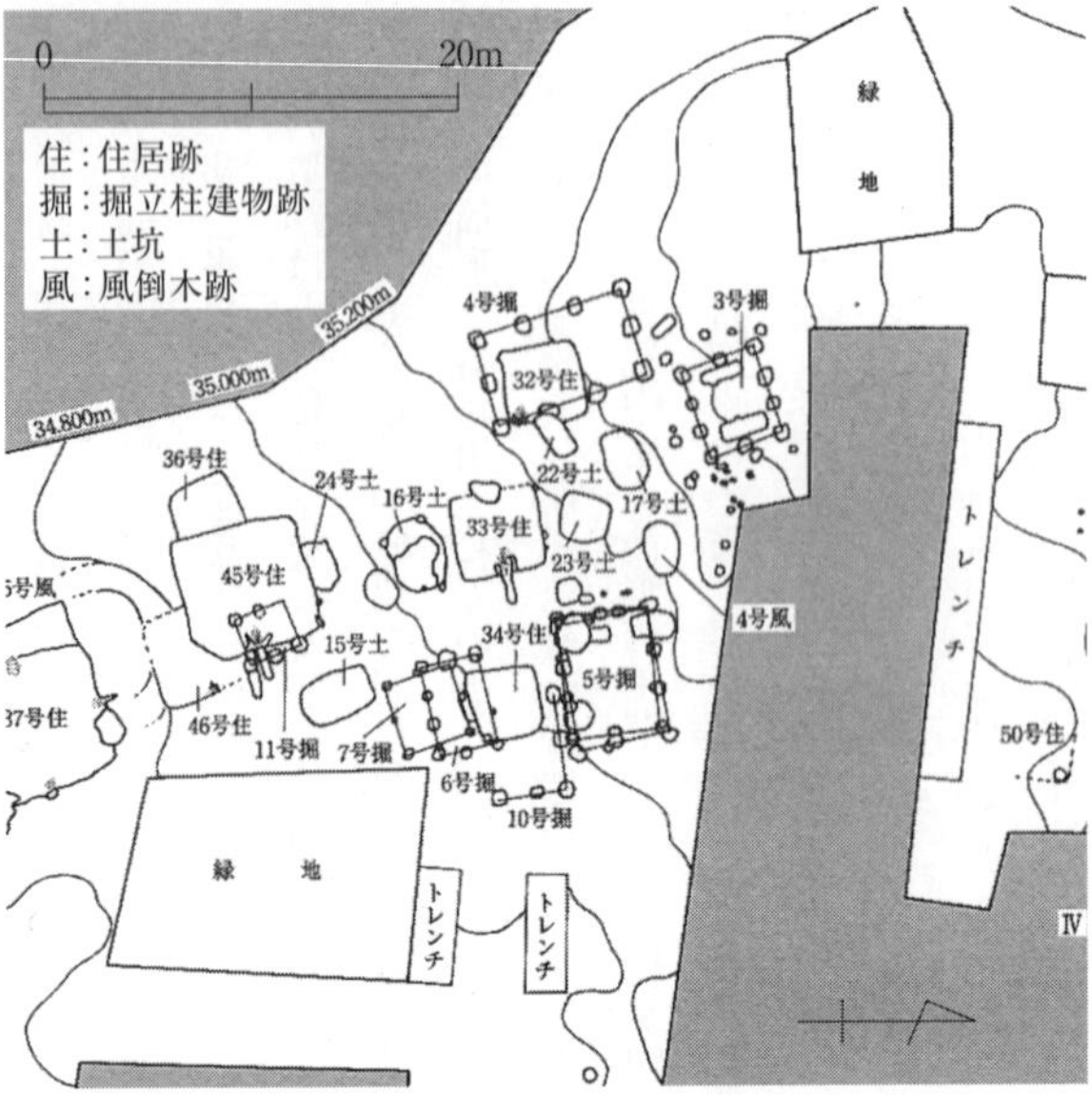

図10－1　赤粉遺跡

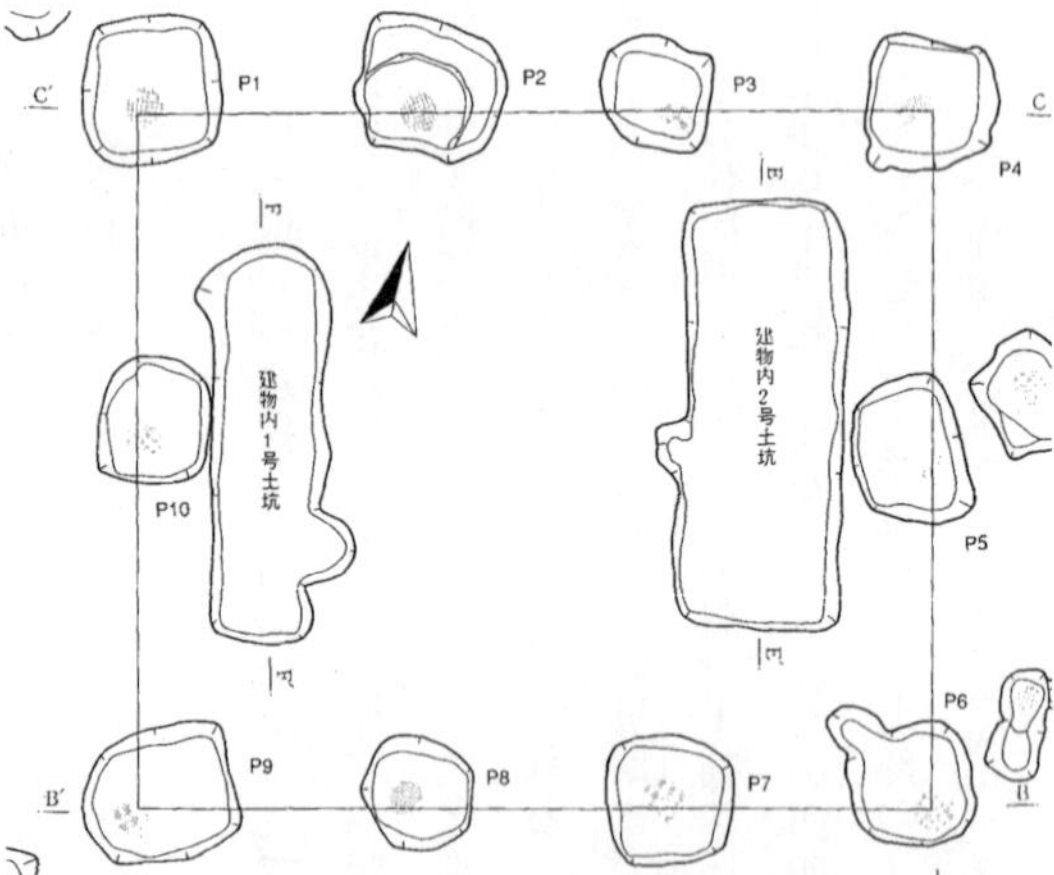

図10－2　赤粉遺跡３号建物跡

摘されている。また、鎌倉時代には当地に「井出」姓の領主が存在したといわれ、近世初期には付近が「井出」と呼ばれたことが確認でき、「井手寺」墨書土器に見える「井手」は、この地名につながると考えられている。(24)

報告書では、以上の事実を詳細に確定しつつも、三号建物跡が仏堂であるとは断定していない。菅原祥夫氏は仏堂であるとしている。(25) 筆者は報告書の確定した諸事実に基づいて、すなわち、主として集落内から「寺」字墨書土器が出土し、三号建物が丘陵中段の緩斜面に広がる集落の最上部に位置し、性格は不明であるが赤根久保遺跡の仏堂とよく似た土坑を持っているということから、三号建物は仏堂と考えるのが妥当だろうと考える。

この建物は集落内の十一棟の掘立柱建物のなかでは中程度の規模のものであり、建物自体は土坑がなければ目立つものではない。位置から見て、当初より仏堂として建立されたものであると考えられるが、建物自体は特別な建物ではなく、集落内の他の建物と同じような建物が建てられ、寺院として利用されたものと考えられる。陸奥国の掘立柱仏堂のなかでは抜群に小規模なものである。仏堂の性格としては、富豪層居宅に付属するものではなく、一般集落の祭祀を担ったもので、第二類と同じ機能のものと考えられる。他の仏堂から筆者の導いた規格に収まらないので、地域性を考えるべきかもしれない。赤粉遺跡の西南方約二・五キロメートルには「報恩寺」の墨書土器坏を出土した小山《こやま》B遺跡もあり、仏教の広がりが顕著な地域であるので、類例の増加を待って考察したい。

十　内屋敷遺跡（福島県喜多方市）

喜多方市塩川町大字会知《かいち》字内屋敷・堀込に所在する。会津郡衙遺跡の会津若松市郡山遺跡の北西約七キロメートル、湯川村勝常寺の北西約四キロメートルの位置である。阿賀川右岸の河岸段丘上に立地する大規模な遺跡である。以下、報告書に従って記述する。

この遺跡は各施設の配置にある程度の企画性が見られ、施設群の間は溝で区画され、規模の大きな倉庫群を有している点が官衙的であるため、郷長クラスの居宅跡であり、その内部に郡衙の出先機関的な施設を合わせ持つものである。また、盆地内の主流河川である阿賀川沿いに立地していることから「津」の機能も持ち、さらに、調査区のほぼ中央には東西方向に延びる道路の存在もうかがえるので、水路と陸路の交差する交通の要衝と考えられる。

遺構はⅣa～d期の四期に大きく区分される。Ⅳa期は八世紀後半～末で、遺構は建物群と居住域が大きく南北に分かれ、さらに区画溝により区分されている。南西ブロックには倉庫群と比較的大型の主屋的な建物があり、北西ブロックの住居域内には周溝を持った神祇関連の施設（二七号建物）がある。

Ⅳb期は九世紀前半である。この時期の遺構は、東ブロックが一三九号建物を主屋とした居宅域で、その内部に周溝状の区画を有して南面する仏堂的な施設（一五一号建物）を有し、南西ブロックは倉庫群と居住域、北西ブロックは周溝を持つ神祇関連の施設域として利用された。一五一号建物は東西二間・南北二間で、規模は南北四・九メートル、東西三・九メートルで、東側柱列の方向はN―二七度―Wである。

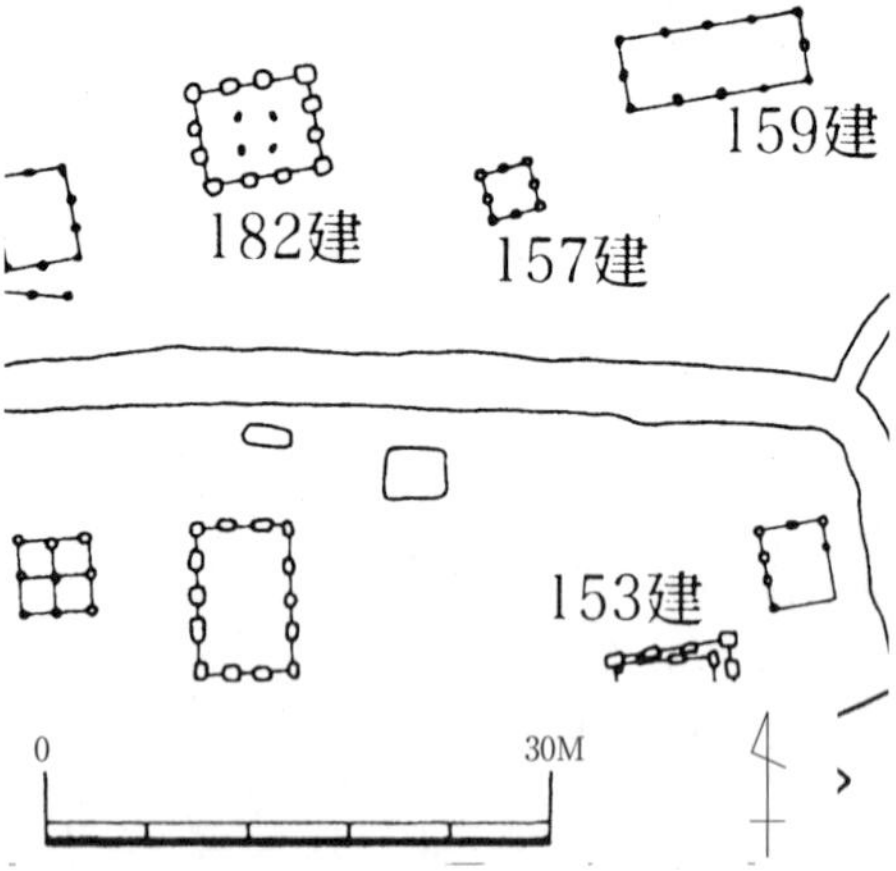

図11－1　内屋敷遺跡Ⅳｃ期

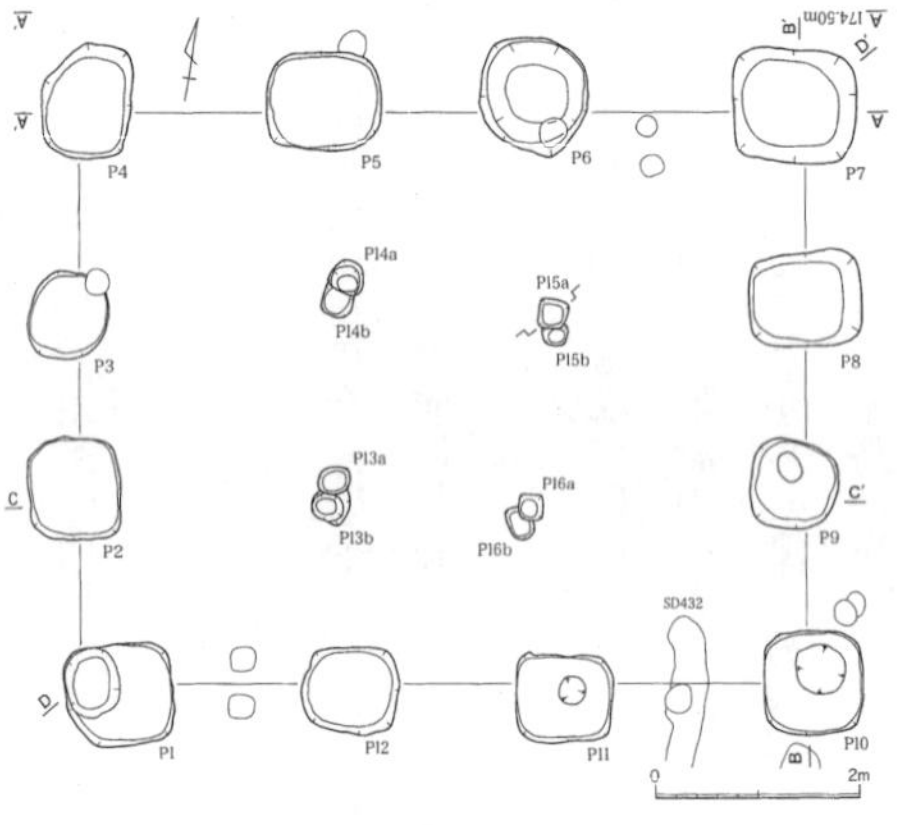

図11－２　内屋敷遺跡182号建物跡

Ⅳc期（図11－1）は九世紀中葉である。この時期にはⅣb期と同様に各施設が継続して建て替えられたものと想定されるが、Ⅳa・Ⅳb期のような明確な区画施設は認められない。また、仏教・神祇関連の宗教施設が拡充されて、その隆盛を迎える。南ブロックにある一五七・一五九・一八二号建物は、仏堂・塔・礼堂からなる仏堂施設と考えられる。仏堂と考えられる一八二号建物（図11－2）は東西三間・南北三間で、規模は東西七メートル、南北五・二メートルである。建物内部から束柱状の小さな柱穴が四個検出されている。その南の一五三・一八〇号建物は、仏堂施設が建て替えられたものと想定される。一五三号建物は東西三間・南北三間で、規模は東西六・九メートル、南北五・二メートルである。南ブロックの溝跡から瓦塔片が出土している。一個体分の確認で、九世紀中頃に位置づけられる。仏教関連の遺物は他に、灯明具、水瓶、薬壺、黒色土器坏等の仏具類が認められている。北ブロックの九〇号建物は三方を区画溝に囲まれる小規模な建物で、神祇関連施設と推測される。その前面には拝殿状の八九号建物が位置し、「双堂形式」に近い建物配置となっている。

Ⅳd期は九世紀後半～末である。この時期の遺構は、主屋と判断される一三七号建物がある居宅域（東ブロック）と、一七八・一八六号建物を中心とする倉庫域（南西ブロック）、一七九号建物を中心とする仏堂施設（南ブロック）、九四号建物の神祇施設（北西ブロック）に大別される。九世紀末以降、この遺跡の居宅（津）は消滅する。内屋敷遺跡の仏堂遺構は、「氏寺または津寺的な様相を持つ」ものであり、慧日寺や勝常寺を核とした仏教信仰の影響が考えられるとされる[26]。「津寺」という用語は管見の限りでは平安初期までの史料には見えないが、「津」と関係する寺という意味であろうか。

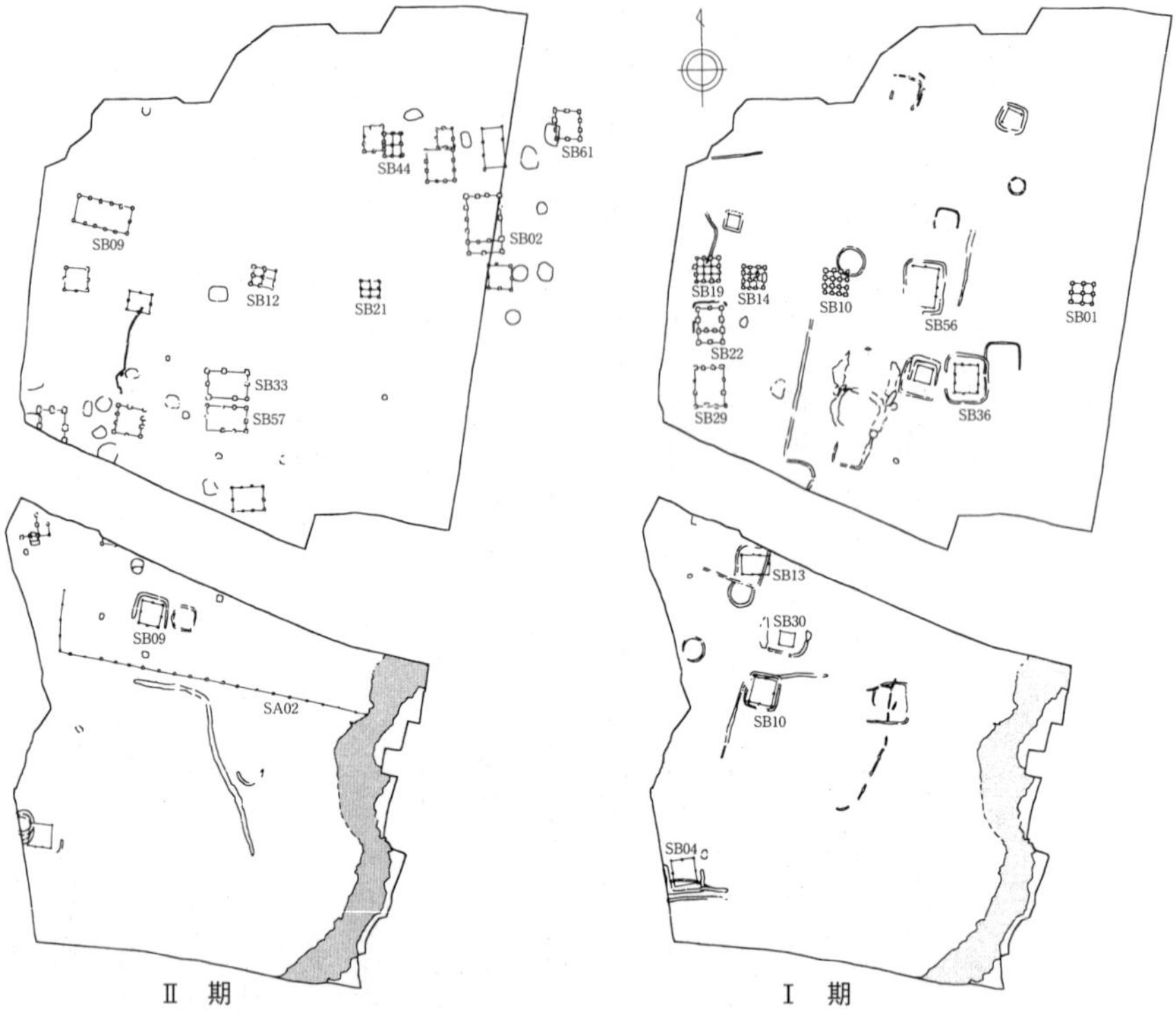

図12－1　鏡ノ町遺跡遺構変遷図

十一　鏡ノ町遺跡（福島県喜多方市）

喜多方市塩川町大字四奈川《しながわ》字鏡ノ町に所在する。会津若松市郡山遺跡の北西約九キロメートル、勝常寺の北約四キロメートルの位置である。田付《たづき》川の東の河岸段丘上に立地する。この遺跡については報告書(27)をもとに、筆者の見解も交えて記述する。この遺跡は現在の道路により南北に分断されており、北側がA、南側がBを付して呼ばれている。

この遺跡（図12－1）は、ある程度の企画性を持って配置された四面庇付き建物や東西に長い建物・倉庫・寺院的な建物群が検出され、施釉陶器（三彩・緑釉・灰釉）・瓦塔・陶硯・墨書土

器が出土したことなどから、一般的な集落と異なる官衙的な性格を持つとされてきた。またこの遺跡は、瓦塔・則天文字風の文字の記された墨書土器などの仏教に関係する遺物の出土により、仏教関連遺跡として注目されてきた。

報告者は、遺跡全体の性格は「郡衙の要職を兼ねる」「富豪層の居宅」であり、そのなかに「居宅内寺院（仏堂）」が存在したものとしている。この解釈は坂内三彦氏によって発展的に継承されている[28]。この遺跡が豪族の居宅の中心部分である可能性はもちろん否定できないが、豪族の拠点のなかで宗教的な役割を担った場所であり、寺院が存在したと筆者は思う。理由は以下の三点である。

第一は中心建物の特殊性である。こ

の遺跡のⅢ期（九世紀後半）とⅣ期（九世紀末〜十世紀初頭）の中心建物は、東西五間・南北四間で、三間×二間の身舎《もや》に四面庇の付いた掘立柱建物である。この形態の建物はⅢ期に採用され、Ⅳ期に場所を変えて二回建てられている。同じ形態の建物がⅢ期とⅣ期を合わせると三回場所を変えて建てられ、継続している。五間×四間の四面庇付き建物は、珍しくないごく普通の建物のようにも思われる。しかし、福島県内の同時期の豪族居宅においては、比較的まれな例ではないかと考えられる。荒木隆氏は、会津郡内の官衙風建物群検出遺跡を詳細に検討しているが、氏が取り上げた矢玉《やだま》遺跡・屋敷遺跡・上居《かみい》合《あい》遺跡・大江《おおえ》古屋《ふるや》敷《しき》遺跡・鏡ノ町遺跡Aの五遺跡のなかでこのような形態の建物が検出されたのは、鏡ノ町遺跡A以外では、屋敷遺跡第一期（九世紀中葉）の一棟だけである。[29]木崎悠氏は岩瀬郡の官衙関連遺跡を網羅的に取り上げ極めて詳細に分析しているが、氏が取り上げた栄町（岩瀬郡衙）・矢《や》ノ目《のめ》A・薊ノ内《あざみのうち》A・志古山《しこやま》・沼平東《ぬまだいらひがし》の五遺跡には、五間×四間の建物は、実に一例もないのである。[30]また、福島県内の官衙風建物群として著名な、正直《しょうじき》C遺跡[31]・東山田遺跡[32]・谷地前《やじまえ》C遺跡[33]にも五間×四間の建物は一例も存在しない。ただし、江平遺跡には先に検討の対象とした五間×四間の四面庇付き建物があり、寺院遺構とされる。

筆者の目に入らない遺跡のほうが多いのではあるが、会津郡や岩瀬郡についての網羅的な研究から見て、鏡ノ町遺跡Aで継続的に建てられた五間×四間の形態の建物は、官衙風建物群においては検出割合が少ないものと考える。全国的に見ても、山中敏史氏が集成した全国の豪族居宅のなかでも、五間×四間の四面庇付き建物は一例しかないのである。[34]

五間×四間の四面庇付き建物は、どのような系譜を持つものであろうか。官衙風建物群の経営者である大小の豪族層が手本を求めた可能性がある陸奥国南部の官衙遺跡のなかで、調査が進んでいる関和久遺跡[35]と根岸遺跡[36]、泉廃寺跡[37]の例を検討してみると、三遺跡とも、五間×四間の建物はほとんど存在せず、わずかに郡衙周辺寺院である借宿廃寺[38]・夏井廃寺[39]の金堂のみが、その基壇の規模から、五間×四間の四面庇付き建物であったと推測されているのみである。全国的に見ても、山中敏史氏が集成した郡衙遺構の建物には、五間×四間の四面庇付き建物は一例も存在しないのである[40]。寺院としては、陸奥国には五間×四間の四面庇付き建物を金堂とする寺院は、ほかに多賀城廃寺がある[41]。陸奥国以外の古代寺院においても、金堂を五間×四間の四面庇付き建物とする例は多く見られるのである[42]。

以上のことから、鏡ノ町遺跡Aで三回にわたって継続的に建てられた五間×四間の四面庇付き建物は、郡衙周辺寺院などの金堂の系譜を引く仏堂遺構と考えたほうがよいと思う。

また、Ⅲ期の三二号建物の前身建物であるⅡ期の三三・五七号建物も、関東地方に多く[43]、陸奥国では下悪戸《しもあくど》遺跡・上鬼柳《かみおにやなぎ》Ⅲ遺跡・根岸遺跡に見られる双堂建築と解釈可能である。

したがって、この遺跡では九世紀前半から十世紀前葉にかけての百年近くにわたって、仏教建築と同じ形式の建物が維持されていたことになり、その継続性も、その建物が仏堂である可能性を高めると考える。

第二は、鏡ノ町遺跡からは周溝を巡らした中に小規模な掘立柱建物が存在する遺構が、十二棟もの多数検出されていることである。この種の建物は、報告書では「「仏堂」的な宗教関連の施設」とされ、遺跡から出土した仏教関連遺物はこれらの遺構と関係するものとされている。この付近が、豪族の拠点のなかで宗教的な行事を行う空間であったと考えられる。

第三は、報告書で注目しているように、鏡ノ町遺跡Aからは、瓦塔片や仏事に使われたと考えられる奈良三彩の小壺、火舎、経典の知識を持つ人が書いたと考えられる則天文字風の文字を書いた墨書土器など、陸奥国内の他の仏教関連遺跡に劣らぬ内容の、仏教に関係する遺物が出土していることである。これは、豪族居宅のなかでは目立つほうであろう。

このようなことから、ここではこの遺跡を寺院遺跡と考えた場合の解釈を、報告書の時期区分に従いつつ、報告書の記述をもとに提示してみたい。

八世紀後半から九世紀初頭のⅠ期について、報告書では以下のように述べる。

中央の広場を取り囲む形で、西と北には側柱建物二棟と倉庫群三棟が「L」字形に配置される。広場東側には仏堂と推測される三棟の特殊な建物も位置し、全体では南へと開く「コ」の字形の配置が認められる。主屋的な建物は二棟の側柱建物（二二・二九号）であり、広場を挟んだ東、そして南側には仏堂的な建物が集中しているが、円形・方形状の周溝とともに企画的な配置はあまり認められない。この時期には柵列などの外郭施設も存在しない。河川跡からは該期の墨書土器が少量確認されており、この頃から律令制的な祭祀が行われていた。

以上のようなⅠ期の様相を筆者は次のように解釈する。この時期の建物配置で中心となるのは中央の広場である。広場には、遺跡内では最古で、東西径一二メートルの一一号周溝遺構、東西径一二・五メートルの一五号周溝遺構があるが、これらも古い時期の祭祀と関わるものと考えられる。この広場にⅡ期以降中心的な仏堂が建てられることからも、この広場は宗教的な役割を持つ空間であったと考えられる。この広場の東側・南側・北側に、報告書で「仏堂」的な宗教関連の施設」と考える周溝付き掘立柱建物が分布している。その数は、Ⅰ期に属するものだけで鏡ノ町遺跡Aで五棟、Bで四棟の計九棟に及ぶ。最大のものは広場の東側に位置する三六号建物で、周溝を持つ三間×三間の建物である。規模は東西四・六メートル、南北五・五メートルで、長軸方向はN―二度―Eである。鏡ノ町遺跡Aの報告書で祭祀に関係するものとする一・二号周溝や、鏡ノ町遺跡Bでは性格不明とされる四・五号周溝遺構の存在も注目される。

報告書でⅠ期は二小期に分かれる可能性が示唆されているが、この時期には広場にたくさんの人が集まり、周溝付きの掘立柱建物の建設を伴う祭祀が盛んに行われていた。中央部の広場を中心とする宗教的な空間の、西側と北側に位置する二棟の側柱建物と三棟の総柱建物も、この宗教的な空間に付属する施設であり、全部が同時に存在したのではなく、建て替えられながら存続したと考えられる。

九世紀前半のⅡ期について、報告書では以下のように述べる。遺構はⅠ期から継続した中央ブロックと、新たに成立した北西ブロックに分かれ、二小期に細分される。それぞれ比較的大型の側柱建物（二一・三三・五七号）が主屋であり、小規模な三棟の倉庫と、中央ブロックの南には二号柵列が配されている。仏堂は南側の柵列内外に各一棟存在し、河川跡内からは墨書土器が大量に出土し、律令的な祭祀が盛んに行われていた。

以上のように報告書で述べるⅡ期の様相を、筆者は次のように解釈する。報告書で、中央ブロックの主屋で二時期に分けられるとする三三・五七号は、先に述べたように双堂建築の仏堂である。どちらも東西三間・南北二間の側柱建物で、三三号建物は、規模が東西七・八メートル、南北五・一メートルで、面積は四〇平方メートルである。北側柱列の方向はN―八七度―Wである。柱穴は大型の方形であることが注目され、一辺七七～一一七センチメートル、深さは確認面から一八～三二センチメートルである。五七号建物は東西八メートル、南北四・四メートルで、面積は三五平方メートルである。北側柱列の方向はN―八六度―Wである。柱穴は方形で一辺四九～九八センチメートル、確認面からの深さは一六～三四センチメートルである。この二つの建物は柱筋がほぼ一致することから、報告書では、同一建物で、建て替えがあったものと想定している。一方、荒木隆氏は、この二つの建物の柱穴を利用して、東西四間・南北五間の総柱建物を復元しているが、詳細は不明である(44)。

この双堂は、Ⅰ期における中心的な広場の中央に建てられ、この建物とその南側の空間は、Ⅰ期における広場と、その東側の周溝付きの建物群の機能を受け継いだものと考えられる。この双堂にはそれまでのこの遺跡の宗教的な建物と異なり周溝がないが、それは外部から新たに導入した建築様式だったからであると考えられる。そして、それには新たな祭祀方法の導入も伴ったものと想像される。

しかし、このⅡ期にも周溝を伴う掘立柱建物が柵列の内外に各一棟見られる（五・九号）。この二つの遺構は、Ⅱ期における重要な施設である柵列に規制されず、柵列の内外の両方にあることから、Ⅰ期の時代の伝統を強く受け継いでいるものと考えられる。すなわち五号建物は、ほぼ同位置にⅠ期に存在した四号建物の系譜を引くものであり、九号建物は、比較的近い位置にⅠ期に存在した三〇号建物、さらにはその周辺の一〇号建物や一三号建物の系譜を引くものと考えられる。

西北ブロックの建物群は、居宅の一部であるか宗教施設の一部であるかはわからない。しかし、中央ブロックにおける仏教祭祀の新方式の導入と、南側の河川における律令制的祭祀の盛行も含めて考えると、西北ブロックの建物群の成立も、この変化に伴うものであった可能性もある。北西側の二号方形竪穴状遺構からは九世紀前半とされる瓦塔片が出土しており、報告書では、付近に仏堂などが存在した可能性を指摘している。この瓦塔片と同様の特徴を持つ瓦塔片が、東南部の河川跡から出土している。

九世紀後半のⅢ期の遺構群について、報告書は以下のように述べる。

遺跡のほぼ中央の四面庇建物である三二号建物（図12－2）が主屋である。三二号建物は東西五間・南北四間の四面庇付き建物と推定されるが、西側柱列は溝跡等によって破壊されており現存しない。身舎南柱列の方向は、N―八六度―Wである。規模は、東西が一二・九メートル程度と推定され、南北は一一・二メートルである。三二号建物の北西に位置する八号不明遺構からは、土師器坏十九点が埋納された状態で出土しており、祭祀に伴う遺構とされる。また三二号建物のP五埋土中から奈良三彩の小壺が出土したが、特別に埋納されたものとは判断されなかった。

三二号建物の周囲に側柱建物や倉庫が配置され、主屋の南に広場的な空間、さらに南に門を持つ外郭施設がある。建物配置は南を正面としてある程度の企画性を持つ。仏堂的な建物はⅡ期同様に、南外郭施設の内外に各一棟あり、河川跡からは愛知県猿投《さなげ》、尾北《びほく》窯産の施釉陶器が出土しており、律令制的祭祀が引き続き盛んに行われていた。

以上のように報告書が述べるⅢ期の様相を、筆者は次のように解釈する。先に述べたように、三二号建物は仏堂

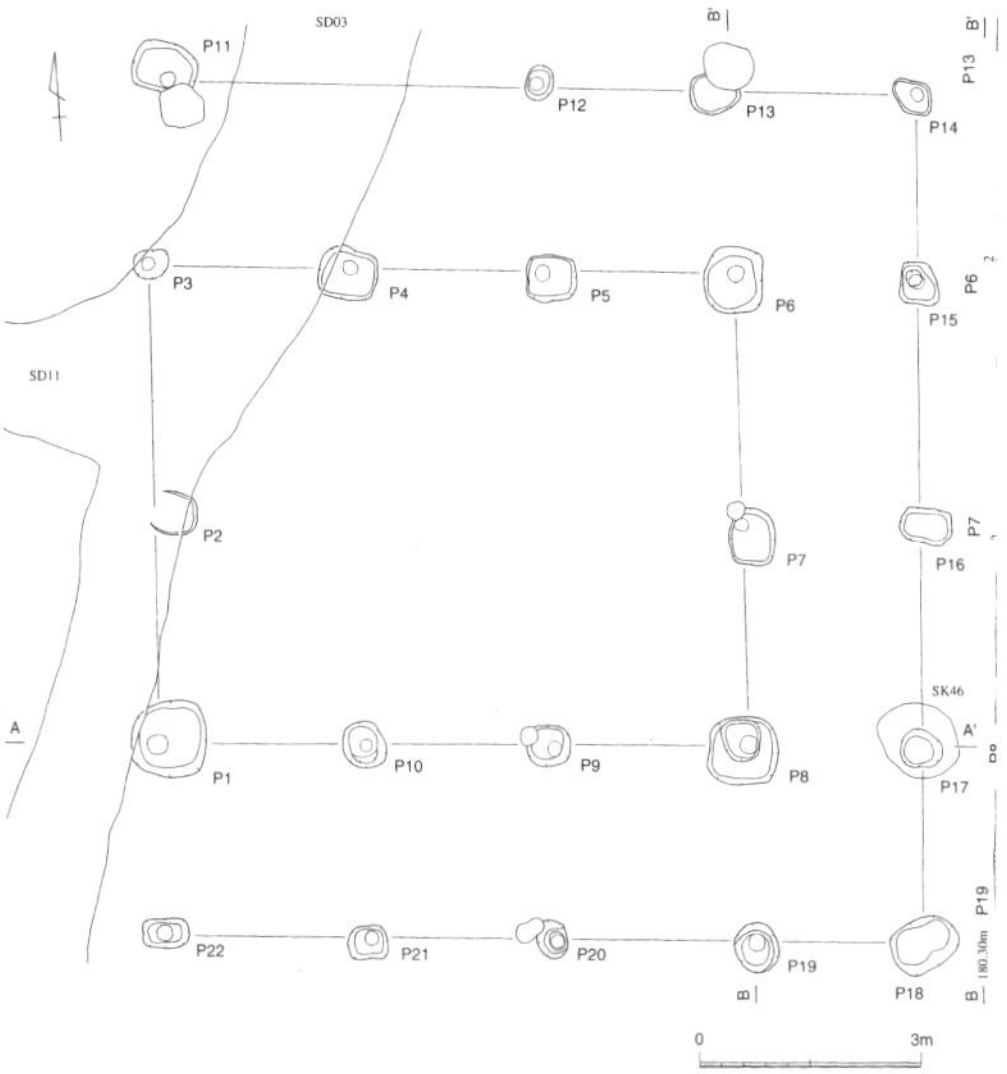

図12－２　鏡ノ町遺跡32号建物跡

であると考えたい。その周囲の側柱建物は仏堂の付属施設である。総柱の四〇号建物は倉、一一号建物は僧房、二五・三一号建物は、関東地方の村落内寺院にしばしば見られる倉庫である「屋」[45]と考えられる。北西ブロックの遺構が消滅するのは、中心建物が双堂から東西五間・南北四間の建物に建て替えられるのに伴って、この遺跡で行われる宗教儀礼が整理統合されたことを示す可能性もある。外郭内外の、報告書が仏堂的とする建物は、Ⅰ期以来の伝統を保って継続されたものである。

　九世紀末から十世紀前半にかけてのⅣ期の遺構群について、報告書は次のように記述する。Ⅲ期に継続した中央ブロックと北ブロックに分かれて、二小期に細分される。調

査区北側の七号建物と南側の二七号建物の二棟の四面庇の付く大型建物を中心として、周辺には側柱建物や倉庫等が配置されている。二つの四面庇建物は同時に存在したものではなく、二七号から七号への建て替えが推測される。二七号建物は東西五間・南北四間の四面庇付き建物で、規模は東西一二・七メートル、南北九・五メートルである。身舎北側柱列の方向はN―八五度―Wである。七号建物は東西五間・南北四間の四面庇付き建物と考えられ、規模は東西一三・二メートル、南北一一・六メートルで、北側柱列の方向はN―八四度―Wである。これら二棟の大型建物の南面は広場的な空間となり、七号建物の南東には饗宴や儀式等に関わる廃棄土坑と考えられる三号不明遺構が位置する。この遺構からは多くの土師器坏・高台坏・皿とともに、碗形滓やフイゴの羽口など鍛冶工房の存在を推測させる遺物が出土している。「天」を篆書体で則天文字風に模したものと考えられる特殊文字を墨書した土師器もあり、宗教的な祭儀が催されたと考えられる。ともに四面庇建物の二七・七号建物を中心として、東西に付属する側柱建物や倉庫が配されている。主屋の南には広場的な空間があり、さらに南には一号柵列がある。Ⅲ期同様に企画性を持っての造営が見受けられる反面、施設の領域は縮小している。河川跡からのこの時期の遺物は少なく、律令制的な祭祀も居宅の滅亡とともに終焉を迎える。

以上のように報告書が述べるⅣ期の様相を、筆者は次のように解釈する。先に述べたように、二七・七号建物は仏堂と考えられ、他の建物は「倉」「屋」などの付属施設である。

以上のように鏡ノ町遺跡はⅠ期からⅣ期まで宗教施設を中心とする遺跡であり、Ⅱ～Ⅳ期においてはその中心部は寺院であったと考えられるのである。

十二　東高久遺跡（福島県会津若松市）

報告書に基づいて述べる。東高久《ひがしたかく》遺跡（図13―1）は会津盆地の中央部、会津若松市神指《こうざし》町大字高久字東高久の、

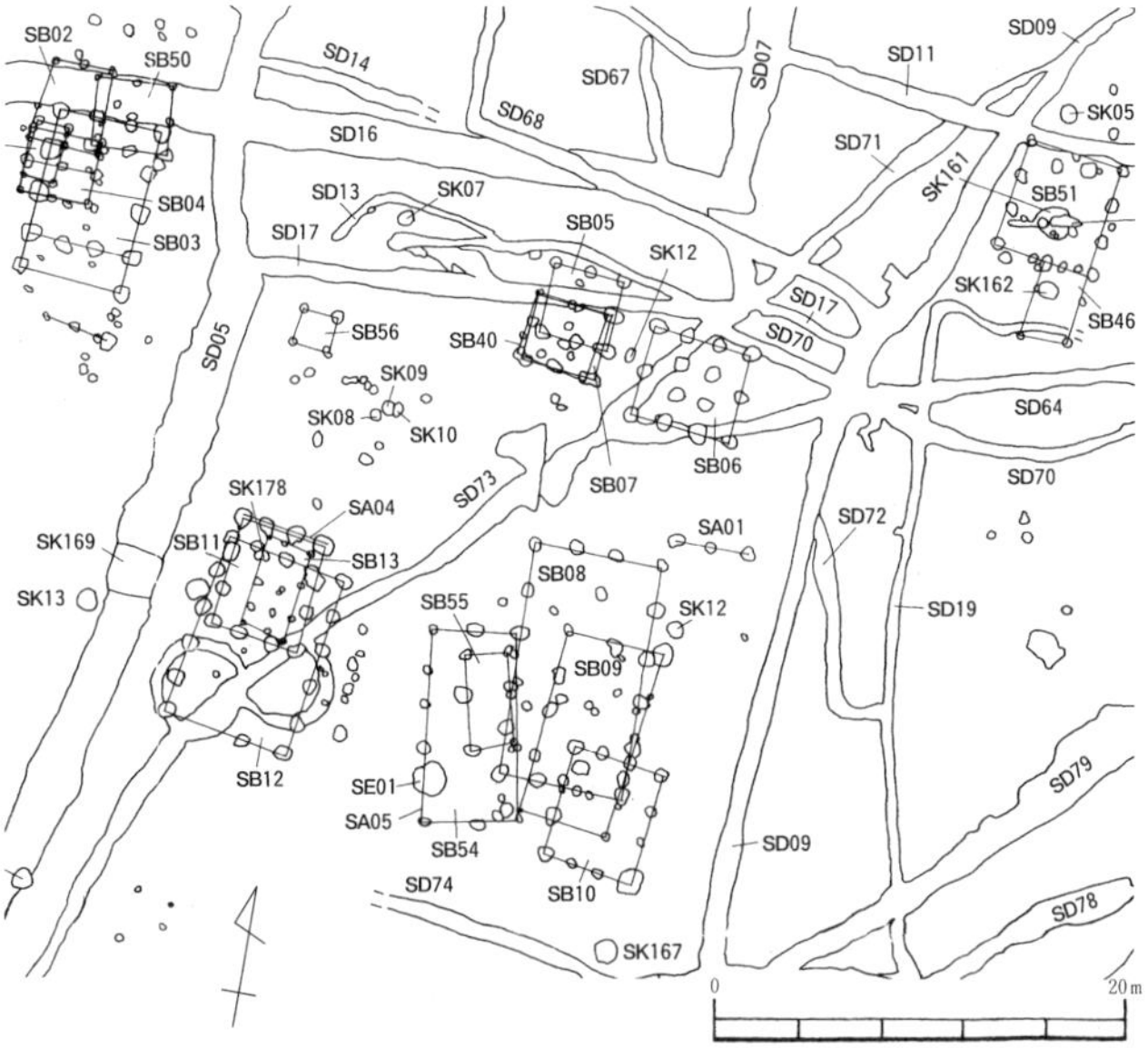

図13―1　東高久遺跡

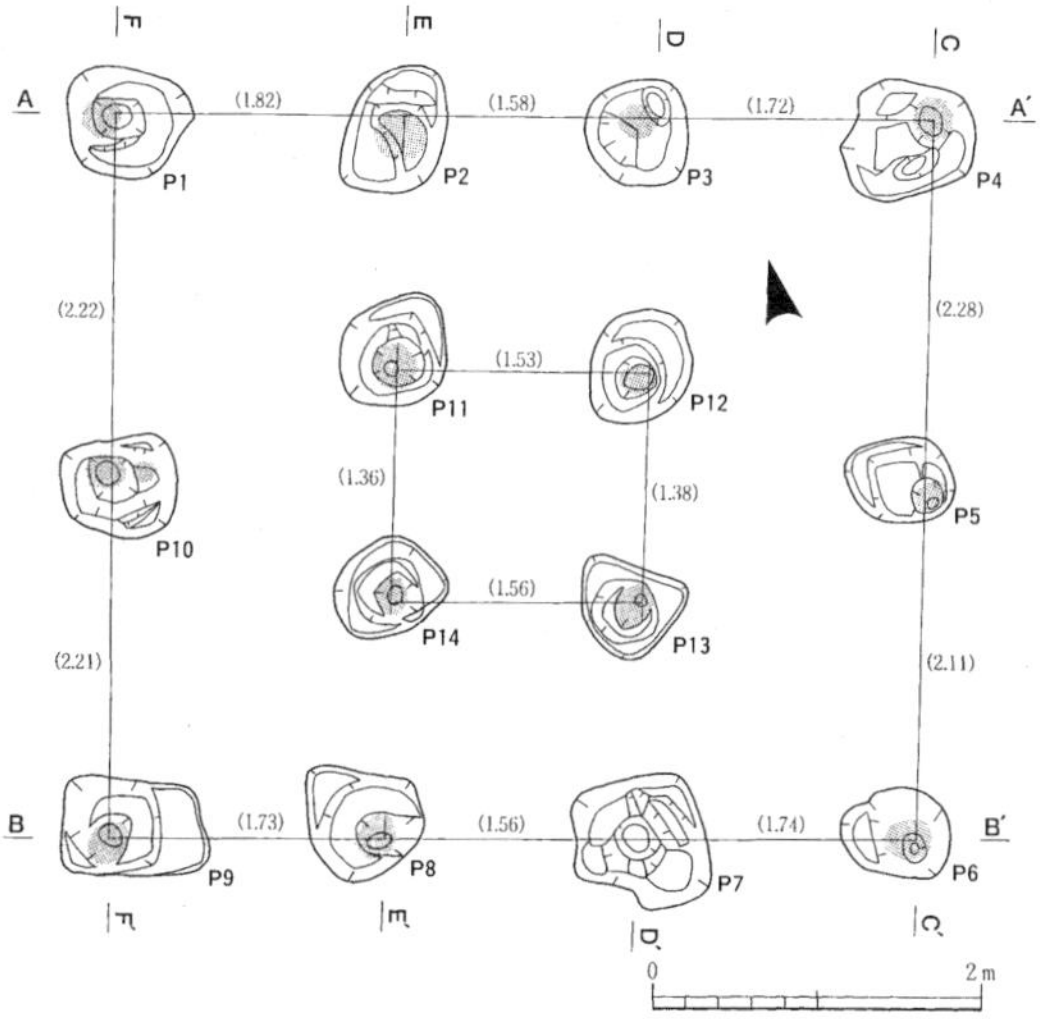

図13―2　東高久遺跡6号建物跡

阿賀川と湯川《ゆがわ》の間の河岸段丘上にある。付近には会津郡衙跡とされる郡山遺跡、郡衙と関連する物流の拠点とされる矢玉遺跡、多量の墨書土器が出土した上吉田《かみよしだ》遺跡など多くの同時期の遺跡がある。八世紀末から九世紀末を中心とする時期の、掘立柱建物跡約五十棟と、井戸跡や溝跡などの遺構が検出された。「太麦」と書かれた木簡や「集」「足」と書かれた墨書土器が約五十点出土している。また、愛知県の猿投窯で焼かれた九世紀前半の緑釉陶器の碗が出土している。矢玉遺跡とともに郡山遺跡の西側における物流の基地となっていた。また、その高久という地名から、古代多具《たぐ》郷の有力な擬定地である。遺構は八世紀末から九世紀前半のⅠ期、九世紀中頃のⅡ期（さらにａｂｃに細分）、九世紀中頃から後半のⅢ期に分けられている。

東高久遺跡のなかで仏堂跡と推定されるのが、九世紀前半のⅡａ期に属し、九世紀中頃に建てられたと考えられる六号掘立柱建物（図13－2）である。東西三間・南北二間で、規模は東西五・一メートル、南北四・四メートル、北側柱列の方向はＮ―八〇度―Ｗである。内側に四本の柱があり、外側の柱と内側の柱は東西方向では一致せず、内部が独立した空間となっており、内陣を構成していたと考えられる。また、この建物と軸線を同じくする建物として、西側に隣接する五号掘立柱建物、四〇号掘立柱建物、さらに西側の五六号掘立柱建物、南側の九号掘立柱建物、南西の一一号掘立柱建物があり、これらの建物を九号溝跡、六八号溝跡、五号溝跡が囲んでいる。これらの施設が仏教施設を構成していたと考えられる(46)。

十三　壇の越遺跡一八区（宮城県加美郡加美町）

奈良・平安時代の陸奥国府・多賀城から北西約三五キロメートルの、宮城県加美郡加美町鳥嶋《とりしま》・鳥屋《とりや》ヶ《が》崎《ざき》にあり、大崎平野の西端に位置する。いわゆる大崎平野の三廃寺とは距離が近く、菜切谷《なぎりや》廃寺は東方六キロメートル、伏見廃寺は東方約九キロメートル、一の関廃寺は東南方約九キロメートルのところにある。遺跡の北に隣接する丘陵上には加美郡衙跡と推測される東山官衙遺跡（八世紀第2四半期～十世紀前半）がある。壇の越遺跡は河岸段丘上に立地し、遺跡の範囲は東西約二キロメートル、南北約一・五キロメートルに及び、東西・南北の直線道路が一町（一一〇メートル）間隔で設けられ、方格《ほうかく》地割（八世紀中葉～九世紀後半）を形成している遺跡である。以下、報告書に基づいて記述する。

一八区は遺跡の東部にあり、東山官衙遺跡の南西約七〇〇メートルに位置する。一八区の掘立柱建物は九世紀後半頃の第Ⅰ群と、十世紀前半頃の第Ⅱ群に分けられる。

第Ⅱ群（図14―1）は七棟程度の掘立柱建物で構成されている。中心建物であるSB八一二号A・B建物（図14―2）は、一八区の南側に位置する東西五間・南北四間の北庇付きの東西棟で、同位置で建て替えられている。新しいほうのSB八一二号B建物は、規模が東西一一・五メートル、南北一〇・四メートルで、南側柱列の方向はE―八度―Sである。これに南接するSB八一一号建物は東西五間・南北二間で、規模は東西一一・四メートル、南北四・七メートル、北側柱列の方向はE―八度―Sである。以上の二つの建物は、双堂建築を構成していたと考えられる。一八区の北側のSB八二〇号Aは、東西八間・南北三間の南庇付きの東西棟で、同位置で東西八間・南北四間の南北庇付きのSB八二〇号Bに建て替えられている。SB八二〇号Bは、規模が東西一六・三メートル、南北八・三メートルで、北側柱列の方向はE―一四度―Sである。SB八〇二号A・B建物の東側には東西五間・南北二間のSB八二一号AB建物、東西二間・南北五間のSB八七〇号建物などが位置している。中心建物のSB八一二号建物の東側三〇メートルほどのところにあるSA九〇〇号柱列は、南北一間の柱列で、規模は総長三・五メートル、方向はN―〇度、柱根跡は径三八～四二センチメートルである。幢竿支柱跡と考えられている。

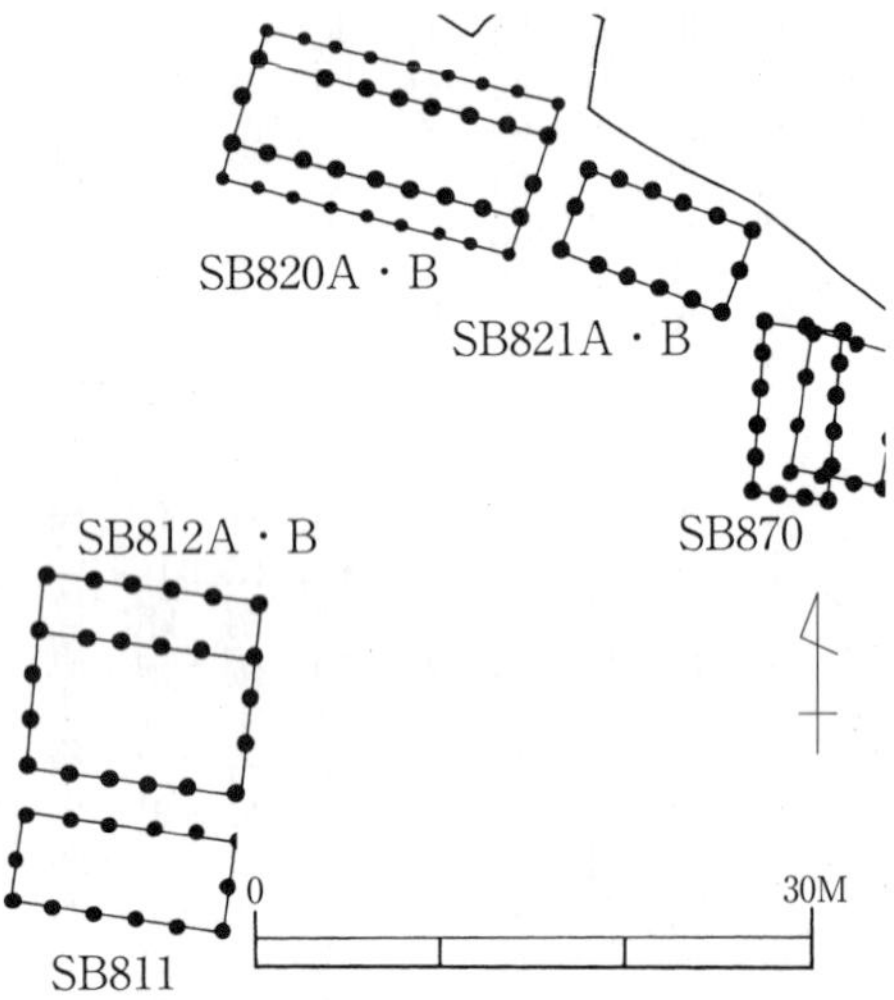

図14－1　壇の越遺跡18区第Ⅱ群

図14－2　壇の越遺跡812号Ａ・Ｂ建物跡

調査区内には多数の土坑があり、一号土坑からは油煙が付着した灯明皿とみられる土器が多数出土している。また二号土坑からは瓦塔片が出土している。瓦塔片の出土は宮城県域では、多賀城廃寺跡、陸奥国分寺跡に次いで三例目である[47]。

十四　上鬼柳Ⅲ遺跡（岩手県北上市）

岩手県北上市鬼柳町上鬼柳に所在する（図15－1）。平安時代に鎮守府が置かれた胆沢城の北北西約一二キロメートルの位置である。北上川の支流である和賀川の右岸段丘上の縁辺部に立地し、上下二段に分かれている。竪穴住居二十一棟、工房跡一棟、掘立柱建物跡十二棟、窯跡三基、土坑十四基が検出されている。九世紀末〜十世紀代の遺跡である。仏堂と思われる掘立柱建物跡は上位面の中央部に位置し、四期の変遷を示す。各期の年代観および各期に所属する建物は、報告書[48]をもとにした私見である。

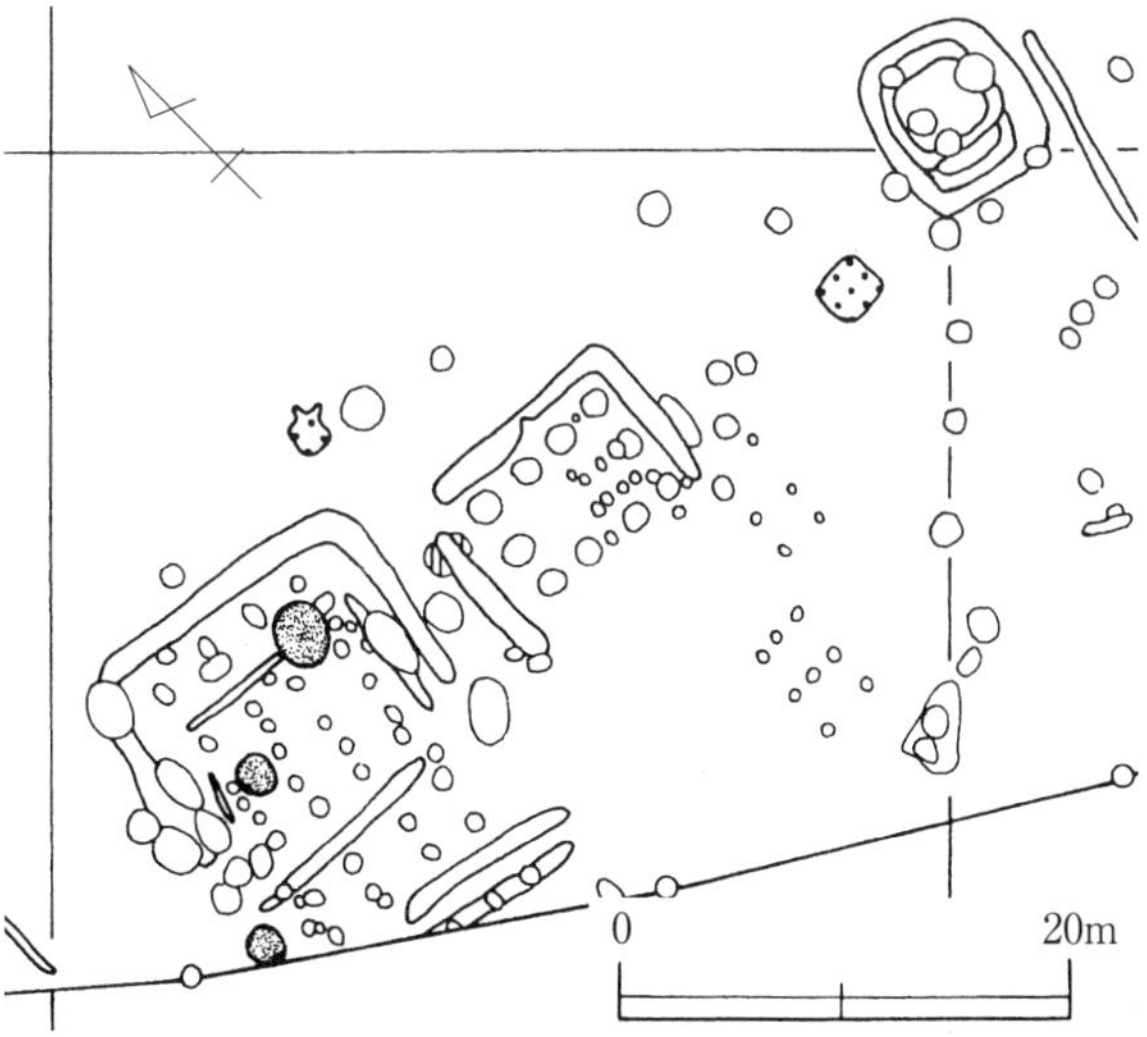

図15－1　上鬼柳Ⅲ遺跡

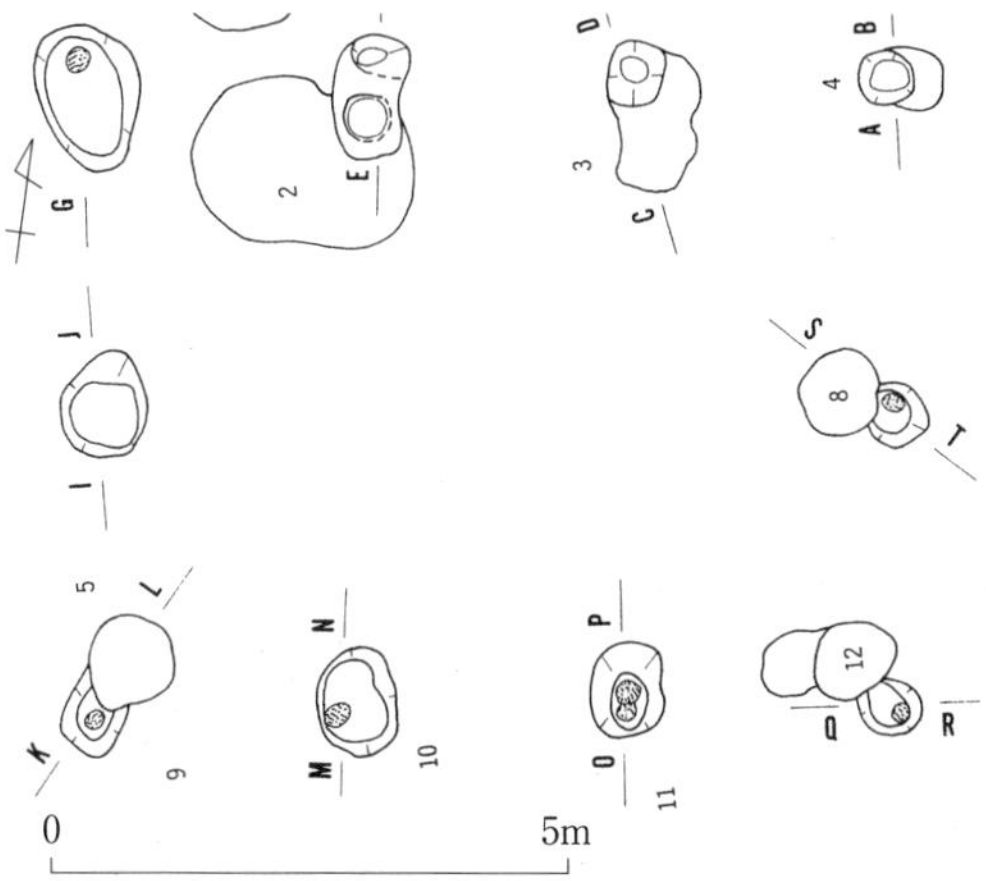

図15－2　上鬼柳Ⅲ遺跡９号建物跡

Ⅰ期は、三・四号建物跡の周溝埋土の上位から中位に十和田A火山灰が堆積していることから、九世紀中葉～後半と考えられる。Ⅰ期に属する遺構は、七号掘立柱建物跡、八号掘立柱建物跡、三・四号掘立柱建物跡である。七号建物跡は東西三間・南北二間で、規模は東西七・一メートル、南北五・二六メートル、建物の方向はE―五度―Sである。南側を除く三方向に、溝や土坑を伴う。溝、土坑を含めた規模は、東西一三メートル・南北八・九メートルである。八号建物跡は、七号掘立柱建物の南二・四メートルにあり、西南端は遺構外に続いている。東西三間・南北二間で、規模は東西七・二七メートル、南北五・二七メートルで、建物の方向はE―六度―Sである。三号・四号建物跡は、八号建物跡の東一一メートルにある。東西三間・南北二間で、規模は東西六・八二メートル、南北四・九四メートルである。建物の方向はE―二度―Sである。南側を除く三方向に、溝あるいは土坑を伴う。溝、土坑を含めた規模は、東西一一・五メートル、南北六・七メートルである。この建物は掘形の観察から新旧二時期の存在が推測され、新しい建物を三号、古い建物を四号と呼んでいる。これらのⅠ期の建物のうち、七号と八号はいわゆる双堂形式の仏堂である。Ⅰ期の建物の柱掘形の平面形は方形もしくは隅丸方形であり、規模も八三～一一一センチメートルと大きい。

Ⅱ期は、九号建物跡の周溝埋土の中位から下位・底面にかけて十和田A火山灰が堆積していることから、九世紀末～十世紀初頭と考えられる。Ⅱ期には、九号建物と一一号建物が属する。九号建物は、七号建物と重複しながら、やや北側に建てられている。東西三間・南北二間で、規模は東西八・三五メートル、南北六・三七メートルである。南側を除く三方向に周溝を持ち、周溝の規模は全長三〇・二メートル、幅〇・九～二・四メートルである。一一号建物は九号建物の南方一・八メートルにあり、八号掘立柱建物と重複しながら北側に建てられている。東西三間・南北二間で、規模は東西七・八七メートル、南北四・七メートルで、建物の方向はE―八度―Sである。九号建物跡と一一号建物跡は、双堂形式の仏堂であると考えられる。建物はⅠ期に比べて大型化している。Ⅰ期の建物の掘形がすべて方形であるのに対し、Ⅱ期以降の建物の掘形はすべて円形になっている。

Ⅲ期とⅣ期は、Ⅱ期以降の時期であることから、十世紀代と考えられる。Ⅲ期に属するのは九号建物（図15－2）と一〇号建物である。九号建物には新旧の柱穴があり、古いほうの柱穴はⅡ期に、新しいほうの柱穴がⅢ期に属すると考えられる。一〇号建物は、一一号建物とほぼ重複する。東西三間・南北二間で、規模は東西八・三五メートル、南北五・一八メートルで、建物の方角はE―八度―Sである。この時期には九号建物と一〇号建物が双堂形式をなしている。

Ⅳ期に属するのは一二号建物跡だけである。一二号建物は、七号掘立柱建物、九号掘立柱建物の東端と重複する。東西三間・南北二間で、規模は東西五・〇五メートル、南北三・四二メートルで、建物の向きはE―三度―Sである。

上鬼柳Ⅲ遺跡出土の仏教関連遺物には、「寿」字墨書土器（九号建物周溝出土）、穿孔された土師器坏形土器二点（九号建物周溝出土）、二彩陶器の長頸瓶の口縁部破片（一〇号建物跡に隣接するⅥＢ三三号土坑出土）、「佛」字刻書土師器坏（遺構外のⅥＢ区の北西の掘立柱建物跡群の検出面出土）、「寺」字墨書土器（ⅦＡ四号土坑出土）がある。

十五　岩崎台地遺跡群（岩手県北上市）

北上市和賀《わが》町岩崎地内に所在する。上鬼柳Ⅲ遺跡の西方約一キロメートルである。北上川の支流、和賀《わが》川の南側の段丘化した扇状地面北端の段丘崖に沿うように立地する。調査範囲は東西一四五〇メートルに及ぶ。百二十棟以上の住居跡や掘立柱建物跡、四基の土坑墓、三個の甕棺、八基の火葬墓など、平安時代に属する多くの遺構と遺物が検出されており、この時代のものとしては岩手県域有数の集落遺跡である。

仏堂と推定されるのは遺跡のほぼ中央部で検出された五棟の掘立柱建物跡[49]（図16－1）であるが、これらはほぼ同じ場所に建て替えられたものと考えられる。以下、報告書に基づいて私見を述べる。

南側では、ほぼ同位置にCVx一九建物（図16－2）とCVx一八建物が順に建てられる。

北側では、同じくCVu二〇（図16－3）、CVu一九―二、CVu一九―一建物が順に建てられる。南側の建物と北側の建物は同方向で隣接しており、東側の柱列が揃っているので、同時に存在した可能性がある[50]。しかし、南側の二つは、ともに報告書に「この遺跡の建物の中では最も規則的な柱配置を示す」と記されているが、北側の三つは記されていない。また四隅についても南側の二つは「ほぼ直角」とされているのに、北側の三つは「直角でない」とされる。このように南側の建物と北側の建物は特徴が異なるのであるから、同時に存在したとは考えにくい。報告書の記述を写真や図面に基づいて再検討することは筆者の能力には余る。そこで、南側と北側は時期を異にすると考える。

すると次に、北側と南側のどちらが先行するかという問題が生じる。建物の形態の変化を見ると、北側が先行するとも考えられる。しかし、仏堂建築は外部から導入されたものと考えられるので、奇数間を持つという点で仏堂建築として自然な南側建物が先行し、それが退化・変形して特殊な北側建物となったと考えておきたい。

南側建物は、官衙内の建物に匹敵する規模の大型建物であるにもかかわらず、官衙内の建物と異なる円形の柱穴を持つことが問題となる。胆沢地方における古代の掘立柱建物の柱掘形は、規模や埋土の様相が官衙建物とは大きく異なるが、それでも平面形は方形か隅丸方形が基本である[51]。岩崎台地遺跡群の仏堂の柱穴の平面形は、胆沢地方の掘立柱建物に比べても官衙的でないことになる。関東地方の九世紀の村落内寺院は円形の柱穴が主流であり[52]、陸奥国内においても掘立柱仏堂には、方形でない柱穴を持つものも多いので、陸奥国内もしくは関東地方の影響も想定できる。

五つの掘立柱建物の詳細は煩雑になるので、報告書に従って表2とした。五つの建物すべての柱掘形の平面形は同じで、円形を基調に楕円形があるとされる。また、掘形の埋土の堆積状況もすべて同じ記述であり、略版築状になる例が多く、古代的な堆積状況であるとされている。

掘立柱建物の年代を遺物から明らかにすることはできないが、集落の最盛期に重なると考えるのが最も自然であ

表2　岩崎台地遺跡群の大型掘立柱建物

成立順	建物の名称	間数　東西×南北（棟方向）	身舎の間数	規模　東西×南北（メートル）	面積（平方メートル）	身舎規模　東西×南北（面積・平方メートル）
1	CVx一九	五×四（東西）	三×二	一五×一二	一八〇	八・六×六（五二）
2	CVx一八	五×四（東西）	三×二	一四・七×一一・五	一六九	八・七×五・七五（五〇）
3	CVu二〇	四×四（南北）	二×二	一〇・八×東側柱列一二・一、西側柱列一一・六	一三〇	五・四×東側六・三、西側六・六（三五）
4	CVu一九―二	四×四（南北）	二×二	一〇×東側柱列一二、西側柱列一一・五	一一八	五×東側六・七、西側六・七五（三四）
5	CVu一九―一	五×四（東西）	二×二	南側一二・一、北側一二・二五×一〇・二	一二四	六・六×四・九（三二）

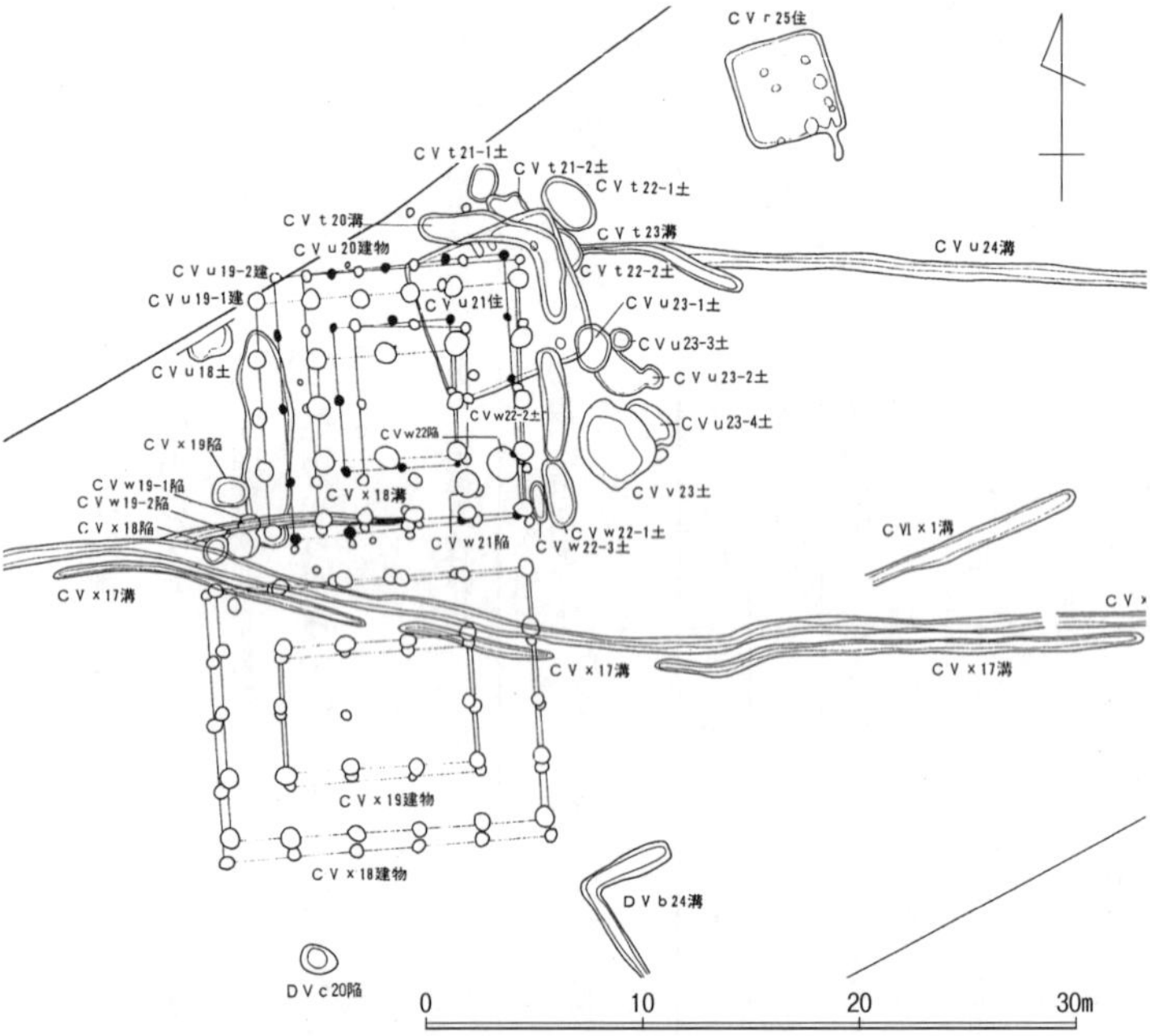

図16－1　岩崎台地遺跡群

る。

岩崎台地遺跡群の平安時代の竪穴住居の年代を、報告書に従ってまとめると次のようになる。

・九世紀に収まる年代が与えられているもの（六十棟）

・九世紀と十世紀にまたがる年代が与えられているもの（三十二棟）

・十世紀に収まる年代が与えられているもの（二十棟）

・十世紀と十一世紀にまたがる年代が与えられているもの（一棟）

・十一世紀に収まる年代が与えられているもの（四棟）

以上を通覧すると集落の最盛期は九世紀前半から十世紀前半にかけてであり、掘立柱建物の時期も、この時期に重なると考えるのが自然である。しかし、北側のCVu二〇建物跡は、九世紀初頭ないしは前半と表現されるCVu二一住居跡が自然状態で埋没した後に建てられている。私見によれば、北側の建物は南側より新しいが、ＣＶｕ二一住居は付近の同時期のＣＶｒ二五・ＣＶｒ六住居と同方向で一群をなしており、南側の建物に付属していたようには見えない。そこで、この掘立柱建物はＣＶｕ二一住居の廃絶後の九世紀後半に成立し、住居跡群の最盛期が続いた

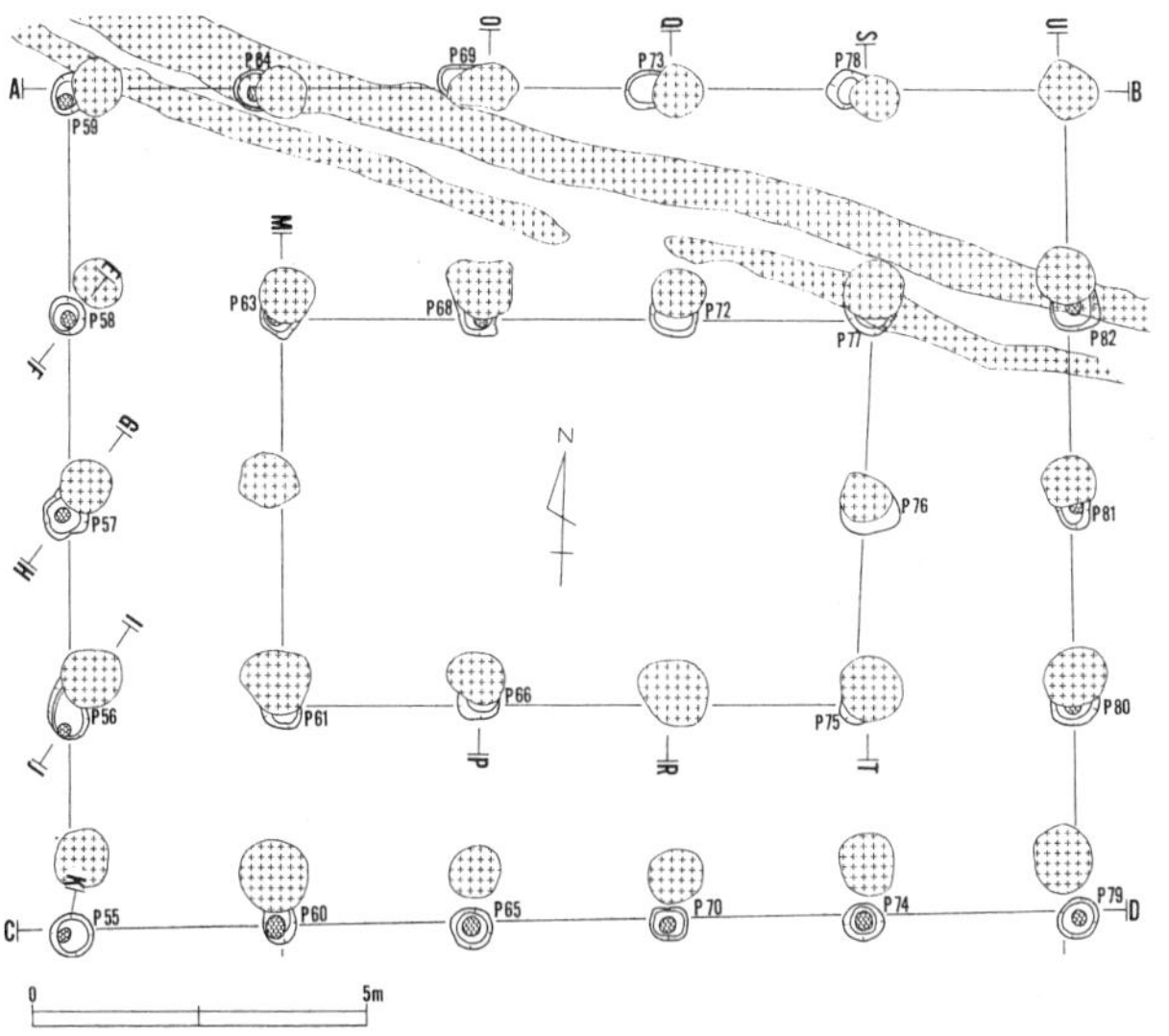

図16－２　岩崎台地遺跡群 CVx 19建物跡

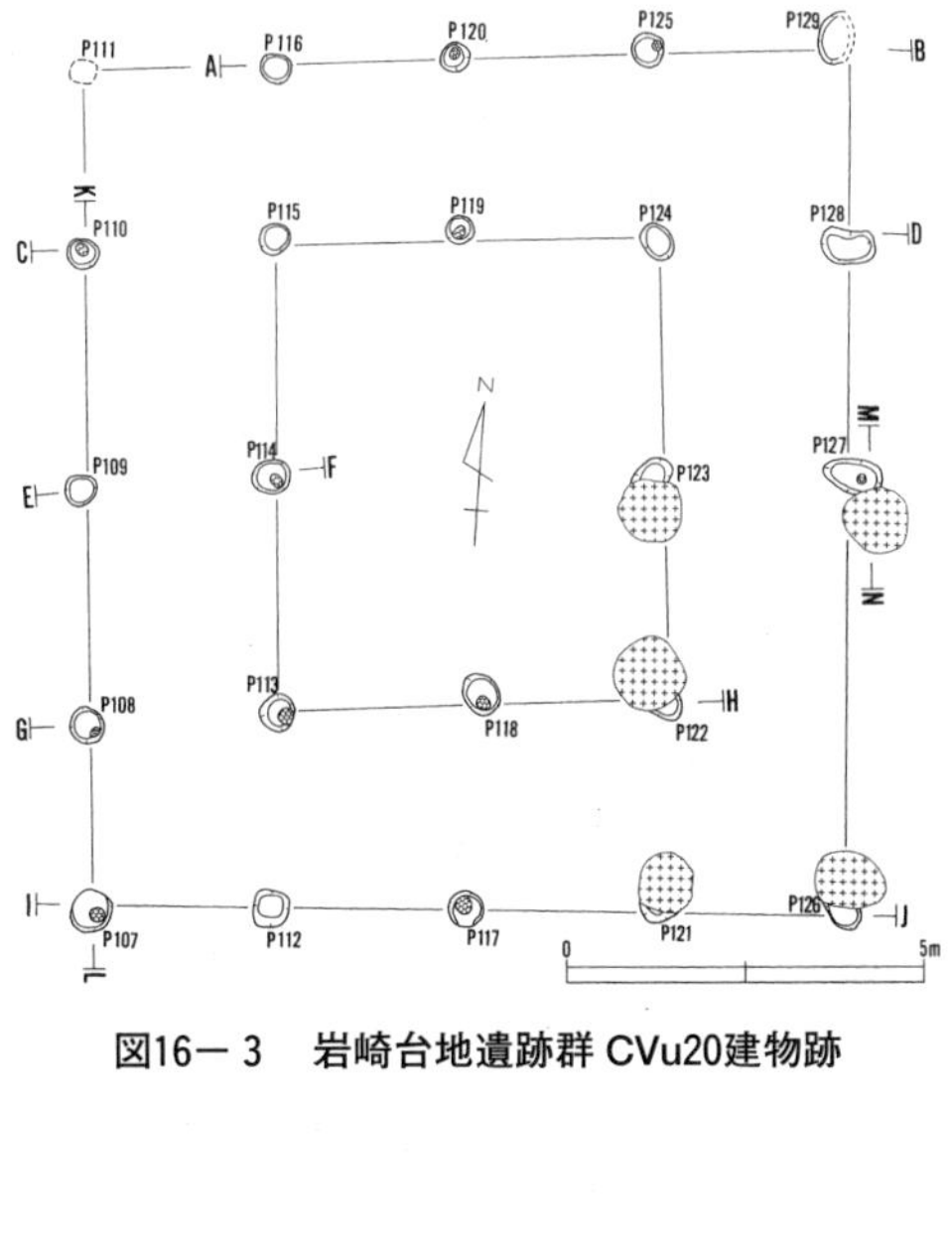

図16－３　岩崎台地遺跡群 CVu20建物跡

十世紀前半まで存在していたと考えたい。

一番目と二番目の時期の仏堂は、同時期の大型の仏堂である江平遺跡や鏡ノ町のⅢ・Ⅳ期と同じく五間×四間のものであるが、三番目と四番目の建物は四間×四間であり、仏堂としては特殊な建物である。沼山源喜治氏は、法華経における二仏信仰の影響の可能性を指摘している(53)。しかし、奇数間を正面とする仏堂建築は関東地方の村落内寺院にはかなりの例があり(54)、仏堂の中心に仏像を安置していた可能性もあると思われる。

十六　南部工業団地内遺跡K区（岩手県北上市）

上鬼柳Ⅲ遺跡の東南約三キロメートル、胆沢城跡の北北西約九キロメートルに位置する。北上川最大の支流、和賀川の南側の夏油《げとう》川扇状地面が、北上川によって削られて形成された河岸段丘上の丘陵状の地形に立地している。以下、報告書に基づいて述べる。

遺構は、丘陵頂部の平坦面に建物跡と土坑（図17－1）が、丘陵頂部の縁辺から南斜面に竪穴住居跡が分布している。Ｋ一〇一ｂ建物跡（図17－2）は、丘陵頂部の平坦面に立地する。東西三間・南北三間で、規模は東西七・九メートル、南北六・八メートル、建物の方向はN―三度―Wである。四面庇付き風の建物で、身舎部分は東西一間・南北一間であり、東西四メートル、南北三・三メートルである。中央柱穴列と側柱穴列は並行するが、同じ軸線上には乗らない特色がある。付近からは十二世紀頃とも考えられる小銅造神像も出土している。また付近には、江刺三十三観音の番外札所として篤く信仰されてきた奈良山観音堂があり、この遺跡との関連が指摘されている(55)。

この建物の年代は報告書では、柱穴内部の覆土に十世紀前半の土師器を少量含むことから、十～十二世紀としている。付近の竪穴住居が九世紀後半から十世紀前半とされているので、十世紀頃のものと考えたい(56)。

十七　根岸遺跡（岩手県北上市）

以下、現地説明会資料に基づいて記述する。根岸遺跡は北上市黒岩十二地割内に位置し、北上川東岸の高台に立

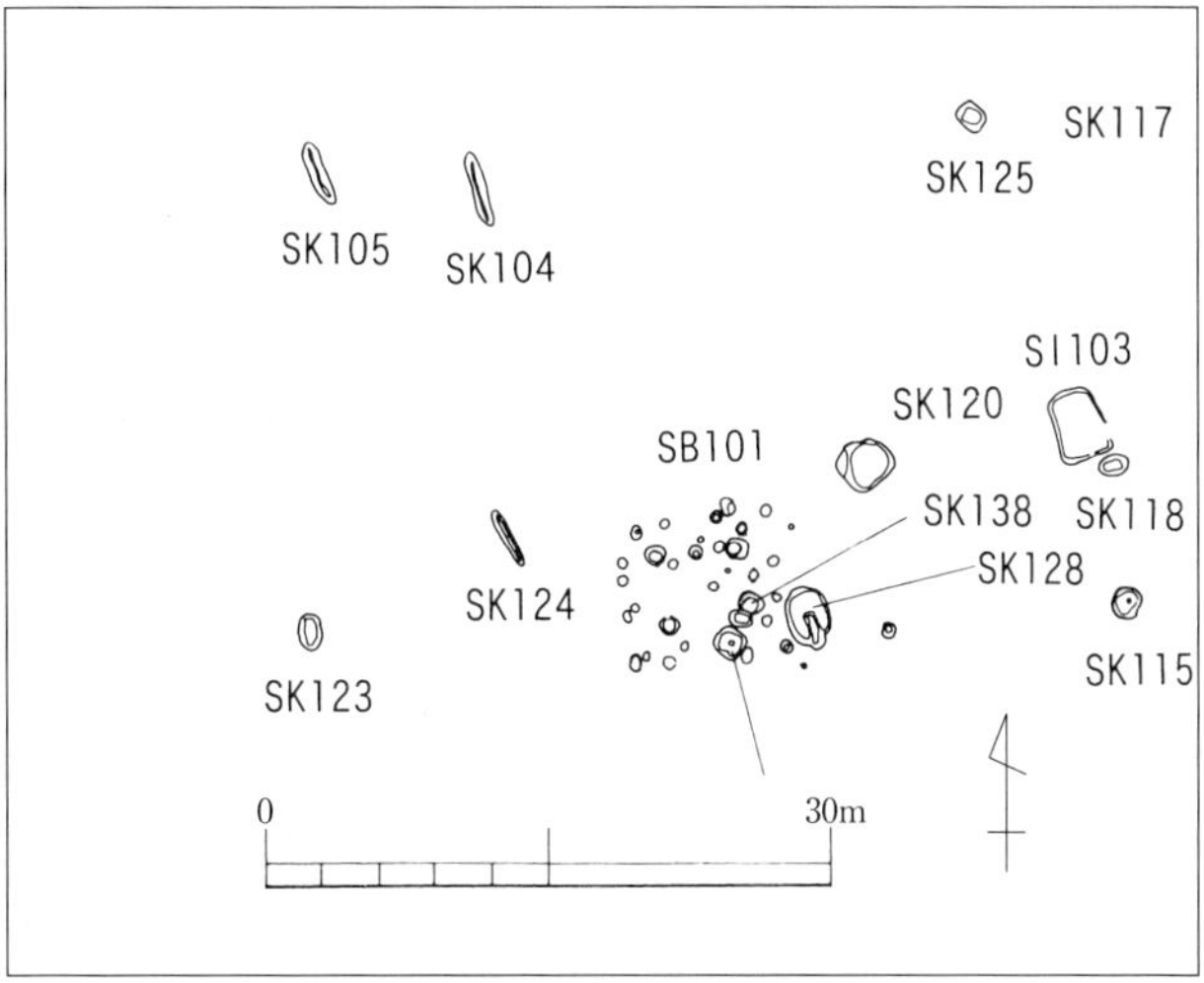

図17－1　南部工業団地内遺跡Ｋ区

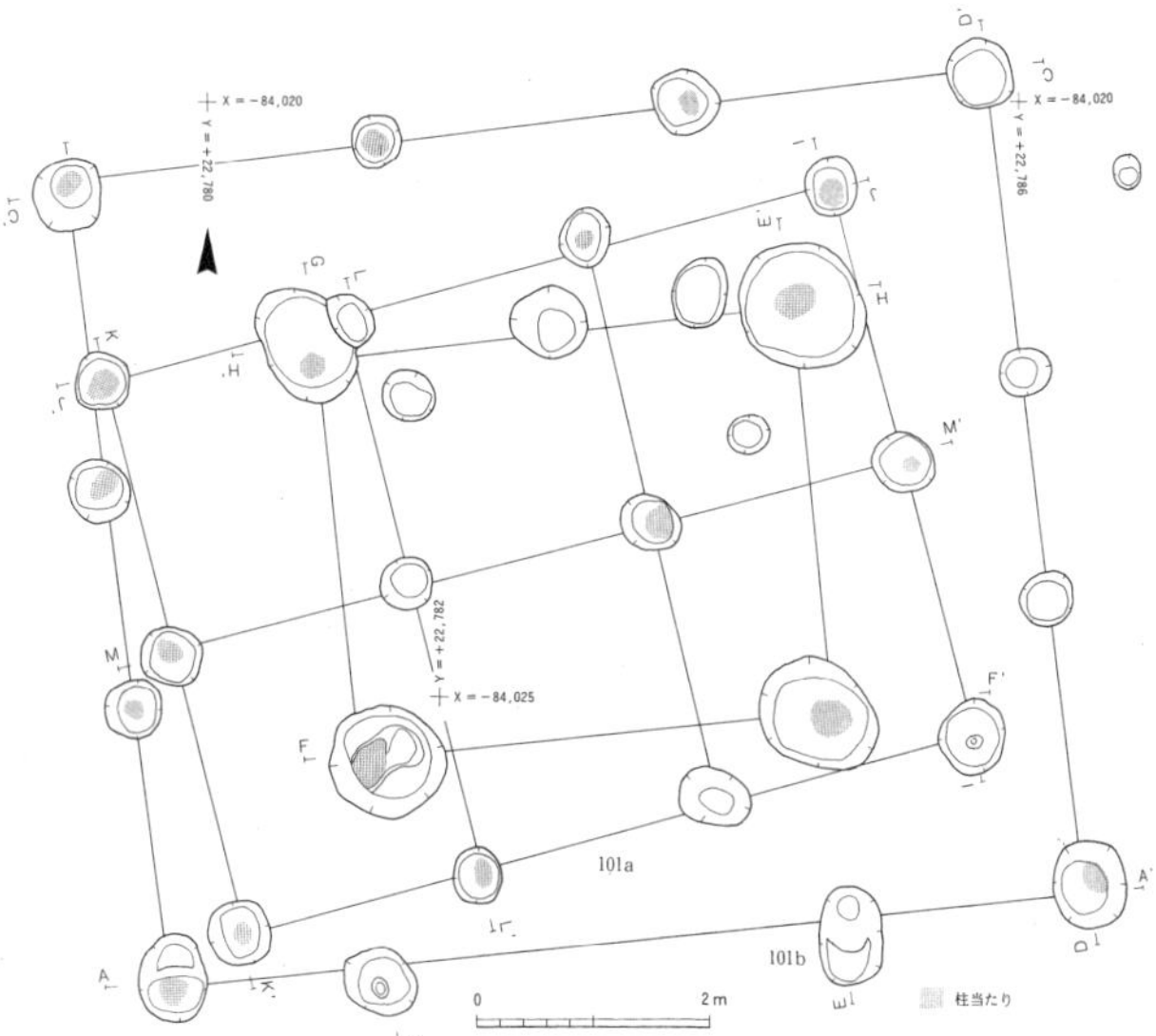

図17－2　南部工業団地内遺跡Ｋ区Ｋ101ｂ建物跡

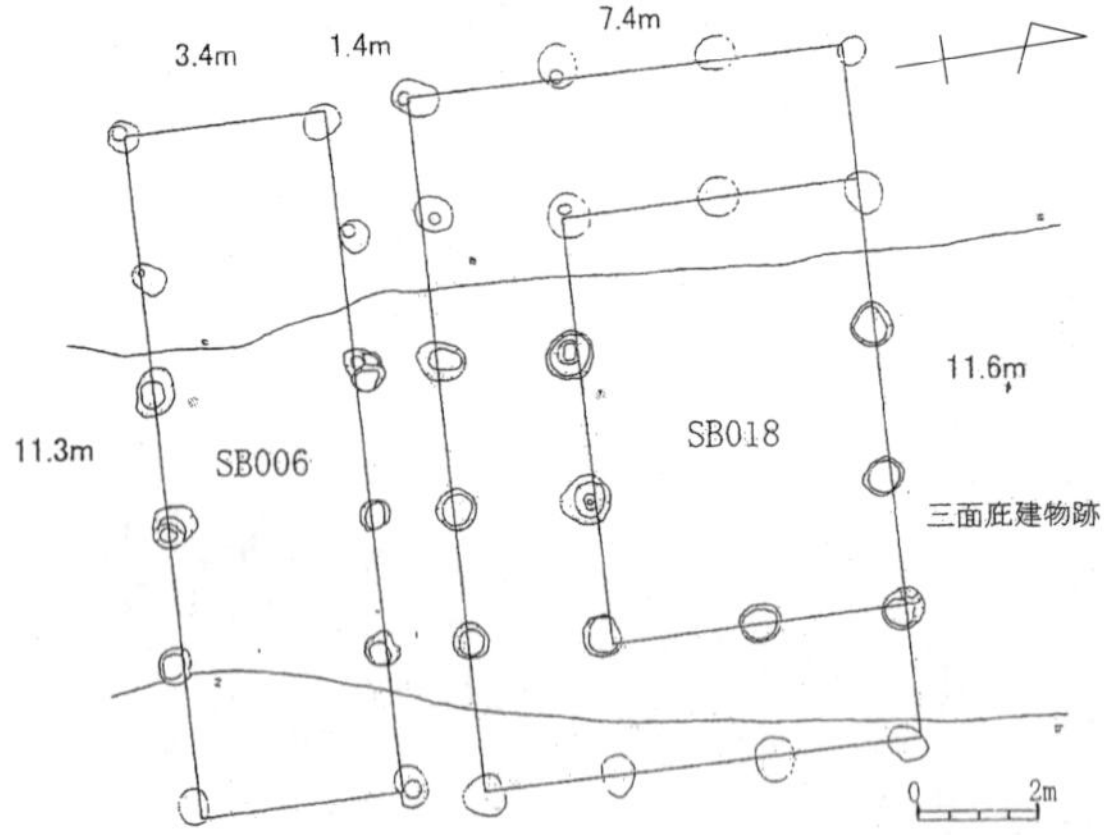

図18　根岸遺跡掘立柱建物跡柱穴配列推定図

地する。根岸遺跡から北東約七〇〇メートルには、平安時代の寺院跡である「白山廃寺跡」、北東約四〇〇メートルには縄文時代と平安時代の集落跡である「菅田《すげた》遺跡」がある。

平安時代の遺構は双堂を形作る二棟の掘立柱建物（図18）のほか、その南側に土坑十一基、竪穴状遺構一基、焼成遺構二基、溝十二条、柱穴状遺構約九十基が検出されている。正堂と考えられる一八号掘立柱建物は、東西三間・南北二間の身舎に三面（東・西・南）の庇が付く（五×三間）東西一一・六メートル、南北七・四メートルの三面庇建物である。六号掘立柱建物は、その南側約一・四メートルにあり、東西五間・南北一間で、規模は東西一一・三メートル、南北三・四メートルである。これらの建物の年代は十世紀代とみられる。とくに目立った遺物は出土していない(57)。

第三節　掘立柱仏堂の諸類型

陸奥国の掘立柱仏堂遺跡においては、その中心となる仏堂の規模に大きな差がある。このような規模の差の存在から、その背景に建立主体の性格や身分に応じて、仏堂の規模についての共通の基準があったことを推定できる。

そこでまず、中心建物の規模に基づいて分類を試み、中心建物の規模と建立主体の性格や身分が対応することを明らかにしたい。もちろん、中心仏堂の規模のみならず、建物群の構成や出土遺物も建立主体の性格や身分を反映するものだろうが、陸奥国の掘立柱仏堂遺跡の場合、建物の数が多い遺跡でも、それは遺構の変遷のなかでは一時的なものであることが多い。それに対して中心建物の規模は、遺構の変遷にかかわらず維持される傾向が強く、仏堂の建立主体の性格や身分を反映している可能性が高い。遺物については陸奥国の場合、出土が比較的少ないこともあり、仏堂の性格との関係は、はっきりしない。以下、掘立柱仏堂の諸類型について述べる（表3参照）。

第一類は、中心建物規模が八六～一八〇平方メートルと大型である。

第一類のなかでも典型的なものが、江平遺跡・米山寺跡・鏡ノ町遺跡・岩崎台地遺跡群の例である。

江平遺跡は平安時代の一般的な集落である。しかし、近傍にある七世紀後半の宮ノ前古墳は、切石積み石室を持ち、白河郡衙に近い同時期の谷地久保古墳に匹敵する格式で、この付近は白河郡第二の勢力の豪族の根拠地だったと考えられている。また八世紀中葉には、天皇の命令に応えて金光明最勝王経を読誦した皆万呂という豪族がいた(58)。江平遺跡の仏堂は、これらを継承する有力豪族が建立したと考える。後半の時期に中心仏堂が小型化するのは、建立した豪族の地位が低下したことを示す可能性がある。

米山寺跡は、磐瀬郡衙遺跡の栄町遺跡の東方約八〇〇メートル、郡衙周辺寺院の上人壇廃寺の東方約九〇〇メートルに位置し、磐瀬郡衙の関連遺跡と考えられる(59)。仏堂の北側の丘陵中腹には、九世紀の大規模な神社遺構が存在する。米山寺跡の仏堂の存続時期は九～十二世紀であり、八世紀初頭に創建され十世紀前半頃まで存続した上人壇廃寺と(60)九～十世紀には同時に存在していた。上人壇廃寺と米山寺跡の両寺院の併存が示すものは、米山寺跡が神仏習合寺院として上人壇廃寺とは別の存在意義があったということであろう。米山寺跡は、陸奥国の掘立柱仏堂と郡

表3　掘立柱仏堂の分類

分類	仏堂規模	遺跡名（中心仏堂の規模〈平方メートル〉）	分布する郡	付属施設	隣接集落の特徴	建立主体
第1類	（大型）八六～一八〇平方メートル	4江平（九〇～一一二）、6米山寺跡（一四三程度か）、11鏡ノ町Ⅲ～Ⅳ期（一二一～一四三）、13壇の越（八八）、15岩崎台地（一一八～一八〇）、17根岸（八六）	白河、岩瀬、耶麻、加美、和賀	複数の付属建物や区画施設を持つ。	一般的集落。壇の越と米山寺跡は郡衙に近い。	有力豪族。
第2類	（中型）四〇～六〇平方メートル	1赤根久保（五九）、2達中久保（五六）、3下悪戸（四八）、4江平（後半の二期）（四四～四三）、7東山田第一次調査区（六〇）、11鏡ノ町Ⅱ期（四〇）、14上鬼柳Ⅲ（五三）、16南部工業団地内（五四）	白河、安達、和賀	付属建物は少なく、倉も少ない。区画施設はない。	一般的集落、および、小規模な掘立柱建物が並んだ「官衙風建物群」（有力農民層の居宅）を含む集落。	複数の集落からなる農業共同体。
第3類	（小型）二三～三六平方メートル	8砂畑（二八）、10内屋敷Ⅳc期（三六）、12東高久（二三）	磐城、会津、耶麻	複数あり。区画施設を持つ。	小規模な掘立柱建物が並ぶ「官衙風建物群」（有力農民層の居宅）。	有力農民（富豪）層。
第4類	（小型）一六～三七平方メートル	3下悪戸（先行建物）（二六）、5上宮崎A（二二～三七）、9赤粉（一六）、11鏡ノ町Ⅰ期（二五）	白河、磐城、耶麻	複数あり。	一般集落など。	一つの集落など。

衙周辺寺院の関係や、掘立柱仏堂と神仏習合の関係を考える上で重要な遺跡である。

鏡ノ町遺跡はⅡ期からⅢ期にかけて建物群の構成が大きく変化するが、その変化は、この地域がこの遺跡のⅡ期にあたる時期に会津郡から分離して耶麻郡になったことに伴うものとされる[61]。Ⅱ期の中型の仏堂がⅢ期に大型の仏堂に変化するのは、耶麻郡の分立に伴って、この遺跡を担った豪族の格式が上昇したためであろう。またⅠ期の周溝付きの小規模な仏堂がⅡ期には中型の仏堂に変化するのは、後述するように、陸奥国の仏堂規模の基準が九世紀に入った頃成立したことによるとも考えられる。仏堂の形態の変化は、仏を祀る方法の変化を背景とする可能性がある。

岩崎台地遺跡群の仏堂の周辺の平安時代集落は一般的な集落ではあるが、竪穴住居の数では岩手県域有数の遺跡であることから、有力豪族の根拠地の一部を構成するものであり、仏堂はその力を背景に建立されたものであろう。

以上の四例は、すべて有力豪族によって建立された可能性が高い。

また、この四例の仏堂はすべて、東西三間・南北二間の身舎に四面庇の付いた建物であるのも特色である。このいわゆる三間四面堂は、古代の陸奥国の本格的寺院の金堂としては標準的な形式である[62]。第一類の仏堂は白鳳時代創建の郡衙周辺寺院に比べると、基壇・礎石・瓦もなく、建物配置も恒常的でなく、いろいろな面で比べるべくもないものではあるが、仏堂規模に限って言えば、郡衙周辺寺院の金堂に匹敵するものである。この点も、これらの仏堂の建立主体が有力な豪族であったと考える証左とすることができる。また、第一類の建物が本格的古代寺院の金堂と似た建物であることは、それを模して建てられたものと考えられ、さらには、行われた法会も一部共通していた可能性もある。

陸奥国における最大規模の掘立柱仏堂が、基壇を持たず瓦も使用しない大規模な三間四面堂であるという様相は、房総地区の「村落内寺院」の様相と大きく異なっている。笹生衛氏は、房総地区の村落内寺院の中心建物を六類型に分類している[63]。最大規模で最も格式の高いＡⅠ類は、桁行一一～一二メートル前後（五～六間）、梁間は五～九メートル前後（四～五間）の坪地業礎石建ち構造の建物で、部分的に瓦も使用されている。この類型を陸奥国の第一類の五間×四間の四例の仏堂と比べると、規模は陸奥国の四例の仏堂のほうが大きめであるのに柱間数は房総のほうが多めであり、建物の基礎の構造は房総のほうが立派である。房総の村落内寺院の中心仏堂も、格式からみて上から三番目のＡⅢ類以下は掘立柱の基礎構造を持つ。ＡⅢ類は、桁行九～一〇メートル（五間）と七～八メートル（四～五間）の範囲、梁間七～八・五メートルの範囲に集中する。このなかには陸奥国の四例の仏堂と同じ五間×四間の建物もあるが、規模は陸奥国の四例の仏堂に比べて相当小型になる。陸奥国と房総地区では、五間×四間の建物の持つ格式は異なっていると考えられる。これ以下の規模の仏堂については、規模や形態の格差が大きく、規則性が見出されないが、最も重要な最大規模の仏堂の規模と建物形式の関係が異なっていたことは、重要な相違である。

これらの四例中、岩崎台地遺跡群のみが区画施設、付属建物を持たないが、他は区画施設を持ち、付属建物も多い。また、これらの仏堂は建て替えが多く、長期間存続していたと考えられる。それは、仏堂を建立した豪族層の安定した力を物語っている。豪族層は支配下の人々を知識として結集して、仏堂の建立に動員したものであろう。度重なる仏堂建立事業自体が、豪族の支配力を再生産していったものであろう[64]。中井真孝氏は、在地豪族は動揺しつつある伝統的権威の代わりに、知識結いによって民衆をつなぎ止めようとしたとするが[65]、陸奥国の掘立柱仏堂の意義を理解する上でも有効な視点である。

第一類には、以上の四例のほか、性格がはっきりしない壇の越遺跡と根岸遺跡の例を便宜上含めた。これらの二つの例は面積が八六〜八八平方メートルであり、ともに双堂である。壇の越遺跡の例は、郡衙級の城柵（東山官衙遺跡＝加美郡家）の近傍に所在し、何らかの関係が考えられ、前記の四例より下位の豪族による建立の可能性を考えたい。根岸遺跡は関係する集落などの性格が不明である。一般集落に関係する仏堂かもしれないが、後述する第二類に比べてやや大型である点には、やはり注目すべきかと思われる。

第二類は、中心建物規模が四〇〜六〇平方メートルと中型である。この規模の仏堂は、一般集落の近傍（下悪戸・上鬼柳Ⅲ・南部工業団地内）、もしくは中（達中久保）にあることが多い。また竪穴住居を主とする集落で、中心部に官衙風建物群を持つ集落の近傍にある（赤根久保・東山田）ものもある。これらの仏堂は周辺の集落群の住民のための祭祀を行う機能を持っていたと考えられ、[66]その公的な機能ゆえにやや大型であり、周囲の集落の掘立柱建物や竪穴住居に比べて大規模であると考えられる。しかしながら、郡衙周辺寺院などの本格的な寺院の仏堂よりは小型である。第二類の仏堂は、鏡ノ町遺跡のⅡ期の仏堂を除いて区画施設を持たない。一般的集落の住民に開かれた仏堂であったのであろう。

第二類の仏堂は付属建物が少ないものが多い。竪穴住居一棟のみ（赤根久保・達中久保）、掘立柱一棟のみ（東山田）、正堂と礼堂以外には掘立柱建物一棟のみ（上鬼柳Ⅲ・下悪戸）、同じく付属建物が未検出（南部工業団地内K地区）などである。仏堂で行われる法会を中心とする質実な仏堂であった。さらに注目されるのは、第二類の仏堂で総柱建物の倉が付属しているのは二例（東山田・鏡ノ町Ⅱ期）のみで、付属していないものが多いことである。房総地区の「村落内寺院」においては、付属施設である倉に納められた稲が出挙に用いられたと考えられている。[67]陸奥国において最も一般的な集落と関係が深い類型である第二類型の仏堂に、倉が付属していないのは重要な特色である。集落群の生産との直接的な関わりが薄く、集落群を越える力を持った豪族の指導によって建立されたという性格が強いのではあるまいか。第二類の仏堂の存続期間はさまざまであり、同じ地域でも存続期間に長短があり、その点でも第一類と第三類の中間的な性格を持つ。

第三類は、中心建物規模が二二～三六平方メートルと小型である。この類型の仏堂を付属させる遺跡は、区画溝を伴うために豪族居宅とされることがあるが、その居宅の主は豪族というより有力農民、すなわち富豪層というべき階層であろう。仏堂が小さいのは、私的な性格の強い仏堂であるため、身分的な制約を受けたものであり、公的な性格の強い第二類の仏堂よりも下位に位置づけられたからだと考えられる。第三類の仏堂は区画溝を持つものが多いが、仏堂を付属させる有力農民の居宅自体が区画溝を持つことに伴うものであろう。また付属建物も比較的多く、有力農民の富を誇示するものであろう。内屋敷遺跡の仏堂は遺跡の存続期間のなかで一～二期しか存続せず、砂畑遺跡の仏堂も一～二期、東高久遺跡の仏堂は一期しか存続せず、第三類の仏堂の存続期間は比較的短い。

第四類の仏堂は一六～三七平方メートルと、規模は第三類なみに小型であるが、有力農民の居宅に伴うものではなく、一般的な集落の内部にあるもの、もしくは時代が八世紀代後半にさかのぼるもの（さかのぼる可能性のあるものを含む）である。この類型の仏堂は、一～三類の仏堂が従っている基準の外にあると考えられる。

以上、中心建物の規模に基づいて、陸奥国の掘立柱仏堂を四種に分類し、陸奥国の掘立柱仏堂遺跡の中心仏堂の規模が、建立主体の性格や身分に対応していることを述べた。

第四節　九世紀陸奥国における掘立柱仏堂展開の歴史的意義

九世紀の陸奥国の掘立柱仏堂の展開の背景には、陸奥国が主導する仏教政策があったと考えられる。理由を以下に列挙したい。

(一)陸奥国の掘立柱仏堂の集中地域は、関東地方の村落内寺院の集中地域からはかなり離れている。[68]そのため、陸奥国の掘立柱仏堂の成立の原因が、関東地方との在地勢力同士の交流であると積極的に論じることはできない。むしろ、陸奥国内に陸奥国衙といった仏教伝播の拠点の存在を想定したほうが、陸奥国の掘立柱仏堂の分布は説明しやすい。

(二)陸奥国の掘立柱仏堂の遺構の様相は、関東地方とは異なる特色がある。①前述したように、房総地区では最大規模の仏堂は坪地業《つぼじぎょう》や基壇を持つ場合が多く、部分的に瓦葺きであった建物が多いのに対して、陸奥国においては最大規模の建物でも坪地業・基壇・瓦は採用されていないという大きな相違がある。また、房総地区の最大規模の仏堂には六間×五間のものが多いのに対して、陸奥国の最大規模の仏堂は五間×四間のものでありながら、房総地区の六間×五間の仏堂より大きめであるという相違がある。②房総地区においては、「村落内寺院」は八世紀末に成立したものが多い[69]のに対し、陸奥国においては九世紀に入ってから成立した仏堂が多い。

(三)陸奥国の掘立柱仏堂には、先の節で明らかにしたような規模の基準があったと想定される。関東地方の仏堂の規模の基準については、これまで指摘がない。

以上のことから、陸奥国の掘立柱仏堂の多くは、在地勢力の主体的な交流によるよりも、国衙が推進した仏教政策に基づいて建立されたと考えられるのである。

それでは、その仏教政策とはどのような性格のものだったのだろうか。それを考える上での最大の前提は、掘立柱仏堂が陸奥国に均等に分布しているのではなく、白河地方、会津地方、和賀郡周辺という特定の地域に集中していることである。この三つのそれぞれ歴史的性格が大きく異なる地域に、掘立柱仏堂が展開した理由を説明する必要がある。

この三地域のうち、会津地方(70)と和賀郡周辺(71)は、九世紀には掘立柱仏堂のみならず、本格的寺院が建立され、九世紀以降の仏像が多く現存し、仏教文化が栄えたと推測される地域であるという共通性がある。この二つの地域は九世紀に国衙がとくに仏教政策に力を入れ、それが成功した地域であった可能性がある。それでは、この二つの地域に国衙がとくに仏教政策に力を入れたのはなぜだろう。筆者は、この二地域は、ともに国衙から離れているにもかかわらず、国衙が直接的に支配した地域であったために、支配力強化のために仏教政策を必要としたものと考える。

会津地方は古墳時代後期・終末期には、全く有力古墳が知られていない(72)。現福島県域のなかでは唯一国造が置かれておらず、会津郡の始まりは城柵を中心施設とする評であったらしい(73)。また、六国史に見える会津郡・耶麻郡の豪族は二件だけであり(74)、有力な豪族が少なかった可能性がある。会津地方と国衙のつながりの緊密さを示す例としては、八世紀後半の陸奥国分寺の文字瓦に会津郡と行方郡のみに郷名が記されていること(75)、多賀城市山王遺跡の九世紀前半の井戸から「解文案」「会津郡主政益継」と墨書された題箋軸が出土し、会津郡関連の施設があった可能性も考えられること(76)、会津若松市の大戸《おおと》古窯群(77)が、その工人の系譜や規模の大きさから成立と運営に国衙の力が強く及んだ窯群であると考えられることがある。以上のようなことから、七世紀末から九世紀にかけての律令制下の会津地方は、初期には城柵による支配が行われ、その後も、陸奥国の周辺部にありながら、陸奥国の直接的な支配が強く及んだ地域であったと考えられる。

和賀郡を含む鎮守府部内は、陸奥国で最も支配が困難な地域であると同時に、胆沢城があり鎮官（中央からの官人）が常駐する、陸奥国衙の力が強く及んだ地域であった。鎮守府は官制上は陸奥国とは別組織であるが経済的には独立しておらず、鎮兵（農民）も陸奥国中部から供給されていた(78)。陸奥国周辺部にあり、かつ陸奥国衙の力が強く及んだ点では会津地方と共通する性格を持つ。

会津地方や鎮守府部内といった国衙が強く力を及ぼした地域でありながら、周辺部にあり支配困難な地域を支配する一手段として、国衙は仏教政策を用いたと考えられる。さらに推測すれば、これらの地方では国衙の民衆支配を担う在地豪族の力が弱かったので、その力を強化するために仏教政策を担わせたものと考えられる。

次に、白河地方に掘立柱仏堂が多い理由を考えてみたい。陸奥国における白河地方の特殊性として第一に考えられるのは、陸奥国の東山道沿いの入り口に位置するということである(79)。そこから、白河地方の掘立柱仏堂は、陸奥国に疫病等の災厄が侵入することを防ぐための寺院等と関係していたという可能性が考えられる。

長岡龍作氏は、八世紀末から九世紀における四天王儀礼の場が、眺望がよい上に街道に接する場所であることを重視し、四天王儀礼が疫神の侵入を防ぐ儀礼という性格を帯びるようになっていたとし、陸奥国においては、岩手県花巻市の胡四王《こしおう》神社、宮城県岩出山の天王寺がそのような場所であった可能性を指摘する。また、薬師悔過の勤修地である薬師像を本尊とする寺院も、宮城県双林寺のように道に接する場所に位置する例があり、外部から侵入するけがれを防ぐよう期待されていたとする(80)。長岡氏の指摘は、疫神が街道を経て特定の地域に侵入することを、街道のそばの寺院や寺院における法会によって防ごうとした例の指摘として重要である。

江平遺跡を中心とする白河郡東部の掘立柱仏堂を交通路との関わりで考えると、白河関から借宿廃寺、関和久遺跡を通過して須賀川市の栄町遺跡方向へ向かっていたと考えられる東山道[81]との関係だけではなく、阿武隈川との関係が注目される。古代の阿武隈川の交通路としての役割は近年注目されている[82]。江平遺跡の第一類の大規模な仏堂は、在地豪族の仏教信仰の拠点であるとともに、阿武隈川を通じて陸奥国に侵入する疫病等の災厄を防ぐ役割を、国衙によって与えられていたというような事情を想定したい。

寺院建立や仏教布教により、災厄が陸奥国部内に侵入することを防ぐという政策は、白河地方と同様、陸奥国の周辺部に位置する会津地方と和賀郡周辺の掘立柱仏堂建立政策にも影響を与えていると考えられる。

会津地方の勝常寺や鏡ノ町遺跡、内屋敷遺跡、東高久遺跡がある一帯は、陸上交通や河川交通の要衝であり、勝常寺や鏡ノ町遺跡の仏堂は、在地豪族の信仰の拠点であると同時に、陸奥国に災厄が侵入することを防ぐ役割を国衙から与えられていたことが想定できる。

鎮守府部内のなかでもとくに、和賀郡に掘立柱仏堂や仏教関連遺物が集中することが注目される。掘立柱仏堂の集中する地域は、白河地方においても白河郡のさらにごく一部の東西五キロメートル、南北一〇キロメートル四方程度の地域内に収まるし、会津地方においても会津郡・耶麻郡にまたがるものの、やや離れた慧日寺を含めても東西一五キロメートル、南北一〇キロメートル程度の狭い地域内に収まるものである。鎮守府部内においても、部内の一部に集中しているのは決して異例ではない。

和賀郡は、志波城《しわじょう》・徳丹城《とくたんじょう》の故地から胆沢城へ向かう道と、払田《ほった》柵・秋田城から胆沢城へ向かう道の交差する場所であり、「湊津」の墨書土器の出土[83]からもわかるように、河川交通の要地でもあった。鎮守府部内において河川交通が宗教的に重視されたことに関しては、鎮守府の鎮守神であり、疫神の侵入を防ぐ薬師如来を本尊とする黒石寺を神宮寺とした石手《いわて》堰《い》神社が、北上川の河川交通に関わる神であると考えられること、国見山廃寺の鎮守社が住吉造であり、(84)住吉神社であった可能性もあることが注目される。国見山廃寺は、和賀郡周辺の掘立柱仏堂の僧の修行地であると同時に、和賀郡の掘立柱仏堂群のみならず、東山道や北上川をその寺域の一部から見下ろすことができ、外部から陸奥国への災厄の侵入を防ぐ役割を国衙から与えられていたと想定できる。そして、そのような役割を国衙から与えられたことが、国見山廃寺や岩崎台地遺跡群の仏堂を建立した豪族が、周辺の支配に仏教を利用するために役立てたものと考えられる。

以上のように陸奥国の掘立柱仏堂は、その独自の特徴から考えた場合、第一には国衙が遠隔の直轄性の高い地域を支配するための仏教政策の一環として建立されたものであり、第二に、陸奥国の部内に災厄が侵入することを防ぐための仏教政策の反映と考えられる。陸奥国の掘立柱仏堂建立の背景には、この二つの政策が重なって存在しているのではなかろうか。

仏堂規模に三段階の規格が存在するのは、最大の第一類から最小の第三類に至るまで、陸奥国の仏教政策が貫徹していたことを示すと考えられる。第一類の建立主体である有力豪族は、大領・少領として郡衙機構を通じて民衆を支配する支配層であったが、その支配は同時に国衙の民衆支配という側面を持っていた。この階層は、技術的に容易な掘立柱仏堂の建立はもちろん、僧や経典・仏具などもある程度、独力で獲得できた階層と考えられるので、国衙の仏教政策は権威や役割の付与に重点を置くものであったと推測される。第二類の建立主体である集落群＝農業共同体は郡衙機構による支配の対象であり、第三類の建立主体である有力農民は、富豪層として農業経営を行い、郡衙機構の支配の対象となる一方で、郡雑任などとして郡衙機構の支配の末端を担う階層でもあった。第一類の仏堂を建立した有力豪族は、国衙により第一類の仏堂に与えられた権威や役割を第二類や第三類の仏堂に分与することにより、自己の支配体制を強化したものと推測される。

規格外として第四類に分類した四例のうち、下悪戸（先行建物）、上宮崎A、鏡ノ町Ⅰ期の三例は、いずれも八世紀後半にさかのぼるものであり、陸奥国の掘立柱仏堂としては最初期の例である。これらの仏堂は、陸奥国による掘立柱仏堂建立を伴う仏教政策の開始以前に在地勢力によって独自に建立されたとも考えられる。しかし筆者は、これらの仏堂は、陸奥国の掘立柱仏堂建立政策が開始されてはいたが、建物の規模によるランク付けがまだ成立していなかった時期があり、その時期に建立されたと考えたい。一方、赤粉遺跡の仏堂は九世紀中・後葉であり、陸奥国において初期のものではない。赤粉遺跡は、製塩が行われた計画村落という特殊な集落であることから、その仏堂は、集落が主体となって建立した仏堂と考えている。

おわりに

陸奥国では、七世紀の末頃までにはいくつかの郡で郡内最有力の豪族の根拠地に郡衙周辺寺院が建立される。そして八世紀代には、南部のいくつかの郡で、郡内の第二の豪族の根拠地に寺院が建立される。七～八世紀の寺院のほとんどは郡衙と同様、交通の要地に位置しており、山岳信仰や磐座信仰との関係は想定しがたい。また七～八世紀においては、寺院を建立することは有力な豪族のみに許されることであった。

九世紀に入ると、寺院の建立状況は新たな展開を見せる。従来の郡衙周辺寺院が存続する他に、山岳寺院が建立され（徳一の慧日寺建立）、あるいは天長七年（八三〇）の山階寺の僧智興による信夫郡菩提寺の建立（『類聚国史』巻百八十）、元慶五年（八八一）の安積郡弘隆寺の天台別院化（『類聚国史』巻百八十）、同時に一般集落内に仏教に関連する遺物が見られるようになり、限られた地域にではあるが掘立柱仏堂が展開する。民衆への仏教信仰の浸透と、僧の養成・修行の場としての山岳寺院の建立は、陸奥国においては密接に関連していた可能性がある。また、九世紀に建立された山岳寺院は、式内社と関係が深いものや、山岳信仰や磐座信仰との関係が想定されるものが多く、この時期に神仏習合が推進されたと考えられる。仏教を地方における民衆支配に役立つ形にするために、神仏習合が推進されたものと筆者は考えている。

陸奥国の動向は、八世紀後半から九世紀にかけて仏教が民衆に普及した関東地方の動きの延長上にあるものではあるが、関東地方との相違もある。房総地域の村落内寺院展開の背景について笹生衛氏は、「国分寺や郡寺・定額寺などの僧侶や彼らに導かれた僧侶による、在地における権益確保の手段としての集落内での布教や法会の開催、その前提となる彼ら僧侶による山林寺院での修行・修法の実施、そして、集落内の富豪層や農民層の仏教信仰への欲求とが合致した段階に、（中略）集落遺跡における仏教関連の遺構・遺物が一気に発達・展開した」と述べている。[85] 房総地方における集落の仏教伝播において、国衙の役割はそれほど重視されているわけではないと思われる。むしろ鈴木景二氏が明らかにした、僧侶の都鄙間交流による仏教の伝播が注目されている。[86]

しかし、陸奥国は律令国家の辺境に位置し、国の置かれた条件が関東地方の国々とは異なっている。それが陸奥国の歴史的個性なのである。したがって、樋口知志氏[87]や鈴木景二氏が明らかにしたような城柵周辺での毛人方言による布教などは、他国における布教よりも国衙の強い統制の下に置かれたり、あるいは国衙の強い要請によって行われたことは十分に考えられる。陸奥国においては、掘立柱仏堂の展開も国衙の政策によるものであったと考えることには妥当性があり、それが関東地方の村落内寺院と陸奥国の掘立柱仏堂の、歴史的意義の最大の相違点と言えよう。

陸奥国に掘立柱仏堂が展開した九世紀は、白河・菊多《きくた》両関が最も機能していた時期であり、人的・物的交流を統制していた。北方世界からもたらされる交易品を、国家機構が独占するためであったと考えられる。その際、僧侶の往来も統制しなければ、交流の統制は完結しないと考えられる。貞観八年（八六六）正月二十日太政官符「応聴奉諸神社幣帛使出入陸奥国関事」（『類聚三代格』巻二）は、延暦年間以前に行われていた鹿島神宮による陸奥国内の苗裔神への奉幣が弘仁以来行われなくなり、嘉祥元年（八四八）に再興しようとしたが禰宜が菊多関でとどめられ、貞観八年になってようやく幣帛が再開されたことを記している。鹿島神宮という特別な神社の特殊な例であるが、関の宗教に関わる機能を示すものである。九世紀の陸奥国における仏教の民衆布教は、関東地方と異なり、国衙の強い統制下にあったのではないだろうか。慧日寺を建立した徳一は、筑波山に中禅寺を建立するなど国境をまたいで活動している[89]ため、国境の存在はこれまで重視されてこなかった。しかし、徳一が慧日寺においては陸奥国の仏教政策の体現者であったと考えても、とくに不都合な点はない。空海の書簡（『高野雑筆集』巻上）から推測される徳一の目覚ましい活動は、陸奥国においては国衙の力を背景になされたと考えるほうが、むしろ理解しやすいのである。

最後になるが、陸奥国の掘立柱仏堂展開の背景となる仏教政策の特色を考える上では、関連遺跡から神仏習合的要素や神祇信仰的要素が見出されることも注目される[90]。他地域についての研究では、地方の集落への仏教の伝播が神仏習合と密接に関わることが明らかになっている[91]が、それらとも共通するものと考えられる。

註

（1）　須田勉「東国における古代民間仏教の展開」（『国士舘大学文学部人文学会紀要』三二、一九九九年）。富永樹之「東国の「村落内寺院」の諸問題――千葉県以外を主体として――」（『在地社会と仏教』奈良文化財研究所、二〇

○六年）。

（2）前掲註（1）「東国における古代民間仏教の展開」。

（3）前掲註（1）「東国の「村落内寺院」の諸問題――千葉県以外を主体として――」。

（4）菅原祥夫「陸奥国南部の宗教遺物――福島県中通り・浜通り地方を中心として――」（国士舘大学考古学会「古代社会と宗教部会」発表資料、二〇〇二年）。

（5）宮田安志「福島県における仏教関連遺構・遺物出土の集落について」（帝京大学山梨文化財研究所・山梨考古学協会『遺跡の中のカミ・ホトケ』資料集、二〇〇三年）。

（6）石田明夫「発掘された恵日寺」（『会津若松市史　二　会津、古代そして中世』会津若松市、二〇〇五年）。

（7）和田聡「十世紀～十一世紀の会津――遺跡から見た該期の様相――」（柳原敏昭・飯村均編『中世会津の風景』高志書院、二〇〇七年）。

（8）沼山源喜治「北上盆地の古代集落における仏神信仰」（『北上市埋蔵文化財センター紀要』一、一九九九年）。

（9）八木光則「奥六郡安倍氏から奥州藤原氏へ」（日本考古学協会二〇〇一年度盛岡大会研究発表資料集『都市・平泉――成立とその構成――』二〇〇一年）。

（10）杉本良「北上市国見山廃寺跡とその周辺の寺院群」（奥州市埋蔵文化財センター『埋文考古学フォーラム　掘立柱から礎石建へ　資料集』二〇〇七年）。

（11）目黒吉明・佐藤博重・玉川一郎・大越道正・山内幹夫「赤根久保遺跡」（福島県文化センター編『福島県文化財調査報告書第六七集　国営総合農地開発事業　母畑地区遺跡発掘調査報告二』福島県教育委員会、一九七八年）。

（12）目黒吉明「達中久保遺跡」（福島県文化センター編『福島県文化財調査報告書第三二八集　国営総合農地開発事業　母畑地区遺跡発掘調査報告三九』福島県教育委員会、一九九六年）。

（13）小平良男ほか「下悪戸遺跡」（福島県文化センター編『福島県文化財調査報告書第一一六集　国営総合農地開発事業　母畑地区遺跡発掘調査報告一二』福島県教育委員会、一九八三年）。

（14）福島県文化振興事業団編『福島県文化財調査報告書第三九四集　福島空港・あぶくま南道路遺跡発掘調査報告一二　江平遺跡』（福島県教育委員会、二〇〇二年）。

(15) 平川南「転読札──福島県玉川村江平遺跡──」(『古代地方木簡の研究』吉川弘文館、二〇〇三年)。
(16) 安田稔・渡辺康夫・松原強・橋本恵子・今野徹・鈴木一寿「上宮崎A遺跡」(福島県文化センター編『福島県文化財調査報告書第三五二集　福島空港・あぶくま南道路遺跡発掘調査報告二』福島県教育委員会、一九九八年)。
(17) 山田安彦「陸奥国」(藤岡謙二郎編『古代日本の交通路Ⅱ』大明堂、一九七八年)。
(18) 菅原祥夫「陸奥国──福島県」(古代交通研究会編『日本古代道路事典』八木書店、二〇〇四年)。
(19) 今泉隆雄「古代国家と郡山遺跡」(『郡山遺跡発掘調査報告書─総括編(1)─』仙台市教育委員会、二〇〇五年)。
(20) 『米山寺跡　史跡岩代米山寺経塚群発掘調査報告書』(須賀川市教育委員会、一九八二年)。
(21) 管野和恵氏のご教示による。
(22) 郡山市埋蔵文化財発掘調査事業団編『新公園都市東山ヒルズ造成関連　東山田遺跡──第一次調査報告──』(郡山市教育委員会、一九九六年)。菅原祥夫氏は、東山田遺跡第一次調査区ではない、遺跡中心部の官衙風建物群の中に仏堂が存在したとしている。また東山田遺跡の近傍の郡山市正直C遺跡の最上部の官衙風建物群の中にも仏堂が存在したとしている(菅原祥夫「陸奥国南部における富豪層居宅の倉庫群──福島県郡山市正直C遺跡・東山田遺跡の分析事例を中心として──」〈奈良国立文化財研究所『古代の稲倉と村落・郷里の支配』一九九八年〉)。この論文は両遺跡を精緻に分析し、中心部にある官衙風建物群の性格を、富豪層居宅であり、在地領主居館の起点であると位置づけている。卓見であると考える。しかし、東山田遺跡の富豪層居宅内の菅原氏が仏堂とする建物(桁行三間・梁間三間の大型の南北棟)については、報告書が未刊行なので、筆者は検討できないでいる。正直C遺跡の富豪層居宅内の菅原氏が仏堂とする桁行三間・梁間二間の南北棟の東側に庇が一間付いた大型建物(『福島県文化財調査報告書第三〇五集　母畑地区遺跡発掘調査報告三六　正直C遺跡』福島県教育委員会、一九九五年)については、筆者は住居ではないかと現時点では考えている。
(23) 猪狩みち子・矢島敬之・末長成清・樫村友延・高島好一『荒田目条里制遺構・砂畑遺跡　いわき市埋蔵文化財調査報告第八四冊』(いわき市教育委員会、二〇〇二年)。猪狩みち子「古代磐城郡における仏教信仰の様相」(『歴史哲学者鯨岡勝成先生追悼論文集　歴史智の構想』鯨岡勝成先生追悼論文集刊行会、二〇〇五年)。

(24)『栖葉町文化財調査報告書第一一集　赤粉遺跡――平安時代前期集落跡の発掘調査報告――』(栖葉町教育委員会、一九九七年)。
(25) 前掲註(4)。
(26) 塩川町文化財調査報告第一二集　県営経営体育成基盤整備事業塩川西部地区遺跡発掘調査報告書七『内屋敷遺跡』(塩川町教育委員会、二〇〇四年)。
(27) 塩川町文化財調査報告第三集　県営低コスト化水田農業大区画ほ場整備事業塩川西部地区遺跡発掘調査報告書『鏡ノ町遺跡A』(塩川町教育委員会、一九九七年)。同、第八集　同、五『鏡ノ町遺跡B』(同、二〇〇一年)。
(28) 坂内三彦「陸奥国耶麻郡の成立」(『会津若松市史研究』八、二〇〇六年)。
(29) 荒木隆「第四章二(一)建物」(『会津若松市文化財調査報告書第六一号　若松北部地区県営ほ場整備発掘調査報告書Ⅰ　矢玉遺跡』福島県会津農林事務所・会津若松市教育委員会、一九九九年)。
(30) 木崎悠「陸奥国石背郡における官衙関連遺跡」(『博古研究』三一、二〇〇六年)。
(31)『福島県文化財調査報告書第三〇五集　母畑地区遺跡発掘調査報告三六　正直C遺跡』(福島県教育委員会、一九九五年)。
(32) 垣内和孝「東山田遺跡第二次調査の概要」(現地説明会資料)。同「東山田遺跡第三次調査の概要」(現地説明会資料)。
(33)『福島県文化財調査報告書第八五集　国営総合農地開発事業　母畑地区遺跡発掘調査報告　五』(福島県教育委員会、一九八〇年)。
(34) 山中敏史「地方豪族居宅の建物構成と空間的構成」(奈良文化財研究所『古代豪族居宅の構造と機能』二〇〇六年)。
(35)『福島県文化財調査報告書第一五三集　関和久遺跡』(福島県教育委員会、一九八五年)。
(36)『いわき市埋蔵文化財調査報告書第七二冊　根岸遺跡――磐城郡衙跡の調査――』(いわき市教育委員会、二〇〇〇年)。
(37) 荒淑人「行方郡家の様相――泉廃寺跡の調査成果――」(『第三三回古代城柵官衙遺跡検討会――資料集――』二〇〇七年)。

(38)『白河市埋蔵文化財調査報告書第四五集　借宿廃寺跡確認調査報告書Ⅲ』（白河市教育委員会、二〇〇六年）。
(39)『いわき市埋蔵文化財調査報告書第一〇七冊　夏井廃寺跡』（いわき市教育委員会、二〇〇四年）。
(40)「表10　郡家官舎の平面形式別棟数」（前掲註〈30〉論文掲載）。
(41)宮城県教育委員会・多賀城町『多賀城跡調査報告Ⅰ――多賀城廃寺跡――』（吉川弘文館、一九七〇年）。
(42)畿内の例としては法隆寺・川原寺、東国の例としては新治廃寺、金堂ではないが現存する建物としては醍醐寺薬師堂（十二世紀）がある。
(43)須田勉「東国における双堂建築の出現――村落内寺院の理解のために――」（『国士舘史学』九、二〇〇一年）。
(44)前掲註(29)。
(45)須田勉「古代村落寺院とその信仰」（国士舘大学考古学会編『古代の信仰と社会』六一書房、二〇〇六年）。
(46)会津若松市文化財調査報告書第一〇四号『東高久遺跡――奈良・平安時代「多久郷」の有力な推定地――』（会津若松市教育委員会、二〇〇五年）。
(47)『壇の越遺跡Ⅳ――平成一一年度発掘調査報告書――』（宮城県宮崎町〈現在は加美町〉教育委員会、二〇〇三年）。
(48)「上鬼柳Ⅲ遺跡」（『岩手県文化振興事業団埋蔵文化財調査報告書第一六一集　上鬼柳Ⅱ・Ⅲ遺跡発掘調査報告書東北横断自動車道秋田線建設関連遺跡発掘調査』岩手県文化振興事業団埋蔵文化財センター、一九九二年）。
(49)『岩手県文化振興事業団埋蔵文化財調査報告書第二一四集　岩崎台地遺跡群発掘調査報告書　東北横断自動車道秋田線建設関連遺跡発掘調査』岩手県文化振興事業団埋蔵文化財センター、一九九五年）。
(50)八木光則氏は同時に存在したとしている（前掲註〈9〉）。
(51)伊藤博幸「胆沢地方の古代掘立柱建物群とその評価」（『岩手考古学』一九、二〇〇七年）。
(52)ごく一部を調べただけであるが、以下の遺跡の仏堂の柱穴は円形である。千葉県成田市の山口遺跡（『公津原《こうづはら》Ⅱ』千葉県文化財センター、一九八一年）。千葉県袖ヶ浦市の遠寺原《とうてらはら》遺跡（財団法人君津郡市文化財センター発掘調査報告書第一二集『千葉県袖ヶ浦町永吉台遺跡群』〈東急不動産株式会社・財団法人君津郡市文化財センター、一九八五年〉）。茨城県土浦市の永峯遺跡（『永峯遺跡　田村・沖宿《おきじゅく》土地区画整理事業に伴う埋蔵文化財調査報告書第三集』〈土浦市教育委員会、一九九七年〉）。千葉県市原市の萩の原遺跡（日本文化財研究所文化財研究報告五

『千葉県萩の原遺跡――房総地方の古代寺院址研究――』（日本文化財研究所、一九七七年）。
(53) 沼山源喜治「北上盆地の古代集落における仏神信仰」（『北上市埋蔵文化財センター紀要』一、一九九九年）。
(54) 笹生衛「古代仏教信仰の一側面――房総における八・九世紀の事例を中心に」（『古代文化』四六―一二、一九九四年）。
(55) 北上市埋蔵文化財調査報告第一八集『南部工業団地内遺跡Ⅱ』（北上市教育委員会、一九九五年）。
(56) 沼山氏も十世紀としている（前掲註〈8〉）。八木光則氏も十世紀という年代に異議を唱えていない（前掲註〈9〉）。
(57) 「根岸遺跡――発掘調査報告会資料――」（北上市埋蔵文化財センター、二〇〇九年）。
(58) 工藤雅樹『律令国家とふくしま』（歴史春秋社、二〇〇一年）。
(59) 皆川隆男「石瀬郡」（『第二六回古代城柵官衙遺跡検討会資料集』古代城柵官衙遺跡検討会、二〇〇〇年）。
(60) 上人壇廃寺の創建年代は、前掲註（59）による。廃絶時期は管野和恵氏のご教示による。
(61) 前掲註（28）。
(62) 多賀城廃寺金堂は、四間×五間（東西×南北。以下同じ）で、規模は一〇・三×一三・六メートル（面積一四二平方メートル）、基壇規模は一六・二×一九・六メートルである（前掲註〈41〉）。夏井廃寺金堂の基壇規模は一三・一×一七・二メートルで郡山廃寺より小さいが、柱間を短くした四間×五間の建物と推定されている（前掲註〈39〉）。借宿廃寺金堂の基壇規模は一四・四×一二・三メートルでありさらに小さいが、五間×四間の建物であったと推定されている（前掲註〈38〉）。
(63) 前掲註（54）。
(64) 二〇〇八年三月十五日の第四〇回蝦夷研究会の際の樋口知志氏の示唆に基づく考察である。
(65) 中井真孝「共同体と仏教」（『日本古代仏教制度史の研究』法藏館、一九九一年）。
(66) 鬼頭清明氏は、赤根久保遺跡を含む隣接した五遺跡について考察し、出土の墨書土器に共通する文字の検討から、五遺跡の集落は、古代における宗教上、農業労働上の共同団体である「村」の一つに含まれていたと考えている（鬼頭清明「郷・村・集落」〈『国立歴史民俗博物館研究報告』第二二集、一九八九年〉）。氏の研究は、赤根久保遺跡について、さらには陸奥国の掘立柱仏堂のうちの第二類の性格について考える基礎となる。赤根久保遺跡は、この地域に存在した「村」の参加する仏教的・神祇的祭祀を行う機能を持っていたと考えられる。

(67) 須田勉「平安時代における村落内寺院の存在形態」（『古代史探叢Ⅱ』早稲田大学出版部、一九八五年）。

(68) 下野国は集落に伴う仏教関連遺構は少なく、栃木県立しもつけ風土記の丘資料館（第一三回企画展図録『仏堂のある風景――古代のムラと仏教信仰――』〈栃木県教育委員会、一九九九年〉）も五例を取り上げているにすぎないが、このうち四例は現宇都宮市以南の下野国南部にある。残りの一例である那須町東岩崎の堂平《どうだいら》遺跡は白河郡衙からの距離も約二〇キロメートルほどと近く注目されるが、東西一四メートル、南北九・五メートルの大規模な礎石建物で、陸奥国の掘立柱仏堂とは様相を異にする（高橋史朗「那須町堂平仏堂跡――下野における平安時代村落内寺院の一形態――」〈『那須文化研究』一二、一九九八年〉）。また、堂の中心部から九～十世紀の作とされる小金銅仏が出土し、さらにこの遺跡の西側五〇メートルの茶畑《ちゃばたけ》遺跡でも、小金銅仏の誕生釈迦仏が出土している。小金銅仏は下野国に非常に多いものであり（前掲『仏堂のある風景』）、その点でも陸奥国の掘立柱仏堂との相違が際立っている。常陸国の集落関連の仏堂は「上高津貝塚ふるさと歴史の広場」が集成している（上高津貝塚ふるさと歴史の広場編『第三回特別展　仏のすまう空間――古代霞ヶ浦の仏教信仰――』上高津貝塚ふるさと歴史の広場、一九九八年）が、やはり陸奥国に近い北茨城市の細原遺跡で一面庇建物や側柱建物付近から浄瓶や鉄鉢が出土している例はあるものの（山武考古学研究所『細原Ⅳ――細原遺跡第四次発掘調査報告書』〈北茨城市埋蔵文化財調査会、一九九四年〉）、分布の中心地域は房総地域に近い南部の霞ヶ浦周辺である。

(69) 前掲註（54）。

(70) 会津若松市史研究会『会津若松市史一七　会津の仏像――仏都会津のみ仏たち――』（会津若松市、二〇〇五年）。

(71) 沼山源喜治『きたかみの古仏』（北上市立博物館、一九九一年）。

(72) 福島雅儀「陸奥南部における古墳時代の終末」（『国立歴史民俗博物館研究報告』四四、一九九二年）。

(73) 前掲註（58）。

(74) 神護景雲三年（七六九）に阿倍会津臣に賜姓された外正八位下丈部庭虫と、承和七年（八四〇）に上毛野陸奥公に賜姓された耶麻郡大領外正八位上勲八等丈部人麿だけである（熊谷公男「古代東北の豪族」〈須藤隆・今泉隆

雄・坪井清足編『新版古代の日本　九　東北・北海道』角川書店、一九九二年〉)。
(75) 山路直充「文字瓦の生産――七・八世紀の坂東諸国と陸奥国を中心に」(平川南・沖森卓也・栄原永遠男・山中章編『文字と古代日本　3　流通と文字』吉川弘文館、二〇〇五年)。
(76) 坂内三彦「会津と多賀城の間」(前掲註〈6〉所収)。
(77) 前掲註(6)。
(78) 鈴木拓也『古代東北の支配構造』(吉川弘文館、一九九八年)。
(79) 平川南「古代の白河郡」(福島県文化財調査報告書第一五三集『関和久遺跡』福島県教育委員会、一九八五年)。
(80) 長岡龍作「みちのくの仏像――造形と風土――」(花登正宏編『東北――その歴史と文化を探る』東北大学出版会、二〇〇六年)。
(81) 前掲註(18)。
(82) 荒木隆「陸奥南部の郡衙立地条件と水運」(『福島県立博物館紀要』一五、二〇〇〇年)。
(83) 伊藤博幸「鎮守府領と奥六郡の再検討」(蝦夷研究会編『古代蝦夷と律令国家』高志書院、二〇〇四年)。
(84) 北上市埋蔵文化財センター「国見山廃寺跡第三六次調査現地説明会資料」(二〇〇五年)。
(85) 笹生衛「古代集落と仏教信仰」(前掲註〈68〉『第三回特別展　仏のすまう空間――古代霞ヶ浦の仏教信仰――』所収)。
(86) 鈴木景二「都鄙間交通と在地秩序――奈良・平安初期の仏教を素材として――」(『日本史研究』三七九、一九九四年)。
(87) 樋口知志「仏教の発展と寺院」(前掲註〈74〉所収)。
(88) 窪田大介「承和二年十二月三日官符の歴史的意義」(『弘前大学国史研究』一一二、二〇〇二年)。
(89) 高橋富雄『徳一と最澄』(中央公論社、一九九〇年)。
(90) 赤根久保遺跡の仏堂は堂内に水に関わる祭祀を行ったと考えられる土坑があり、また七世紀後半の沖ノ島祭祀遺跡から出土したもの(群馬県立歴史博物館　第五一回企画展図録『海の正倉院沖の島――古代の祭祀　西・東――』一九九五年)と似た、穿孔された土師器が出土している。下悪戸遺跡からは「宮寺」と記された墨書土器が出土しており、仏堂が神宮寺だったと考えられる。江平遺跡からは、遺跡内の仏堂とは別の地区から「太社」と記された墨書土器が出土しており、神祇施設の存在が想定されている。米山寺跡は、背後の丘陵に大規模な神社遺構を伴う。内屋敷遺跡では、仏教施設が成立する九世紀前半以前の八世紀後半にまず神祇関連施設が出現し、九世紀後半まで継続して存在している。鏡ノ町遺跡においては、八世紀後葉から九世紀後半頃までの期間、仏堂のそばに神社が存在していたと考えられる。また、基壇がなく瓦を用いず、しばしば建て替えられた陸奥国の掘立柱仏堂の特徴は神社と共通するものであるが、それをもって神仏習合的要素であるとまでは現時点では言えない。

(91)　前掲註(54)、(85)。笹生衛「東国神郡内における古代の神仏関係——香取郡・香取神宮周辺の事例から——」(『神道宗教』一九九・二〇〇、二〇〇五年)。内田律雄「古代村落祭祀と仏教」(『在地社会と仏教』奈良文化財研究所、二〇〇六年)。

第二章　九世紀陸奥国における寺院の展開

はじめに

九世紀の陸奥国では、前代までの寺院に加えて多数の寺院が建立された。その事実は、遺跡の発掘調査や、遺跡から採集された瓦、そして古刹に安置されている美術史的に九世紀代と考えられる仏像から知ることができる。しかし、発掘調査されていない寺院が多く、九世紀にどのような性格の寺院だったかわからないものが多い。寺院らしい遺跡の部分的な発掘調査や、採集される瓦や、現存する仏像から、九世紀の寺院の様子を推測することは非常に困難であり、方法論的に無理があるとも考えられるが、本書においては極めて重要な問題なので、あえて、九世紀にさかのぼると考えられる寺院の雑多な例を集めて考察してみたい。第一節の九・十・十一の寺院は十世紀に下るものであるが、九世紀の寺院について考える上で参考になるため取り上げた。

本章では、九世紀に建立されたと考えられる寺院を、立地条件により、山岳寺院と平地寺院に分類して考察したい。寺院の分類は多くの要素を総合してなされるべきであり、とくに規模について考えることが重要であるが、九世紀建立の寺院は規模が不明なものが多いため、立地条件によって分類した。以下、山岳寺院と平地寺院の用語を筆者なりに定義したいが、説明の便宜上平地寺院から述べる。

平地寺院は、人が通常集落を営んで生活する平地に建立された寺院である。そのような寺院は、地方においては特定の官衙や豪族居宅あるいは集落と関係が深く、広い意味でそれらに付属したと考えられる寺院がほとんどであり、それらの近くの場所に建立されたものと考えられる。特定の官衙や豪族居宅あるいは集落の近くにありそれらに付属しているという要素は、筆者の考える平地寺院の重要な特徴である。第一章で取り上げた掘立柱仏堂は、筆者の定義によれば、平地寺院のうち主要な建物が掘立柱建物であるものである。したがって、掘立柱建物による仏堂でも、次に述べる山岳寺院に属するものは筆者の言う掘立柱仏堂には入らない。

本章では掘立柱仏堂以外の平地寺院を取り上げるが、礎石や基壇が残らず、瓦も発掘されず、九世紀代の仏像が伝わることを主な根拠として九世紀建立と考えた寺院は、創建時に掘立柱仏堂であった可能性もある。

山岳寺院は、人が通常集落を営んで生活する平地ではない丘陵地帯や山岳地帯に建立された寺院である。山岳寺院も、特定の官衙や豪族居宅あるいは集落と関係があったはずであるが、それらから離れた場所に位置しており、関係が簡単にはわからないことが多い。山林修行の可能な場所や、山岳信仰と関係の深い場所を選んで建立されたものと考えられる。

第一節　山岳寺院

一　慧日寺跡（福島県耶麻郡磐梯町）

最澄との論争で有名な徳一が建てたとされる慧日寺の遺跡は、近年発掘が進み、四つの寺院からなる九世紀の陸

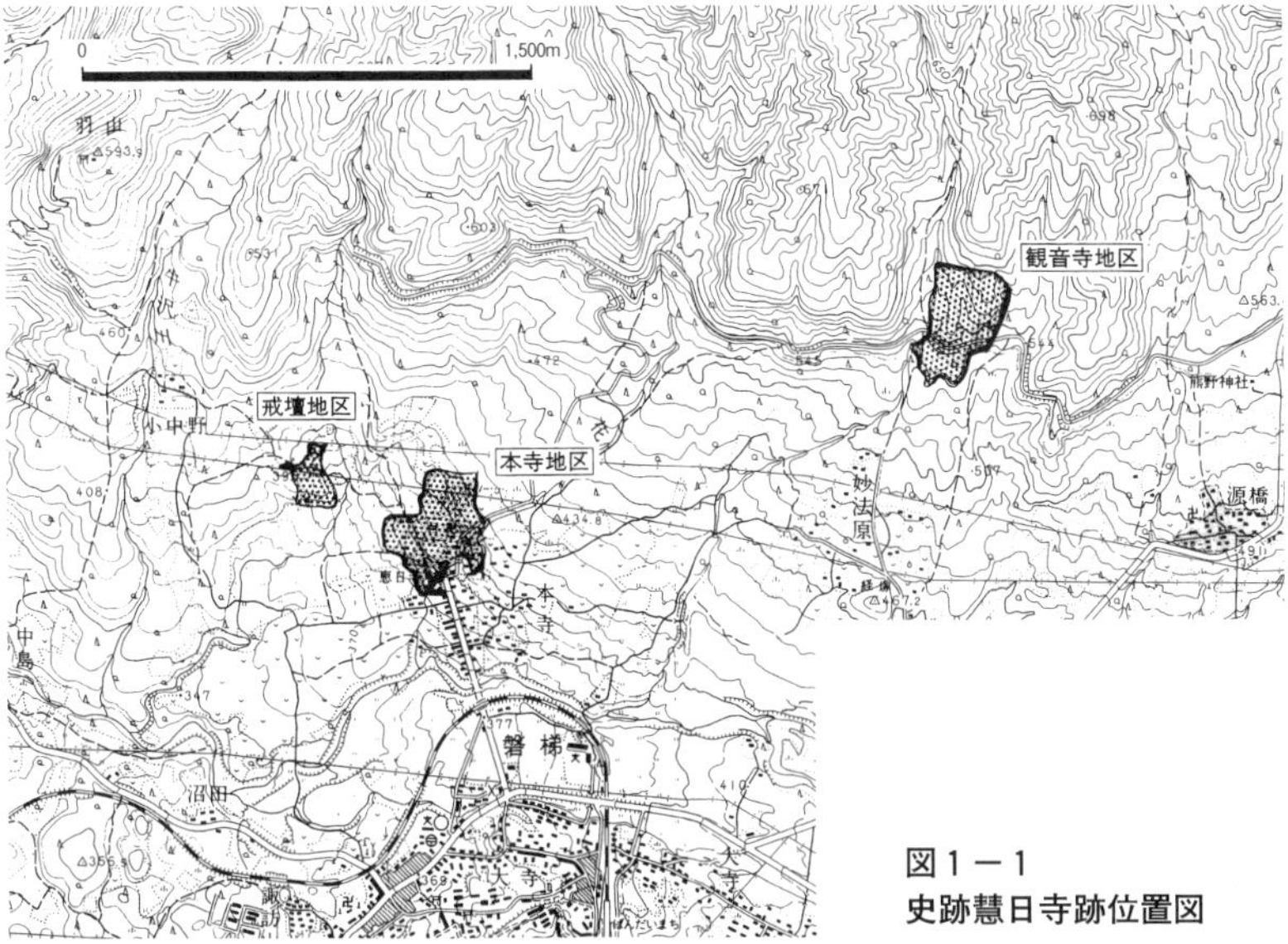

図1－1
史跡慧日寺跡位置図

奥国における最大の山岳寺院群の存在が明らかになった。

慧日寺跡（図1－1）は福島県耶麻郡磐梯町にある。磐梯山の山体の西側には、より古い火山である猫魔火山の外輪山をなす猫魔ヶ岳・厩岳《うまやだけ》山・古城ヶ《こじょうが》峰《みね》などの一〇〇〇メートルを超す山々が連なっている。慧日寺の伽藍はこれらの山々の南斜面に広く展開していたようだが、往時の広がりはいまだ明確には計り知られておらず、山中にはまだまだ多くの建物が埋もれていると考えられている。現在の国史跡指定地は山腹から山麓一帯にかけて大きく三地区に散在しており、東からそれぞれ観音寺地区・本寺《もとでら》地区・戒壇地区と呼ばれる。さらに慧日寺遺跡の北東の山中には、関連遺跡である儀式山遺跡がある。

中心伽藍が立ち並ぶ本寺地区（図1－2）は、標高三八五～四二〇メートルの緩斜面に位置し、南西に緩やかに傾斜している地形を階段状に整地して平坦面を造り出し、その上に伽藍が構築されている。これまで十棟を超す礎石建物が確認された。初期の伽藍として、中門・金堂・講堂・食堂と想定される主要建物が、南北一直線上

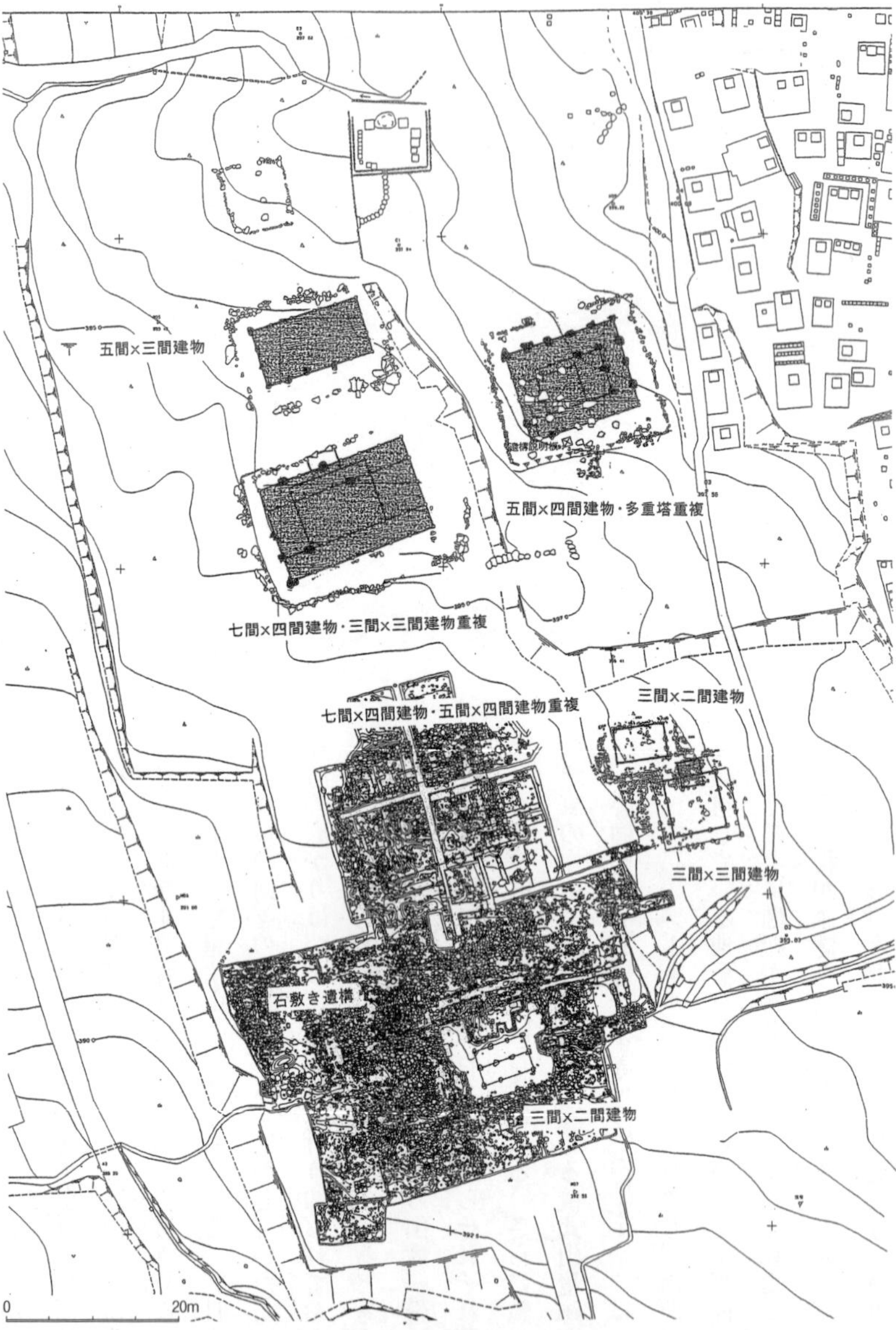

図1－2　本寺地区遺構配置図

に構築されていることが確認されている。

金堂は桁行七間・梁間四間（一五メートル×九メートル）の五間四面堂で、版築による基壇の上に建てられていた。基壇外周には高さ一尺五寸ほどの安山岩の外装が東西一九・五メートル、南北一二・六メートルの規模で巡っていた。瓦は出土せず、植物質の葺材であったと推測される。時期は九世紀前半とされる。中門は東西（桁行）三間・南北（梁間）二間の礎石建物で、八脚門であったと考えられている。門の南側から、地鎮の際に使われた可能性のある九世紀後半代の土器が出土している。中門と金堂の間に石敷きの広場がある。当初は金堂前から中門を取り囲むような範囲で、一面に石敷きが及んでいたものと推定される。この石敷きは奈良興福寺の中金堂前面の石敷きの

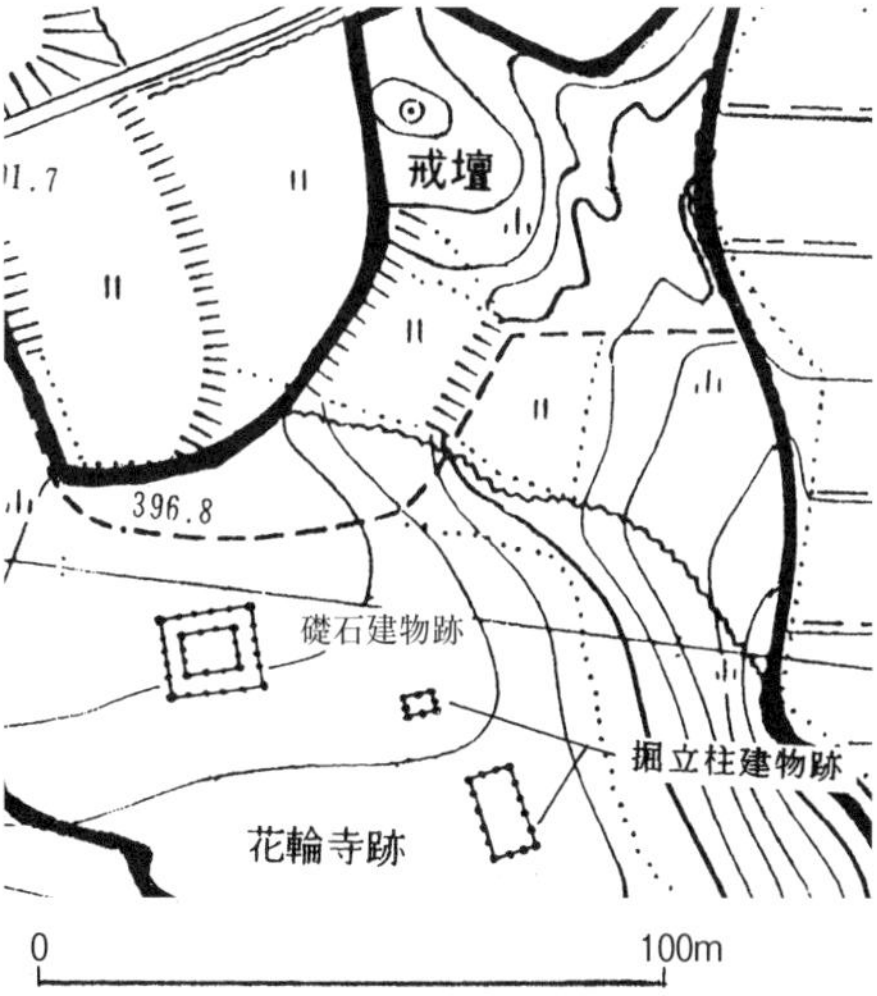

図１－３　戒壇地区遺構配置図

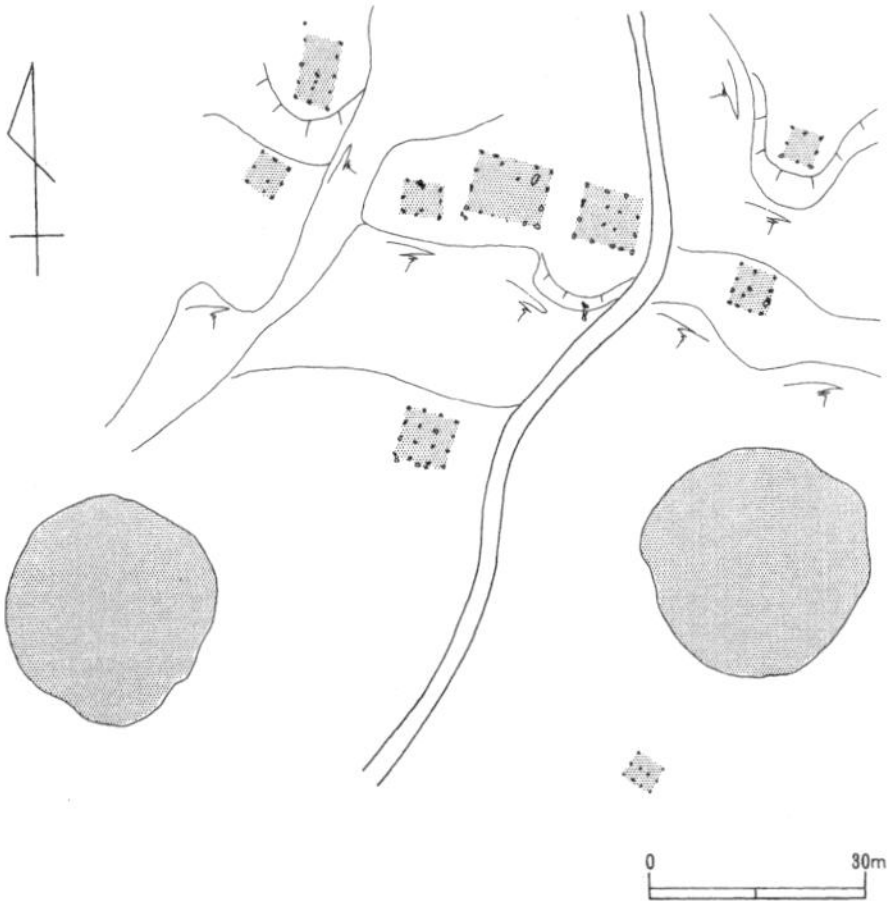

図１－４　儀式山遺跡遺構配置図

影響を受けた儀式空間であり、湿地対策をも兼ねたものと考えられている。金堂の後方（北）に建つ講堂は、桁行七間・梁間四間（一六・八メートル×一〇・二メートル）の七間二面堂、その後方に建つ食堂は桁行五間・梁間三間（一二・六メートル×六・三メートル）の五間堂、講堂や金堂の東に建つ中堂は桁行五間・梁間四間（一一・三メートル×九・六メートル）の三間四面堂で、すべて瓦を使用しない礎石建物である。これらの伽藍の北側には、徳一廟と伝えられる平安時代の石塔がある。

戒壇地区（図1－3）は本寺地区の北西約五〇〇メートルに位置し、その北端には丘陵末端部を利用して造られた丘状の遺構である伝「戒壇跡」がある。その南側には、谷を挟んで九世紀前半代の礎石建物跡や掘立柱建物跡が検出されており、本寺の別院としての性格が指摘されている。伝「戒壇跡」は、本寺地区の伽藍を建立した僧の墓所とされる。

本寺地区から北東に約二キロメートル隔てた観音寺地区では、標高五七五～五九〇メートルの南に延びる尾根上に、五棟の礎石建物が確認されている。発掘調査は行われていないが、本堂・塔・門を中心とする、十世紀代の密教系の伽藍であると考えられている。

慧日寺の北東約五キロメートルの山中に儀式山遺跡（図1－4）がある。標高八三〇～八五〇メートルの高所に位置する礎石建物群である。磐梯山南西山腹の比較的平坦な尾根上にあり、目前に磐梯山を仰ぎ、眼下には猪苗代湖を見下ろす絶好の場所に位置している。表面観察では九棟の建物が観察されており、同時に九世紀代の土器も採集されていることから、慧日寺創建期に関連する遺跡とされている。(1)

慧日寺の建立には、畿内にはない独自の技術が使われたことが注目されている。金堂跡は、版築で基礎作業を行い、切石で基壇化粧を施し、中門から金堂に至る広場に川原石を敷き詰める。その基礎技術を畿内に学んだにしても、切石の形態には独自のものがある。さらに金堂背後に軸線をほぼ等しくして並ぶ礎石建物群（講堂や食堂）の造営に際しては、付近に散乱していた自然石を基壇中に封じ込めるなど、地元に見合った独自の整地手法が開発され、別院の仏堂では畿内に例のない平面形が誕生する。平安時代の慧日寺には木塔はなかったが、伽藍の北東にある徳一廟には、金堂基壇化粧石と同じ石を加工した五重石塔が建てられた。祖師廟を伽藍の背後に設ける風習も、唐招提寺の鑑真廟や高野山・比叡山など、八世紀後半～九世紀の畿内に規範があるが、地元の石材で石塔を製作する手法は独自に展開し、別院にも同様の祖師廟が生まれた(2)。慧日寺の建立に独自の技術が使われていることは、慧日寺と関係が深いとされる会津地方の勝常寺の薬師三尊像が、畿内の作風を基本としつつも地方性が指摘されていることと符合するものと考えてよい。

慧日寺について説明を要する最大の点は、通常の寺院三つ分にあたる規模の寺院が、九世紀という限られた期間の間に造営された、その規模の大きさである。慧日寺には瓦葺きの建物がなく、基壇のある建物も一棟しか発掘されていないので、これまで発掘された東北地方の郡衙周辺寺院との比較は難しいが、格段に大規模な寺院と言ってよいのではないだろうか。そこでただちに問題となるのが、この寺院建立と維持の経済的基盤である。この寺院は承和七年（八四〇）までに会津郡から分出したと考えられる耶麻郡にあるので(3)、耶麻郡や会津郡が中心的な経済的基盤になっている可能性は高い。しかし、この寺院群の規模の大きさを説明するためには、この二郡を越えた広い範囲に経済的な基盤があったと想定したほうがよいのではなかろうか。すなわち、この寺院の規模の大きさを説明するには、陸奥国府の関与が想定されるのである。

二　西原廃寺跡（福島県福島市）

福島市飯坂《いいざか》町湯野《ゆの》字堂跡《どうあと》に所在する。この地は福島盆地の西北部にあたり、東西北の三方は山地に囲まれ、南方だけが開けている。西北から東南に向かって緩やかに傾斜する台地上にあたる。この付近の東西二キロメートル、南北二・五キロメートルにあたる地域は寺院の建物に関係した地名も多く、古瓦の出土も認められ、古くから廃寺跡と考えられていた。この堂跡付近は、大正年間に水田化されるまでは、板碑などとともに礎石が草中に数多く遺存していた。

主要建物としては、二棟の礎石建物跡が検出されている。建物跡は乱石積みの基壇の上に建ち、北方建物跡（図2－1）は四面庇付きの東西棟の建物で、雨落ち溝が巡る。規模は桁行七間・梁間五間で、二一・一四メートル×一五・一メートル、面積は三一九平方メートルである。この面積は、九世紀までの陸奥国の寺院の金堂の面積としては、三二三平方メートルの陸奥国分寺に次ぐものである。建物の向きは真北に対して五度東偏している。北方建物跡の南方約六一メートルの位置に南方建物跡（図2－2）がある。南方建物跡は四面庇付きの東西棟で、桁行五間・梁間四間で、一三・九メートル×一一・一二メートル、面積は一五五平方メートルである。建物の向きは真北に対して三度東偏している。二つの建物は、中軸線が異なるほか、造営技法や柱間距離が違うなどの相違があり、同一時に造営されたものではなく、北方建物が先行するものと考えられる。出土遺物には瓦、円面硯、土師器、須恵器がある。軒丸瓦が三種類、軒平瓦も三種類確認されている。

享保十年（一七二五）の『陸奥伊達郡湯野村不動寺縁起』に、不動寺の前身寺院として当地に「高寺山菩提寺」という寺院があったと記されていること、遺跡の建物の規模が極めて大きいことから、この西原廃寺跡は『日本紀略』天長七年（八三〇）十月十九日条に、「山階寺僧智興。造二建陸奥信夫郡寺一区一。名二菩提寺一。預二定額寺一」と見える「菩提寺」であると考えられている。出土した土師器・須恵器群は、九世紀第3四半期から第4四半期の年代が示唆されている。

軒丸瓦は三種類出土している。第Ⅰ期瓦が単弁八葉蓮華文・単弁八葉（間弁）蓮華文軒丸瓦に×形植物文・×形木葉様植物文軒平瓦、第Ⅱ期瓦は素弁八葉蓮華文軒丸瓦に顎部円形花文押圧文軒平瓦の組み合わせであろうとされている。第Ⅰ期瓦の単弁八葉蓮華文の中房に六葉の旋回文の付くものは腰浜廃寺の第Ⅱ期瓦の影響を受けており、

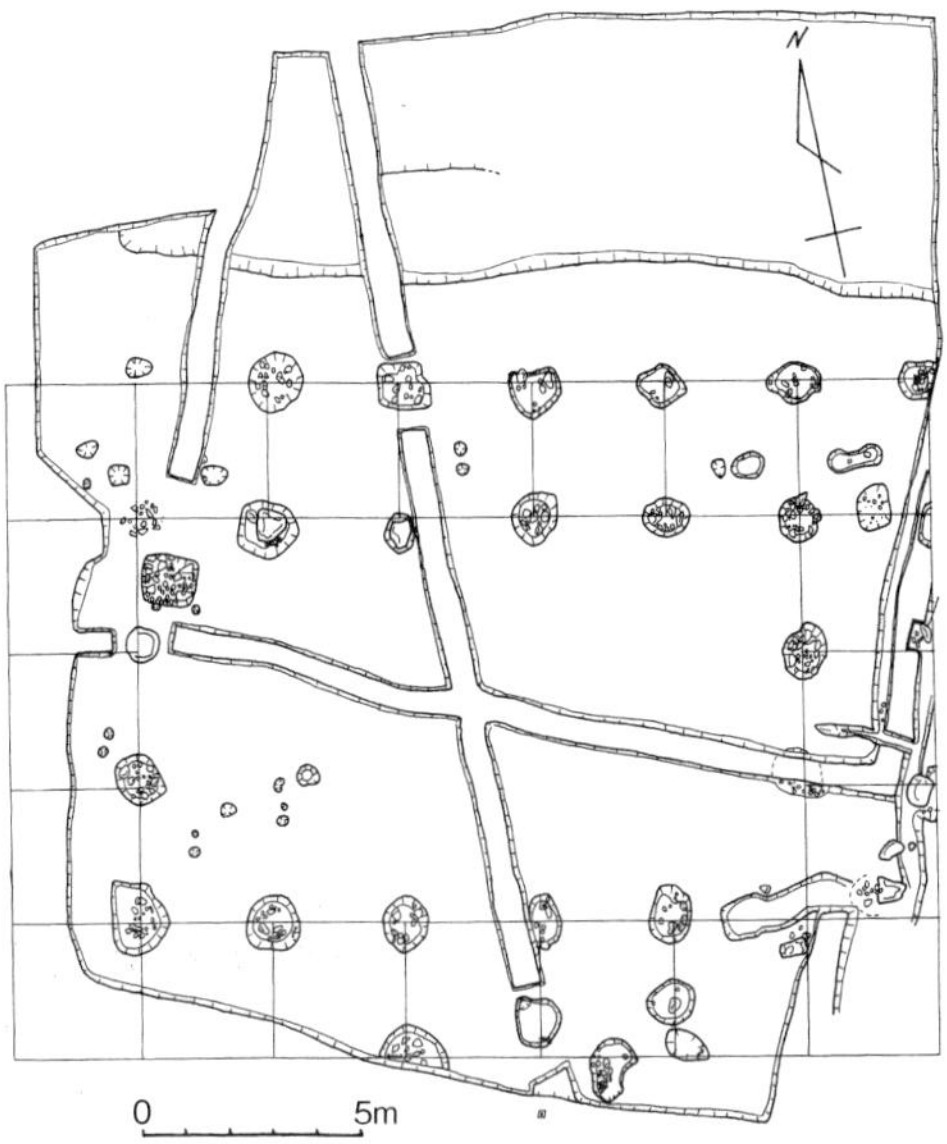

図２－１　西原廃寺北方建物跡実測図

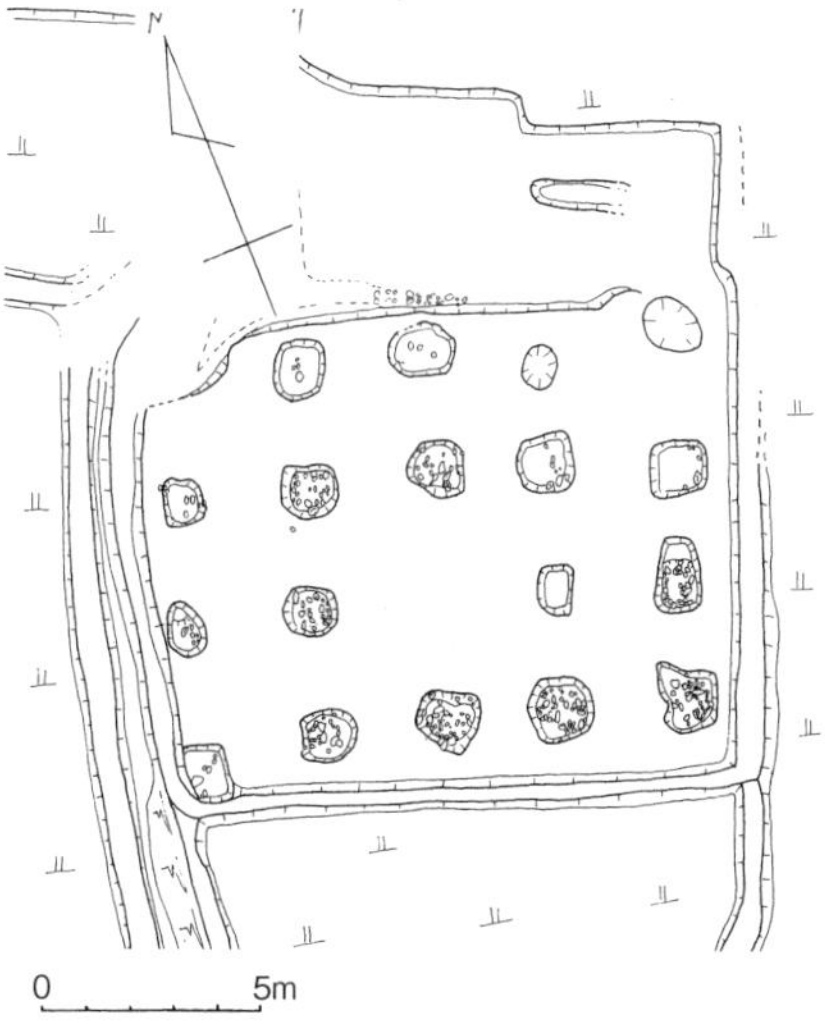

図２－２　西原廃寺南方建物跡実測図

×形植物文も腰浜廃寺の影響を受けているものがある。第Ⅱ期の素弁八葉蓮華文は国見町徳江廃寺の瓦・安達郡高松観音寺の瓦と共通するとされる(4)。

木本元治氏は、腰浜廃寺と西原廃寺の関係について論じている。氏はまず西原廃寺の単弁八葉蓮華文瓦で中房に旋回文を有するものは、腰浜廃寺の軒丸瓦三〇〇から変化したものであり(5)、時期的には腰浜廃寺廃絶直後のものとする。そして腰浜廃寺では九世紀後半に寺院の中に竪穴住居が造られており(6)、九世紀中頃にはすでに腰浜廃寺は廃絶していたと考えられることから、腰浜廃寺は九世紀第2四半期頃に廃絶し、その瓦を模した西原廃寺が創建されたものと考えられるとし、このようにして推測した西原廃寺の創建年代から、西原廃寺を天長七年に定額寺となった菩提寺とする通説は妥当であるとする。氏はさらに、腰浜廃寺を営んできた豪族から摺上《すりかみ》川流域の豪族に、郡領の地位が移動したものと想定している(7)。

しかし、福島市三本木《さんぼんぎ》で採集された腰浜廃寺と同類の平瓦に、「嘉祥」（八四八～五一）のヘラ描きがあることが指摘されている(8)。菩提寺が定額寺となった天長七年（八三〇）より後の時期に、腰浜廃寺と同じ形式の瓦が信夫郡周辺で製作されていたことになる。腰浜廃寺の最後の時期の瓦よりも退化した特徴を持つ西原廃寺の瓦が、天長年間のものと考えることには疑問もある。

菩提寺という寺院は後述するように中世末には湯野の地に確認できるので、西原廃寺が菩提寺だった可能性は高い。それを前提に考えると、天長七年に定額寺となった菩提寺は西原廃寺であるが、その時点では腰浜廃寺は存在しており、腰浜廃寺の廃絶は九世紀中葉の「嘉祥」年間以降であった。その時期の菩提寺は現在残る礎石建物ではなく、瓦を使用しない寺院であった。その後、九世紀中葉以降に、西原廃寺に現在検出されている礎石建物が、腰浜廃寺に比べて退化した瓦を用いて建てられたと考えるのが自然ではなかろうか。

西原廃寺の周辺には広範囲に関係地名が伝存し、西原廃寺跡の北東方約一キロメートルの丘陵上にも高寺跡と呼ばれる場所があって礎石が残存していることから、古代において大規模な寺院に発展したと推測される。

『伊達家文書』の天文二十二年一月十七日付「伊達晴宗采地下賜録」（『福島市史』六　中世　二一四号文書）に「ほたひ寺」が見え、その時点では菩提寺という寺院が湯野に存在していたと考えられる[9]。そして先の『不動寺縁起』によると、同地の不動寺が菩提寺の後身とされている。しかし、いつの頃か往時の規模を失ってしまっている。

三　大蔵寺（福島県福島市）

福島県福島市小倉寺《おぐらじ》に所在する。阿武隈川の東岸で、標高二四二メートルの経塚山《きようづかやま》の中腹に立地する。寺はもと、阿武隈川の対岸の黒岩の大蔵寺《だいぞうじ》村にあったという。経城山の山腹に、収蔵庫、奥の院、観音堂が点在する。これらの建物に合計二十八軀の仏像が安置されている。最大のものが国の重要文化財の像高三九八・四センチメートルの千手観音像で、十世紀のものとされる。この仏像は比較的保存状態がよく、修復もされているが、他のものは未修復の状態である。仏像の種類は、如来形像二軀、菩薩形像十六軀、天部形像十軀である。これらの仏像のうちで九世紀にさかのぼるとされるのは、九世紀前半にさかのぼる像高一六三・二センチメートルの兜跋毘沙門天像とも考えられる天部形立像、像高一五一センチメートルの四天王のうちの一軀と思われる天部形像、像高一三二・五センチメートルの金剛力士像の三軀である。兜跋毘沙門天像とも考えられる天部形立像と金剛力士像の量感のある造形は勝常寺薬師如来像に通じるものがあり、一連のものとしてとらえることができると考えられている。十世紀のものと考えられるのは本尊の千手観音像、像高六四・八センチメートルの如来形坐像、像高一二二・七センチメートルの帝釈天立像、像高二三三・五センチメートルで観音堂の本尊の聖観音像、像高一五二・五センチメートルの菩

薩形立像などである。(10)

大蔵寺の仏像群は、九世紀にさかのぼるのは三軀の天部形像だけであるが、この付近に九世紀に寺院が存在し、仏像が受け継がれてきたことを示すものと言えよう。

四　安積郡弘隆寺（福島県二本松市）

『日本三代実録』元慶五年（八八一）十一月九日条に、「以㆓陸奥国安積郡弘隆寺㆒為㆓天台別院㆒」という記事がある。

この弘隆寺があったと考えられる二本松市東和町木幡《こはた》の沖津島神社は、二本松市の中心部から一五キロメートルほど西の木幡山の中腹に所在する。山麓にある木幡山治陸《じろく》寺は明治の神仏分離までは沖津島神社の別当寺であり、幕末期の縁起に慈覚大師建立の「興隆寺」の後身と伝えている。標高六六〇メートルの木幡山は円錐形の美しい神体山で、花崗片麻岩の巨石が随所に露出し、全山うっそうと茂り、中腹の大磐座に木幡山弁財天ともいわれる式内社（論社）沖津島神社がある。多数の建物からなり、文明四年（一四七二）創建という伝承を持つ三重塔は県指定重要文化財である。毎年十二月の第一日曜日に行われる木幡の幡祭りは、福島県指定重要無形民俗文化財である。

木幡山の山頂には三つの遺跡がある。第一は巨石祭祀遺跡である。巨大な立石があり、基部から九世紀にさかのぼる土師質の小型仏供碗四個が供献されたように出土し、付近から宋銭、内黒の土師器坏が出土する。第二は蔵王堂経塚群であり、六基の経塚からなる。第三は蔵王堂礎石群であり、礎石列は八・二メートル×一三・五メートルで、桁行五間・梁間三間で、柱間二・七メートルである。礎石近くからは内面黒色処理された土師器坏破片が出土した。また木幡山からは中腹、とくに参道や沖津島神社社務所付近から土師器が須恵器片とともに出土する。このような遺物の出土により、現在の沖津島神社付近に安積郡弘隆寺があったと考えられる[11]。

この寺院は、古くからの山岳信仰、磐座信仰を背景として成立した、式内社沖津島神社の信仰に結びついて成立した寺院であったと考えられる。

五　高松観音寺（福島県本宮市）

福島県本宮市（旧安達郡）白沢字高松に所在する。所在地の名をつけて、本書では高松観音寺と呼称する。安達郡衙の郡山台遺跡の南約八キロメートルに位置する。阿武隈川右岸の標高三三七メートル、阿武隈川からの比高差一三〇メートルほどの丘陵の中腹に位置する。この丘陵の頂部には高松神社があり、その神体は巨大な花崗岩の露岩である。頂上付近からは、阿武隈川流域の盆地を広く見渡すことができる。この丘陵の南斜面の標高二八〇メートル付近に、高松山観音寺と観音寺薬師堂が現存する。観音寺境内には寺の開基徳一の墓と伝えられる宝塔があり、鎌倉時代のものとされる。また、境内からは瓦が表採されている。五弁花文で蓮子四個の軒丸瓦と唐草文軒平瓦がある。国見町徳江廃寺に八弁で蓮子四個の軒丸瓦があり、観音寺の瓦はこれが退化したものと考えられている[12]。

この寺院は九世紀後半以降と考えられる瓦が出土することから、その頃に建立された山岳寺院であると考えられる。山頂に磐座を持ち中腹に寺院が存在するという空間構成は、安積郡弘隆寺、国見山廃寺と共通するものである。

六　黒石寺（岩手県奥州市）

黒石寺は奥州市水沢区黒石に所在する古刹である。延暦二十一年（八〇二）に坂上田村麻呂によって造営され、その後長く鎮守府が置かれた胆沢城の南東方一二キロメートルばかりの位置にある。本尊の薬師如来像は貞観四年

（八六二）銘を持つ。四天王像も薬師像とほぼ同時期のものとされる。それに続く時期のものとしては、永承二年（一〇四七）の記名を持つ慈覚大師像がある。他に平安時代のものとしては、十二世紀中葉頃のものとみられる日光・月光菩薩立像がある。このように平安時代の仏像が多数現存しているので、黒石寺は薬師如来像造立当初より、この地に存在していたものと考えられる。黒石寺と関連すると考えられる神社が、北東方二キロメートルほどのところにある石手堰《いわてい》神社である。石手堰神社は黒石寺薬師像の造立された貞観四年に官社になっているので、その関係が注目されている。また、黒石寺の背後にある大師山には多数の露岩があり、大師窟と呼ばれる場所もある(13)。寺院と露岩地帯の距離は、国見山廃寺や高松観音寺、安積郡弘隆寺のように近くはないが、共通性が注目される。

七　国見山廃寺（岩手県北上市）

北上市稲瀬町に所在する（図3－1）。北上山地西縁部の丘陵の一つである国見山南麓に位置している。胆沢城跡の北約一〇キロメートル、岩崎台地遺跡群の東約七キロメートル、南部工業団地K区の東約四キロメートルにある。平安時代中期の東北北部における最大級の寺院跡である。創建は九世紀中頃であり、最盛期は十世紀後半から十一世紀にかけてである。遺跡は七つの時期に区分されているが、そのうち九世紀中頃のⅠ期、九世紀後半のⅡ期、十世紀前半のⅢ期までは礎石建物は存在せず、堂宇は掘立柱建物からなっている。ここではⅢ期までの建物のみについて述べる。九世紀中葉のⅠ期に属する建物は未確認である。

九世紀後半のⅡ期に属する掘立柱建物は次の二つである。ＳＢ一一一掘立柱建物跡（図3－2）は、国見山神社地区の国見山神社社殿の南西約五〇メートルの地点の、第四・五・十六・十八～二十次調査区にある（図3－1の長堂跡）。国見山廃寺最大（東西二一・七メートル、南北八・二メートル）の建物であり中心的建物とされる、十一世

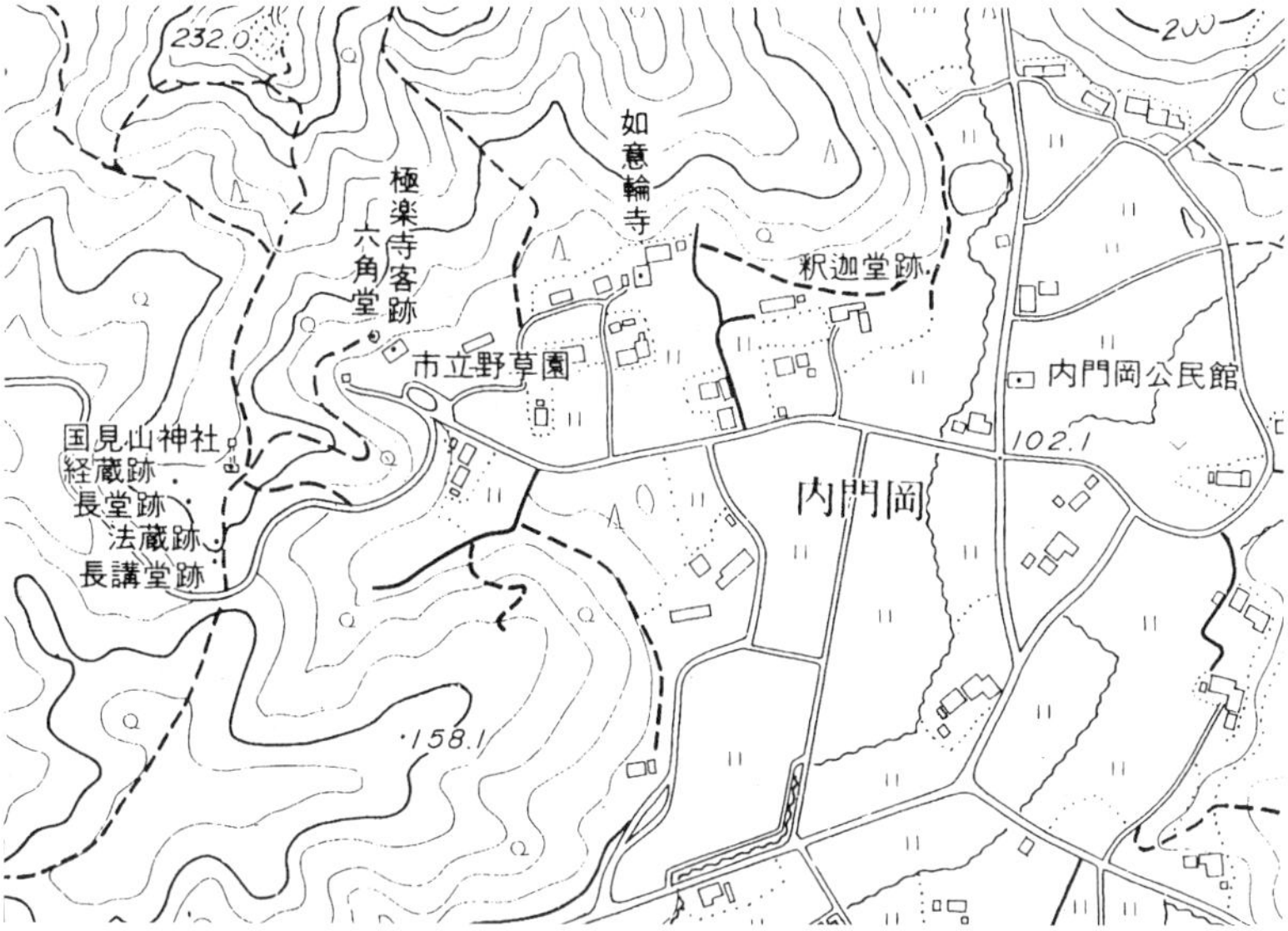

図３－１　国見山廃寺位置図

紀中頃から十二世紀初めのＳＢ〇一一礎石建物（通称、七間堂）の二代前の建物にあたる。柱掘形約一間分の検出で、全体の規模は未確認である。東西柱間距離は約三メートルである。新旧二時期に分かれており、新しい建物の東側の柱穴の柱掘形は一辺約九〇センチメートルの方形で、深さは約八〇センチメートル、柱根跡は直径約三〇センチメートルである。西側の柱掘形は一辺約六〇センチメートルの方形である。古い建物跡の掘形は壊されているが、大きさ不明の方形である。ＳＢ〇九一掘立柱建物跡（図３－３）は国見山神社社殿の東方約四五メートルの第十次（第一地点）、第十三・十四次調査区にあり、桁行・梁間とも三間の総柱建物である。

十世紀前半のⅢ期に属する建物は次のものである。ＳＢ〇九三・九四掘立柱建物跡は、ＳＢ九一掘立柱建物跡に隣接し、ＳＢ〇九三建物跡は桁行三間・梁間二間、ＳＢ九四掘立柱建物跡は桁行二間・梁間二間の総柱建物である。ＳＢ〇九七掘立柱建物跡は国見山神社鳥居の西側にあり、ＳＢ一二一建物の南東五〇メートルほどのとこ

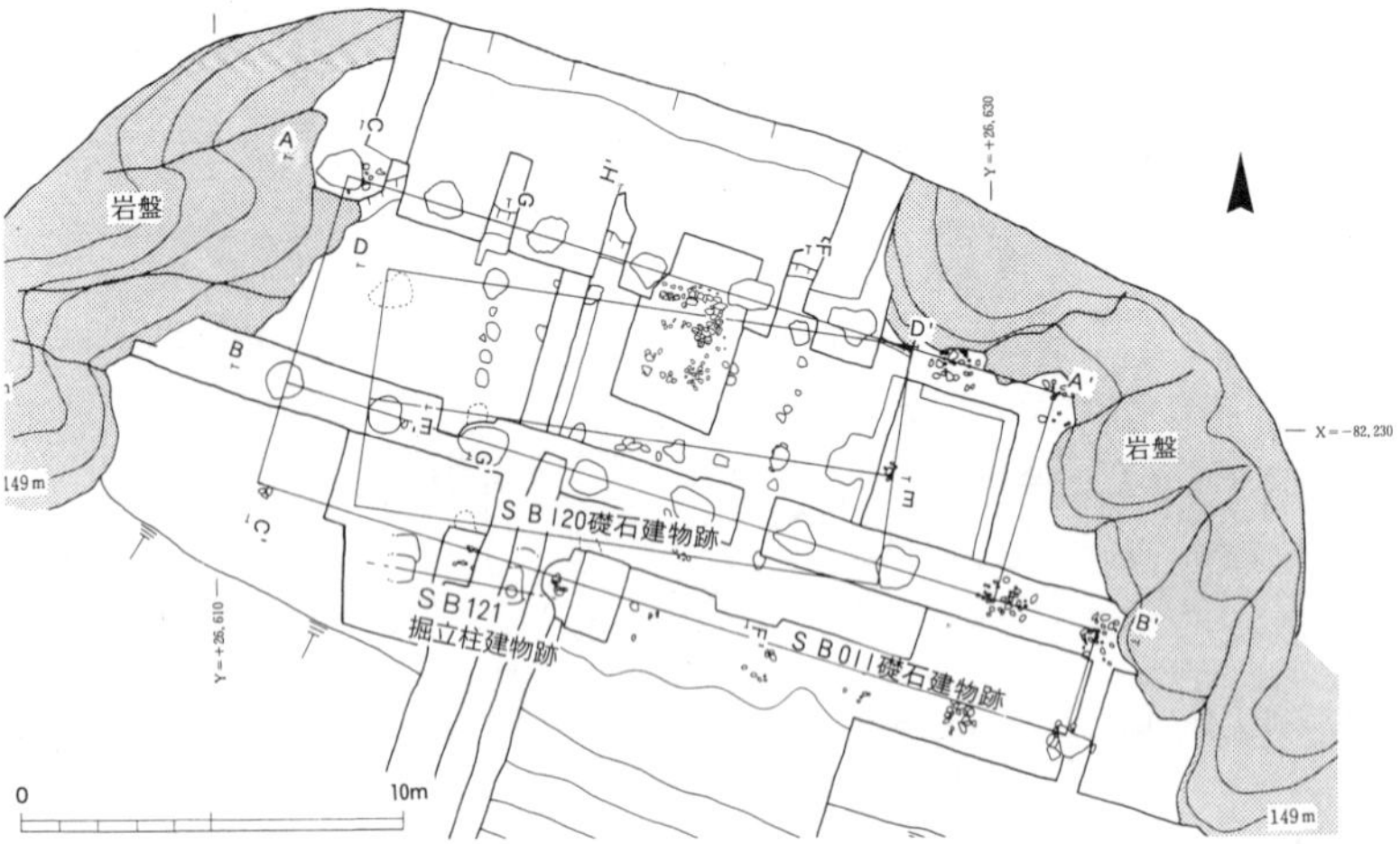

図３－２　SB121掘立柱建物跡実測図

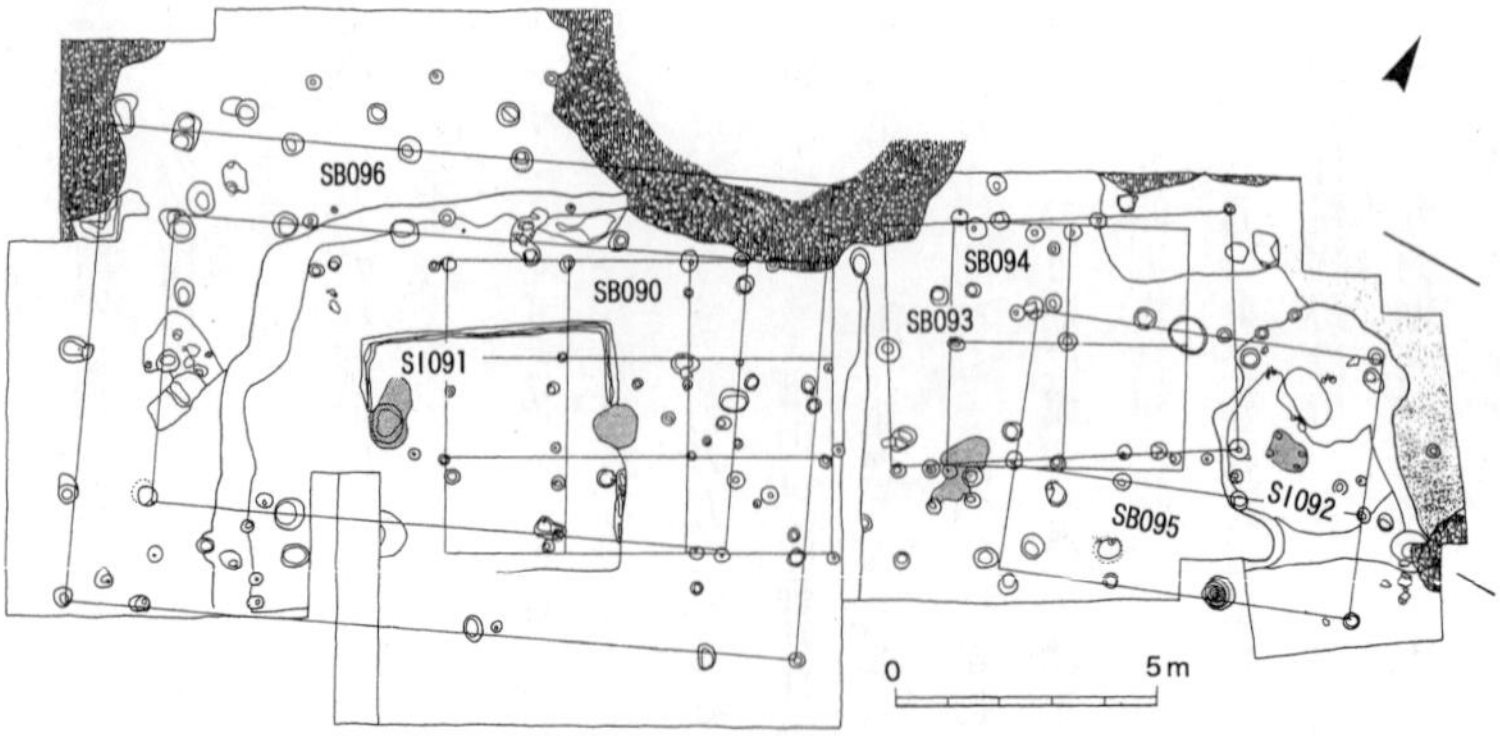

図３－３　SB090（91・93・94）掘立柱建物跡実測図

ろである。桁行・梁間三間で、回縁が付く可能性がある。桁行七・九メートル、梁間五・四メートルである。SB一四三掘立柱建物跡は国見山神社社殿背後の大岩の西側にあたり、SB一二一建物の北側四〇メートルほどのところにある。桁行四・六メートル、梁間三メートルで、桁行は四間であるが、北側の梁間が二間、南側の梁間が一間で、住吉造の神社建築である。年代は九世紀後半から十世紀である。この建物の上にはその後全く同じ柱配置の礎石建物SB〇四三が、一回り大きい桁行四・七メートル、梁間三・九メートルの規模で建てられている。[14]

国見山廃寺のある山の頂上から眼下の北上川を挟んで、和賀郡内の掘立柱仏堂を持つ遺跡群が手に取るように眺められる。この山岳寺院は礎石建物化される以前の十世紀はじめまでは、和賀郡の掘立柱仏堂周辺の集落と密接な関係を持って建立され、維持されてきた寺院だと考えられる。

八　成島毘沙門堂（岩手県花巻市）

岩手県花巻市東和町成島に所在する。猿が石川北岸の山の中腹の小さな平坦地に所在する。隣接して熊野神社がある。成島毘沙門堂の本堂は室町時代の建築で、国の重要文化財である。この寺院には三軀（脇侍を入れると五軀）の平安仏が残っており、すべて国の重要文化財である。最も有名なものが像高四七三センチメートルの兜跋毘沙門天像で、二鬼を従えている。十世紀の造像と考えられている。比較的目立たないものが、承徳二年（一〇九八）に造像され「縁女伴氏／坂上最延／承徳二年十二月十日造顕／為長寿延命安穏太平也」という胎内銘を持つ伝阿弥陀如来像で、この仏像は本来は十一面観音菩薩像であったが、享保年間に別の如来像の頭部を付けたものである。

九世紀の造像とされるのが伝吉祥天像である。像高一七六センチメートル、ケヤキの一木造で、優れた彫刻とさ

れている。この仏像は、典拠が現在伝えられておらず尊名は定めがたいが、吉祥天とする考え方が相対的に有力である。(15)

成島毘沙門堂に現存する九世紀代の仏像は伝吉祥天像だけであり、その吉祥天像は他から移されたものとする説もある。しかし、成島毘沙門堂の所在地は、北上川流域から九世紀代の官衙的な遺跡とされる高瀬Ⅰ遺跡のある遠野盆地を経て沿岸地域をむすぶ交通路の、北上盆地からの入り口にあたる要衝であり、十世紀に兜跋毘沙門天像が造立される以前から寺院が存在し、吉祥天像はその寺院の仏像群の一つであった可能性も十分あると考えられる。

九　黄金堂遺跡・どじの沢遺跡（岩手県岩手郡岩手町）

黄金堂《こがねどう》遺跡は岩手郡岩手町字大森に所在する。志波《しわ》城の北約三四キロメートル、胆沢城からは北に九四キロメートルほどの位置にある。北上川の最上流部にあたる丘陵の多い地域で、北上川水系に属する一方井《いっかたい》川の支流である大森沢流域の、周囲を山に囲まれた標高三三〇メートルほどの緩斜面に立地する。

仏堂と思われる建物は、東西約一一メートル、南北約一二メートルの平場を造成した上に建てられている。建物は平場の西端部に偏在して位置し、東面する南北棟である。東西二間・南北三間の総柱建物で、規模は東西五・七九メートル、南北七・一六メートルである。建物の西側中央の四本の柱の間に、須弥壇を構成したと推測される三本の柱穴がある。

この建物の東側に二〇メートルから一〇〇メートル離れた調査区から、この建物と同時期と考えられる竪穴住居跡が八棟検出されている。出土する土器の年代は十世紀後半とされている。この建物の付近からは耕作の際などに土師器や須恵器の他、鉄磬、塑像の螺髪（直径六センチメートル）が二百点以上、衣の一部と思われる土製品が出土している。[16]十世紀後半頃のものと考えられる。この付近には十世紀頃に、複数の堂からなる山岳寺院が存在していたと考えられる。

どじの沢遺跡は岩手県岩手町一方井第一六地割に所在する。黄金堂遺跡からは北に二キロメートルほど離れている。北上川の最上流部、北上川の支流一方井川の支流大森川の上流の、現在ゴルフ場になっている丘陵地帯の一丘陵の先端に立地する。

仏堂と思われる建物は、丘陵の端を削り取って造った平場に建てられている。三間×三間の掘立柱建物跡である。規模は東西九メートル、南北八・三メートルである。出土遺物は青銅製八稜鏡、青銅製小鰐口、板状鉄器、須恵器である。出土した遺物から、平安時代前期の仏堂跡であろうとされる。[17]

この遺跡は黄金堂遺跡と距離が近いので、黄金堂遺跡を中心とする山岳寺院の一部であったと考えられる。

十　天台寺（岩手県二戸市）

天台寺は、岩手県北部の二戸市浄法寺《じょうぼうじ》字御山《おやま》に所在する。奥羽山脈の八幡平付近を源流とし、馬淵川と合流して青森県八戸市で太平洋に注ぐ、安比《あっぴ》川の流域にある。その安比川右岸の五角形の平面を持つ丘陵上に立地する山岳寺院であり、室町時代に成立した糠部《ぬかのべ》三十三観音の詣り納めの札所として知られており、古くから現代まで周辺地域の信仰を集めている名刹である。十世紀末から十一世紀はじめ頃のものとされる仏像が六軀現存している。本尊の鉈彫りの聖観音立像と鉈彫りでない十一面観音立像は、国の重要文化財に指定されている。他に、二体の如来立像、伝吉祥天像、伝広目天立像、伝多聞天立像がある。

一部が発掘調査されており、現本堂東部の第二調査区から十世紀と推定される礎石建物跡が検出されている。この建物の整地面の規模は東西九・七メートルで、南北も同程度と推測される。桁行三間・梁間二間で、規模は東西八・二メートル、南北五・五メートル、建物方向はN—二度—Wである。この建物の整地面は十和田A火山灰の降下以前に構築されており、十和田A火山灰の降下後比較的早い時期に火災により消失し廃棄されている。

以上の様相と、出土土器から、この建物は十世紀代のものと考えられている。天台寺においては他に同時期の建物は検出されていないが、この建物は山中にあり礎石建物であることから、山岳寺院の一部であり、十世紀初頭にはこの地に山岳寺院があったことがわかる(18)。

この山岳寺院と関係が深いと考えられる遺跡が飛鳥台地Ⅰ遺跡である。この遺跡は天台寺から一・五キロメートルほど西南方の、安比川右岸の丘陵上に立地する集落遺跡である。九十三棟の平安時代の竪穴住居が検出されたが、平安時代に至って突如形成された集落であり、その時期は九世紀末から十一世紀にかけてのものとされている。

この地に大規模な集落と寺院が形成された背景として、元慶の乱に伴って現岩手郡から現秋田県鹿角郡へ向かう道路である「陸奥路」が整備されたことがあるとされる(19)。

十一　流廃寺跡（福島県東白河郡棚倉町）

福島県東白河郡棚倉町大字流《ながれ》字東山地内に所在する。古代には常陸国府から陸奥国白河郡にあった東山道の松田駅に至る官道があり、その官道沿いの地であった。付近には高野駅があったと考えられる。

久慈川左岸の、平地からの比高差八〇メートルほどの丘陵上に位置している。寺域は東西南北それぞれ約六〇〇メートル四方と考えられている。寺域の範囲内には約六十か所の平場が確認されており、うち十三の平場で礎石や古代の土器の存在が確認されている。

確認されている平場のなかで一番面積の広い一〇号平場は、規模は東西二三メートル、南北一八メートルで、古代の瓦や三鈷杵、建物の礎石が古くから発見されていたことから、昭和二十八年に「流の廃堂跡」として福島県指定史跡になっている。この平場の礎石建物は、柱間約三・一メートルの東西五間・南北四間の総柱建物で、中心の三間×二間が身舎となる四面庇建物で、南側に約五メートル離れたところにも礎石列が一列あることから、南西に孫庇が付く四面庇の五間堂である。規模は、上記の数字から、ほぼ東西一五・五メートル、南北一七・四メートル程度で、面積は二七〇平方メートル程度となる。この建物の時期は、出土した土器から十世紀と考えられている。流廃寺の建物のなかではこの建物のみが瓦葺きであったらしく、軒丸瓦は「素弁八弁もしくは七弁蓮華文」と呼ばれる瓦と、「素弁四弁蓮華文」と呼ばれる二種類が出土している。この二種類は製作技法も異なる。軒平瓦は径三センチメートルほどの小さなスタンプ状の型を用いて、連続的に瓦当面に蓮華文を施して飾るものである。この建物は火災に遭ったと考えられている。

一〇号平場の北側の一三号平場から金銀象嵌鉄剣が出土している。この平場の建物である二号建物は、南北二間、東西方向は北側が二間、南側が三間の東西棟で、南側に入り口を持つ、平入りの礎石建物である。規模は、東西三・六メートル、南北三メートルである。整地層の最上部から出土した土器は十世紀初頭前後、建物床面から出土した土器は十世紀前葉でも新しい段階とされ、鉄剣も同時期のものと考えられる。胎蔵界五仏を表現する梵字や火焔文が象嵌されており、不動明王と密接な関係がある剣である。全長四三・四センチメートルと短く、厚みも薄いことから、実用の剣ではなく、不動明王像が所持していた剣の可能性が指摘されている。現存の不動明王像、あるいは僧の所持する剣に文様・梵字を記した剣はなく、当時においても、流廃寺とその不動堂は広く世に知られていたことが推測されている[20]。

第二節　その他の寺院

一　植松廃寺跡（福島県南相馬市）

行方郡衙の遺跡である泉官衙遺跡（泉廃寺跡）の西方約二キロメートルに位置する。原町地区の北部を東流する新田《にいだ》川の北岸の河岸段丘上にある。(21)発掘調査は行われていないが、近年、藤木海氏によって出土瓦の本格的な分析が行われ、腰浜廃寺・中野廃寺・泉官衙遺跡から出土する有蕊弁蓮華文（三蕊弁花葉文）軒丸瓦が最初に使用された注目すべき遺跡であることが明らかになった。(22)以下、藤木氏の研究に基づいて記述する。

創建瓦は八世紀後半の単弁蓮華文軒丸瓦であり、九世紀前半には植松廃寺において有蕊弁蓮華文（三蕊弁花葉文）が成立する。植松廃寺跡出土の瓦は、植松廃寺跡の北西二キロメートルほどに位置する入道迫《にゅうどうさく》瓦窯跡で焼成されたものであるが、この窯跡からは有蕊弁蓮華文を持つ軒丸瓦・軒平瓦・丸瓦・平瓦のほか、鬼瓦も採集されており、植松廃寺には本格的な瓦葺き建物が存在した可能性が高い。礎石が存在したことも伝えられているが、現在は確認できない。隣接する植松B遺跡の試掘調査では、掘立柱建物跡や土師器、須恵器、平瓦などが出土しており、植松廃寺に関連する運営施設もしくは寺院建立氏族の居宅と考えられる。植松廃寺跡出土の瓦は文様・製作技法ともに行方郡衙の瓦に系譜をたどれないことから、郡衙の付属施設ではなく、周辺に本拠地を置いた在地有力氏族が独自に造営した氏寺の可能性が高い。ただし、植松廃寺の有蕊弁蓮華文は、泉官衙遺跡の寺院Ⅲ期の瓦に影響を与えている。

九世紀前半の、行方・宇多・信夫郡における有蕊弁蓮華文（三蕊弁花葉文）軒丸瓦の展開は、九世紀の陸奥国南部の仏教の展開を考える上で極めて重要な現象なので、ここで藤木氏の研究に詳しくふれておきたい。

有蕊弁蓮華文軒丸瓦は、在地に系譜をたどることができない植松廃寺の単弁四葉軒丸瓦（八世紀代にさかのぼる）の文様要素が、中野廃寺の八葉単弁蓮華文軒丸瓦の一種であり、植松廃寺の有蕊弁蓮華文軒丸瓦と同じ製作技法（腰浜C技法の一種）により製作されたAc類（遅くとも八世紀初頭）に加わって成立し、植松廃寺で初めて使用された。その年代はさかのぼっても九世紀初頭と考えられる。この植松廃寺の瓦を祖形として九世紀第2四半期から第3四半期を中心とする時期に、有蕊弁蓮華文軒丸瓦は周辺の寺院に広がっていく。

有蕊弁蓮華文軒丸瓦は泉官衙遺跡の寺院遺跡である舘前地区や中野廃寺に補修瓦として、腰浜廃寺には大規模な再建に用いられた瓦群の一部として使用される。また、腰浜廃寺のこのときの大規模な再建に用いられた三種の軒丸瓦、旋回花文・八弁花文・有蕊弁蓮華文の三種に対応する軒平瓦に用いられている型押顎面施文などの技法も、植松廃寺の影響を受けたものである。さらに、有蕊弁蓮華文軒丸瓦以前の植松廃寺の瓦である単弁四葉軒丸瓦は、同じ行方郡内の横手廃寺の唯一の軒丸瓦（創建瓦？）や、中野廃寺のD類と呼ばれる四葉単弁蓮華文に影響を与えている。

以上のような植松廃寺系の瓦は、軒丸瓦の腰浜C技法とともに、軒平瓦の型押顎面施文、軒丸瓦の紐造、軒平瓦の一枚造といった技法面での共通点が多い。そのため泉官衙遺跡・腰浜廃寺・中野廃寺における瓦葺き建物の修造には、植松廃寺に付属した造瓦組織が強く関与したと考えられ、植松廃寺の主導による各寺院の補修が想定できる。

有蕊弁蓮華文軒丸瓦に見られる腰浜C技法は、そもそも郡衙周辺寺院である腰浜廃寺・中野廃寺の古い段階の瓦に端緒的に採用され、八世紀以降に造営された豪族の氏寺である植松廃寺・横手廃寺の所用瓦に継承された。さらに平安初期においては有蕊弁蓮華文とともに、同技法を用いた軒丸瓦で郡衙周辺寺院舘前・腰浜・中野三廃寺の修造が行われている。舘前廃寺や中野廃寺の軒丸瓦の主流の製作技法は印籠つぎであったが、平安初期にはその技法を保持した造瓦組織が機能しなくなっていたのである。

腰浜C技法を伴う有蕊弁蓮華文瓦が展開した背景に、各寺院の檀越間に存在した同族関係に基づく協力関係といった、極めて在地的な関係が存在したことを示す。

三廃寺に有蕊弁蓮華文が展開し、その補修あるいは再建が行われたのは、『続日本後紀』承和五年（八三八）九月甲戌（十九日）条や『同』承和八年五月己丑（二十日）条に見えるように、中央政府によって諸国定額寺の堂塔修理が命じられた時期のことであり、三廃寺の修造の背景には、国分寺とともに地方定額寺に国家仏教の一翼を担う機能を求めた国家の政策がある。

以上が藤木氏の説の概略であるが、九世紀前半から中葉にかけて、行方・宇多・信夫の三郡に生じた仏教文化繁栄の現象を具体的に明らかにした極めて重要な研究である。このような現象が生じた背景として国家の政策があるとする藤木氏の指摘は妥当かつ重要な指摘である。しかし、同じ時期の陸奥国の各地では、山岳寺院の建立・神仏習合の展開・掘立柱仏堂の建立という現象が生じており、有蕊弁蓮華文軒丸瓦を用いた寺院修造という現象も、他の現象と共通する政策としての一面、すなわち、富豪層の成長に代表されるような在地社会の変化に対応して、郡司層が採用した新しい仏教政策の一環であるという側面をも持つものと思われる。

二　横手廃寺跡（福島県南相馬市）

南相馬市鹿島区横手字御所内に所在する。真野川の北岸に位置する。周辺には小型前方後円墳を中心とする典型的な古墳時代後期（六～七世紀）の古墳群である横手古墳群がある。[23] 遺跡周辺からは布目瓦が出土し、折笠氏宅の敷地内が最も多く、現在小祠のある一段高い部分には、円形造り出しのある礎石をはじめ、数個の礎石が残存する。以前はかなりの数の礎石があったと言われている。[24] 横手廃寺の軒丸瓦は単弁八葉蓮華文軒丸瓦のみで、軒平瓦は確認されていない。単弁八葉蓮華文軒丸瓦は横手廃寺独特のものであるが、植松廃寺の八世紀後半に位置づけられる創建瓦である単弁四葉軒丸瓦の影響を受けたものであり、八世紀末ないしは九世紀初頭の年代が想定されている。平瓦にも植松廃寺と共通する特徴を持つものがあり、植松廃寺との関連を裏づけている。[25]

横手廃寺は礎石と瓦を用いた本格的な寺院であることから豪族の氏寺と考えられ、行方郡には九世紀初頭の時点で、郡衙周辺寺院の舘前廃寺のほか、真野古城跡・植松廃寺・横手廃寺の三つの豪族の氏寺が存在していたことになり、他郡に比べて多い。金沢地区製鉄遺跡群や行方団の存在に一端が示されるように国衙にとって重要な施設が複数存在し、国衙と関係が深い豪族が多く存在していたからであろう。

三　勝常寺（福島県河沼郡湯川村）

会津地方の河沼郡湯川村　勝常《しょうじょう》に所在する古刹である。薬師堂は室町時代初期の建築であり、国の重要文化財となっている。往古は二町四方の寺域を持ち、法隆寺式の伽藍配置を持つ寺院であったと推測されているが、発掘調査はほとんど行われていない。九世紀に造立されたと考えられる仏像が十二軀も安置されている。勝常寺は徳一が創建したと伝えられる寺であり、また、都から遠く離れた陸奥国の会津地方にこのように優れた仏像が多数残っていることは、徳一の布教と関係が深いと考えられている(26)。

そのなかでも九世紀初期にさかのぼるとされているのは、薬師如来坐像および両脇侍立像（国宝）、四天王立像（国重文）である。これらはすべてケヤキの一木造である。薬師如来坐像および両脇侍立像は、仏像としては東北地方で最初に国宝に指定されたものであり、極めて優れた彫刻である。しかしながら佐藤昭夫氏は、この仏像の作風に地方性を指摘し、慧日寺に存在していたであろう中央から招かれた仏師による仏像の影響下に、中央の仏師によって育てられた地方仏師によって造られたものと考えている。佐藤昭夫氏はこのような勝常寺諸像のいわば「第二次的な」性格を根拠に、薬師三尊像の成立を九世紀半ば近くとするが(27)、同じく勝常寺の諸像の造形に地方性を認め「地方色ゆたかな像」とする久野健氏は、「九世紀前半を下らない」とする(28)。

勝常寺には他に、九世紀の仏像として、十一面観音菩薩立像、聖観音菩薩立像、地蔵菩薩立像二軀、天部（伝虚空蔵菩薩）立像がある。長岡龍作氏は茨城県妙法寺の仏像について論じ、妙法寺前身寺院を新治《にいはり》廃寺廃絶後の郡寺的機能を担った寺とした際に勝常寺の仏像についてふれ、勝常寺諸像は、薬師三尊・梵天・帝釈天・四天王の構成を含み、さらに妙法寺より多様な尊種を過不足なく備えているとし、勝常寺は「妙法寺と同様の、いやむしろそれ以上の、きわめて公的な機能を担った寺院である」としている(29)。

四　上宇内薬師堂（福島県河沼郡会津坂下町）

福島県河沼郡会津坂下町大上に所在する。本尊の薬師如来像は、ケヤキ材の一木造で、像高一八二・六センチメートルであり、勝常寺の薬師如来坐像の影響下に造られたものとされる。従来、十世紀のものと考えられてきたが、近年、九世紀後半まで上る可能性が指摘されている。この薬師堂には十二神将と伝えられている像があるが、そのうちの四軀は四天王像であり、薬師如来像と同時期の優れた仏像である。(30)

五　笠島廃寺跡（宮城県名取市）

笠島廃寺跡（図4）は郡山遺跡の南西約八キロメートルに位置する。奥羽山脈の支脈が仙台平野に向かって舌状に延びた阿武隈川の河岸段丘上にあるもので、旧あずま街道に属した道路が段丘の麓を南北に通じ、その傍らに存在する。付近には、実方中将の墓や同墓に関係ある陸奥国佐具叡《さくえ》神社（式内社。現在、佐倍乃《さえの》神社。道祖神）があり、また、賽の窪古墳群二十基が点在している。

一九五一～五二年の調査で、塔跡と思われるところに、南北四メートル、幅七〇センチメートルのトレンチを入れ、ほぼ方形の土壇の跡が確認された。その中央に現存する大石は心礎である。

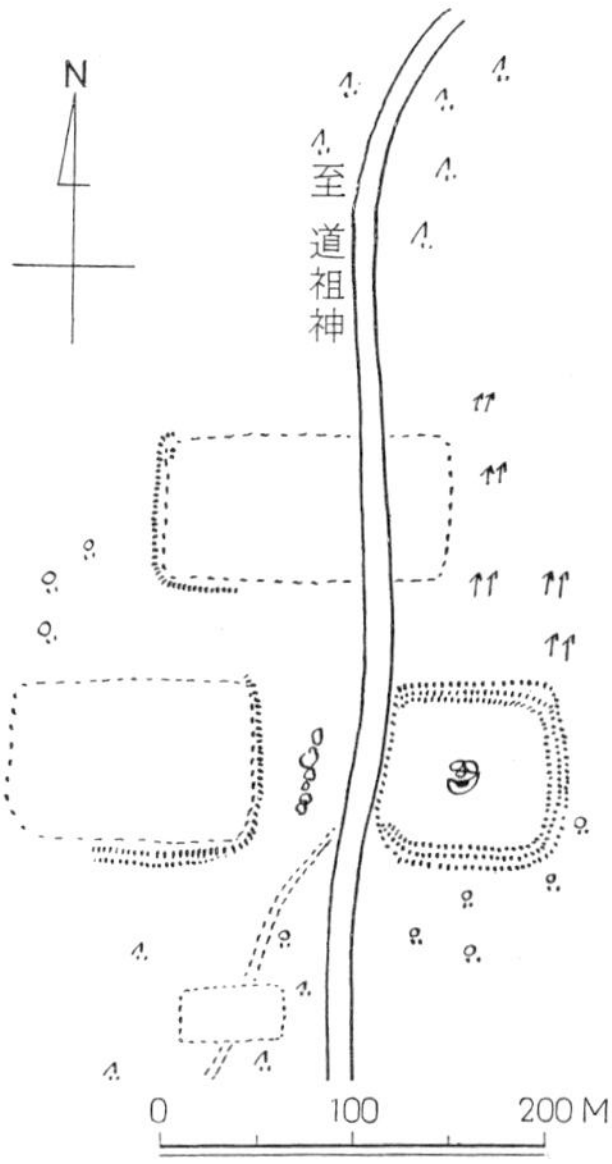

図4　笠島廃寺跡略図

この廃寺は、中門・塔・金堂・講堂を持った伽藍配置であり、そのうち中門・塔のみ、瓦葺きであった。出土遺物には、布目瓦がある。

このような笠島廃寺は、私寺的な性格の寺院だと考えられている。(31)

六　燕沢遺跡（宮城県仙台市宮城野区）

燕沢《つばめざわ》遺跡は宮城県仙台市宮城野区燕沢東三丁目・鶴谷東二丁目に所在する。多賀城跡の東南約五キロメートル、陸奥国分寺の北北東約六キロメートル、郡山遺跡の北北東約八キロメートルの位置である。燕沢遺跡の南西約二キロメートルには、五世紀の須恵器を焼いた東北地方最古の窯跡と、七世紀末から八世紀前半の瓦や須恵器を焼いた窯跡、奈良・平安時代の瓦や須恵器を焼いた窯跡からなる大蓮寺《だいれんじ》窯跡があり、さらにその東方には大蓮寺窯跡を西端とする、八世紀中葉から九世紀にかけての東北地方最大級の瓦・須恵器窯である、台原・小田原窯跡群が展開している。また、本遺跡の南西約一キロメートルには、古墳時代後期から奈良時代以降にかけての善応寺横穴墓群、北方約二キロメートルには、入沢横穴墓群、台屋敷横穴墓群、東光寺横穴墓群がある。

創建瓦は大蓮寺窯跡で製作された七世紀末から八世紀初頭の単弁八葉蓮華文軒丸瓦とロクロ挽き重弧文軒平瓦のセットであり、大崎市の名生館《みょうだて》遺跡・伏見廃寺出土瓦と同系統の文様である。この大蓮寺窯跡の瓦と同じ技法の平瓦と丸瓦が燕沢遺跡で出土するため、大蓮寺窯跡のこの時期の瓦は燕沢遺跡に供給されたものと考えられている。この時期の燕沢遺跡には、瓦葺きの建物、おそらく仏堂が建っていたと考えられるが、その遺構は未検出である。

燕沢遺跡で検出されている寺院と考えられる遺構（図5）は、遺跡の東部にあり、掘立柱建物跡や溝跡、柱列が検出されている。これらの遺構は出土遺物から、九世紀後半代から十世紀前半代にかけて変遷して建っていたものと考えられる。僧房と考えられる二号掘立柱建物跡は、東西は七間（一四メートル）以上で、南北四間（九・六メートル）の東西に長い建物で、身舎の南と北に庇を持つ建物である。身舎の内部には三間おきに柱穴があり、建物内部を区切っていたと考えられる。この建物の年代は十世紀前半代におさまると考えられる。僧房は瓦葺きではなかったと考えられる。しかし、僧房などの遺構の周辺からは多賀城Ⅳ期の九世紀後半代の均整唐草文軒平瓦や宝相華文軒丸瓦が出土しており、付近にこの時期の瓦葺きの建物が存在していたと考えられる。また遺構群の南側から底部に「讀院□」と墨書された須恵器坏が出土している。「讀院□」は「讀院坊」であり、讀師院のことであると考えられている[32]。

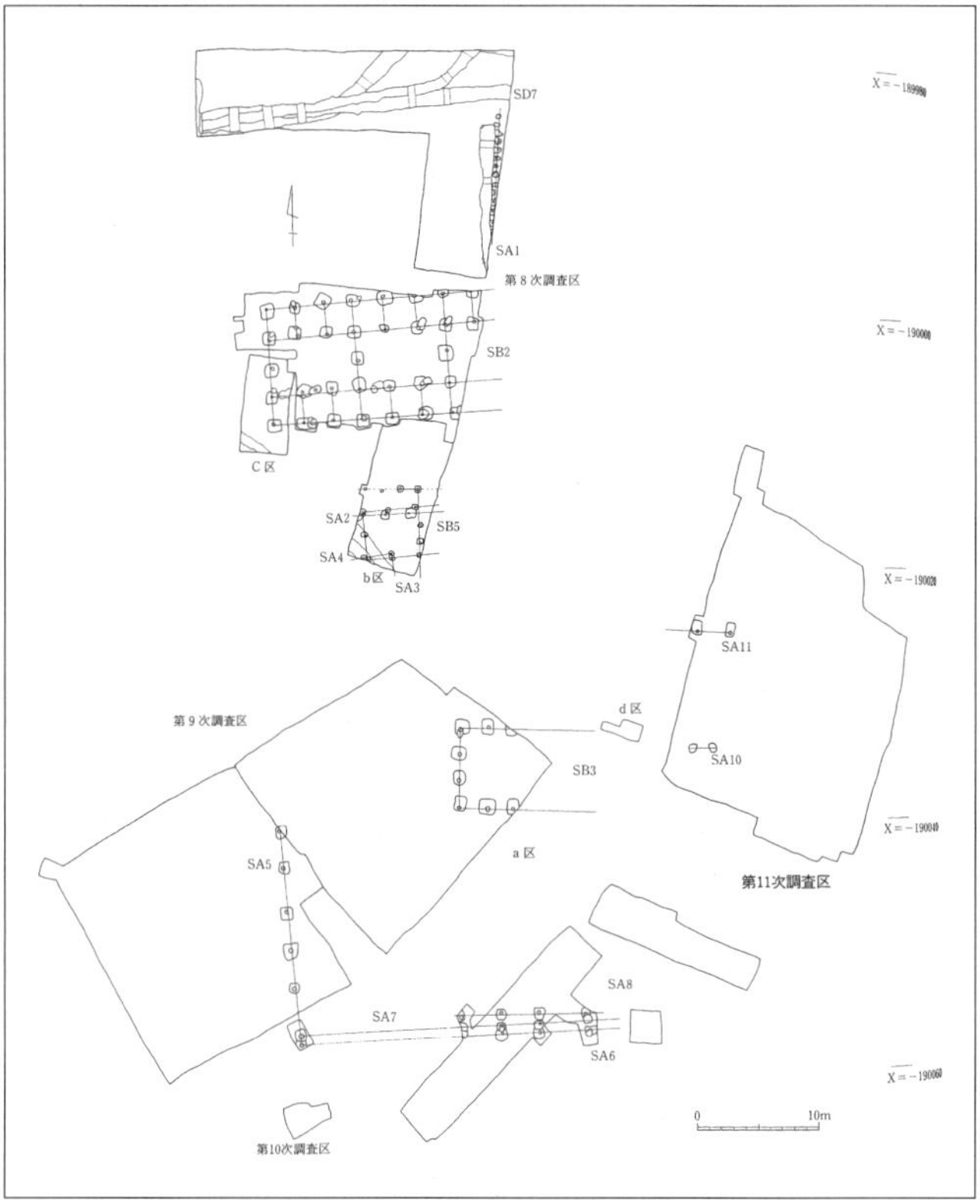

図5　燕沢遺跡第8～11次調査区遺構配置図

以上のことから、燕沢遺跡には七世紀末から八世紀初頭に創建された寺院が存在し、十世紀前半までは存続していたものと考えられる。この寺院には最初は名生館遺跡や伏見廃寺と同じ系統の瓦が供給され、多賀城創建後は多賀城と同じ瓦が供給されていることから、国衙と密接な関係を持つ寺院であったと考えられる。さらに「讀院□」の墨書土器からは、国の読師と関係があった可能性が考えられ、国分寺との深い関係が想定される。

七　双林寺（宮城県栗原市）

宮城県栗原市築館《つきだて》に所在する古刹である。木造薬師如来坐像、木造二天王立像（以上、国重文）、木造地蔵菩薩立像（県重文）、頭部を失った天部像の平安仏を安置している。薬師堂の本尊木造薬師如来坐像は、久野健氏らにより十世紀の作品とされてきたが、長岡龍作氏は「九世紀も半ば近くまで上がるもの」としている。現在、新潟市瑞光寺に安置される菩薩立像は、江戸末期に双林寺から移されたものであり、もとは薬師如来像の脇侍だったと考えられ、薬師如来像と同時期のものである。

この薬師像は、近世の陸羽街道の切り通しに臨んで建つ寺院に安置されている。この街道は古代の東山道だった可能性もある。人工的に切り通された道を造ることで、そこを一種の関所として意識し、滅罪をもたらす薬師如来を本尊とした寺院を配置することで、外部から侵入するけがれを防ぐことが期待されたと考えられる(33)。双林寺は栗原郡衙・栗原駅が所在したと考えられる伊治《これはり》城のほぼ南方二キロメートル付近に位置し、古代の東山道が付近を通過していた可能性は高いと考えられる。

このように、双林寺の薬師如来像については仏像と寺院の立地が統一的に解釈できることから、この仏像は造立当初よりこの地の寺院に安置されていたと考えられよう。

八　陸奥国極楽寺（宮城県栗原市）

『日本文徳天皇実録』の天安元年（八五七）六月戊辰（三日）条に、「在二陸奥国一極楽寺預二定額寺一。充二灯分幷修理料稲千束。墾田十町二」と見える。

この寺院に関係すると考えられる遺物が銅製「極楽寺印」である。鶏頭紐《ちゆう》（紐は印鑑や鏡の裏などの突起状のつまみ）で重さ九〇グラムあり、錆びて緑青をふいているが、印文は二行に陽刻され「極楽寺印」と読める。昭和二十九年（一九五四）一月八日、栗原市高清水影ノ沢、通称折り木《おき》山で、林道工事中に地下約三〇センチメートルのところから発見された。時代は形態等により平安時代と推定される(34)。

この印の出土地周辺からは、現在のところ関連する遺構や遺物は発見されていない。しかしながら、この印の出土地は近世の陸羽街道のそばであり、古代の東山道が通っていた可能性もある。もしそうであれば、寺院が建立される位置としては自然である。「極楽寺印」出土地は、伊治城のほぼ南方五・五キロメートル、八世紀から九世紀前半にかけて玉造塞《たまつくりのさい》があったと考えられる宮沢遺跡の北東三・五キロメートル、玉造郡衙の遺跡とされる名生館官衙遺跡の北東六キロメートルに位置している。この両遺跡のいずれかの付近に玉造駅があったと考えられる。そうすると、名生館官衙遺跡〜宮沢遺跡〜「極楽寺印」出土地（高清水町）〜双林寺〜伊治城という経路を、東山道が通っていた可能性は高いと思う。

九　明後沢遺跡（岩手県奥州市）

岩手県奥州市前沢区古城《こじよう》字明後沢《みようごさわ》に所在する。胆沢城跡の南一一キロメートルの位置である。胆沢扇状地の東縁の段丘上に位置する。昭和三十四年（一九五九）と同三十九年（一九六四）に田中喜多美、板橋源氏らにより、発掘調査が行われている。

古くから瓦の散布地として知られており、田中氏らの調査時点では瓦の散布する地域の面積は約三ヘクタールに及んでいたが、明後沢地区の水田化が完成する以前の同十年（一九三五）には、南北六七町、東西六町の間一面に古瓦が散布していたと言われている。

田中氏らの調査により、遺跡の中心部から重複の見られる掘立柱建物跡が検出された。そのうち明瞭なものは、東西七間（実尺約一〇尺間）、南北四間（実尺約一一尺間）の南を正面とした平入の建物で、建物の方位は九度三〇分ほど西に振れている。

明後沢遺跡の性格は、古代寺院説、古代城柵説、古代城柵・寺院併存説などがあったが、報告書では古瓦の出土地点の広大さを根拠に寺院説を否定し、検出された建物跡を根拠に古代城柵説を採っている(35)。

明後沢遺跡出土の軒先瓦は八葉単弁蓮華文軒丸瓦と連珠文軒平瓦の組み合わせで、九世紀後半のものである。基本的には胆沢城所用瓦と同笵だが、文様の彫りが深く、端正であることに特徴がある(36)。

この遺跡は、現在でも城柵・駅家・寺院説がある。このなかで最も可能性が高いのは、寺院だと考えられる。この遺跡は胆沢城という官衙のそばにあり、胆沢城と同笵の瓦を出土する。官衙のそばにあって官衙と同笵の瓦を出土する寺院の例は非常に多い。確証はないが、まず第一に考えられるのは胆沢城に付属する寺院の可能性であろう。

第三節　九世紀陸奥国における寺院展開の特色

一　寺院の集中地域と寺院の造立主体

陸奥国において九世紀に新たに建立された寺院の性格を考える際に注目されるのは、それらの寺院には、いくつかの集中地域が見られることである。そして、地域によって寺院群の性格に特色があり、その特色を考えることによって、寺院が地域の支配に果たした役割をある程度明らかにすることができると考えられる。九世紀に建立された寺院が目立って集中する地域は、会津地方、鎮守府部内、信夫郡・安積郡北部の三地域であり、これらの地域に九世紀の寺院が集中することは、これまでも注目されてきた。しかしこの三か所、あるいはこの三か所を含めた陸奥国全体についてまとめて考察されてはこなかったと考えられる。以下、考察したい。

まず、第一の集中地域である会津地方について考えたい。

会津地方には、慧日寺を中心とする九世紀代としては全国有数の山岳寺院群の存在、現存する仏像群の構成から一般的な郡衙周辺寺院よりも公的な機能を担ったと考えられる勝常寺の存在、そして鏡ノ町遺跡・内屋敷遺跡・東高久遺跡のような豪族層や富豪層によって建立された掘立柱仏堂の存在によって、この時期の陸奥国内において最も仏教文化が栄えたことがわかる。なぜこのような現象が見られるのだろうか。

その理由の一つは、これまで注目されてきたように、慧日寺の開祖徳一の偉大な個性であろう。菩薩と讃えられた徳一は、偉大な民衆布教者であると同時に、豪族から庶民に至る各階層の人々を、慧日寺や勝常寺の檀越や知識として組織し、勧進を行うことによって、慧日寺や勝常寺を建立したのであろう。そして、鏡ノ町遺跡・内屋敷遺跡・東高久遺跡の仏堂は、徳一を支持し、慧日寺や勝常寺の檀越となった豪族や富豪層の居宅に付属する仏堂であろう。

しかし、徳一の偉大な個性だけでは、会津地方のこの時期の仏教興隆の様相を十分説明できないのではなかろうか。とくに、慧日寺の規模の大きさ、勝常寺の公的性格については、檀越側の事情から説明すべきではないか。

筆者は、会津地方には伝統的な力を持った権威ある豪族が少なく、また、豪族層が十分に組織されていなかったという事情を想定する。そこで、豪族層の組織化と民衆支配のために仏教の力を利用したのではないか。

具体的には、徳一やその後継者の布教は、会津地方の豪族層にとって次のような意味を持ったのではないか。会津地方の豪族層は、慧日寺や勝常寺の中心的な檀越となることによって連帯感を強め、同時に、民衆に対しては寺院の檀越として権威を高めた。さらに豪族層は、民衆を檀越より格下の知識として組織してさまざまな作善行為を行うことにより、民衆支配を推進した。そのように、会津地方においては、一般の郡よりも、郡領層の権威が寺院に依存する程度が相対的に大きかったため、寺院が巨大になったと考えるのである。

また、民衆を知識として組織しつつさまざまな作善行為を行うことが民衆支配の強化につながる仕組みが作られたことも、寺院の整備につながったものであろう。

会津地方の九世紀における仏教興隆の様相を説明するために、もう一つ考えたいのは、陸奥国の国衙との関係である。

慧日寺を中心とする九世紀の山岳寺院群は大規模であり、多くの沙弥や僧が経典を学習したり、山林修行を行ったと考えられ、僧を養成する場所だったと考えられる。

また、空海が弘仁六年（八一五）四月五日付の陸州の徳一宛書簡（序章と第二部第三章で引用）で、真言密教の弘布に協力するよう依頼していることからも、陸奥国在住の徳一が僧を養成する立場にあったことが知られる。[37]さらに、徳一が最澄と激しい論争を行ったことも、徳一が僧を養成する立場にあったことを示す可能性があろう。[38]

陸奥国南部において抜群の規模を持つ山岳寺院慧日寺においては、主として陸奥国南部出身の人々が修行し、僧となって陸奥国南部の郡衙周辺寺院などに供給されたものであろう。[40]また、陸奥国南部は陸奥国衙で活躍する人材や使用する物資の供給地でもあることから、[39]陸奥国分寺や多賀城廃寺、あるいはさらに北方の寺院にも僧が供給されたものであろう。

以上のように、慧日寺は、陸奥国内における主要な僧の養成地として、陸奥国衙と特別な関係を持つ寺院であり、そのような事情が、慧日寺・勝常寺という特別な寺院を生んだと考えられるのである。

第二の集中地域は、鎮守府部内である。鎮守府部内には九世紀中葉に国見山廃寺、黒石寺が相次いで成立する。明後沢遺跡は寺院である証拠はないが、胆沢城跡出土瓦とよく似た瓦が出土しており、もし他県に存在していれば、瓦の出土から「明後沢廃寺跡」と呼ばれていても不思議ではない遺跡である。成島毘沙門堂も、本尊である十世紀とされる兜跋毘沙門天像の他に、九世紀とされる伝吉祥天像が安置されているので、九世紀の時期の成立である可能性が高い。鎮守府部内では、寺院は時代とともに北上し、十世紀初頭前後には、現二戸郡の天台寺跡に礎石建物が築かれている。また十世紀後半には、岩手郡に黄金堂遺跡・どじの沢遺跡が成立している。

鎮守府部内には八世紀までは寺院が存在していなかったので、九世紀に建立されるのは当然とも言えるが、寺院の集中の理由はそれだけでは説明できず、やはり、鎮守府における仏教政策の重要性を物語っていると考えられる。鎮守府部内は、九世紀初頭の征服により新たに律令国家の直接支配する地域となったものであり、伝統的な力を持った豪族が存在せず、社会が不安定であるうえに戦乱や天災も多く、鎮守府の支配力を高めるために仏教を用いたものであろう。また、陸奥国の北端であるために、境界祭祀と深い関わりを持った寺院も多かったと考えられる。

九世紀に建立された寺院の第三の集中地域は、信夫郡から安積郡北部（安達郡）である。この地域には、山階寺僧智興が建立した定額寺である信夫郡菩提寺と考えられる西原廃寺跡、九世紀の仏像が安置されており、付近に九世紀の寺院が存在したと推測される大蔵寺、天台別院の安積郡弘隆寺の流れを汲む現在の式内社沖津島神社とその旧別当寺治《じ》陸《ろく》寺、瓦の出土等から九世紀後半頃にさかのぼる寺院の存在がわかる高松観音寺がある。

まず、天長七年（八三〇）に定額寺となった信夫郡菩提寺について考えたい。九世紀中葉の信夫郡においては、郡衙周辺寺院の腰浜廃寺の花文系軒瓦を使用した大改修と、山岳寺院の信夫郡菩提寺の建立という二つの仏教興隆運動が、九キロメートルほど離れた場所で、並行して行われていた。このうち、菩提寺は、当時の陸奥国としては仏教の新潮流であった山岳寺院であったという点で注目される。その新潮流の導入を、中央の大寺である興福寺の僧智興を招いて行った背景については、とくに二つの可能性に注目したい。

一つは、智興が信夫郡出身ではない場合であり、その場合には、山林修行と民衆布教を盛んに行う最新の仏教を中央から導入して民衆支配に利用するとともに、檀越となる豪族が中央政界との結びつきを誇示するという意義を持ったであろう。

もう一つの可能性は、智興が信夫郡の豪族の出身であり、慧日寺で徳一のもとで修行したあと興福寺の僧という高い地位を得て帰郷して、菩提寺を建立したという可能性である。八世紀においては、郡内第二の勢力が建立した寺院には、小浜代遺跡や徳江廃寺など多賀城系の軒丸瓦を持つ寺院があり、これらの寺院の建立の際には陸奥国府の助力があったと考えられる。慧日寺が陸奥国府と関係が深い寺院であるという前提に立てば、慧日寺系の僧による寺院建立は、陸奥国府の助力を得て建てられた徳江廃寺などと類似の例となる。この場合には、菩提寺を建立した豪族が陸奥国の助力を得て寺院を建立する一方で、陸奥国は信夫郡に対する影響力を強化することになる。しかし、定額寺の認定は陸奥国司として赴任してきた人物を媒介になされた可能性が高いので、智興が外来僧の場合でも陸奥国の影響力は強化されたものであろう。菩提寺（西原廃寺）が徳一の法統に連なる寺院であると考えることができれば、西原廃寺の第Ⅱ期の軒丸瓦の影響を受けた軒丸瓦が出土する高松観音寺に徳一の墓と伝えられる鎌倉時代の宝塔があることも説明しやすい。また、信夫郡内の大蔵寺の仏像群に会津地方の勝常寺薬師如来像の影響が見られることは従来注目されてきたが、菩提寺が徳一系寺院であると考えると、説明が一層容易になる。

次に注目されるのが元慶五年（八八一）に天台別院となった安積郡弘隆寺である。これについては序章でふれたとおりであるが、郡山台遺跡を根拠地とする在地豪族が、山林修行、神仏習合、民衆布教を伴った新傾向の仏教を導入したものであろう。安積郡弘隆寺はおそらく建立後すぐに天台別院化されて檀越の豪族と中央政界との結びつきを在地社会に誇示するとともに、従来の寺院よりも強力に民衆布教を行い、民衆支配に貢献したものであろう。天台別院化も定額寺化と同じく、陸奥国司として赴任してきた人物の助力によるものであろう。また、安積郡弘隆寺の建立は、のちの安達郡設置と密接な関係があろう。

史料に登場しない高松観音寺も、この時期の山岳寺院の重要な例であるが、八世紀に小幡遺跡の寺院を営んだ豪族が、九世紀後半に、信夫郡から徳一の流れを汲む新傾向の仏教を導入して建立したものであろう。

信夫郡から安積郡北部にかけてのこの時期の寺院建立は、おそらくは古い伝統を持つ豪族が、勢力拡張のために、慧日寺や中央の寺院から新傾向の仏教を導入したものと評価できよう。

九世紀に新たに建立された寺院の所在地については、以上の三つの集中地域が注目されるほか、主要な道路を見下ろす地や切り通し近くなどにあって、他地域からの疫病などの侵入を防ぐ役割を担った寺院も存在する。そのような例として長岡龍作氏は、宮城県栗原市の双林寺や、岩手県花巻市の胡四王《こしおう》神社の前身の四天王寺をあげる。

このような外部から侵入するけがれを防ぐ役割を持つ寺院は、ほかにも、とくに鎮守府部内や会津地方には多かったと考えられる。本書の対象とする時代からはずれてしまうが、十世紀前半に福島県棚倉《たなくら》町に成立する大規模な山岳寺院である流廃《ながれ》寺は、陸奥国南端部に存在する境界守護の寺院と考えられる。

九世紀の寺院の造立主体は、国衙、郡領層、郡領層より下の有力農民層が考えられる。有力農民層が建立した寺院は、前章であつかった掘立柱仏堂のなかに含まれる。本章であつかった寺院は、国衙か郡領層が建立したものと考えられる。ただし、国衙が建立した寺院と郡領層が建立した寺院は、対立的な存在ではなく、また境界もはっきりしない。国衙が建立した場合は郡領層を組織して、その力で建立したものと考えられる。また、郡領層が建立した寺院も、定額寺や天台別院になっている寺院が知られることから、国家仏教の一翼を担う位置づけを与えられたものであり、国衙とも深い関係を持っていたと考えられる。

しかしながら、寺院建立の主体として国衙と郡領層の二者を想定した場合、郡領層の主体性が強いと考えられるのは信夫郡と安積郡北部である。それ以外の会津地方や鎮守府部内、さらには交通の要衝に見られる寺院は、実際に建立したのが郡領層である場合にも、国衙の政策的関与が、大小の差はあれ強く推測される。

二　九世紀に成立した寺院の歴史的意義

陸奥国には八世紀にさかのぼる山岳寺院は知られていない[41]。九世紀のものが最古となる。山岳寺院の特質は、僧侶の山林修行の場という意味と、仏教が山岳信仰と結びつく神仏習合の場という二つの側面が重要であると考えられる。

山林修行の場という側面を重視すると、八世紀までは陸奥国の僧侶は、あまり山林修行を行わなかったことになる。山林修行は、関東地方においては竪穴住居を根拠地として行われた例もある[42]。また、必ずしも建物を必要としないことはもちろんである。しかしながら、畿内や北陸[43]では多数存在する八世紀までの山岳寺院が陸奥国で発見されていないことは、陸奥国では山林修行が盛んではなかったことを意味すると思われる。それは、陸奥国の僧の絶対数が少なく、また、陸奥国は僧の供給地ではなく、消費地であったからであろう。八世紀には官大寺の僧による都鄙間交流が行われていたことが注目されている[44]が、陸奥国などは、そのような恩恵を最も被っていたものであろう。

しかしながら、九世紀に入って慧日寺をはじめとする山岳寺院が成立し、陸奥国においても僧を養成できるようになったと考えられる。僧の養成という側面では、抜群に大規模な山岳寺院であり、文献上からも空海に経典の弘布を依頼されている徳一の住んだ慧日寺は、とくに大きな役割を果たしたものであろう。

山岳寺院の成立には神仏習合が大きく関わっている。陸奥国の山岳寺院のなかには、山岳信仰・樹木信仰と結びついたと考えられる寺院が見られる。その典型的なものが、式内社沖津島神社の神宮寺と推測される安積郡弘隆寺である。同じように山中に巨岩が露出しており、山岳信仰・磐座信仰を背景とする山林修行の場として選地されたと考えられる寺院は、同じ安積郡の高松観音寺、岩手県の国見山廃寺、黒石寺などである。また、その類型の寺院の最大の例が、巨大な岩山である磐梯山に対する信仰を背景として成立した慧日寺であったと考えられる。また、カツラの木に対する霊木信仰の伝承を持つのが岩手県の天台寺であり、本尊はカツラ材の仏像である。

九世紀の陸奥国における山岳寺院の成立は、在地の山岳信仰や霊木信仰と仏教の習合を伴い、その点で陸奥国における仏教信仰が、前代より一段と在地化・内面化されたものと位置づけることができる。

八世紀までに成立した確証がある寺院のうち、今日まで法灯を伝えているのは国分二寺のみである。郡衙周辺寺院の廃絶時期は、はっきりしないものが多いが、おおむね十世紀には郡衙とともに廃絶したと考えられる。筆者としては栄華を誇った郡衙周辺寺院が一寺も現存しておらず、寺号が判明するものも一寺もないということは、なかなか理解するのが困難である。同時代の有力な神社は、かなりの数が現存していると思われるのとは対照的である。

歴史的には、郡単位で総合的な地域支配を行っていた郡衙の役割は、分掌する仕事ごとに編成された国衙の「所」に分割されてしまい、郡司は所の仕事を分担する在庁官人となり、郡衙は消滅する。(45) 郡衙周辺寺院もそれと同時に役割を終えてしまう。

国分二寺以外の寺院で現存する陸奥国最古期の寺院は、九世紀成立のものとなる。九世紀に成立した寺院も、長い間存続したものは多くはないと思われるが、現存する寺院がある程度存在することは重要である。

国家の給付を受けられない地方寺院にとって、その盛衰の鍵は、檀越の動向であろう。陸奥国の寺院の檀越のなかで最も継続性を持つ檀越は、国衙・鎮守府であったと考えられる。国衙・鎮守府と関係が深い寺院は、比較的長命であった。鎮守府部内の黒石寺、国見山廃寺、成島毘沙門堂、天台寺などは長期間存続し、十一世紀いっぱいで主要伽藍が廃絶する国見山廃寺以外は、地域の中心寺院として現在まで存続している。

会津地方の慧日寺、勝常寺、上宇内薬師堂はおそらく経済的には結びついており、慧日寺領の荘園を経済的基盤として平安時代に栄えたものと思われる(46)。慧日寺にそのような強力な基盤を与えたものは、やはり国衙だったと考えられる。

そのように、古代寺院の存続に際しては、古代から中世にかけて存続した地域権力である国衙の力は大きいものであったが、古代寺院の存続の要素としてもう一つ取り上げたいのが、山岳信仰と仏教との神仏習合である。九世紀に成立し、長く存続している寺院には山岳寺院が多い。九世紀に成立した山岳寺院が九世紀以降も存続している様相は、七～八世紀に水陸の交通の要衝にあった郡衙のそばに建立された郡衙周辺寺院が、十世紀頃までにすべて廃絶したと考えられていることと好対照をなしている。

このことから、次のようなことが考えられないであろうか。

陸奥国の郡衙周辺寺院の特色は、国家仏教の末端を担い、国家が命じた法会を行う寺院であったことともに、郡領氏族の氏寺であったことがあげられる。ただし単独の氏族の氏寺ではなく、複数の氏族による知識寺であった場合もあるが、その場合においても複数の氏族の氏寺であったと言える。郡衙周辺寺院が豪族の氏寺である場合、理屈のうえでは、豪族が郡衙周辺寺院における仏教作善の利益を排他的に独占することになる。それが豪族の権威を増す働きをしたものであろう。また、豪族は自己の所有する仏教の利益を、民衆に分配することもあったであろう。しかし基本的には、郡衙周辺寺院は民衆に縁遠いものであった。

これに対して山岳寺院の場合、豪族の持つ山岳信仰を民衆も共有していたと考えられる。山岳信仰は、農業をはじめとする民衆のさまざまな生業とも深い関わりがある信仰であった。山岳寺院は郡衙周辺寺院とは対照的に、民衆の信仰を集めやすい寺院であった。前章で述べたように、九世紀には、白河郡周辺や鎮守府部内などでは農民層を建立の主体とする掘立柱仏堂が出現しており、会津地方にも類似の動きが見られる。陸奥国においては地域差が激しいものの、九世紀には民衆布教が広範に行われていた。

信夫郡や安積郡において、郡領層が山岳寺院を含む寺院を盛んに建立し、定額寺や天台別院の指定を受ける動きが見られるが、この動きも、富豪層の成長に代表される在地社会の変化により、従来の豪族の仏教独占という性格が強い郡衙周辺寺院の仏教による民衆支配に限界が生じたため、民衆の山岳信仰を取り込んだ山岳寺院を建立することなどにより、民衆布教を活発化させようという動きが生じたことを意味するのではないだろうか。

したがって、信夫郡に山階寺の僧が寺院を建立する一方、隣接する安積郡に天台別院ができるといった宗派の競合を示す動きも、とにかく権威ある中央の仏教を導入し、権威ある寺院を造るとともに、僧の民衆布教を利用して在地支配を強化しようとする、在地の郡領層の希求を示すものであると考えるのである。

ともあれ、そのような事情で陸奥国にも山岳寺院が成立したが、この山岳寺院も、豪族から民衆に至るまでが共有した山岳信仰と習合した寺院であったために、古代豪族（郡領層）の没落と在地領主制の成立という十〜十一世紀に生じた巨大な社会の変化を乗り越えて長く存続する性格を持った寺院であったと考えられる。

註

（1）『慧日寺を掘る――史跡慧日寺跡発掘調査展――』（磐梯町慧日寺資料館、一九九三年）。『史跡慧日寺跡――本寺地区発掘調査・環境整備現地説明会資料――』（磐梯町教育委員会、二〇〇五年）。濱島正士「慧日寺の建築」（『徳一菩薩と慧日寺』磐梯町、二〇〇五年）。岡田茂弘『磐梯町文化財報告書第一集　観音寺遺跡』（磐梯町教育委員会、一九七七年）。

（2）上原真人「平城京・平安京時代の文化」（『列島の古代史　八　古代史の流れ』岩波書店、二〇〇六年）。

（3）坂内三彦「陸奥国耶麻郡の成立」（『会津若松市史研究』八、二〇〇六年）。

（4）『福島市の文化財　西原廃寺跡発掘調査概報』（福島市教育委員会、一九七二年）。『西原廃寺跡　二　福島市埋蔵文化財調査報告書第一二八集』（福島市教育委員会、一九九九年）。

（5）『福島市埋蔵文化財報告書第七集　腰浜廃寺跡Ⅱ』（福島市教育委員会、一九八〇年）。

（6）木本元治「腰浜廃寺跡」（山田舜監修『図説　福島市の歴史』郷土出版社、一九九九年）。

（7）木本元治「西原廃寺跡」（前掲註〈6〉所収）。

（8）辻秀人『企画展　陸奥の古瓦――瓦が語る福島の古代史――』（福島県立博物館、一九八八年）。

（9）福島市史編纂委員会『福島市史　通史編一　古代・中世』（福島市、一九六七年）。

（10）若林繁『福島の仏像――福島県仏像図説――』（福島県立博物館、一九九七年）。同『ふくしまの仏像――平安時代――』（歴史春秋社、二〇〇二年）。同『福島県立博物館調査報告第二四集　大蔵寺の仏像――東北の一木彫像――』（福島県立博物館、一九九三年）。

（11）梅宮茂「初期密教寺院の初歩的考察」（『福島考古』二八、一九八七年）。『二本松市史　第一巻　原始・古代・中世・近世　通史編一』（二本松市、一九九九年）。

（12）白沢村史編纂委員会『白沢村史　資料編（原始・古代　中世　近世　近代）』（白沢村、一九九一年）。同『白沢

村史　通史編（環境　通史　現代資料）』（同、一九九三年）。
(13) 佐々木徹「陸奥黒石寺における「往古」の宗教的コスモロジー」（『岩手史学研究』八四、二〇〇一年）。司東真雄『古代文化の黒石寺』（亀梨文化店、一九八二年）。妙見山黒石寺三十九世藤波洋香監修『みちのくの古刹　天台宗妙見山黒石寺』（光陽美術、二〇〇六年）。
(14) 杉本良編『北上市埋蔵文化財調査報告書第五五集　国見山廃寺跡』（北上市教育委員会、二〇〇三年）。『文化財調査報告第一一集　北上市極楽寺跡』（北上市教育委員会、一九七二年）。『北上川流域古代仏教の聖地　国見山極楽寺』（北上市立博物館、一九八六年）。
(15) 久野健「成島毘沙門堂の諸像」（『東北古代彫刻史の研究』中央公論美術出版、一九七一年）。北進一「岩手・成島毘沙門堂の兜跋毘沙門天像および伝吉祥天像試論」（『和光大学人文学部紀要』三二、一九九七年）。
(16) 岩手県埋蔵文化財センター文化財調査報告書第八六集『黄金堂遺跡発掘調査報告書』（岩手地区広域農道整備事業関連遺跡発掘調査、岩手県埋蔵文化財センター、一九八五年）。菅原修「仏教の定着　山岳寺院が存在か　黄金堂遺跡　岩手町」（『いわて未来への遺産　古代・中世を歩く　奈良～安土桃山時代』岩手日報社、二〇〇一年）。『岩手町の文化財』（岩手町教育委員会、二〇〇一年）。菅野成寛「平泉仏教と奥羽・列島の仏教」（『シンポジウム――都市平泉と列島の中世――』平泉・衣川遺跡群研究会、二〇〇八年）。
(17) 草間俊一「岩手町一方井大森どじの沢小堂址」（『岩手史学研究』三五、一九六〇年）。
(18) 岩手県浄法寺町教育委員会『伝天台寺跡――昭和五五年度発掘調査概報――』（浄法寺町教育委員会、一九八一年）。
(19) 岩手県立博物館『みちのくの霊山桂泉観音天台寺』（岩手県文化財振興事業団、一九八七年）。
(20) 『流廃寺跡Ｉ』（棚倉町教育委員会、一九九四年）。『流廃寺跡Ⅱ　一三号平場発掘調査報告書』（同、一九九七年）。『流廃寺跡Ⅲ　県指定史跡「流廃堂跡」（一〇号平場）の発掘調査』（同、二〇〇五年）。『流廃寺跡Ⅳ（八号平場の発掘調査）』（同、二〇〇六年）。『流廃寺跡金銀象嵌鉄剣科学調査報告書』（同、二〇〇三年）。
(21) 『野馬追の里原町市立博物館企画展図録第一三集　古代の瓦と今の瓦――泉廃寺跡を中心として――』（野馬追の里原町市立博物館、二〇〇〇年）。

(22) 藤木海「有蕊弁蓮華文鐙瓦の展開とその背景」(『福島考古』四七、二〇〇六年)。
(23) 辻秀人『図説　福島の古墳』(福島県立博物館、一九九二年)。
(24) 「県指定史跡　横手廃寺跡」(『福島県の文化財——県指定文化財要録——』福島県教育委員会、一九八六年)。
(25) 前掲註(22)。
(26) 湯川村教育委員会『湯川村史　第一巻　勝常寺と村の文化財』(湯川村、一九八五年)。若林繁・白岩賢一郎・高橋充・吉田博行『会津若松市史　第一七巻　文化編四　仏像　会津の仏像——仏都会津のみ仏たち——』(会津若松市、二〇〇五年)。
(27) 佐藤昭夫『日本の美術二二一　みちのくの仏像』(至文堂、一九八四年)。
(28) 久野健「勝常寺薬師三尊像」(前掲註〈15〉『東北古代彫刻史の研究』所収)。
(29) 長岡龍作「楽法寺蔵　観音菩薩立像、妙法寺蔵　伝阿弥陀如来坐像・伝観音菩薩立像・伝虚空蔵菩薩立像」(『國華』一三二六、二〇〇六年)。
(30) 長岡龍作「みちのくの仏像——造形と風土——」(花登正宏編『東北——その歴史と文化を探る——』東北大学出版会、二〇〇六年)。前掲註(26)『会津若松市史　第一七巻　文化編四　仏像　会津の仏像——仏都会津のみ仏たち——』。
(31) 加藤孝「宮城県名取郡笠島廃寺跡」(『日本考古学年報』四、一九五五年)。名取市史編纂委員会『名取市史』(名取市、一九七七年)。
(32) 『仙台市文化財調査報告書第一九五集　仙台平野の遺跡群一四』(仙台市教育委員会、一九九五年)。『同、第二二八集　仙台平野の遺跡群一七』(同、一九九八年)。長島榮一「燕沢遺跡」(仙台市史編さん委員会『仙台市史　特別編二　考古資料』仙台市、一九九五年)。
(33) 前掲註(30)「みちのくの仏像——造形と風土——」。久野健「双林寺の薬師如来及び二天像」(前掲註〈15〉『東北古代彫刻史の研究』所収)。
(34) 『宮城県の文化財』(宮城県教育委員会、一九九三年)。『ふるさとの文化財をたずねて』(高清水町公民館、一九九二年)。

（35）『明後沢古瓦出土遺跡――前沢町古城所在古代城柵跡――』（岩手県教育委員会、一九六五年）。
（36）伊藤博幸「律令制への経過――関連施設・駅家か――情報伝達網を整備――」（前掲註〈16〉『いわて未来への遺産　古代・中世を歩く　奈良～安土桃山時代』所収）。
（37）空海は徳一に書簡を記したと同時期に、下野の広智禅師にも弘仁六年三月二十六日付書簡（『高野雑筆集　巻上』）を記し、両書簡を弟子の康守に伝達させたらしいことは周知のことである。広智を含むいわゆる道忠教団は、創始者の道忠が鑑真の弟子であり下野薬師寺で授戒を行うために下向したらしいこと（田村晃祐「道忠とその教団」〈『二松学舎大学論集』《昭和四一年度版》二松学舎大学、一九六七年〉）、教団の拠点的寺院の一つである下野国大慈寺が下野国分寺の僧の山林修行の場であり（上原真人「古代の平地寺院と山林寺院」〈『仏教芸術』二六五、二〇〇二年〉）、山林修行の拠点であったと考えられること、拠点的寺院の一つである上野国浄法寺に一切経を所有していたこと（菅原征子「両毛地方の仏教と最澄」〈『日本古代の民間宗教』吉川弘文館、二〇〇三年〉）、天台宗の初期の座主などの優れた僧を養成していたこと（由木義文『東国の仏教』〈山喜房仏書林、一九八三年〉）などから、僧の養成組織として東国では極めて重要な機能を果たしており、したがって、民間で活躍する僧のみならず、下野薬師寺や東国諸国の国分寺といった官寺にも多くの僧を供給していたと考えられる。道忠教団と比較されることのある（須田勉「東国における古代民間仏教の展開」〈『国士舘大学文学部人文学会紀要』三二、一九九九年〉）徳一の教団にも官寺の僧の養成という機能は想定していいと思う。田村晃祐氏は「道忠と徳一との間には数多くの類似点と、相違点とが見出される」（前掲論文）と述べるが、非常に示唆に富む指摘である。
　古代日本の仏教界において、国土の西端の中心寺院は大宰府観世音寺であり戒壇を持つ。そして、それに対応する国土の東端の中心寺院は同じく戒壇を持つ官寺である下野薬師寺である。関東地方が日本の仏教界の東端に位置するという意識は、関東地方の民衆の意識でもあった。なぜなら、関東地方の民衆は国家の東北経営の重い負担に喘いでおり、関東地方の辺境性に苦しんでいたからである。最澄が上野宝塔院を安東とし、下野宝塔院を安北としたのは上野や下野の知識たちの意識を反映したものであるが（菅原征子前掲論文）、この知識たちの意識は、下野薬師寺などの施設のみならず東北経営の負担により形成されたものであり、その意識を道忠教団も共有していたものであろう。一方、陸奥国府の付属寺院である郡山廃寺や多賀城廃寺は観世音寺式伽藍配置を持ち、多賀城廃寺は

「観世音寺」という名称だったらしい。陸奥国の仏教界には大宰府観世音寺に対応する国土の東端守護という属性を獲得することによって自らを権威づけようという願望が存在していたように感じられる。そしてその願望を徳一も共有していたのではなかろうか。その願望は、関東地方の民衆の意識を背景に持つ道忠教団の意識と対立するものであった。

(38)　徳一が、官僧の養成を自己の使命の一つと考えていたとすれば、最澄との論争は、徳一にとっては官僧を養成するための教育内容の問題であり、東国における道忠教団との対立は二次的な問題であったと考えられよう。

(39)　飯村均『律令国家の対蝦夷政策・相馬の製鉄遺跡群』（新泉社、二〇〇五年）。

(40)　陸奥国分寺の文字瓦に陸奥国南部の郡名らしいものが多いことから、造営事業に参加した郡司層が陸奥国南部地域に集中していたことが指摘されている（樋口知志「仏教の発展と寺院」〈須藤隆・今泉隆雄・坪井清足編『新版古代の日本　九　東北・北海道』角川書店、一九九二年〉）が、さらにそのことから、国分寺の住僧にも陸奥国南部地域の郡司層出身者が一定の割合で存在していたのではないかと考えられる。国分寺僧の欠員補充制度は変遷が多く、延暦二年（七八三）後まもなくの時期から弘仁十二年（八二一）までは、当土僧ではなく京寺僧が補任される規定であり（中井真孝「国分寺制の変遷」〈『日本古代仏教制度史の研究』法藏館、一九九一年〉）、陸奥国出身の僧が国分寺僧になることは容易ではなかったが、あり得ないことではなかったと考える。

(41)　松村知也氏は全国の山岳寺院・山岳寺院遺跡（三七六例）を集成している（松村知也「山岳寺院・山岳寺院遺跡一覧」〈摂河泉古代寺院研究会編『大谷女子大学文化財学科開設記念　山岳寺院の考古学』大谷女子大学文化財学科、二〇〇〇年〉）。東北地方の山岳寺院は十三例取り上げられているが、いずれも八世紀以前にさかのぼるものではないと考える。

(42)　笹生衛「古代集落と仏教信仰——千葉県内の事例を中心に——」（『第三回特別展　仏のすまう空間——古代霞ヶ浦の仏教信仰——』上高津貝塚ふるさと歴史の広場、一九九八年）。

(43)　久保智康「北陸の山岳寺院」（『考古学ジャーナル』三八二、一九九四年）。

(44)　鈴木景二「都鄙間交通と在地秩序——奈良・平安初期の仏教を素材として——」（『日本史研究』三七九、一九九四年）。

(45) 大石直正「平安時代の郡・郷の収納所・検田所について」(豊田武教授還暦記念会『日本古代・中世史の地方的展開』吉川弘文館、一九七三年)。

(46) 前掲註(26)『会津若松市史　第一七巻　文化編四　仏像　会津の仏像――仏都会津のみ仏たち――』。

第三章　古代の地方仏教と神仏習合

はじめに

第二部第一章において陸奥国の掘立柱仏堂についての考察を行ったが、神仏習合の要素が広く見られることも注目された。

陸奥国以外の地域でも、近年の考古学の成果のなかには、地方の集落への仏教の伝播が神仏習合と密接に関わることを示唆する例も目立つ。

内田律雄氏は、出雲国においては村ごとの神社に八世紀以降に寺が付設される例が目立ち、神社がないところに村落寺院が建てられる場合でも村の境界地などに建てられ、何らかの在来の信仰を前提とするとする。[1]また笹生衛氏は、房総地域の村落内寺院には神祇信仰的要素が道教的な要素とともに広汎に見られるとする。[2]さらに同氏は、香取神宮周辺の古代の集落遺跡群を詳細に分析して、八世紀中葉に香取神宮の神官層が山林修行を含む仏教を受け入れたことを明らかにし、史料に見える僧満願による鹿島神宮寺建立に伴うものであると論じている。[3]

神仏習合については多くの論点があり、[4]研究史と対話しつつ自分の考えを述べることは至難である。ここでは研究史はさておき、私見を述べたい。

まず本章では、神仏習合が地方民衆への仏教布教において非常に重要な要素であったことを強調したい。地方社会は、行基らが活躍した畿内に比べて相対的に社会の変動が緩やかであり、仏教を必要とする社会的要因が少なかったし、仏教の教義を理解できたり、教義に魅力を感じたりする人も僅少だったと考えられるからである。もちろん神仏習合が地方の有力な神社に始まることは常識的な知識ではあるが、改めて自分なりに論じたい。また本章で注意したいのは、神仏習合思想の階級的な性格にとらわれすぎないことである。従来、歴史学においては、神仏習合の担い手が富豪層であるとか郡司層であるとかといったことが問題にされてきた。そして神仏習合思想の成立の原因を、富豪層や郡司層の置かれた特定の歴史的な状況に求める河音能平氏や義江彰夫氏の魅力的な学説も登場した。筆者はそれらの学説を否定するものではないが、初期の神仏習合の担い手を特定の階層に限定しすぎることは、神仏習合が極めて広い範囲の階層によって推進されたという事実を見えにくくする点で、害もあると考える。

第一節では「多度神宮寺資財帳」を取り上げる。これは初期の神宮寺建立の経過が比較的詳細に判明する唯一の史料である。さらに多度神宮寺の創建者満願は、鹿島神宮寺の創建者として、また伝承ではあるが箱根神社の中興者として、東国に大きな足跡を残している僧である点が注目される。

第一節　「多度神宮寺資財帳」に見える神仏習合の諸側面

一　神を祀る手段としての神仏習合

延暦二十年（八〇一）**十一月三日「多度神宮寺伽藍縁起資財帳」**（**『平安遺文』第一巻二〇号文書**）

桑名郡多度寺鎮三綱謹牒上
　神宮寺伽藍縁起幷資財帳
以二去天平宝字七年歳次癸卯十二月庚戌朔廿日丙辰一、神社之東有二井、於道場一満願禅師居住、敬二造阿弥陀丈六一、
于レ時在レ人、託神云、我多度神也、吾経二久劫一作二重罪業一、受二神道報一、今冀永為レ離二神身一、欲レ帰二依三宝一、如
レ是託訖、雖レ忍二数遍一、猶弥託云々、於レ茲満願禅師神坐山南辺伐掃、造二立小堂及神御造一、号称二多度大菩薩一、
次当郡主帳外従七位下水取月足銅鐘鋳造、幷鐘台儲奉レ施、次美濃国近士県主新麿三重塔奉レ起、次宝亀十一年
十一月十三日、朝廷使令（ママ）二四人得度一、次大僧都賢璟大徳三重塔起造既畢、次天応元年十二月始私度沙弥法教、
引二導伊勢・美濃・尾張・志摩・幷四国道俗知識等一、造二立法堂幷僧房・大衆湯屋一、迄二于今日一遠近修行者等、
作備供養行事並寺内資財、顕注如レ件、
（中略）
伏願、私度沙弥法教幷道俗知識等、頃年之間、構二造法堂僧房・大衆湯屋一、種種所修レ功徳、先用廻二施於多度
大神一切神等一、増二益威光一、永隆二仏教一、風雨順レ序、五穀豊稔、速裁二業網一、同致二菩提一、次願二聖朝文武一、擎水

渧善、動二乾坤誓一、千代平朝、万葉常君、次願遠近有縁知識、四恩済挺、鹿籠共枋覚者、現在法侶等、同蒙二利益一、遂会二界外輪際有頂一、早離二閻浮一、倶奉二極楽一

延暦廿年十一月三日　願主沙弥「法教」

鎮修行住位僧「賢中」

知事修行入位僧病

（後略）

まず、この資財帳に神宮寺が神を祀る手段であるという論理が見えることに注目したい。

この資財帳の作成者である願主沙弥法教の信仰は、寺院の整備や修行による功徳を、「先ずもって多度の大神、一切の神らに廻施し、威光を増益して、永く仏教を隆し、風雨序に順い、五穀豊かに稔り、速かに業網を裁り、同じく菩提を致さん」ということであった。「風雨順レ序、五穀豊稔」が直接的に仏に期待されているのではなく、多度神の威光を増すことにより、それを期待するという特色がある。ここには、神を祀ることを最終目的とし、仏教的作善行為をその手段と考える、神仏習合の一側面が強く表れていると考える。

地方民衆への仏教布教において重要な役割を果たしたのは、神仏習合における、仏教の法会により神を祀るという側面であったと考えられる。すなわち、あくまで神を祀ることが最終目的であり、仏教的作善行為はその手段であるという論理である。中井真孝氏は、八世紀中葉頃に、神祇祭祀の伝統的様式に加えて仏教宗儀を新たに援用するという神仏習合の一形態が始まったとする。そして気比・若狭彦・多度の各神宮寺の成立の背景になった思想について、「在来の神祇祭祀の宗儀によってはもはや神の祟りを鎮める（災害を攘う）ことはできず、仏教宗儀によっ

てこそ人心を安んずることができるとする主張がうかがわれる」と述べる[10]。

事実、初期の神仏習合においては多度神宮寺のほかにも仏教的作善行為を、神を祀る手段として用いる側面を指摘できる。

『武智麻呂伝』（大曾根章介校注『日本思想大系八　古代政治社会思想』岩波書店、一九七九年。）

改㆓和銅八年㆒為㆓霊亀元年㆒。公嘗夢遇㆓一奇人㆒。容貌非常。語曰。公愛㆓慕仏法㆒。人神共知。幸為㆑吾造㆑寺。助㆓済吾願㆒。吾因㆓宿業㆒。為㆑神固久。今欲㆘帰㆓依仏道㆒修㆗行福業㆖。不㆑得㆓因縁㆒。故来告之。公疑是気比神。欲㆑答不㆑能而覚也。仍祈曰。神人道別。隠顕不㆑同。未㆑知㆓昨夜夢中奇人是誰者㆒。神若示㆑験。必為樹㆑寺。於㆑是神取㆓優婆塞久米勝足㆒置㆓高木末㆒。因称㆓其験㆒。公乃知㆑実。遂樹㆓一寺㆒。今在㆓越前国㆒神宮寺是也。

『類聚国史』一八〇　仏道七　諸寺　天長六年（八二九）**三月乙未**（十六日）**条**

若狭国比古神。以㆓私朝臣宅継㆒為㆓神主㆒。宅継辞云。拠㆓検古記㆒。養老年中。疫癘屡発。病死者衆。水旱失㆑時。年穀不㆑稔。宅継曾祖赤麿。帰㆓心仏道㆒。練㆓身深山㆒。大神感㆑之。化㆑人語宣。此地是吾住処。我稟㆓神身㆒。苦悩甚深。思㆘帰㆓依仏法㆒。以免㆗神道㆖。無㆑果㆓斯願㆒致㆓災害㆒耳。汝能為㆑吾修行者。赤麿即建㆓道場㆒造㆓仏像㆒。号曰㆓神願寺㆒。為㆓大神㆒修行。厥後年穀豊登。人無㆓夭死㆒云々。

これらの史料に見える気比神宮寺や若狭神願寺の例を総合して考えると、天災の原因を神の苦悩ととらえ、神を仏教によって救うことにより天災を防ぐという論理が見える[11]。直接天災を起こす力を持ち、したがって天災を止めるのは神である以上、僧以外の一般の人々の関心は仏よりも神のほうにあるのである。律令国家の神祇政策である官社制度は、地方において生き生きとした、しかも流動的な信仰形態を持っていた地方の有力神社を統制するには不十分であった。神仏習合は官社制度を補う、神祇政策的な側面を持っていた。

二　神仏習合と知識仏教

次に注目されるのは、神仏習合と知識仏教の結びつきである。

中井真孝氏は多度神宮寺の成立について述べるなかで、沙弥法教が四か国にわたって勧募し得た理由として、多度山は伊勢・美濃・尾張の国境付近にあって、広大な平野に屹立するため、雨乞いの神として地域の尊崇を集めていたこと、またこの山は伊勢・志摩国境の朝熊《あさま》ヶ岳《だけ》とならんで伊勢湾航行の目標とされ、漁民の信仰も篤かったことを指摘している[12]。沙弥法教が知識を結成した諸国の人々も、神仏習合の神を祀ることを目的とする一面ゆえに知識に加わったものと考えられる。

神祇信仰を紐帯とする知識の結成を示す好史料が次の史料である。

大般若経（滋賀県〈筆者註…三重県の誤り〉常楽寺蔵）（『**寧楽遺文**』**下巻九八四頁**）

（巻五〇）

奉㆓為神風仙大神㆒

願主沙弥道行

書写山君薩比等

「正元二年庚申二月十一日於坂本郷桑原村二校了」

（巻九一）

天平勝宝九年六月卅日沙弥道行慕二先哲之貞節一、遵二大聖遺風一、捨‐二忌俗塵一、賤二於蟬蛻一、不レ愛二身命一、軽二於鴻毛一、独出二里隣一、遠入二山岳一、収二穢累之逸予一、巻二淫放之散心一、儼然閑居、帰‐二依三宝一、是時也山頭雲起、谷中雷鳴、四方相驚、激撃二硫磕一、手足無レ知レ所レ措、生命五難、可レ存二余念一、何過当ニレ遭天罰一、則願曰、区「〻」下愚、失レ魂畏レ死、況乎国家之愛レ生乎、仰願為二神社安穏、電雷無レ駭、朝廷無レ事、人民寧ロレ之、敬欲レ奉レ写二大般若経六百巻一、如レ此誓畢、電雷輟響、道行忽蒙二威力一、纔得二本心一、以レ為連河能仁、設二波若之宝筏一、双樹正覚、開二菩提之禅林一、誰不渡二愛河一者、乗二波宝船一、出二迷路一者、休二此芳林一者也、道行無レ智有レ欲、無レ徳有レ貪、非レ頼二善友之勢一、何成二広大之功一、是以普誘二知〻識〻人等一、共和レ善哉、敬奉レ写也、注二其名字一著二後題外一、不朽之因、長伝二将来一、伏願、諸大神社、被二波若之威光一、早登二大聖之品一、次願、天朝聖主比二寿南山一、天長地久、次願二親眷属、万福日新、千慶月来、百年之後辞世之夕、遊二神率天一、昇二弥勒之香台一、棲二想極楽一、践二観音之花座一、一切含霊、亦猶レ如レ是、傍及二千界一、共登二波若一、

天平宝字二年歳次戊戌十一月

奉‐二為伊勢大神一

願主沙弥道行

書写優婆塞円智

「二校已了」

（巻一八七）

「二校已了」

願主　沙弥道行　書写師沙弥聞曜

沙弥尼聞道　沙弥尼徳鈴

沙弥尼徳緒　山国人

山三宅麻呂　県主富継古

山泉古

この史料について中井氏は、願主の沙弥道行は伊勢地方の人で伊勢大神を土俗の神風仙大神として崇拝し、この風神のために諸国を回遊し、知識を募って大般若経を書写したと推測し、伊賀国安拝郡の穴石《あなし》神社が伊勢津彦を風神として祭祀していたことから、和泉国和泉郡にある泉穴師《いずみのあなし》神社もまた風神を祭祀しており、風神のとりもつ縁で道行は知識を勧誘したと推測している(13)。注目すべき指摘である。

筆者がこの指摘から学ぶことは、第一に仏教の知識が神信仰を前提として結成される場合があることであり、第二に皇祖神伊勢神宮が、在地では非常に異なった性格の神として信仰されていたということである。

多度神宮寺と常楽寺の大般若経の場合、その神宮寺の建立や写経事業に協力した地域の広さが注目される。中井氏はこの二例について、広い範囲にわたって知識を募ることができた理由を、広い範囲にわたる神社の信仰圏から説明するのである。

三　多度神宮寺の建立過程

次に多度神宮寺の伽藍等の整備過程を見る（表1）。

当初は満願一人で寺院の造立を行ったかのように書かれているが、そういうことはできるはずもない。すでに鹿島神宮寺を建立し、伝承に従えば箱根神社を開山した経歴をも持つ満願は、地域社会の大きな期待を集めて鳴り物入りで多度大社の地にやってきたはずである。しかし、天平宝字七年（七六三）頃、初期の段階で寺院建立に協力しているのが郡司層であることから、それ以前の無名の協力者も郡司層であった可能性が高い。そして寺院の整備がある程度進んだ段階、すなわち多度神宮寺の建立が地域における宗教的な運動として大きく広がった時点で、朝廷が四人の得度を許す。その後、尾張出身で室生寺の創建者であり、当時律師で、「多度神宮寺資財帳」には大僧都修行伝灯大禅師位として署名することになる高僧賢璟の三重塔建立、引用しなかった部分に見える延暦五年（七八六）の国守《くにのかみ》 紀朝臣《きのあそん》佐婆麿《さばまろ》、介《すけ》井上直《いのうえのあたい》牛甘《うしかい》、大目《おおきさかん》大伴直《おおとものあたい》赤椅《あかさき》、少目《しょうさかん》春戸村主《はるべのすぐり》広江《ひろえ》らによる荒廃公田の施入、大納言正三位藤原雄黒（小黒麻呂）の墾田施入などにより、多度神宮寺建立はにわかに国家的事業としての色彩、すなわち国家による在地支配の手段としての色彩を加えてくるのである。それと並行して沙弥法教による民衆への大規模な勧進が行われるが、そのような勧進の存在自体が、国家にとっての多度神宮寺の利用価値の存在の証拠と言うべきだろう。

多度神宮寺は承和六年（八三九）～七年には天台別院であったが、嘉祥二年（八四九）に真言別院となった(14)。『延喜式』「玄蕃寮」には、「凡伊勢国多度神宮寺僧十口。度縁戒牒准㆓国分寺僧㆒、勘㆓納国庫㆒、補替之日、副㆓解文㆒進官」とある。満願によって開始された多度神宮寺の建立運動は、十世紀時点では、国分寺の半分にも及ぶ定員の僧が住む、官寺的性格の強い真言別院というところに落ち着いたのである。この寺院は国家を護持するための真言寺院でありつつ、在地の郡司層を経済的基盤とし、彼らの在地支配に大いに役立つ存在だったのではなかろうか。

以上概略を述べたが、多度神宮寺の建立は、複雑な階級的利害関係のなかで進められた、大規模な宗教的運動だったと評価できよう。この運動には富豪層・郡司層のみならず、朝廷・国司・富豪層以下の民衆まで、社会の極めて幅広い階層が加わっていた。その背景には正史に現れないかもしれないが、在地における諸矛盾の存在が想定できよう。また、多度神を信仰していた人々の間に、仏教信仰が広まったのはもちろんのことである。

表1　多度神宮寺の伽藍整備過程

年　代	寺院造立事業	建立・造立者
天平宝字七年（七六三）以前	神社の東の井の道場	不明
	丈六阿弥陀像	満願
天平宝字七年（七六三）	神のいます山の南を伐掃し、小堂と神御像を造る	満願
	銅鐘、鐘台	当郡主帳外従七位下水取月足
	三重塔	美濃国近士県主新麿
宝亀十一年（七八〇）	朝廷使四人得度	
	三重塔	大僧都賢璟
天応元年（七八一）	法堂・僧房・大衆湯屋	私度沙弥法教、引導伊勢・美濃・尾張・志摩の四国道俗知識等

谷口耕生氏は、「多度神宮寺の建立に際しては、大僧都賢璟という中央の有力な官僧が関与する一方、これに伊勢・美濃・尾張・志摩の四国の人々が結縁していることからもうかがえるように、神宮寺の建立を通じて神々を信奉した在地の人々を国家仏教に結縁・帰依させることで、神への祭祀を核に形成されていた地域の共同体を中央集権的な国家体制に帰属させようとする政府の意志が垣間見えるのではないだろうか[15]」としているが、多度神宮寺建立事業の最も重要な側面を言い当てていると言えよう。

かつて、八～九世紀の神宮寺建立の背景となる神仏習合思想は、特定の階層のイデオロギーを示すものとして注目された。しかし地方における仏教受容という観点から考えた場合、八～九世紀の神宮寺建立は、何よりもまず、宗教の力により社会を再編成しようとする、宗教的な社会運動としての側面が重要だと考えられる。

第二節　東国の仏教と神仏習合

東国への仏教の伝播は早く、七世紀前半にはすでに寺院が建立されていた[16]。東国の仏教伝播には、渡来人の果たした役割が重要だったことも指摘されている[17]。そのような東国であるが、八世紀後半に神仏習合によって仏教が広まった例が二例あり、注目される。

多度神宮寺を創建した満願は、東国において鹿島神宮寺の創建という大事業を行っている。また満願は箱根山を開山した万巻と同一人物とされる[18]。

建久二年（一一九二）に成立した『箱根山縁起』によれば、万巻は養老四年（七二〇）に沙弥智仁の子に生まれ、弘仁七年（八一六）、三河国において九十七歳で寂した[19]。しかし『国史大辞典』では生没年未詳とする[20]。満願は、後述の『類聚三代格』所収の官符によれば、天平勝宝年中（七四九～五七）、鹿島神宮に至り、八年間滞在し、神宮司や鹿島郡大領とともに鹿島神宮寺を建立した。『箱根山縁起』によれば、天平宝字元年（七五七）から三年間箱根山に住み、神託により、箱根神社を開いた。「多度神宮寺資財帳」によれば、天平宝字七年（七六三）には多度大社のそばに住んでおり、多度神の宣託を受けて、多度神宮寺を創建した。

これまで検討した多度神宮寺などの神仏習合の様相を前提として、東国の例である鹿島神宮寺の史料を検討したい。

嘉祥三年（八五〇）**八月五日太政官符**（『**類聚三代格**』**巻二**）

太政官符

応三随レ闕度二補鹿嶋神宮寺僧五人一事

右検二案内一。太政官去承和三年六月十五日下二治部省符一偁。得二常陸国解一偁。神宮司従八位上大中臣朝臣広年解偁。去天平勝宝年中修行僧満願到二来此部一。為レ神発願始建二件寺一。奉レ写二大般若経六百巻一。図二画仏像一住持八箇年。神以感応。而満願去後年代已久。無レ人二住持一伽藍荒蕪。今部内民大部須弥麿等五人試二練読経一。良堪レ為レ僧。望請。特令三得度住二件寺一者。権中納言従三位兼行左兵衛督藤原朝臣良房宣。奉レ勅。依レ請者。今被二右大臣宣一偁。奉レ勅。件僧等若有レ闕者。国司幷別当僧簡下定百姓之中堪レ為レ僧者上。随レ闕度補。但度縁戒牒一准二国分寺僧一。

嘉祥三年八月五日

天安三年（八五九）二月十六日太政官符（『類聚三代格』巻三）

太政官符

応レ修二理鹿嶋神宮寺一事

右得二常陸国解一偁。講師伝灯大法師位安璟牒偁。検二案内一。去天平勝宝年中始建二件寺一。承和四年預二定額寺一。須二依レ格国司講師相共検校一。而今此寺雖レ預二定額一無レ有二田園幷修理料一。因レ茲三綱檀越等不レ堪レ修二造破損物一者。国司熟検二旧記一。件寺元宮司従五位下中臣鹿嶋連大宗。大領中臣連千徳等与二修行僧満願一所二建立一也。今所有禰宜祝等是大宗之後也。累代所レ任宮司亦同氏也。望請　官裁。令下二神宮寺幷件氏人等一永修理検校上。謹請二　官裁者一。右大臣宣。依レ請。但令下二国司一且加中検校上。若氏人等無レ力二修理一者。以二三宝布施一宛二用其料一。事須下随レ損即加二修理一。其所二修用一物数附二朝集使一言上上。

天安三年二月十六日

満願は天平勝宝年中（七四九～五七）常陸国に来て、鹿島神のために発願し、鹿島神宮寺を建て、大般若経六百巻や図画仏像を写し、住持八か年に及び、そのため神が感応したという。またこの寺は、満願が当時の宮司従五位下中臣鹿嶋連大宗、大領中臣連千徳らとともに建てたものという。

在地における鹿島神宮の神の性格が、朝廷が公式に認定していた性格とは著しく違うものであったことは十分に想定可能である。類例としては伊勢神宮の神が、在地の一地方では神風仙大神という異なった名前で信仰されていたことがあげられる。また、出雲大社の神は、『出雲国風土記』においては記紀と異なった性格をもって登場する。しかも、出雲大社の神は、『出雲国風土記』においては多くの郷の地名起源説話と結びつき、取り入れられている(21)

ことにも注目したい。『常陸国風土記』にも香取神を含めれば苗裔神が三例登場し[22]、延暦期においてすでに陸奥国にまで多数の苗裔神を持っていた鹿島神宮の神[23]も、常陸国から陸奥国にかけて広範囲に神話的足跡を残していたと考えられる。そのような巨大な信仰圏を持つ鹿島神宮の神を祀り「風雨順レ序、五穀豊稔」[24]を保つことは、大和政権の祭祀を担ってきた中臣氏の系譜を引き、藤原氏とも関係の深い鹿島神宮司にとっても容易なことではなく、最先端の仏教的修法での祭祀を試みたことは容易に理解できる。その方法はすでに藤原武智麻呂の発案により、越前第一の神社である気比神宮で成功していたのである[25]。先にも述べたように神宮寺には、神を祀ることを目的とし、仏教的作善行為を手段とするという側面がある。在地の祭祀の責任者にとっては、あるいはその神を信仰していた在地の民衆にとっては、その側面が重要であった。もちろん僧侶にとっては神と人を仏教によって救うこと、仏教を興隆させることという意味を持っていたであろう。

　鹿島神宮に神宮寺を建てるということは、このような広い地域に信仰圏を持つ鹿島神への信仰に新しい命を吹き込み、おそらくは常陸国司を中心に郡司層による地域支配を強化するという意義があったはずである。寺院の建立の中心となったのは神宮司と郡司であったとしても、国司の関わりがなかったはずはないし、また寺院造営や写経には、多度神宮寺の例のように、在地豪族から一般民衆に及ぶ広い範囲の各種知識が結成されたと想定される。

　奈良・平安時代の鹿島神宮寺の遺跡は鹿島郡鹿嶋市鉢形《はちがた》にあり、昭和四十七年（一九七二）に発掘されている。塼積《せんづ》み基壇と礎石が検出されたが、遺跡の全容を解明するだけの調査ができなかったとされる[26]。また、香取神宮周辺の集落の分析を通じて、この時期の仏教受容を証明した笹生氏の研究については先に述べた。

　満願に続いて、東国において神仏習合を推進した人物として著名なのは勝道である。

　日光山を開山した勝道は、空海の「沙門勝道歴山水瑩玄珠碑幷序」（『遍照発揮性霊集』所収）[27]によれば、下野芳賀の人で、俗姓は若田氏、男体山の登頂は、神護景雲元年（七六七）、天応元年（七八一）に続く天応二年（七八二）の三度目の試みで成功した登山の際の誓願は「若使二神明有一レ知。願察二我心一。我所二図写一。経及像等。当至二山頂一。為レ神供養。以崇二神威一。饒二群生福一。仰願。善神加レ威。毒龍巻レ霧。山魅前導。助二果我願一。我若不レ到二山頂一。亦不レ至二菩提一。」というものであった。延暦三年（七八四）、中禅寺湖岸に「神宮寺」を建て、そこで四年間修行し、延暦七年（七八八）、「北崖」に移住した。延暦年中（七八二〜八〇六）に桓武天皇は勝道の事績を知り、上野国の講師に任じた。また華厳寺を下野国都賀郡に建立した。大同二年（八〇七）、国に災難が起こり、下野国司は勝道に祈雨を命じた。勝道が男体山に登って祈禱したところ、雨が降って穀物が豊かに稔った。

勝道は鎌倉時代成立の『補陀洛山建立修行日記』[28]によれば、天平七年（七三五）に生まれ、弘仁八年（八一七）、八十一歳で寂した。また『補陀洛山建立修行日記』には、勝道が下野薬師寺で鑑真の弟子の如法に見《まみ》えたという記述があることなどから、実際に如法から下野薬師寺で受戒したという指摘もある[29]。

勝道が開山した男体山には男体山山頂遺跡が存在し、奈良末から平安初期に奉献されたと考えられる四面の舶載鏡を含む八面の唐式鏡や、鋳銅製三鈷杵という質の高い遺物は、この遺跡と中央との強い関わり合いを示唆するものと考えられている[30]。

東国においてこの時期に神仏習合に基づいて建立された寺院の事例として検討に値するのは、下野国都賀郡の大慈寺である。この寺は上原真人氏によって「下野国分寺に対応する山林修行の場」とされている[31]。大慈寺は、鑑真の弟子であり最澄の写経事業に協力した道忠やその弟子の智光の住んだ寺であり、比叡山に赴く前の円仁が住んだ寺と伝えられる。また弘仁八年の最澄の東国巡錫の際、一級の宝塔が造られ、一千部八千巻の法華経を書写して納めた寺とされる。『三千院本慈覚大師伝』によれば、その際、五万人余が集まったとされる。また『比叡山大師伝』は、上野国緑野郡の緑野寺と下野の大慈寺を含めて「百千万」以上の人々に布教したとしている。この寺の古代の寺域はかなり広く、南北軸約二〇〇メートルの範囲に古瓦出土地点が数か所あり、そこが全伽藍の跡であろうと推測されている。そして、現在の大慈寺の境内に隣接する式内社村檜《むらひ》神社の本殿に通じる石段の手前およそ一〇メートルの地点左手平坦地から、塔跡と推定される数個の礎石が発見されており、その付近からは「大慈寺」と刻印された平瓦も出土している。(32) このような式内社と寺院の位置関係から見て、大慈寺が村檜神社と深い関係を持った寺院であった可能性は高い。

史料の数は少ないものの、東国における仏教伝播において、神仏習合の果たした役割は非常に重要であったと推測される。最澄の東国巡錫の折り、「五万」「百千万」の人々が参集したとされるが、東国において仏教が非常に広く普及していたことを示している。このように仏教が広まっていた背景として、国分寺の造営活動に伴う仏教布教、およびそれを前提とした道忠教団の布教が指摘されている。(33) それと同時に、満願や勝道の活動によって代表されるような、神仏習合を伴う布教も重要な役割を果たしていたものであろう。

第三節　徳一と神仏習合

徳一は、高橋富雄氏によれば、神護景雲元年（七六七）ないし天応元年（七八一）に生まれ、承和九年（八四二）に七十六歳ないしは六十二歳で寂した。法相の教学を興福寺別当修円僧都に学んだらしい。修円は宝亀元年（七七〇）生まれで、承和元年（八三四）に六十五歳で没したとされる。最澄の『守護国界章』によれば、「弱冠」にして東国に移った。最澄の東国巡錫の弘仁八年（八一七）にはすでに会津に止住していた。弘仁六年、空海は弟子康守を東国に遣わし、徳一にも香を添えて書簡を送り、新しい真言の書籍を写し、広めることを依頼した。徳一は空海に対し、真言教学の十一の疑問点をあげた『真言宗未決文』を著した。弘仁八年（八一七）から弘仁十二年（八二一）まで、最澄と三権一実争論を行った。徳一建立の寺院としては筑波山中禅寺、磐梯山慧日寺が諸伝記にのせられており、徳一建立と伝えられる寺院は福島県を中心に五十か寺近くにのぼっている。高橋富雄氏は、鎌倉時代の徳一開山を記す墨書銘を持つ仏像を有する、いわき市の長谷寺も徳一開山とする。著書は十七種の名が伝えられ、『真言宗未決文』一巻が現存している。(34)

なお徳一の師の修円は、興福寺の賢璟の弟子である。尾張出身の法相の学匠である賢璟は、神宮寺としても著名な室生寺の創建者であり、多度神宮寺に三重塔を寄進してもいて、神仏習合の推進者である。修円は賢璟から室生寺の造営を委ねられ、空海の『風信帖』では「室山《しつざん》」と呼ばれており、その廟は室生寺の五重塔のすぐ東側に現存する。(35)

徳一といえば、第一に最澄との論争が有名であるが、東国における仏教布教者として偉大な足跡を残していることも早くから注目されており、厚い研究史を持っている。(36)以下に掲げる空海から徳一への書状(37)は、徳一が仏教布教者として同時代においても注目されていたことを示す。しかしながらその史料を除けば、布教者としての徳一に関する同時代史料は皆無のようである。

陸州の徳一宛空海書簡（弘仁六年〈八一五〉四月五日）『高野雑筆集　巻上』（『青森県史　資料編　古代一　文献史料』六九四号）

摩騰不レ遊振旦久聾、康会不レ至呉人長瞽。聞道、徳一菩薩、戒珠氷玉、智海泓澄、斗藪離レ京、振レ錫東往。始建二法幢一、開二示衆生之耳目一、大吹二法螺一、発二揮万類之仏種一。沓伽梵慈月水在影現、薩埵同事、何趣不レ到、珍々重々。空海入二大唐一、所二学習一秘蔵法門、其本未多、不レ能二広流伝一。思下欲乗二衆縁力一、書写弘揚上。所以差二弟子康守一、馳二向彼境一。伏乞、顧二彼弘道一、助レ遂二少願一、幸々甚々。委曲載レ別。嗟雲樹長遠、誰堪二企望一。時因二風雲一、恵二及金玉一。謹奉レ状、不宣、沙門空海状上。

四月五日

陸州徳一菩薩法前謹空

名香一裏、物軽誠重、検至為レ幸、重空。

徳一は「徳一菩薩」「陸州徳一菩薩」と呼ばれている。彼が菩薩と呼ばれていることについて吉田靖雄氏は、文中の「徳一菩薩」の前に「聞道」とあることから、「菩薩の称は空海の書いた美辞ではなく、徳一がそのように呼ばれていたのを空海が伝聞したことを示している」としているが、伝聞したことは事実であろう。また徳一が人々から菩薩と呼ばれるに至った理由について吉田氏は、「彼の菩薩行つまり衆生利益の諸事業のためと思われるがその具体相を明らかにしないのは残念である」とする[38]。中井真孝氏は、奈良時代において僧を菩薩と呼ぶ場合、それは「民間に活動の基盤をおき、呪力ある高僧に対する鑽仰のことば」とする[39]。徳一の活動を理解するためには、吉田氏の指摘になくて中井氏の指摘にある「呪力」の側面も重要と考える。

書簡では次に徳一の業績が讃えられるが、中国に初めて仏教を伝えた摩騰、呉国に初めて仏教を伝えた康会にたとえられている。一見、社交辞令のように見えるが、徳一の行為を「薩埵の同事」、すなわち菩薩による、人々の中に入り苦楽を共にし、事業を同じくする行為と位置づけ、世間で言われている「徳一菩薩」という尊称を、空海なりのとらえ方で再確認している。そこから考えると、空海は徳一を本当に陸奥国に初めて仏教を伝えた僧であると認識していたと考えられる。この空海の認識の背後には、それなりの事実があったと考えられる。筆者は、後述するように、徳一以前の陸奥国の仏教は、民衆布教を重視しない豪族中心の仏教であり、民衆布教を伴う仏教の陸奥国への導入に徳一が大きな役割を演じたと考えるものである。以上、この書簡からは、徳一が民衆布教を行う呪力ある高僧、菩薩であると、その支持者および空海によって認識されていたこと、また何らかの意味で陸奥国に初めて仏教を伝えた人と空海により認識されていたことがわかる。また、空海が徳一に教典の書写と流布を依頼しているのであるから、徳一は多くの僧を養成する立場にあったと考えられる。

徳一は確かに本格的な民衆布教を行ったと考えられるのであるが、その民衆布教は神仏習合と結びついたものであったと考える。樋口知志氏が、徳一の布教について、「地元民の山岳信仰を踏まえつつ、これと仏教とを融合・習合させることによって、民間の信仰を組織していこうとするものであった」と指摘しているとおりである。(40)

筑波山に中禅寺を開創し、磐梯山に（高橋富雄氏によれば磐城のさはこ山にも）寺院を建立した徳一の宗教活動は、勝道や満願の活動と共通性が多かったものと考えざるを得ない。筑波山と磐梯山はともに広い信仰圏を持つ神体山である。磐梯山は、中央政府からのあつかいは鹿島神宮と比べるべくもないが、筑波山や日光山、箱根山と同様、地方の信仰を集めていた。耶麻郡が分離する以前の広大な会津郡において最高の神階を持つ山であり、会津盆地のどこからも仰ぎ見ることができ、広く信仰を集める山であった。また、現在、会津盆地に複数の磐梯神社があるが、(41)その一つは会津郡衙の遺跡とされる会津若松市の郡山遺跡のすぐそばにあり、古代から祀られていたものと考えられている。福島県内の郡衙遺跡の近隣には、磐城郡の大国魂神社、菊多郡の国魂神社、岩瀬郡の顕国魂《うつしくにたま》神社、安積郡の安積国造《あさかくにつこ》神社など、郡衙と関連が深いと想定される神社がある場合があるが、会津郡衙遺跡にとりわけ近く、郡衙内に存在していた可能性もある磐梯神社の存在は、会津郡における磐梯神社の重要性を示す可能性がある。

磐梯神社は会津の郡司層によって祀られていたものと考えられるが、徳一はさらに強力な仏法の力でこの神を祀り、郡司層出身の祝よりも実際に神を祀る上での実力を持った、いわば上級祭司としての役割を果たしたものと考えられる。[42]その結果、徳一は磐梯山信仰を持つ豪族から民衆までの支持を集めたのであろう。慧日寺建立などの仏教興隆事業の推進に際しては、そのような力を背景に、会津地方の豪族層を、磐梯山信仰を紐帯として仏教の知識として結集したものと考えられる。会津地方における内屋敷遺跡、鏡ノ町遺跡、東高久遺跡といった中小豪族の居宅に掘立柱仏堂が付属するのは、[43]その居宅の主が篤い仏教信仰を持っていることを示すが、彼らが慧日寺建立と運営を担った檀越を構成したことを雄弁に物語っていると考える。徳一の「菩薩」という呼称は結局、磐梯山信仰を取り込むことを背景にして、豪族から庶民に至るまでの布教活動を行ったことを背景とするものであろう。

南都の実力ある学僧であり、たぐいまれな神仏習合の推進者である徳一が、なぜ他ならぬ会津を中心として活動したのかという問題については、不明な部分が多かった。高橋富雄氏は、「徳一を何か法にふれたり、罪により罰せられたりして流謫にあったというような考えは、かれに全く該当しない」とし、「本来的に征夷の霊仏」であった清水観音と同様の存在であった長谷観音に対する「清水信仰と長谷信仰を東国に宣揚する使命を帯びて東行した」と述べ、徳一の東行が国家的な使命を帯びていたことを示唆している。[44]石田明夫氏は、徳一が桓武朝の征夷事業の停止と時を同じくするように会津に入ってくることなどに注目し、「徳一は、奈良興福寺や東大寺で修行をし、興福寺と結びつきが強い藤原一族により、蝦夷を仏教的に穏和に支配する政策の実行者として派遣されたのであろう」「徳一は、北の蝦夷に対する国家の北進政策と関東の独自性の強い道忠教団の押さえ込みという役目を受け、全国統一を目指す藤原氏から派遣された可能性があろう」としている。[45]

筆者も序章で述べたように、徳一は陸奥国に山岳寺院・神仏習合・民衆布教を伴う仏教を伝えるために、主として陸奥国府の必要性に基づいて会津に慧日寺を建立したと考える。ただし、その場合、筑波山の開山などは別に説明しなければならないが、常陸国府の要請なども考える必要があろう。

おわりに

第二部では、第一・二章において、九世紀に新たに建立された寺院について検討し、九世紀に至って陸奥国の仏教に山岳寺院・神仏習合・民衆布教の三要素が新たに加わったこと、その要素を導入した主体は、会津地方と鎮守府部内においては陸奥国府であり、信夫郡や安積郡においては郡司層であったことを述べた。また、陸奥国府の力を背景に会津地方に慧日寺を建立した徳一が、陸奥国に山岳寺院・神仏習合・民衆布教の三要素を導入した、最大の功績者であることを主張した。

本章においては、三節にわたって地方仏教と神仏習合について叙述してきた。陸奥国における徳一の活動は、鹿島神宮寺を建立した満願や、男体山を開山した勝道の事績に見られるような、東国における神仏習合に基づく仏教布教の流れを汲むものであることを主張し、さらには、文献上の史料が少ない陸奥国における神仏習合の様相を、畿内近国や東国の例から推測しようとしたものである。

本書では第一・二部を通じて、陸奥国の古代仏教史の概観を試みた。今後は、まず、最も関係が深い地域である関東地方、さらには他の地域における古代仏教の歴史の研究成果を十分に受容しながら、陸奥国の古代仏教史の研究を深め、それを日本仏教史の中に位置づけていきたい。

註

（1）内田律雄「古代村落祭祀と仏教」（『在地社会と仏教』奈良文化財研究所、二〇〇六年）。
（2）笹生衛「古代仏教信仰の一側面――房総における八・九世紀の事例を中心に――」（『古代文化』四六―二、一九九四年）。
（3）笹生衛「東国神郡内における古代の神仏関係――香取郡・香取神宮周辺の事例から――」（『神道宗教』一九九・二〇〇合併号、二〇〇五年）。
（4）曾根正人「研究史の回顧と展望」（同編『論集奈良仏教　第四巻　神々と奈良仏教』雄山閣、一九九五年）。
（5）中井真孝『日本古代の仏教と民衆』（評論社、一九七三年）。
（6）川尻秋生「神仏習合の担い手は誰か」（吉村武彦・吉岡真之『新視点日本の歴史　第三巻　古代編Ⅱ』新人物往来社、一九九三年）。
（7）河音能平「王土思想と神仏習合」（『中世封建社会の首都と農村』東京大学出版会、一九八四年）。
（8）義江彰夫『神仏習合』（岩波書店、一九九六年）。
（9）川尻秋生「『多度神宮寺資財帳』の作成目的」（『日本古代の格と資財帳』吉川弘文館、二〇〇三年）。
（10）中井真孝「神仏習合の思想」（『行基と古代仏教』永田文昌堂、一九九一年）。
（11）前掲註（10）。『日本霊異記』上巻第七「読㆓亀命㆒放生得㆓現報㆒亀所㆑助縁」には備後国三谷郡の大領の先祖が百済に出征した際に「若平還卒、為㆓諸神祇㆒造㆓-立伽藍㆒」と誓願し、帰国後三谷寺を建てた話が見える。特定の神ではないものの、神のために寺院を建てるという点で、多度神宮寺・気比神宮寺・若狭神願寺と共通している。『日本霊異記』が成立した平安初期には、神のために寺院を建てるという考え方は一般的なものであった。
（12）前掲註（5）。
（13）前掲註（5）。
（14）石上英一「多度神宮寺伽藍縁起并資財帳」（『国史大辞典』吉川弘文館、一九八八年）。
（15）谷口耕生「神仏習合美術に関する覚書」（『特別展　神仏習合』奈良国立博物館、二〇〇七年）。
（16）栃木県立しもつけ風土記の丘資料館『第五回企画展　東国の初期寺院――古墳時代から律令時代への動き――』

（栃木県教育委員会、一九九一年）。前沢和之「関東の古代寺院」（戸沢充則・笹山晴生編『新版古代の日本　八関東』角川書店、一九九二年）。『特別展　東国の古代仏教――寺と仏の世界――』（茨城県立歴史館、一九九四年）。
(17) 由木義文『東国の仏教』（山喜房佛書林、一九八三年）。
(18) 速水侑「満願」（『国史大辞典』吉川弘文館、一九九二年）。
(19) 西牟田崇生校注「箱根山縁起幷序」（神道大系編纂会『神道大系　神社編二十一　三島・箱根・伊豆山』神道大系編纂会、一九九〇年）。箱根神社編『箱根の宝物』（箱根神社、二〇〇六年）。
(20) 前掲註（18）。
(21) 前田晴人『古代出雲』（吉川弘文館、二〇〇六年）。
(22) 『常陸国風土記』行方郡条に香取神子社が二社、香島神子社が一社見える。
(23) 『日本三代実録』貞観八年正月二十日丁酉条。『類聚三代格』貞観八年正月二十日太政官符。
(24) 志田淳一「中臣と常陸」（青木和夫・田辺昭三編『藤原鎌足とその時代――大化改新をめぐって――』吉川弘文館、一九九七年）。宮井義雄『歴史の中の鹿島と香取』（春秋社、一九八九年）。
(25) 前掲註（10）。
(26) 茨城県立歴史館『茨城県史料　考古資料編　奈良・平安時代』（茨城県、一九九五年）。
(27) 渡邊照宏・宮坂宥勝校注『日本古典文学大系七一　三教指帰　性霊集』（岩波書店、一九六五年）。
(28) 益田宗「第二編第一章　古代」（日光市史編さん委員会『日光市史　上巻』日光市、一九七九年）。
(29) 長坂一郎「第二章　神仏習合像の成立と伝播の意味」（『神仏習合像の研究――成立と伝播の背景――』中央公論美術出版、二〇〇四年）。前掲註（17）。長坂氏は神仏習合思想が中国から日本に伝わったものとし、その際に鑑真が果たした役割を重視している。その上で鑑真から如法を経て勝道に神仏習合が伝わったとしており、注目される。
(30) 大和久震平「第一編第二章　古代と歴史時代の遺跡」（前掲註〈28〉所収）。
(31) 上原真人「古代の平地寺院と山林寺院」（『仏教芸術』二六五、二〇〇二年）。
(32) 佐伯有清『円仁』（吉川弘文館、一九八九年）。前掲註（31）。上野川勝「古代下野における「山寺」の成立と天台仏教」（『唐澤考古』一五、一九九六年）。大橋泰夫『下野国分寺跡　一二　瓦編』（栃木県教育委員会、一九九七

年）。なお村檜神社については、相千恵子「村檜神社」（式内社研究会編『式内社調査報告　第一三巻』皇学館大学出版部、一九八六年）。
(33)　前掲註（16）「関東の古代寺院」。
(34)　高橋富雄『徳一と最澄』（中央公論社、一九九〇年）。
(35)　逵日出典「第八章　室生山寺の成立」（『奈良朝山岳寺院の研究』名著出版、一九九一年）。林亮勝「室生寺の歴史」（田中澄江・伊藤教如・林亮勝編『古寺巡礼　奈良一〇　室生寺』淡交社、一九七九年）。
(36)　田村晃祐「徳一関係参考文献」（同編『徳一論叢』国書刊行会、一九八六年）。五十嵐勇作「徳一に関する文献目録」（湯川村教育委員会『湯川村史　第一巻　勝常寺と村の文化財』一九八五年）。
(37)　この本文は『青森県史　資料編　古代一　文献史料』（青森県、二〇〇一年）。掲載の原文を用いたが、その誤りを『弘法大師空海全集　第七巻』（筑摩書房、一九八四年）、『弘法大師著作全集　第三巻』（山喜房佛書林、一九七三年）に基づいて修正した。
(38)　吉田靖雄『日本古代の菩薩と民衆』（吉川弘文館、一九八八年）。
(39)　前掲註（5）。
(40)　樋口知志「仏教の発展と寺院」（須藤隆・今泉隆雄・坪井清足編『新版古代の日本　九　東北・北海道』角川書店、一九九二年）。樋口氏の指摘は示唆に富む。仏教信仰以前の神祇信仰と新来の仏教信仰を調和させる神学的な作業は、国家の中央でなされればそれで完成するというものではなく、仏教が伝わった各地方で地方の実情に合わせて行う必要があり、地方の布教活動の中で神仏習合思想は、その場に適合する形で再生産されていったものであろう。
(41)　門田町一ノ関、喜多方市真柴、北会津町真宮、郡山市湖南町（『福島県の地名』河出書房新社、一九九三年）。
(42)　高橋富雄『徳一と恵日寺（ふくしま文庫一七）』（福島中央テレビ、一九七五年）に詳しい分析がある。
(43)　本書第二部第一章参照のこと。
(44)　前掲註（34）。
(45)　石田明夫「発掘された慧日寺」（会津若松市史研究会編『会津若松市史二　歴史編二　古代二・中世一　会津、古代そして中世』会津若松市、二〇〇五年）。

第三部　九世紀鎮守府周辺における仏教受容

第一章　九世紀鎮守府周辺における仏教受容の様相

はじめに

北上盆地においては九世紀前半までは仏教が受容された痕跡は少なく、九世紀中葉以降に本格的に受容され、社会的な階層の面では一般的な集落の住民にまで広がり、地域的には現岩手県北部域にまで急速に伝播した。樋口知志氏は、九世紀中頃〜後半頃になると、現岩手県・秋田県域にも寺院が建てられ、仏教文化が展開していくのを確認できるとし、その例として『文徳天皇実録』天安元年（八五七）六月三日条に定額寺として見える「陸奥国」極楽寺は、現岩手県北上市にある県指定遺跡の極楽寺跡がその遺跡とみられていること、岩手県水沢市黒石寺には、貞観四年（八六二）の胎内銘を持つ薬師如来像が本尊として安置されていることなどをあげている(1)。

北上盆地において、この時期に仏教が急速に受容された背景にはどのような事情があるか考えるのが本章の課題である。

樋口氏は、八世紀後半以降新たに設置された現宮城県北部より北の城柵には仏教施設が付属しないことを指摘し、その理由として、それらの地域が古墳文化の受容のあり方や農耕社会化の程度の点で、以南の地域と異なっていたことを指摘している。この指摘は現岩手県地域の仏教受容の前提となる。熊谷公男氏は同じ現象の理由として、陸奥国分寺の建立との関係を指摘している。(2) 国分寺から離れている福島県域に比べて、宮城県域は九世紀代に至るまで寺院の建立活動が活発でない現象を考える上で興味深い指摘である。

九世紀以降、蝦夷社会が急速に仏教を受容したことの歴史的意義について、熊谷氏は、仏教の持つ統合機能が、蝦夷社会の特徴である孤立分散性を打ち破るのに大きな力を発揮し、蝦夷社会は仏教信仰を通じて地域間ネットワークを形成したことを指摘しているが、極めて重要な指摘である。定額寺の建立などを通じて蝦夷社会に仏教が広まったとする熊谷氏の説明は大局的には過不足がないが、それまで仏教を本格的に受容していなかった蝦夷社会が、仏教を本格的に受容するに至ったそのきっかけについては、もう少し説明する余地もあるのではなかろうか。

北上盆地には奥州藤原氏時代以前の九～十一世紀の仏像が多数伝えられているため、北上盆地の九世紀における仏教受容については古くから研究が盛んであるが、(3) 近年の研究は、北上市周辺の掘立柱仏堂や国見山廃寺の発掘調査が大きな成果を上げていることを背景に、国見山廃寺の性格、北上盆地の掘立柱仏堂と国見山廃寺などの本格的な寺院との関係、九世紀の寺院と後代の寺院との関係という三点において、非常に深化していると考えられる。以下、国見山廃寺を中心とする研究と掘立柱仏堂を中心とする研究に分類して略述したい。

まず第一に、国見山廃寺を中心に議論を展開し、さらには九世紀の寺院と安倍氏時代以降の寺院の関係について論じている研究として、菅野成寛氏(4)と杉本良氏(5)の研究がある。菅野氏は、九世紀中葉に鎮守府付属寺院として国見山廃寺が成立し、十二世紀初頭にその機能が平泉中尊寺に受け継がれたとする。杉本氏は、国見山廃寺は胆沢城の付属寺院および岩崎台地遺跡群などの、非官衙系平地寺院のための山林修行の場として開かれ、安倍氏時代には山林修行の場であるとともに、安倍氏の権力を誇示するために整備されたとする。また、岩崎台地遺跡群の三間四面堂は、安倍氏時代の大竹廃寺・長者原廃寺・泥田《どろた》廃寺に平素拝むための仏堂形式として受け継がれたとする。国見山廃寺の性格については、熊谷公男氏は官寺ではなく定額寺などの準官寺を想定すべきとし、見解の一致を見ていない。

第二に、国見山廃寺と周辺の掘立柱仏堂との関係について、杉本氏は前述のように述べているが、沼山源喜治氏は国見山廃寺・黒石寺・成島毘沙門堂などを拠点に布教が行われ、北上盆地の集落に仏教が伝播したとする(6)。八木光則氏は、安倍・清原氏時代の文化の諸要素が平泉文化に継承されたことを述べるなかで北上周辺の仏教遺跡を取り上げ、「国見山廃寺がこの当時地域の核となり、仏教に熱心に帰依した在地有力者または住民が存在した」とし、これらの遺跡を安倍氏の文化の一要素と位置づけている(7)。

国見山廃寺と北上周辺の仏教遺跡の関係については、沼山氏と八木氏は国見山廃寺を布教の拠点や核と考える点で一致しており、杉本氏は国見山廃寺の平地寺院に対する修行の場としての山岳寺院としての性格を重視しているが、両者が密接に関係するという点においては共通する。しかし、それだけに、菅野氏を含む論者の間で国見山廃寺を鎮守府付属寺院といった官寺と考えるか、定額寺などの豪族の氏寺的な性格が強い寺院と考えるかという点で、見解が対立していることが目立つ。そして、国見山廃寺の性格の問題は、北上盆地の仏教受容の歴史的意義にも関わる問題となっている。

以上の近年の研究を十分ふまえた論述にならないことを恐れるが、本章では次のように叙述したい。

第一節では北上盆地の掘立柱仏堂や出土文字資料を概観することにより、九世紀中葉以降、鎮守府周辺以北で急速に仏教が受容されていったことを再確認する。

第二〜四節では、仏教がどのような手段によって伝播していったかについて考察する。第二節では、同時代の地方豪族の氏寺である伊勢国近長谷寺の例を検討することにより、国見山廃寺が地域社会で果たした役割を推測してみたい。第三節では黒石寺と神仏習合について、第四節では吉祥悔過について検討し、最後に九世紀中葉に仏教が鎮守府周辺に広まった理由について考えてみたい。

第一節　考古資料から見た鎮守府周辺の仏教受容

一　鎮守府周辺の仏教関連遺構・遺物

九世紀の鎮守府周辺に存在した有力な寺院としては、貞観六年（八六四）の胎内銘を持つ薬師如来像をはじめとして多くの平安仏が現存する黒石寺[8]、発掘により九世紀中葉から十一世紀にかけての遺構や整地層が確認されている国見山廃寺[9]、九世紀の伝吉祥天像や十世紀の毘沙門天像が現存する成島毘沙門堂[10]、胆沢城と同形式ではあるがやや新しい瓦が出土する明後沢《みょうごさわ》古瓦出土地[11]などが想定される。これらの寺院はこの地方の主要寺院であり、鎮守府と密接な関係を持つ寺院であったと考えられる。

これらの寺院に加えて、北上盆地には四件の掘立柱仏堂が検出されている。第二部第一章の表1と重複するが、概略を表1に再度掲げる。

岩手県内の出土文字資料は『岩手県内出土文字資料集成』[12]に集成されている。そのなかから「寺」「仏」の二つの文字のいずれかを持つ考古資料を抜き出したのが、表2の1～12である。なお、『岩手県内出土文字資料集成』以後に公表された二件については、『岩手県内出土文字資料集成二〇〇七』[13]によって補った（表2の13～14）。

表1　岩手県内掘立柱仏堂遺跡一覧

番号 遺跡名 所在地	期	中心仏堂の規模（記述は東西×南北）	主な付属施設	仏堂の年代	仏教（宗教）関連出土遺物・墨書土器	立地および周囲の遺跡	報告書名・参考文献
1 上鬼柳Ⅲ遺跡（岩手県北上市鬼柳町上鬼柳）	Ⅰ　期	（双堂）正堂七号建物（三×二間、七・一×五・三m）。礼堂八号建物（三×二間、七・三×五・三m）。周溝を持つ。	三号・四号（四号が先行）建物跡（三×二間、六・八×四・九m）。	九世紀中葉～後半。	「寿」字墨書土器（九号建物周溝出土）。穿孔された土師器坏形土器二点（九号建物周溝出土）。二彩陶器の長頸瓶の口縁部破片（一〇号建物跡に隣接するⅥB三三号土坑出土）。「佛」字刻書土師器坏（遺構外のⅥB区の北西の掘立柱建物跡群の検出面出土）。「寺」字墨書土器（ⅦA四号土坑出土）。	和賀川の右岸段丘の縁辺部に立地。竪穴住居跡二十一棟、工房跡一棟、掘立柱建物跡十二棟、窯跡三基、土坑十四基を検出（九世紀末～十世紀代）。	「上鬼柳Ⅲ遺跡」（岩手県文化振興事業団埋蔵文化財調査報告書第一六一集『上鬼柳Ⅱ・Ⅲ遺跡発掘調査報告書（東北横断自動車道秋田線建設関連遺跡発掘調査）』（財）岩手県文化振興事業団埋蔵文化財センター、一九九二年）。
	Ⅱ　期	（双堂）正堂九号建物（旧柱穴）（三×二間、八・四×六・四m）。礼堂一一号建物（三×二間、七・九×四・七m）。		九世紀末～十世紀初頭。			
	Ⅲ　期	（双堂）正堂九号建物（新柱穴）。礼堂一〇号建物（三×二間、八・四×五・二m）。		十世紀代。			
	Ⅳ期	一二号建物跡（三×二間、五・一×三・四m）。		十世紀代。			
2 岩崎台地遺跡群（北上市和賀町岩崎地内）		（五期にわたる。前後関係は筆者の見解。付属建物は未検出）①CVx一九建物（五×四間、一五×一二m）。②CVx一八建物（五×四間、一四・七×一一・五m）。③CVu二〇建物（四×四間、一		九世紀後半～十世紀前半か。	（集落から）「吉」「十」「中」「山井」「内財」「内」「山万」「富」「為」「永」等の墨書土器。	和賀川の右岸段丘の縁辺部に立地。百二十棟以上の住居跡や掘立柱建物跡、四基の土坑墓、三個の甕	岩手県文化振興事業団埋蔵文化財調査報告書第二一四集『岩崎台地遺跡群発掘調査報告書（東北横断自動車道秋

	〇・八×一一・九m）。④CVu一九—2建物（四×四間、一〇×一一・八m）⑤CVu一九—1建物（五×四間、一二・二×一〇・二m）。			棺、八基の火葬墓などの平安期の遺構。遺跡内に七世紀前半の古墳群。	田線建設関連遺跡発掘調査）』〈財〉岩手県文化振興事業団埋蔵文化財センター、一九九五年）。
3　南部工業団地内遺跡K区（北上市相去《あいさり》町）	K一〇一b建物跡（三×三間、七・九×六・八m）。四面庇付き風の建物（後継建物である三×二間の総柱建物も仏堂か）。	十世紀頃。	付近からは十二世紀頃とも考えられる小銅造神像。	河岸段丘上。付近に竪穴住居（九世紀後半から十世紀前半）が分布。	北上市埋蔵文化財調査報告第一八集『南部工業団地内遺跡Ⅱ』（北上市教育委員会、一九九五年）。
4　根岸遺跡（北上市黒岩）	（双堂）正堂一八号建物（五×三間、一一・六×七・四m）（三×二間の身舎に東西南の三面の庇が付く）。礼堂六号建物（五×一間、一一・三×三・四m）。	十世紀代。	特になし。	北上川東岸の高台。北東七〇〇mに白山廃寺跡。	「根岸遺跡　発掘調査現地説明会資料」（北上市教育委員会、二〇〇九年）。

表2　岩手県内出土仏教関連文字資料一覧（特記しない場合は墨書土器）

	地域	資料番号	市町村	判読	遺跡名	遺跡番号	遺構	資料種別	部位	時期	文献（『集成』に記されているもの）
1	二戸郡	一九	二戸市	寺	五庵Ⅰ	一二	ⅦF二三竪穴住居跡	土師器坏	体部	記載なし	岩手県文化振興事業団埋蔵文化財調査報告書第九七集『五庵Ⅰ遺跡発掘調査報告書』〈財〉岩手県文化振興事業団埋蔵文化財センター、

											一九八六年)。
2	岩手郡	三四	盛岡市	寺	林崎	三四	RA〇一竪穴住居跡	土師器坏	体部	九世紀後半	『太田方八丁遺跡――昭和五三年度発掘調査概報――』(盛岡市教育委員会、一九七九年)。
3	岩手郡	三六	盛岡市	寺	林崎	三四	RA〇三竪穴住居跡	土師器坏	体部	九世紀後半	『太田方八丁遺跡――昭和五三年度発掘調査概報――』(盛岡市教育委員会、一九七九年)。
4	稗貫郡	三三	花巻市	大井寺	円万寺館跡	六四	一号竪穴住居跡	土師器坏	体部	九世紀初	花巻市文化財調査報告書第二〇集『円万寺館遺跡』(花巻市教育委員会、一九九九年)。
5	稗貫郡	五〇	石鳥谷《いしどりや》町	仏?「仟」?	白幡林	七三	A―1住居跡	須恵器坏	体部	九世紀末	『白幡林遺跡発掘調査報告書――平成七年度――』(石鳥谷町教育委員会、一九九六年)。
6	和賀郡	八八	北上市	佛(刻書)	相去《あいさり》B地区	九三	?	土師器盤	底部	記載なし	『現地説明会資料』(岩手県教育委員会、北上市教育委員会、一九七三年)。
7	和賀郡	一〇八	北上市	寺	上鬼柳ⅢB地区	九七	ⅦA4土坑跡	土師器坏	体部	記載なし	岩手県文化振興事業団埋蔵文化財調査報告書第一六一文化振興事業団集『上鬼柳Ⅱ・Ⅲ遺跡』(〈財〉岩手県埋蔵文化財センター、一九九二年)。
8	和賀郡	一〇九	北上市	佛(刻書)	上鬼柳ⅢB地区	九七	遺構外	土師器坏	体部	記載なし	岩手県文化振興事業団埋蔵文化財調査報告書第一六一文化振興事業団集『上鬼柳Ⅱ・Ⅲ遺跡』(〈財〉

											岩手県埋蔵文化財センター、一九九二年）。
9	和賀郡	五七八	北上市	寺	本宿《もとじゅく》A地区	一一〇	SI〇二六	?坏	体部	記載なし	北上市埋蔵文化財調査報告第一九集『北上遺跡群（一九九三、一九九四年度）』（北上市教育委員会、一九九五年）。
10	和賀郡	五八一	北上市	寺	本宿A地区	一一〇	SX〇五四	?坏	体部	記載なし	北上市埋蔵文化財調査報告第一九集『北上遺跡群（一九九三、一九九四年度）』（北上市教育委員会、一九九五年）。
11	胆沢郡	三六	奥州市	寺	胆沢城	一一四	第二〇次SD〇四〇遺構	土師器坏	口縁部	九世紀後半	『胆沢城跡——昭和五〇年度発掘調査概報——』（水沢市教育委員会、一九七六年）。
12	胆沢郡	二三一	奥州市	寺	横枕Ⅱ	一一九	表採	土師器坏	口縁部	九世紀前半	「慶徳遺跡群詳細分布調査報告書」（『水沢市文化財報告書第九集』水沢市教育委員会、一九八二年）。
13	胆沢郡	（四〇〇）	奥州市	寺	中半入《なかはんにゅう》		第四次SI〇五住居覆土	須恵器坏	底部	九世紀前半	岩手県埋蔵文化財センター『中半入遺跡——第四次調査——』（岩手県文化振興事業団埋蔵文化財調査報告書第四六集、二〇〇五年）。
14	江刺郡	（四九八）	北上市	佛（刻書）	金附《かねつき》		住居跡	砥石		平安時代	岩手県教育委員会『岩手県内遺跡発掘調査報告書（平成一四年度）』第一一六集、二〇〇三年）。

以上あげたものは仏教関連遺構・遺物の一部の種類に過ぎず、これら以外の種類の仏教関連遺構・遺物の集成が今後の課題である。

注目すべき仏教関連遺跡のうち、和賀郡に集中する掘立柱仏堂については第二部第一章で考察したので、本章では、顕著な仏堂遺構が検出されていないが重要と思われる三つの仏教関連遺跡についてふれておきたい。

第一は、九世紀前半の「寺」字墨書土器が出土した奥州市水沢区の横枕Ⅱ遺跡である。この遺跡は胆沢城跡の南東約四キロメートルの北上川に近い、最も低い河岸段丘上にある慶徳遺跡群の一部である。この遺跡の性格について報告書は、「竪穴住居や柱穴跡の存在は本遺跡が集落の一郭をなすものと判断できる。ただし、銅鋺の出土や「寺」の墨書土器（さらには今回出土の転用硯）の存在をあわせ考えるとき、祭祀関係か信仰関係の性格も捨て去ることはできない」（伊藤博幸氏執筆）としている。この遺跡の年代は九世紀前半とされる(14)。掘立柱仏堂をはじめとする、鎮守府周辺の他の仏教関連遺構・遺物よりも早い時期のものである点が注目される。また銅鋺という格の高い遺物の出土も注目される。胆沢《いさわ》城に関係する僧の存在を想定できるのではなかろうか。

第二は、小規模な山岳寺院の存在が想定される岩手県花巻市の円万寺館遺跡である。この遺跡は旧稗貫郡域の花巻市円万寺にある。北上盆地の西側の、盆地から八〇メートルほどの標高差をもった観音山の頂上付近の平坦地の端部に位置する。この遺跡から検出された竪穴住居から、「大井寺」と墨書された土師器坏が出土した。土師器の年代は九世紀後半とされる。この竪穴住居から一メートルほど離れたところには、中世前期の墓と思われる塚がある。その塚が造られる前には掘立柱建物があった。中世後期には円万寺館という中世城館があった。現在はその付近に八坂神社、円万寺観音堂という宗教施設がある。さらに一・五キロメートルほど奥の江釣子《えづりこ》森山《もりやま》の七、八合目には二〇メートル四方の平坦地があり、昭和四十一年（一九六六）に山本建三氏は六〜七尺間隔の堂跡の礎石十二個を確認した。現在は礎石は一か所に集められている。

円万寺館遺跡の南西約二キロメートルのところにある鳥谷《とや》遺跡では、底に「大井」と刻字されたヘラ切り底の須恵器坏が出土しており、(15)円万寺館遺跡出土の「大井寺」墨書土器との関連が考えられる。

円万寺館遺跡から出土した「大井寺」墨書土器は、山上の竪穴式住居から出土したことが注目される。ふつう山上には人は住まないので、この住居は寺院に付属するものであったと考えられる。「大井寺」というのは、その寺院の名称であったのであろう。大井寺の宗教施設はこの住居に隣接して観音山の頂上にあったか、さらに奥にある江釣子森山の七、八合目の平坦地にあったか、あるいは両者にあったのであろう。中世には城館にされながらも、現在まで宗教施設が継続していることは、その場所が大井寺が成立した時点ですでに霊地として意識され、それが現在に至るまで継続していることを示す。大井というのは円万寺館遺跡や鳥谷遺跡付近の地名であったと考えられるが、現在、その地名は消滅している。

稗貫郡は、胆沢城のある水沢市と志波城のある盛岡市のちょうど中間に位置する。稗貫郡は『日本後紀』弘仁二年（八一一）正月丙午（十一日）条に、「於二陸奥国一置二和我。薭縫。斯波三郡一。」と建郡記事はあるものの、この三郡は『和名抄』にも『延喜式』「主税式」にもなく（「神名帳」に斯波郡のみある）、一般の令制郡とは異なった郡であったと考えられるが、稗貫郡は蝦夷系の住民が多かったと考えられる。(16)

この遺跡は、九世紀後半の時点で和賀郡の北に隣接し、胆沢城と志波城に位置する稗貫郡に仏教が受容されていたことを示す重要な遺跡である。

第三に注目されるのが、九世紀後半もしくは十世紀初頭の「寺」字墨書土器が出土した盛岡市の林崎遺跡である。この遺跡は志波城外郭の東側に隣接して位置する、志波城廃絶後の遺跡である。遺跡の範囲は、地形・遺物から、段丘崖に沿って外郭外から東に長さ二〇〇メートル・幅一四〇メートルの範囲と推測される。墨書土器が発見されたときの調査区は東西二二メートル、南北は東側で一一メートル・西側で一五メートルの範囲である。七棟の竪穴住居跡が検出され、そのうち五棟が調査された(17)。

遺跡の性格は、「九世紀後半をあまり前後しない時期の、なんらかの施設と関連する集落と考えられる」「「寺」などの墨書土器があり識字者の存在をしめすばかりでなく、遺跡の性格をしめすものとなっており、また、本来的には供膳用具としての坏と同様に使用頻度が多いと思われる瓶・壺類の煮沸・貯蔵形態をとる土器が少ないこと、さらに灯明皿に使用した坏が少なからずみられること、RA〇三住居跡出土で灰・陶器の模倣と思われるあかやき土器多嘴瓶があることなどから一般的な集落とは考えがたいであろう。これらのことから、林崎遺跡は、太田方八丁遺跡（筆者註…昭和五十五年度報告書より遺跡名を「志波城跡」に変更）の廃絶後やや時期をおいて営まれた、寺社などと関係する集落と思われる」とされる。

さらに志波城跡第十次調査と並行して行われた調査により竪穴式住居跡二棟を確認したあとの昭和五十六年（一九八一）の報告書『志波城跡』では、「農耕を主生業とする農村とは考えにくく、寺社などの運営に深く関わりをもつ〝門前町〟的な村落と考えられよう。とすれば十世紀（と想定される）にこの地域で仏教文化が定着ないし強い影響下にあったことになり、また農・工業など第一次産業以外で生活する人がいたことになる。林崎遺跡は平安中期以降の本地域の解明に重要な一石を投じる遺跡といえるであろう」としている(18)。

東西二〇〇メートル、南北一四〇メートルの林崎遺跡全体が寺社などと関連する村落とするならば、その寺社を祀る主体はその村落を越えた領域の支配者であることが想定される。しかし、発掘されたのは昭和五十六年現在、遺跡のごく一部であり、今後の調査が期待される。また、最初の報告書の九世紀後半という年代観と、昭和五十六年の報告書の十世紀という年代観の相違については識者の教示を俟ちたい。しかし、林崎遺跡の存在は九～十世紀に当地の豪族に仏教信仰が受容されていた様相を示すものである。さらに北の、岩手郡の山岳寺院[19]との関わりも注目される。

二　遺構・遺物から見た鎮守府周辺の仏教受容の様相

以上の仏教関連遺構や遺物などを参考に、九～十世紀における北上盆地の仏教受容の様相を概観してみたい。

延暦二十一年（八〇二）、坂上田村麻呂によって現岩手県奥州市に胆沢城が造営され、翌年には現岩手県盛岡市に志波城が造営された。鎮守府は大同三年（八〇八）以前に胆沢城に移された。胆沢城近傍の奥州市横枕Ⅱ遺跡からは九世紀前半の「寺」字墨書土器や銅鋺が出土しており、僧の存在が想定される。また、中半入《なかはんにゅう》遺跡からも九世紀前半の「寺」字墨書土器が出土しており、胆沢郡への仏教伝播は和賀郡より早かった可能性が高い。

九世紀中葉から後半にかけて、貞観四年銘を持つ薬師如来像や同時期の四天王像を現在に伝える奥州市黒石寺（胆沢郡）、九世紀中葉の整地層や九世紀後半の掘立柱による複数の仏堂が確認され、十～十一世紀には大規模な山岳寺院に発展する北上市国見山廃寺（和賀郡）、九世紀の吉祥天像や十世紀の兜跋毘沙門天像を現在に伝える花巻市成島毘沙門堂（和賀郡）などの山岳寺院が建立されたと考えられる。九世紀後半の瓦が出土する奥州市明後沢《みょうごさわ》遺跡（胆沢郡）には、平地寺院が成立した可能性がある。

これらの寺院の成立と並行して、北上市岩崎台地遺跡群（和賀郡）には大型の掘立柱仏堂が建立され、北上市上鬼柳Ⅲ遺跡（和賀郡）では中型の掘立柱仏堂が建立される。これらの掘立柱仏堂は、陸奥国南部の掘立柱仏堂とよく似たものである。十世紀には、北上市南部工業団地内遺跡（和賀郡）や北部の根岸遺跡（和賀郡）にも中型の掘立柱仏堂が建立される。これらの寺院建立と同時期の九～十世紀の北上盆地の集落遺跡からは、仏教に関連する「仏」「寺」といった文字を記した墨書土器がかなりの量出土しており、集落への仏教の伝播を裏づけている。九世紀中葉から後半の時期には鎮守府所在郡の胆沢郡とその北に接する和賀郡を中心に寺院が建立され、一般的集落の住民にまで仏教が伝播したものと考えられる。

それに続く九世紀後半から十世紀にかけての時期には、仏教信仰は蝦夷系住民が多いはずの北方に順調に広がっていったと考えられることが注目される。まず九世紀後半の遺跡としては、丘陵上の竪穴住居から九世紀後半の「大井寺」墨書土器が出土し、小規模な山岳寺院の存在が想定される花巻市の円万寺館遺跡がある。さらに九世紀後半から十世紀初頭の遺跡として、志波城廃絶後に隣接する位置に成立した集落遺跡であり、「寺」字墨書土器や多量の灯明皿が出土し「寺社などの運営に深く関わりをもつ〝門前町〟的な村落」と位置づけられる盛岡市の林崎遺跡がある。

十世紀代には、早くも岩手県北部の現二戸市の天台寺に礎石建物が出現し(20)、十世紀もしくは十一世紀の造立と考えられる仏像(21)が伝わる天台寺は、十世紀に創建されていたと考えられる。

十世紀後半の遺跡としては、掘立柱の仏堂が検出され、付近から螺髪が出土した岩手郡岩手町黄金堂《こがねどう》跡(22)や、付近に存在することから関連寺院と推定される、どじの沢遺跡(23)が注目される。

十世紀中葉には、北上市国見山廃寺が礎石建物の寺院となり、十世紀後半には北上市大竹廃寺(24)や一関市泥田《どろた》廃寺(25)といった礎石建物の仏堂が建立され、北上盆地地域の仏教文化は新たな時代に入ったと考えられるので、本書の検討の対象外となる。

遺跡や遺物から見る北上盆地の仏教受容の様相は以上のようなものであるが、このような急速な仏教受容にはどのような歴史的背景があるのだろうか。その点について、文献史料をもとに次節以下で考えていきたい。

第二節　氏寺の建立——国見山廃寺建立の意義——

九世紀ないし十世紀、北上市周辺においては国見山廃寺を中心に布教が行われ、周辺に掘立柱仏堂が成立したと考えられるが、周辺の寺院や仏教関連遺物が出土する集落と国見山廃寺は、どのような社会的・経済的な関係にあったのだろうか。残念ながら考古資料をもとにその点について論じることはできないが、同時代、もしくは比較的時代が近い中規模寺院である、伊勢国近長谷寺と大和国信貴山寺の例を手がかりに考えてみたい。

伊勢国多気郡近長谷寺は、斎宮遺跡の東南方約一二キロメートル、櫛田川が形成する小盆地の南側の標高二八〇メートルの城山の頂上付近に建立され、現在まで法灯を伝えている山岳寺院であり、九〜十世紀における地方豪族の氏寺の実態がわかる貴重な例である。

天暦七年（九五三）二月十一日の「近長谷寺縁起幷流記資財帳」（『平安遺文』第一巻二六号文書）によれば、仁和元年（八八五）、正六位上飯高諸氏が内外近親に勧めて建立したものである。飯高氏は伊勢国飯高郡を拠点とする豪族と考えられ、『続日本紀』天平十四年（七四二）四月甲申（十日）条に「伊勢国飯高郡采女正八位下飯高君笠目之親族県造等、皆賜二飯高君姓一」とあり、さらに神護景雲三年（七六九）二月二十二日条には「伊勢国飯高郡人正八位上飯高公家等三人（中略）並賜二姓宿禰一」とある。著名な人物として、伊勢国飯高郡の人で宝亀八年（七七七）五月二十八日に典侍従三位として薨じた飯高諸高がいるが、飯高諸高と飯高君笠目は同一人物と考えられる[26]。「近長谷寺縁起幷流記資財帳」には、六十九筆四十二名の施入者・売り主・寺家開発地が記載されている。寺領

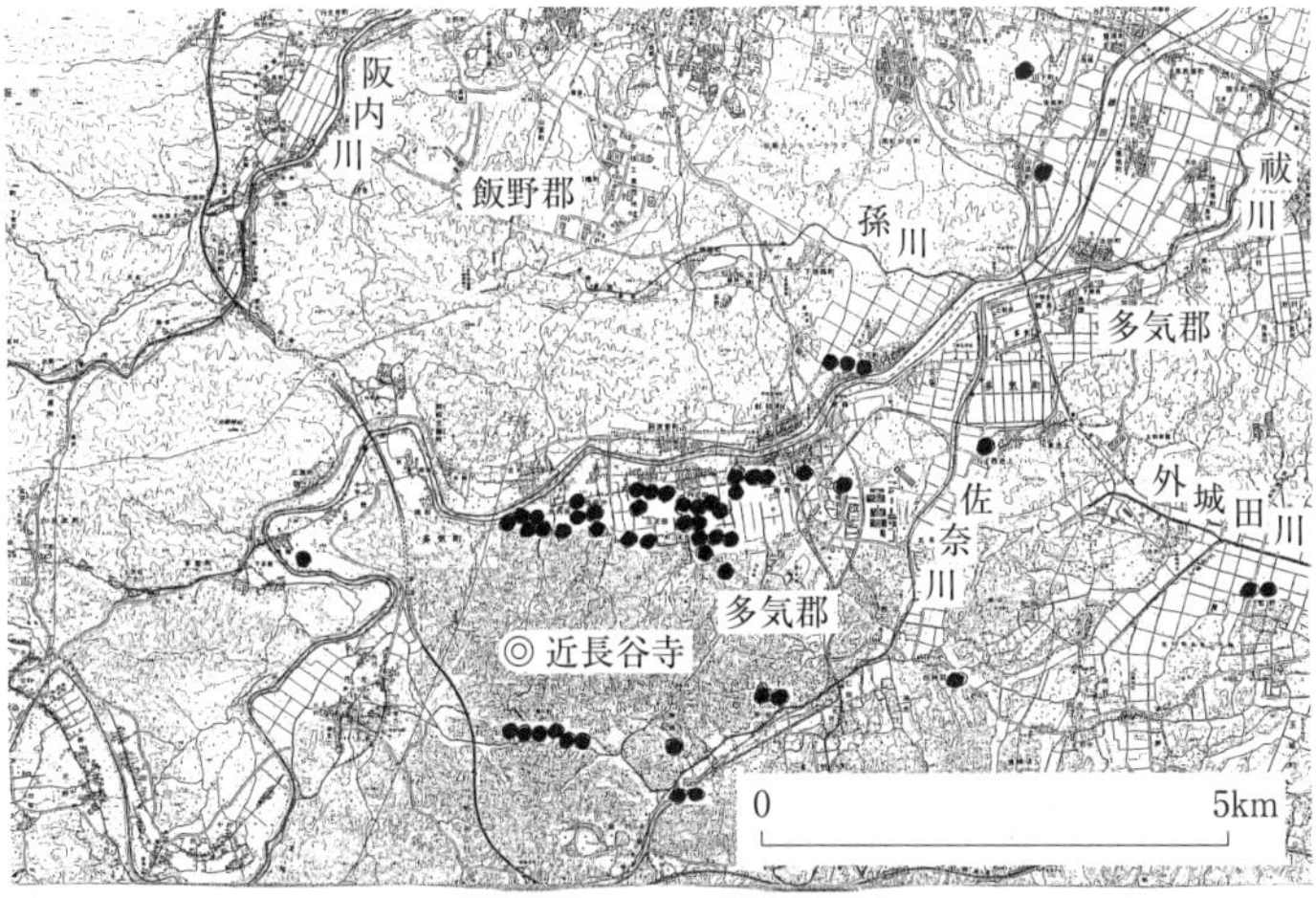

図1　近長谷寺寺領分布図（国土地理院２万5000分の１地形図より作成）
寺領の位置は主として（１）の文献の文章表現に基づき、大体の位置を記入したもの。
参考文献：（１）奥義郎「近長谷寺資財帳」（『多気町史史料集』多気町、1991年）。（２）谷岡武雄「櫛田川中・下流の条里」（藤岡謙二郎編『河谷の歴史地理』蘭書房、1958年）。（３）大西源一「伊勢国飯野・多気両郡における条里の復元」（『歴史地理』85の２、1954年）。

の施入は、おそらく寺院建立年とされる仁和元年頃に「本願施主」飯高諸氏によってなされたものに始まり、とくに建立後三十〜四十年間に集中しているが、資財帳完成後の応和二年（九六二）まで続いていることが、加筆部分などによってわかる。寺領施入者には、飯高姓の人物の他に、麻続《おみ》・日置《へき》・藤原・宍戸・伊勢・真髪部《まかみべ》・中臣部《なかとみべ》・磯部（石部）・物部・中臣・嶋田・百済・橘・荒木田といった多数の姓が見える。そしてその寺領の多くは図1に示すように、近長谷寺の比較的近傍に集中している。このことは、「飯高氏の支配圏内にあった在地の旧豪族・農民たちが、飯高氏の主導によって寺院の建立に参加したことを意味するもの」と評されている。[27]基本的にはそのとおりであろうが、必ずしも在地支配が寺院建立に先行するものではなく、むしろ寺院建立により、在地支配が一層進展したという側面も重要だと思われる。寺院建立と周辺住民の寺領施入には一〜二世代もの時間差があるものも多いし、また飯高氏は、近長谷寺の所在する多気郡ではなく、隣郡の飯高郡を根拠地としていたと考えられ、多気郡における勢力が強かったかどうかは不明である。後述する信貴山寺の例などを考え合わせると、寺領の施入の動機としては、施入者が飯高氏の支配圏内にあるというだけでなく、近長谷寺という寺院に対する信仰という要素も重視すべきであろう。

飯高氏が仁和元年という時期に氏寺である近長谷寺を建立した理由は明らかではないが、天暦四年（九五〇）の時点で座主となっている東大寺伝灯大法師泰俊が飯高諸氏の子孫である（別当の延暦寺伝灯満位僧聖増も、一族と推測されている）[28]ことから、諸氏が近長谷寺を建立した頃からすでに一族中に有力な僧侶がおり、諸氏が寺院建立を在地社会における勢力拡大に利用できる条件を持っていたと考えられないだろうか。飯高氏と仏教の関係については、先に取り上げた飯高君笠目が天平勝宝年間（七四九～五七）に孝謙天皇の命を取り次いで、東大寺写経所に宣して多数の経典を書写させていることも注目される[29]。

なお、「近長谷寺縁起幷流記資財帳」の末尾には、檀越と考えられる相模守従五位下藤原朝臣（惟範）他五名が、「本願施主子孫」として署名している[30]。彼らは四十二件にも及ぶ寺領の寄進者以上に寺院との関係が密接であり、寺院の所有者、狭義の檀越と考えられる。檀越と檀越以外の一般の寺領寄進者とは、寺院との関係が異なっていたと考えられる。

以上のことから、近長谷寺の建立とその後の経過について、次のことが想定できるのではなかろうか。

まず、一族から高僧を出す仏教に縁の深い豪族が氏寺を建立する。その氏寺が一族のみならず、周辺住民のために盛んに宗教活動を行う。周辺の豪族や富豪層が法会などに参加し、寺領を寄進するようになる。それにより氏寺を運営する豪族の威信が高まり、地域社会に対する影響力が増すと同時に、寺院を中心に地域社会のまとまりが強

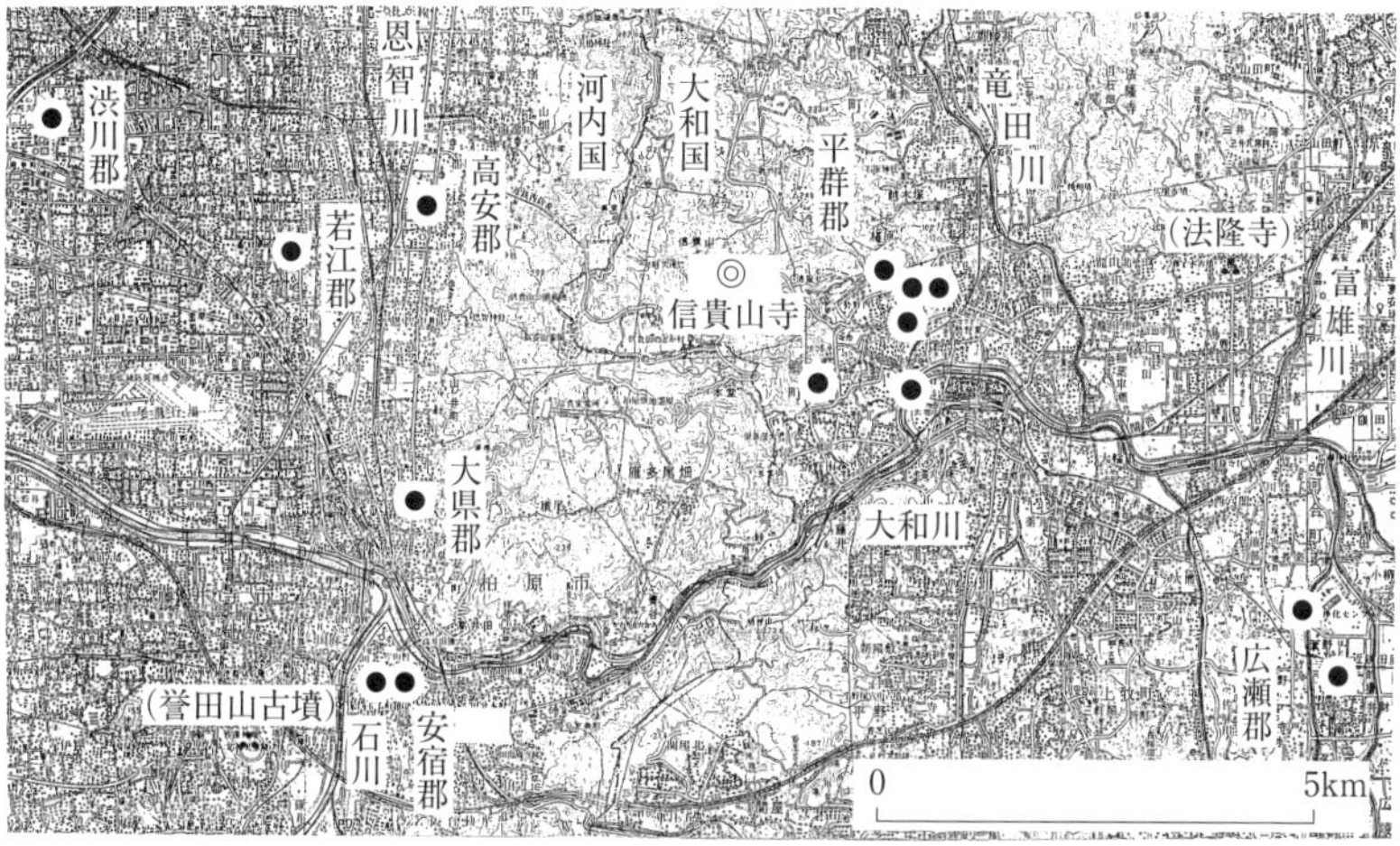

図２　信貴山寺寺領分布図（国土地理院５万分の１地形図より作成）
河内国高安郡の条里は不明。河内国の他の郡は、条はわかるが里は不明。
参考文献：（１）橿原考古学研究所『大和国条里の復元的研究―地図編―』（吉川弘文館、1981年）。（２）棚橋利光『八尾の条里制（八尾市紀要、第６号）』（八尾市史編さん室、1982年〈第２刷〉）。（３）『大阪府史　第２巻　古代編Ⅱ』（大阪府、1990年）。

化される、という経過である。

さらに、近長谷寺の座主と別当が、それぞれ東大寺と延暦寺の僧であることも注目される。近長谷寺はこれらの僧を通じて東大寺や延暦寺と交流が生じており、地域の仏教界を先導する存在になっていたのではないか。

「近長谷寺縁起幷流記資財帳」に見える寺領の四至記載のなかには多数の寺院が見え、それらの寺院の多くが地名を寺名としていることから、「中世以降の村につながる自然村落の一つの単位に一寺が存在していた事実については認めてよいであろう」と考えられている(31)。となれば東大寺や延暦寺と交流がある近長谷寺は、東大寺や延暦寺の仏教文化を周辺の自然村落単位の寺院に伝える拠点となっていた可能性がある。近長谷寺の寺領寄進者の多くは寺領の四至記載に見える周辺寺院の檀越であった可能性が高い。ここに、中央寺院（東大寺・延暦寺）～豪族の氏寺（近長谷寺）～集落を背景とする小寺院という寺院の階層性と、階層間の交流が想定できるのではないか。それらが寺領寄進の背景となったのではないだろうか。

次に大和国信貴山寺の例について考えてみたい。信貴山寺は特定の豪族の氏寺ではなく、大和・河内両国の富豪層の精神的紐帯と考えられる寺院である。この寺院は聖徳太子建立と伝えられるが、詳細は不明である。(32) 承平七年（九三七）六月十七日「信貴山寺資財帳写」（『平安遺文』第十巻四九〇四号）によれば、寛平年中（八八九〜九八）にのちに信貴山寺中興の祖と呼ばれる命蓮が登山したときには、「方丈円堂一宇」に「毘沙門一軀」が安置されていた。命蓮は初めは一人で修行していたが、やがて僧も増え、寺院が発展していったという。命蓮の後継者は、「有縁之釈衆尋先跡続鶏山之間、忠良法師尤叶其宗、常住染念仏心（無脱か）寄他事」という理由で決められており、とくに寺院を所有する檀越はないようである。そして各地に散在する寺領施入者が、資財帳においては「檀越」と呼ばれている。

資財帳成立までに施入された寺領は十四か所で、大和国では広瀬郡・平群郡の八か所、河内国では若江《わかえ》・安宿《あすかべ》・大県・渋川・高安の五郡六か所に散在している（図2）。これらの寺領はいずれも信貴山寺からはさほど遠くない場所に位置しているものの、背後に単独の豪族の存在は想定しがたい。寺領施入の背景としては、やはり信貴山寺に対する信仰が考えられる。信貴山寺がある時期以降広い信仰を集めたことは、『今昔物語集』(33) や『古本説話集』(34)、『信貴山縁起絵巻』(35) に見える説話からもわかる。信貴山寺の例からは、寺院が建立されることにより、もしくは発展することにより信仰を集め、寺領が寄進されるということがわかる。おそらく寺領を請作して地子を納めたのは、寺領寄進者とその子孫であった。それは寺領寄進者が檀越と呼ばれていることにも示されている。この信貴山寺の寺領寄進のあり方は、信貴山寺の寺領寄進者のように「檀越」とは呼ばれていないとはいえ、近長谷寺の寺領寄進者のあり方を考える上で参考になろう。

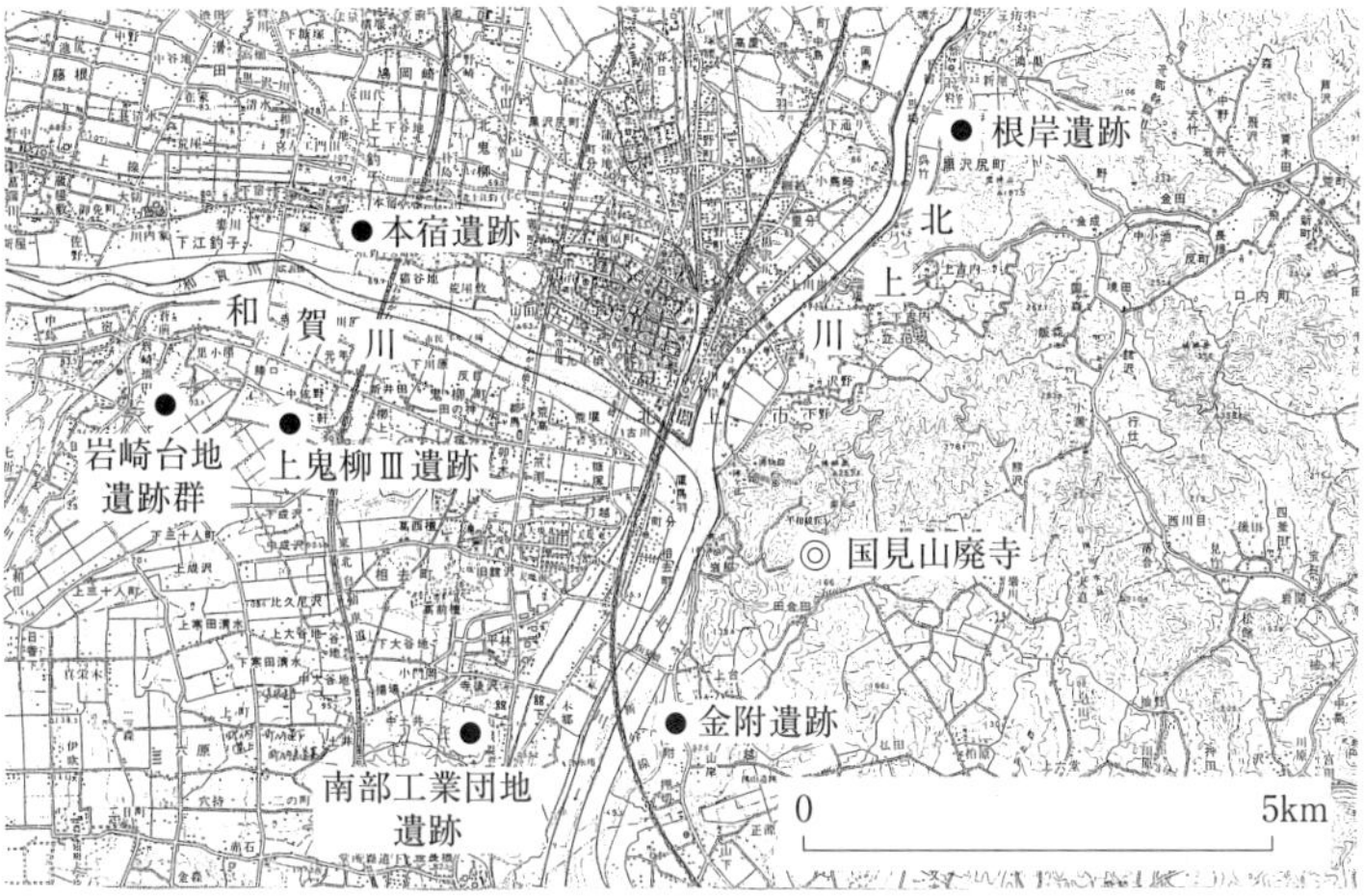

図3　9～10世紀前半の北上市周辺の仏教関連遺跡（国土地理院5万分の1地形図より作成）

九～十世紀の中規模の寺院の様相が判明する以上の例をもとにすると、国見山廃寺の創建と周囲への影響については、次のような想定も可能ではなかろうか(36)。

国見山廃寺のような山岳寺院は周辺には存在しないことから、国見山廃寺は一族から僧を出す仏教に縁の深い、仏教興隆により地域社会を先導できるような豪族により建立されたのであろう。持統朝には蝦夷の出家を許し「蝦夷沙門」が出現した例があり、九世紀には出羽国などの俘囚が得度を許された例が複数ある(37)。同様な政策が和賀郡の豪族にも及び、その一族が寺院を建立したのではなかろうか。この寺院は盛んに宗教活動を行った。周辺の小豪族や富豪層は、法会に参加し、さらには寺領を寄進し、檀越より一段下の知識となったのではなかろうか。それと並行して、小豪族や富豪層が居住する集落にも彼らが先導する形で掘立柱仏堂が建立された。氏寺である国見山廃寺の建立により、中央寺院に準ずる官寺（国分寺・多賀城廃寺・鎮守府付属寺院）～豪族の氏寺（国見山廃寺・岩崎台地遺跡群）～小寺院（上鬼柳Ⅲ遺跡・南部工業団地内遺跡・根岸遺跡）というネットワークが形成され、僧や仏教文化の交流がなされた。そして、国見山廃寺とその檀越氏族を中心に、地域社会のまとまりが強化されていったのではなかろうか。

和賀郡の寺院（図3）の階層性とその相互関係については、次のように想定したい。まず最大規模の岩崎台地遺跡群の仏堂は、郡衙周辺寺院の金堂に匹敵する規模なので、郡衙周辺寺院と同格の寺院である。したがってこの仏堂は、和賀郡の最有力豪族が建立・運営したものである。付属建物がないのは、周辺の仏堂群とネットワークを形成し機能を分担していたためである。国見山廃寺を建立したのもこの豪族と考える。九世紀中葉の創建時から十世紀前半までの国見山廃寺は、掘立柱の仏堂からなる点で、北上盆地の掘立柱仏堂と共通している。筆者の言う掘立柱仏堂は、郡衙・集落・富豪層居宅に付属するものであるが、国見山廃寺は山岳寺院であり、上記のものに付属するものではない。しかし、やはり和賀郡程度の広さの領域を背景とするものと考えられ、結局、郡衙周辺寺院と同格で、岩崎台地遺跡群の仏堂建立者と同じ主体によって建立されたと考えられる。山岳寺院の場合、規模が大きくなくても立地条件に規制されていると説明できるし、杉本氏が山林修行のための寺院であると指摘するように[38]、平地寺院とは用途が異なるから規模が小さいとも説明できる。しかも国見山廃寺では、十世紀中葉には桁行五間の礎石建物が建立されるが、国見山廃寺で十世紀中葉に成立する礎石建物は先行する掘立柱建物と同規模である傾向があることから[39]、掘立柱建物段階でも五間堂の存在が想定される。間口五間であれば、岩崎台地遺跡群の建物と間口については同規模となり、やはり同格の寺院である可能性が高い。

上鬼柳Ⅲ遺跡・南部工業団地内遺跡・根岸遺跡の仏堂は、おそらく集落を背景とする寺院であるが、集落の富豪層が中心となって建立した知識寺、もしくは富豪層の氏寺である。仏堂の形式が異なるのは、一つのネットワークのなかに所属し、そのなかでそれぞれ交代で法会を行っていたからではないか。

最後に、九世紀中葉から後半の時期に、豪族の氏寺が建立された背景が問題となる。熊谷公男氏は、征夷の終焉に伴い、奥羽の辺郡では積極的に特定の蝦夷系豪族を取り立て、彼らの支配力に依拠しながら、蝦夷系住民を鎮守府支配の基礎にすえるという政策が進行していくとする[40]。氏寺の建立も、その政策の一環として奨励されたものと考えれば理解しやすい。特定の蝦夷系豪族を取り立てる際には、律令制的な生産技術、軍事技術、支配に関わるさまざまな技術が文化的な要素ともども伝えられたと考えられるが、そのような技術の一種として仏教文化も伝えられたのではないか。そして仏教はとりわけ有効な人民支配手段として蝦夷系豪族に受け入れられ、蝦夷系豪族は仏教を活用して在地支配を推進したのではなかろうか。

第三節　神仏習合の推進——黒石寺薬師如来像胎内銘の意義——

一　研究史と問題の所在

貞観四年（八六二）十二月の年紀をもつ「岩手県黒石寺薬師如来像銘」（『平安遺文』金石文編二一号）を、以下「黒石寺薬師像銘」と略記する。この銘は、この地方に現存する（二軀の小金銅仏は除く）最古の仏像である黒石寺薬師如来像の建立主体を考える史料となるものである[41]。

黒石寺薬師像銘の判読は多くの研究者によってなされているが[42]、ここでは、最も妥当な読みと筆者が考える竹内理三氏の解読をあげる。筆者はこの銘は三つの群によって構成されていると考え、以下それについて論じるので、本文の下に、筆者の考える群分けを表示した。

岩手県奥州市黒石寺薬師如来像銘（『平安遺文』金石文編二一号）（訂正版八刷〈一九八七年〉による）

（胎内）（墨書）

愛子額田部藤山
栄最　常人加四人
貞観四年十二月　穂積部岑雄
宇治部百雄
法名最恵
（以上、第一群）

蔦人女五物部近延十四
（以上、第二群）

二人名物部朝□□
花豊此法名
愛子物部哀黒丸
（以上、第三群）

以下、この像の造像背景および銘文についてのこれまでの研究を三種に分類して略述する。

第一は、この像の造形的特色から造像目的を探る研究である。

黒石寺薬師像銘を本格的に学界に紹介したのは、久野健氏の「黒石寺薬師如来像」(43)であった。その際、この仏像の美術史的な位置づけがなされるとともに、福山敏男氏の解読によるこの銘文の紹介がなされた。また、銘文に見える人物の姓については、「短時間のあいだに井上氏が調べられた結果」として井上光貞氏の調査が紹介された。久野氏は『仏像の旅』(44)において、この仏像について「その作風は、奈良、京都の平安初期彫刻とかけはなれ」「威嚇的で、しかも呪術的である」とし、そのような作風が生じた理由として、『日本三代実録』貞観十五年十二月七日条を引用し、「蝦夷に対しては、いかくになり、味方にとっては、何よりもたよりになるものとして、生まれたもの」とする。佐藤昭夫氏は久野氏の説を継承するとともに、「病魔をはじめとする悪霊を屈服させるおそろしさ」をも指摘している。(45)この指摘は注目されず、久野氏の説が定説化している。しかし、黒石寺薬師像の表情については、この仏像に特有のものではなく「厳しい表情の如来像が平安初期を中心に都にも存在する。その理由としては、呪詛などの対象として造像された可能性や霊地信仰との習合の可能性が指摘されている」という田中惠氏の見解(46)が、最新の美術史研究の成果に基づいているだけに、重視されるべきである。ただし、田中氏はこの仏像の造形にこの地方の特色を認めない立場ではない。仏教受容以前のこの地方の信仰が、この仏像の造形のなかに混在しているとする立場である。

黒石寺薬師像銘に関する研究の第二は、銘文から造像の背景を探る研究である。司東真雄氏の研究を嚆矢とする。(47)氏の論点は多岐にわたるが、氏は創建当初の黒石寺の性質を「さと寺（郷寺）」とし、「一郷を構成していた四ヶ村のそれぞれの村長とその一族」の建立とする。

司東氏の研究を受け継いで発展させたのが、北上市立博物館である。その概略は以下のようなものである。

「出羽、陸奥の両国ともに貞観年代を中心とする九世紀中葉から、神々の保護と私寺の造営が極めて活発化している。この変化は全国的傾向と同じであるが、その背景には、政府の百姓優遇策によって、征服まもない北奥に早くも富豪層が出現するという状況がある。富豪層の台頭により、城柵守護のための寺社勧請の他に、富豪層の希求する神々も保護しなければならなくなった。またこの動きの背景には、教団として公認された天台宗のめざましい教線拡大も想定される。富豪層による仏像造立の代表例が、貞観四年（八六二）の胎内銘を持つ黒石寺の薬師如来像である。この像は、物部氏を中心に額田部、穂積部、宇治部といった近郷の富豪たちが共同で寄進造像したものである。黒石寺を造顕した人々には大旦那といった人は含まれておらず、人々の共同出資によるものと考えられ、その財力からみて郷長級の富裕層とみられる」[48]（筆者による要約）。

黒石寺薬師像の当地方の仏教史における意義について述べた最新の研究は、樋口知志氏のものである。樋口氏は九世紀中葉に当地方に仏教文化が展開していく実例として、黒石寺薬師像を評価している[49]。

黒石寺薬師像銘に関する研究の第三は、この銘の人名群の姓のなかに蝦夷系住民が含まれているという指摘である。

黒石寺薬師像銘に見える人名の姓に、蝦夷系のものがあることを初めて指摘したのは井上光貞氏である[50]。井上氏は「丸子連」「丸子部」「丸子」を蝦夷系の姓とし、その例の一つとして黒石寺薬師像銘に丸子姓が見えるとして言及している。井上氏はこの銘文に見られる姓のなかに、移民系の姓と蝦夷系の姓が混在していると考えたのである。しかし丸子姓が蝦夷系の姓であることは、高橋富雄氏[51]や熊谷公男氏[52]によって否定されてしまう。

ところが、その後、この銘に見える「物部」姓が蝦夷系の姓であるとする説が登場した。

昭和六十三・平成元年（一九八八・一九八九）に岩手県遠野市の高瀬Ⅰ・Ⅱ遺跡で、平安時代の集落跡から「物部」「物」「地子稲」「不得」と記された墨書土器群が発掘された。報告書において墨書土器を担当した平川南氏は、『続日本後紀』承和七年三月戊子（十二日）条、『日本三代実録』元慶五年五月三日条に見える蝦夷系と想定される物部姓の例を引いて、出土土器に見える物部姓が、有力蝦夷が服属した際に賜姓される物部姓であると論じ、その際に、黒石寺薬師像銘に見える「物部止理」「物部哀黒丸」をも蝦夷系の人々の例としてあげている。[53]

この指摘を適用して考えると、黒石寺薬師像は移民系住民と蝦夷系住民の共同造立ということになり、この時期、移民系住民と蝦夷系住民との融和が進んでいた例になる。現在、九世紀前半から中葉にかけての社会不安の原因として、移民系住民と蝦夷系住民の対立を重視する見解が熊谷公男氏によって提唱されている。[54]この像が移民系住民と蝦夷系住民との共同造立だとすれば、そのような対立に対する政策とも位置づけられ得る。

黒石寺薬師像の造立背景についての研究を画期的に前進させたのは、谷口耕生氏である。谷口氏は「もともとは蝦夷の人びとが信奉していた北上川の神だったと考えられる石手堰神の神宮寺として黒石寺が建立され、鎮守府の主導により在地の蝦夷の民が結縁する形で「神御像」としての薬師如来像が安置された」「そして石手堰神は鎮守府の官社として正六位の神位が与えられるに至った」「奈良時代からすでに同様の過程を通じて神宮寺が建立され、各地の神々およびそれを信奉する在地の人びとは律令国家体制の中に組み込まれていった」と述べる[55]が、黒石寺薬師像銘の歴史的意義を言い当てた記述と考える。

本書第二部第三章などで述べてきたことから、九世紀の仏教受容期の陸奥国の環境を考えると、純粋に仏教にのみ基づいて結成された知識よりも、神祇信仰を媒介として結成された知識のほうが想定しやすい。したがって、谷口氏の考察は妥当と考えられる。

谷口氏の指摘を基本的に承認した上で、さらに問題となるのは、この銘文に名を記している薬師像を造像した知識は、どのような社会階層に属しており、どのような範囲の地域に住んでいたのかという問題である。

その問いに答えることは困難であるが、本節では、胆沢郡内の式内社の分布について考えることを通じて、回答に迫る試みをしたい。

その前に、黒石寺薬師像銘について、筆者なりの解釈を試みたい。

二　銘文の構成――知識集団の構成――

上段の最初にひときわ大きく名を記している栄最が願主とみられる。この銘の中に僧の名は三名出てくるが、栄最以外は「法名最恵」「花豊此法名」と、わざわざ法名であることを断っている。これは、おそらく栄最のみが得度した僧であり、他の二人は在家信者であることを示す。栄最は黒石寺の創建者か、創建に関わった僧の一人であったと考えられる。この仏像は、栄最が近辺の有力者の帰依によって造立した可能性が高い。

これまでに刊行された史料集は『平安遺文』を除いて、この銘文を二群ないし三群に分けている。二群に分ける判読は「蔦人女五物部近延十四」と「二人名物部朝□□」のあいだで切る。この二群は文字の向きが大きく異なっているので、そこで区切るのは適切である。しかし久野健氏は、この人物群を三つのグループに分けている。筆者も、この銘文の人物群は久野氏が分けたとおりの三群に分かれていると考える。以下、群ごとに解釈したい。

第一群は「法名最恵」までである。第一群の五行は、上段と下段に分かれている。上段には「貞観四年十二月」の年紀があり、その右下に願主「栄最」の名がひときわ大きく書かれている。

次に、栄最の下に記されている下段の五行について考える。

「愛子額田部藤山」は誰の愛子かが問題となる。栄最の子とも考えられるが不明である。愛子が一人しかいないのは疑問であるが、世帯共同体の代表者、もしくは後継者であったと考えたい。

「常人加四人」の常人とは出家していない人を指す。人数しか記されていない理由は、人名が記された人物よりも重要でなかったからである。

次の「穂積部岑雄」はこの造像の知識であり、近傍の有力者である。「宇治部百雄」もこの近傍の有力者である。その脇に「法名最恵」とあるが、宇治部百雄より半文字ほど下げて書かれており、最恵というのは宇治部百雄の法名であったと考えられる。宇治部百雄は法名を持つが俗人であったと考えられる。

以上の第一群は栄最を中心に一つのグループをなしている。栄最にとって最も頼りになり、また心理的な距離が近い集団だったと思われる。

次の「蔦人女五物部近延十四」は、第一群と字の向きは同じであるが、かなり離れた場所に書かれている。そのうえ、第一群が二段に分かれているのに対して、その段分けを無視して書かれている。また、字が小さく、二人の人名が含まれていると思われるのに、第一群と異なり、並列させずに縦に並べて書かれている。このような点から、この一行は独立した群と考え第二群としたい。「蔦人女五」のうち「蔦人女《つたひとめ》」は女性の名、「五」は蔦人女の家族の人数と考える。同様に「物部近延十四」は、「物部近延」とその十四人の家族を示すと考える。「蔦人女五物部近延十四」に見られる五と十四の数字は、両方とも年齢ではなく人数ととるべきである。理由は、仏像の銘文に年齢が記される例は比較的新しく、また、やや特殊な例であると思われるのに対し、仏像の銘文や知識経の跋文の知識名の部分に、人数がしばしば記されるからである。すなわち、古くは野中寺の「金銅弥勒菩薩像記」[57]に「友人等人数一百十八」と見え、奈良朝の写経の跋文に「総知識五百九人」[58]「知識数廿七人」[59]などと記され、のちには「福岡県観世音寺十一面観音像銘（延久元年）」[60]に「三人」「笠氏一類五人」「宇治氏子五人」など、多数の人数表記が見られるのである。この黒石寺薬師像銘にも「常人加四人」「二人名」と人数が記されている。同一の銘文のなかで表記の仕方がちがうのは問題であるが、年齢と解釈するよりは、人数と解釈するほうが不自然さが小さい。位置が離れているのは、第一群の人名群と疎遠であることを示し、文字が小さいのも同様のことを示すと考える。

残りの「二人名物部朝□□」「花豊此法名」「愛子物部哀黒丸」は、字の向きが第一・第二群と著しく異なるので、第三群としたい[61]。文字の方向が異なる記名の存在は胎内銘としてはめずらしくなく、この銘の場合は、書きやすいように書いたのではないかとも思われる。しかし、いずれにせよ、第一群と離れている点、また文字の方向が第一・第二群と著しく異なっている点から、栄最を中心とする第一群からも、第二群からも疎遠な集団であったと考えられる。

「二人名」というのは、以下に二人の名が記されていることを示す。なぜそのようなわかりきったことを書いたかというと、先に例示したように、奈良時代以来、知識経などに知識の人数を書くことが多かったことから、人数を書くことに何らかの意味を感じたものと考えられる。二人のうち一人は「物部朝□□」である。その脇の「花豊此法名」というのは物部朝□□の法名であり、物部朝□□も法名を持つ俗人であったと思われる。その左脇の「愛子物部哀黒丸」は、物部朝□□の愛子であったかどうかはわからない。一行目の「額田部藤山」の例と同様、愛子が一人しかいないのは疑問であるが、世帯共同体の代表者もしくは後継者であったと解釈したい。

このように三群に分けてみると、第二群と第三群はすべて蝦夷系の可能性があると考えられる人名で構成されていることに気づく。

第二群と第三群の人物のうちで、蝦夷系の人物である可能性が最も高いのは蔦人女（「蔦人の女」であるかもしれないが、三字で人名を表すと考える）である。この銘においては他の俗人がすべて姓を記しているのに、蔦人女は姓を記していない。姓をもたなかったからと考える。奈良時代の人名で姓をもたない例は渡来人が多いようである[62]。古代東北史関係の史料では、姓をもたない人名は、渡来人以外は、蝦夷系の人物に限られる。蔦人女も賜姓前の蝦夷系の氏族に属する人物である可能性は高い。名前が蝦夷風ではなく和風であるが、蝦夷系の人物にもこの時代には和風の名前が多く見られる。

第二群の人物のなかに、このように蝦夷系の人物が見られることを考えれば、第二群と第三群の他の人物の法名を除くすべての人物が冠する物部姓が、(63)蝦夷系の物部姓である可能性はかなり高いと言える。

以上、ひと通り解釈してきたが、この銘の解釈からだけでは、この銘に登場する人々の所属する社会的階層や住んでいる地域については、残念ながらわからない。部姓の人が多いので、有力層ではないという考え方もあるが、この地域の人々は移民の子孫であるので、部姓であっても有力者である可能性がある。部姓のなかでも宇治部に至っては、常陸国那珂郡の大領(64)や擬少領(65)の姓であったことが知られている。

銘の解釈から浮かび上がることとして注目されるのは、従前の指摘にあるとおり、移民系の人々の他に、蝦夷系の可能性のある人々が含まれていることであろう。

また、人名の表記の特徴としては、奈良時代の知識経に見られるように多数の名を記さず、「信貴山寺資財帳写」(66)などが田畠の寄進者の名を記すように、知識として薬師像造立の費用を負担した世帯共同体の代表者と考えられる名前のみを記しているのが特徴と言えよう。

三　黒石寺薬師像銘の知識の属する社会階層と居住地域

黒石寺薬師像の造立背景についての研究を画期的に前進させたのは、谷口耕生氏である。谷口氏は「もともとは蝦夷の人びとが信奉していた北上川の神だったと考えられる石手堰神の神宮寺として黒石寺が建立され、鎮守府の主導により在地の蝦夷の民が結縁する形で「神御像」としての薬師如来像が安置された」と述べる(67)。九世紀の仏教受容期の陸奥国の環境を考えると、純粋に仏教にのみ基づいて結成された知識よりも、神祇信仰を媒介として結成された知識のほうが想定しやすい。黒石寺薬師像銘に見える知識も、石手堰《いわてい》神社に対する信仰を媒介として結成された知識であった可能性が高い。

神宮寺（もしくは神仏習合によって成立した寺院）としての黒石寺の建立には、『日本三代実録』に「陸奥鎮守府石手堰神社」と記される石手堰神社の神威の強化による鎮守府に対する守護力の強化と、在地勢力の宗教的再編という二つの意義があったと考えられる。

そうすると次に、その再編の対象となったと考えられる黒石寺薬師像銘に見える人々の属する社会階層や住む地域の広がりを知りたいが、残念ながら銘文の中に手がかりはない。

そこで、石手堰神社を含む胆沢《いさわ》郡の式内社に対する信仰の広がりの様相を整理することで、この問題について考えてみたい。

鎮守府周辺の北上盆地に所在する式内社は、胆沢郡に七座、斯波郡に一座、磐井郡に二座、江刺郡に一座ある。胆沢郡の式内社を以下に掲げる。(68)

『延喜式』「神祇十　神名下」（（　）内は筆者が付けた註）

胆沢郡七座〈並小《みなしょう》〉

磐《いわ》神社

駒形神社（『文徳実録』仁寿元年九月辛未〈二日〉条で正五位下に、『三代実録』貞観四年六月十八日条で従四位下に叙された）

［貞《じょう》］和我叡登挙《わかえとの》神社
石手堰《いわてい》神社（『日本三代実録』貞観四年六月十五日条で陸奥鎮守府正六位上石手堰神を官社に列した）
胆沢川《いさわがわ》神社
止止井《とどい》神社
於呂閉志《おろへし》神社

胆沢郡の七座の式内社は、官社となる以前から在地勢力によって祭祀されていたものと考えられる。その在地勢力の祭祀は理屈の上ではおそらく重層的なものであり、式内社の近傍の集落による祭祀と、郡司（および官社化後は国司）による祭祀の二重構造になっていたと想定される。その二重の祭祀の成立の順序を考えると、集落による祭祀が先行し、集落の持つ祭祀権を吸収する形で郡司による祭祀が成立したと想定される。しかしながら、胆沢郡の古代の集落遺跡は北上川の支流によって形成された扇状地の末端か扇状地上、すなわち盆地の中央部に分布している[69]のに対し、式内社は集落から離れた盆地周辺に分布する傾向があり、特定の集落が特定の神社を祭祀していたとは考えにくい側面がある（図4）。したがって、集落によって祭祀されていた神社の祭祀権を郡司が吸収する形で郡司が祀るようになった神社はごく一部であり、多くは最初から、胆沢郡を支配する郡司が、胆沢郡全体の守護を期待して祭祀したものと考えられる。

また、「胆沢郡の立郡目的は、主にその領域内にある胆沢城の維持・管理をおこなう役割を、直接的に担わせることにある。官人層の居住区、農民層の居住区など、周辺にはそれぞれの目的に沿って計画的に村落が配されていることからもその状況はうかがえる」[70]という胆沢郡の性質を考慮すると、式内社の設定も、胆沢郡の立郡目的に

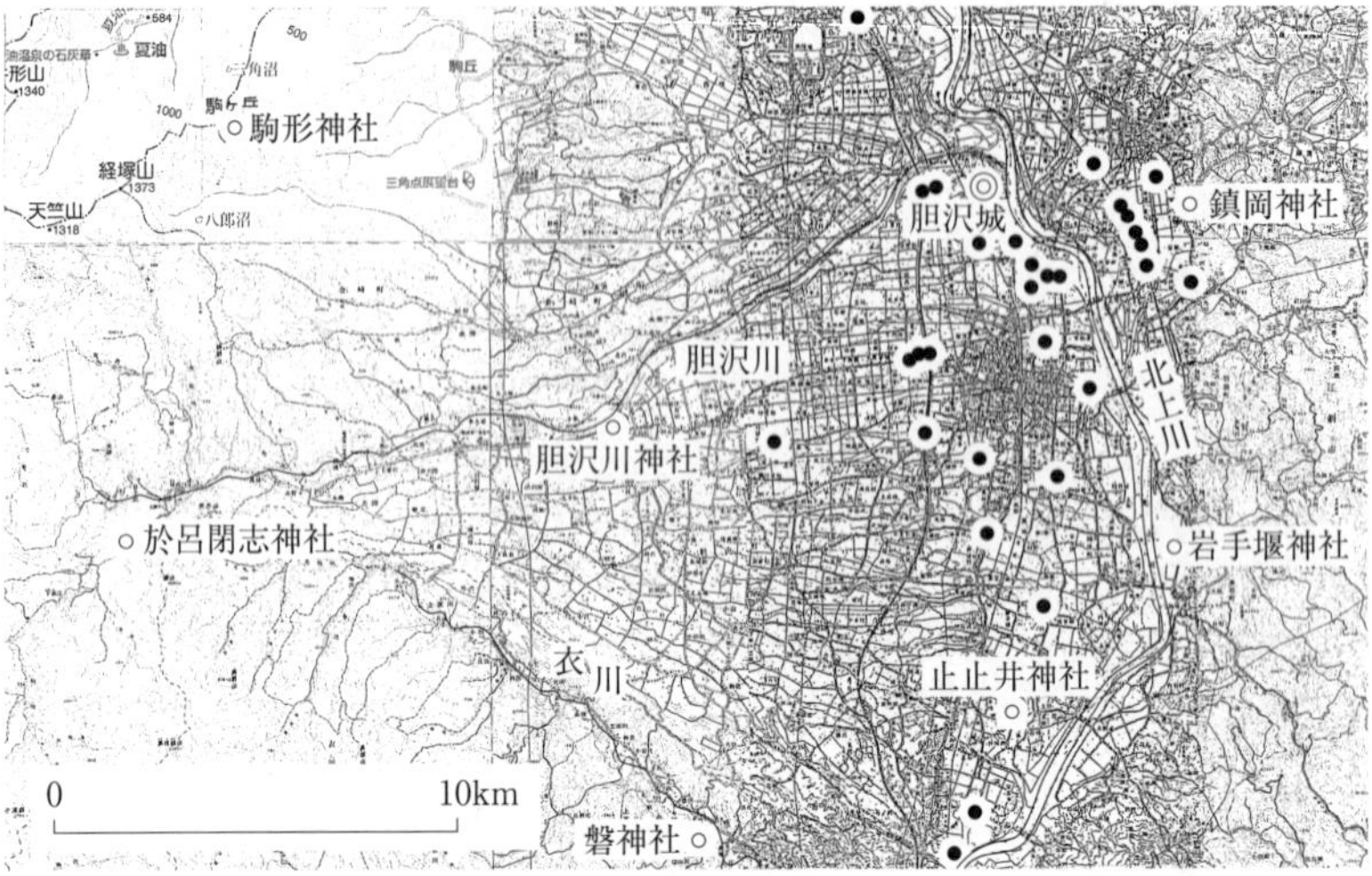

図４　胆沢郡の古代集落と式内社の推定位置（縮尺約32万分の１）
集落の位置は、高橋千晶「胆沢城と蝦夷社会」（蝦夷研究会編『古代蝦夷と律令国家』高志書院、2004年）「第５図（竪穴住居遺跡分布図）」の「九世紀後半代」の図版による。地形図は、高橋氏制作の図と、国土地理院の２万5000分の１地形図、及び『全日本道路地図』（昭文社、1999年）を合成したもの。

沿って計画的になされた側面はあると考えられる。

　そして、「北陸奥における九世紀令制郡は七・八世紀代に形成されてきた、各地の古墳群を造営した地域勢力を母体に立郡された[71]」のであるから、のちに官社となる神社（磐座・神体山）も、七・八世紀代に成立しつつあったその地域勢力によって祭祀されはじめた可能性がある。胆沢郡の七・八世紀の主要古墳群（末期古墳）である西根古墳群や蝦夷塚古墳は、盆地の中央部の一画に集中している。一方の式内社は古墳群の所在地から離れて、盆地の周辺部に立地しており、先に述べた九～十世紀の集落と式内社の位置関係と同様のことが言える。

　以下、『式内社調査報告[72]』に基づいて、胆沢郡の式内社を概観してみたい。

　神名帳の胆沢郡の項の筆頭にある磐神社は、奥州市衣川区大字上衣川字石神にあり、北上川支流の衣川近くの狭隘な低位段丘の平坦部分のなかに突き出た巨大な露岩を神体とする。旧胆沢郡のなかでは磐井郡との境界に近い周辺部にあり、しかも、胆沢郡の主要水系である胆沢川流域ではなく、南の衣川流域に属している。胆沢郡全体の人々の信仰を集める理由はないように見える。しかし、胆沢郡内ではただ二つの弘仁式社の一つであるから、式内社のなかでも、重要な位置を占めたものであろう。胆沢郡内の北上川の二大支流の一つである衣川流域を代表する神として、あるいは、その神の威力が優れていたためなどの理由で、胆沢郡全体の信仰を集めていたことが考えられる。

もう一つの弘仁式社であり、郡内最高の位階を持つ駒形神社は、明治三十六年（一九〇三）以降、奥州市水沢区中上野町に所在するが、本来は現奥宮である胆沢郡金ヶ崎町西根字駒ヶ岳の駒ヶ岳（一一三〇メートル）山頂にあった。駒ヶ岳は胆沢郡の平地のどこからでも眺められる三角形の頂部を持つ秀麗な山であり、山岳信仰の対象となったと考えられる。特定の集落よりも、胆沢郡全体の人々の信仰を集めていたと考えるのにふさわしい神社である。

和我叡登挙神社はどこにあったか不明である。

石手堰神社は奥州市水沢区黒石町字小島に所在する。所在地は現況では北上川のつくった後背湿地に突き出た丘陵の末端であり、ほとんどが露岩からなる。九世紀頃には北上川の流れに突き出た岩であった。頻繁に洪水を起こすことにより、自然の猛威をこの地方の人々に見せつけていた北上川の流れが岩によってせき止められる、見るからに恐ろしい場所であった。そのような場所に祀られる神であるが、この神は同時に胆沢郡の交通の要所を守る神でもあったと考えられる。当時の北上川の水運の重要性は、洪水の危険を冒してまで水運の便のよい場所を選んだ志波《しわ》城の立地や、徳丹《とくたん》城の運河遺構の存在(73)から考えても非常に大きいものであった。河川は神の通り道でもあるし(74)、大量の物資が運ばれる河川は、外部から疫病などが入ってくる場所と観念された可能性が高い。石手堰神社は胆沢郡の中心部に位置しながらも、鎮守府の玄関・胆沢郡の玄関であり、人・物資・疫神などあらゆるものが入ってくる場所を守る神であった。長岡龍作氏は、九世紀において疫神の侵入を防ぐために道路沿いの要所に四天王像や薬師像を祀って儀礼を行ったとし、それが想定される地として、東北地方では、秋田市の秋田城四天王寺、岩手県花巻市胡四王《こしおう》神社、宮城県築館町双林寺などをあげているが、(75)陸上の道路のみならず、河川も疫神やけがれの侵入経路であったはずである。石手堰神社はそのような意味で、胆沢郡の住民にとって非常に重要な意味を持っていたはずである。

胆沢川神社は奥州市胆沢区若柳字下堰袋《しもせきぶくろ》にある。もとは胆沢川の川岸に鎮座していたと言われる。名前からみても、胆沢川に関わる神社であったと考えられる。胆沢川は胆沢郡を流れる川としては北上川に次ぐ大きな川であり、やはり、郡全体の人々の信仰を集めるのにふさわしい川であったであろう。この神社の四キロメートルほど西に愛宕神社があるが、その神社の境内の巨岩は見事であり、こちらのほうが古代人の信仰の対象としてはふさわしく、古代にはそこに所在した可能性もある。

止止井神社は奥州市前沢区古城字野中に所在する。現況では田園地帯のなかに位置し、神体といったものは見えない。用水に関わる水神とされる。また、胆沢城から「鳥取」と記した墨書土器が出土していることもあり、(76)移民系の人々が奉祭した神社だったとも考えられる。この神社は古代集落と立地条件が同じである。

於呂閉志神社は明治四十年（一九〇七）に胆沢川神社と合併し、現在は胆沢川神社と同じ場所にある。於呂閉志神社の奥宮は胆沢区若柳字石淵《いしぶち》にある猿岩とも呼ばれる大規模な岩壁を持つ山であり、こちらが本来の鎮座地である。この鎮座地は、胆沢郡内の古代集落の存在する扇状地からはかなり離れた胆沢川上流の山間部にあり、そのような場所にある神社を祭祀する主体は特定の集落ではなく、胆沢地方全体を支配する勢力だったと考えられる。この神社も水に関わる神社であった。

以上のように、胆沢郡の式内社の多くは胆沢郡の平地の周辺部に分布しており、平地の中心部に分布する九～十世紀の集落から離れたところに位置する。おそらく、集落のための祭祀は集落内で行われており、式内社の多くは、基本的には個々の集落に基盤を持つものではなく、郡全体を支配する勢力が祭祀したものであろう。

石手堰神社もそのようなものの一つであり、神社の機能がすでに胆沢郡全体に関わるものであり、神社を祭祀する主体も、胆沢郡を支配する人々であった。石手堰神社の信者層を知識として編成して造立した黒石寺の薬師像銘に見える人々も、胆沢郡を支配していた階層であり、郡司を出すような階層に属すると考えられよう。そして、その知識の居住していた地域は、ほぼ胆沢郡内であった。

八世紀に神宮寺が建立された多度神宮寺の成立の様相[77]などを勘案すると、石手堰神社に対する信仰は、支配層のみならず民衆にも及んでいたはずであり、また信仰圏も胆沢郡を越える範囲に及んでいた可能性はあるが、石手堰神社の祭祀の主体の中心は、胆沢郡の郡司層であった。

黒石寺薬師像造立の例に見られるような神仏習合思想は、蝦夷社会の仏教受容に大いに貢献したものであろう。

第四節　鎮守府の最勝王経講読と吉祥悔過

『類聚三代格』所収の貞観十八年（八七六）六月十九日官符「応レ令下鎮守府講二最勝王経一并修中吉祥悔過事上」は、鎮守府で行われていた最勝王経講読と吉祥悔過の実施の費用として、陸奥国正税を支給することを命じたものである。

貞観十八年（八七六）**六月十九日太政官符**（『**類聚三代格**』**巻二**）

太政官符

応レ令下鎮守府講二最勝王経一幷修中吉祥悔過上事

一　講二読最勝王経一僧廿二口

右僧布施供養准二国例一宛行。

一　修二吉祥天悔過一僧七口

右僧法服布施供養。同准二国例一宛行。

以前得二陸奥国解一偁。鎮守府牒偁。検二案内一、府去貞観十四年三月卅日申レ官解云。件法会諸国依レ格。各於二国庁一講修。而此府未レ有二其例一。夫辺城為レ軆。依レ養二夷俘一。常事二殺生一。加以正月五月二節。為レ用二俘饗一。狩猟之類。不レ可二勝計一。殺生之基。啻在二此府一。因レ斯雖レ未二裁下一。承前鎮将引二唱僚下一。於二鎮守府庁一。修来年久。然而依レ無二料物一。毎事闕乏。望請。　官裁。准二諸国例一。将下修二件法一、為中滅罪之業上者。而于レ今未レ蒙二報裁一。重被二言上一者。国司覆審。所レ陳最実。望請。早被二裁許一脱二殺生報一。謹請二　官裁一者。右大臣宣。奉　レ勅。依レ請。宜下請二精行僧一。正月七箇日間。准二国府例一。依レ件講修上。其料同用二正税一。

貞観十八年六月十九日

最勝王経講読と吉祥悔過の意義については、三点指摘したい。

第一は、両法会は鎮守府の仏教世界の頂点をなす法会であったために、その影響力が大きかったと考えられることである。

最勝王経講読と吉祥悔過は、諸国の国分寺もしくは国府で行われていた国家的法会[78]であった。貞観十八年官符によって、鎮守府では、当時諸国の国庁で行われていた最勝王経講読と吉祥悔過を、計二十九名の僧によって行うことになった。この両法会を指導したのは陸奥国分寺や多賀城廃寺の僧であったかもしれないが、二十九名のうちかなりの僧は鎮守府部内から招いたものと考えられる。そう考えられるのは、鎮守府と常陸国分寺および国府の両法会が同じ日程で行われ、国分寺や国府周辺の僧が鎮守府には大勢来られないと推定されるからだけではなく、鎮守府の最勝王経講読と吉祥悔過は貞観十八年に開始されたものではなく、従来、鎮守府が独自の財源で行ってきたものだからである。未発見の鎮守府付属寺院や、黒石寺や成島毘沙門堂など現存寺院、そして初期の国見山廃寺や和賀郡の掘立柱仏堂に住んだ僧が、鎮守府の最勝王経講読と吉祥悔過に参加したものであろう。貞観十八年官符において、鎮守府が従来、独自の財源で行ってきた最勝王経講読と吉祥悔過に正税の支給を求めていることは、鎮守府がそれまで独自に行ってきた両法会が、政策的には成功していたことを示すものである。その成果を前提とし、鎮守将軍主催の地方的法会として鎮守府周辺の僧のそれなりの晴れ舞台として行われていた法会を、一気に国家的法会に格上げし、鎮守府周辺の仏教興隆を強力に推進する原動力としたものであろう。諸国における最も重要な国家的法会であり、陸奥国分寺および国府で行われるものと全く同格の法会である最勝王経講読と吉祥悔過の権威は絶大であり、それに参加する僧や豪族の権威を高めたはずであり、両法会が在地に及ぼした影響は非常に大きなものであったと考える。

第二は、鎮守府の最勝王経講読と吉祥悔過は、朝貢・饗給と仏教法会が結びついていた事例[79]であることである。秋田県北秋田郡鷹巣町胡桃館遺跡でも、穀物の支給と仏教法会が同じ場所で行われていたと考えられ[80]、共通性が注目される。

第三は、両法会のうちでもとくに吉祥悔過は、在地に受け入れられやすい性格を持つ法会であったことである。吉祥悔過が在地で行われていたと考えられる例は、『日本霊異記』に吉祥天の説話が二話見えることをはじめ、いくつかの例がある。[81]

出雲大社の東方約七キロメートルに位置する出雲市山持《ざんもち》遺跡六区では、吉祥天像の可能性がある板絵が四枚出土している。最大の板は完形に近いと考えられるが、長さ六五・五センチメートル、幅八・五センチメートル、厚さ一・四センチメートルである。六区においては湿地帯の中を横断する道路遺構が検出された。板絵は湿地帯の中から出土したものであり、その湿地帯からは「国益」「益」「西家」「華?」「×」などと書かれた墨書土器も出土している。板絵の時期は八世紀後半~九世紀初頭である。[82] 山持遺跡六区は、同時代の神社・寺院遺跡として著名な青木遺跡の西方二キロメートルのところにある。青木遺跡との間に同時代の遺跡はなく、別の集落と関連すると考えられ、村落内か村境のような場所に位置しているとされる。吉祥悔過が村落やその境界で行われていたことを示す。[83]

陸奥国において国衙以外の場所で吉祥悔過が行われていた可能性を示すものに、福島県会津美里町高田地区に現存し、平成十九年（二〇〇七）六月八日に国の重要文化財に指定された木造吉祥天像があげられる。像高九七センチメートルで、頭部から台座まで腕・手先以外はすべて一木彫成であり、面相は明らかに平安時代前期仏のそれである。吉祥悔過の本尊として、右手施無畏印あるいは与願印、左手に如意宝珠を持つ形であり、この地方で吉祥悔過が開催されていた具体的な例として貴重であるとされている[84]この仏像は優れた制作の仏像であるので、豪族層が関わる法会に用いられた可能性が高い。[85]

国庁や国分寺で行われる吉祥悔過が、さらに下部の在地社会で行われていた背景としては、まず、吉祥悔過は神護景雲元年（七六七）に国分寺で行われるようになる以前に、天平勝宝元年（七四九）に「天下諸寺」で行うことが命じられており、地方豪族の氏寺である定額寺で実施されていたことがある。定額寺で行われた吉祥悔過は国家仏教の末端を担うものではあるが、在地の宗教的要求に対応した法会であった可能性がある。吉祥悔過は、実施場所が国分寺や国庁に移された後も、並行して行われる最勝王経講読が国分寺僧によるのとは異なり、「部内諸寺僧」を国分寺または国庁に招いて行われるものであった。この法会が在地においては疫病退散、五穀豊穣の法会として喜ばれ、国分寺や国庁で修された法会に参加した僧が、在地においても盛んに法会を行ったことが想定されよう。また、吉祥悔過は、「神仏習合を推し進める重要な役割」[86]を担う法会であることも注目され、その意味でも在地に受け入れられやすい法会であった。

北上盆地において、九～十世紀の仏教関連遺跡が最も集中し、仏教関連遺物が多数出土しているのが、和賀郡付近である。鎮守府で行われた国家的法会である吉祥悔過は、和賀郡の仏教世界にも大きな影響を与えたものと思われる。和賀地方に現存する代表的な仏像である十世紀の成島毘沙門天像、十一世紀の鉈彫りの藤里毘沙門天像は、吉祥悔過の影響で造られたものと考えられるからである。また、成島毘沙門堂の九世紀の伝吉祥天像も、吉祥悔過の本尊であったと考えられる。このように吉祥悔過が和賀地方の仏像に影響を与えているのは、鎮守府の吉祥悔過が鎮守府部内最大の国家に認められた法会であり、それに和賀地方の豪族も官人として参加し、また、和賀地方の寺院の僧侶も「部内諸寺僧」として参加したために、在地でも吉祥悔過を行ったためと考えられる。また、鎮守府の吉祥悔過は、和賀郡の豪族の仏教による権威づけをしたものと考えられる。

おわりに

本章の課題は、鎮守府部内と想定される北上盆地において、九世紀中葉から後半にかけての時期に急速に仏教が受容された背景を考えることであった。この時期の仏教伝播には氏寺建立や神仏習合、鎮守府の最勝王経講読や吉祥悔過などが大きな役割を果たした。そして、この時期に仏教受容が広まった重要な要因は、仏教布教がこの時期に推進された蝦夷系豪族の登用政策に伴うものであったからであると考えられる。仏教が蝦夷系豪族の在地支配の手段として有効であった理由として、熊谷公男氏が指摘するように、仏教の統合機能が蝦夷社会の孤立分散性を打ち破るのに有効であったことは最も重要であろう(87)。ただし、筆者としてはさらに、旧来の社会が破壊されたなかで新たに登用された蝦夷系新興豪族の支配力、あるいは権威の不足を補うのに有効であったという側面も重要であると考える(88)。また、熊谷氏の見解のなかにすでに含まれているのかもしれないが、北上盆地のように蝦夷系住民と移民系住民が混在している地域で、蝦夷系豪族が両者をともに支配するために都合のよい信仰であったという側面もあると考えられる。それと関連するが、蝦夷系豪族は仏教を奉ずることにより、以前から律令国家の支配下にあった非蝦夷系豪族と対等の立場に立ちたいという希望もあったと考えられる。

最後になるが、鎮守府部内と同じく、九世紀に山岳寺院が建立され、掘立柱仏堂が展開した地域として、会津地方がある(89)。会津地方は鎮守府部内と同様、九～十世紀の仏像が集中していることでも有名である。会津地方と鎮守府部内の比較研究は両地域の仏教受容の特色を明らかにするために有効であり、筆者にとっての今後の課題である。

註

（1）樋口知志「仏教の発展と寺院」（須藤隆・今泉隆雄・坪井清足編『新版古代の日本　九　東北・北海道』角川書店、一九九二年）。以下、本章における氏の見解はこれによる。
（2）熊谷公男「古代蝦夷と仏教」（『歴史と地理』六二五、二〇〇九年）。以下、本章における氏の見解はとくに断らない限りこれによる。樋口氏も註（1）論文において同様の指摘をしている。
（3）司東真雄『岩手の歴史論集Ⅰ　古代文化』（司東真雄岩手の歴史論集刊行会、一九七八年）。高橋富雄『天台寺――みちのく守護の寺――』（東京書籍、一九七七年）など。
（4）菅野成寛「鎮守府付属寺院の成立――令制六郡・奥六郡仏教と平泉仏教の接点――」（入間田宣夫編『東北中世史の研究　上巻』高志書院、二〇〇五年）。
（5）杉本良「北上市国見山廃寺跡とその周辺の寺院群」（『埋文考古学フォーラム　掘立柱から礎石建へ　資料集』奥州市埋蔵文化財調査センター、二〇〇七年）。
（6）沼山源喜治「北上盆地の古代集落における仏神信仰について」（『北上市埋蔵文化財センター紀要』一、一九九九年）。
（7）八木光則「奥六郡安倍氏から奥州藤原氏へ」（『都市・平泉――成立とその構成――』日本考古学協会二〇〇一年度盛岡大会研究発表資料集、二〇〇一年）。
（8）久野健『東北古代彫刻史の研究』（中央公論美術出版、一九七一年）。
（9）杉本良・小野寺麻耶・安藤邦彦『北上市埋蔵文化財調査報告書第五五集　国見山廃寺跡』（北上市教育委員会、二〇〇三年）。
（10）前掲註（8）。
（11）『文化財調査報告書第一四集　明後沢古瓦出土遺跡　前沢町古城所在古代城柵跡』（岩手県教育委員会、一九六五年）。
（12）『岩手県内出土文字資料集成』（第二九回古代史サマーセミナー実行委員会事務局、二〇〇一年）。
（13）西野修・八木光則編『岩手県内出土文字資料集成二〇〇七』（ＣＤＲ版、二〇〇七年）。

(14)「横枕Ⅱ遺跡」(『水沢市文化財報告書第九集　慶徳遺跡群詳細分布調査報告書』水沢市教育委員会、一九八二年)。
(15)千葉悟『花巻市埋蔵文化財調査報告書第二〇集　円万寺館遺跡――平成七年度発掘調査報告書――』(花巻市教育委員会、一九九九年)。
(16)菊池賢「稗貫郡の古代集落と律令支配」(蝦夷研究会編『古代蝦夷と律令国家』高志書院、二〇〇四年)。渕澤智幸氏は九世紀中葉に和賀郡以北は中央政府の支配が及ばなくなったとする(渕澤智幸「九世紀陸奥国の蝦夷・俘囚支配――北部四郡の廃絶までを中心に――」〈『日本史研究』五〇八、二〇〇四年〉)が、仏教関連の遺跡・遺物の分布状況からは、そのように考えることは難しい。
(17)八木光則「林崎遺跡の調査(第九次調査)」(『太田方八丁遺跡　昭和五三年度発掘調査概報』盛岡市教育委員会、一九七九年)。
(18)八木光則「林崎」(『志波城跡Ⅰ――太田方八丁遺跡範囲確認調査報告――』盛岡市教育委員会、一九八一年)。
(19)国生尚『黄金堂遺跡発掘調査報告書』(〈財〉岩手県埋蔵文化財調査センター・岩手北部土地改良事業所、一九八五年)。草間俊一「岩手町一方井どじの沢小堂址」(『岩手史学研究』三五、一九六〇年)。
(20)佐々木勝『伝天台寺跡――昭和五五年度発掘調査概報――』(浄法寺町教育委員会、一九八一年)。『みちのくの霊山　桂泉観音　天台寺』(岩手県立博物館、一九八七年)。
(21)田中恵「奥六郡周辺の神仏像」(『いわて未来への遺産　古代・中世を歩く　奈良～平安時代』岩手日報社、二〇〇一年)。
(22)前掲註(19)『黄金堂遺跡発掘調査報告書』。
(23)前掲註(19)「岩手町一方井どじの沢小堂址」。
(24)前掲註(5)。
(25)国生尚『一関市埋蔵文化財発掘調査報告書第六集　泥田廃寺跡　第一～三次発掘調査報告書』(一関市教育委員会、二〇〇八年)。
(26)「天平十四年四月甲申(十日)条補注」(『新日本古典文学大系一三　続日本紀二』岩波書店、一九九〇年)。和田萃氏は飯高君笠目の活躍の背景として、この地域で採掘された水銀が財源となったことを指摘している(和田萃

「丹生水銀をめぐって――佐奈県の手力男神――」〈『日本古代の儀礼と祭祀・信仰　下』塙書房、一九九五年〉）。
（27）　西口順子「九・十世紀における地方豪族の氏寺」（『仏教史学』十一―一、一九六三年）。
（28）　八田達男「伊勢近長谷寺と長谷観音信仰」（『霊験寺院と神仏習合――古代寺院の中世的展開――』岩田書院、二〇〇三年）。
（29）　前掲註（1）。「飯高君笠目」（竹内理三・山田英雄・平野邦雄編『日本古代人名辞典　第一巻』吉川弘文館、一九五八年）。
（30）　「本願施主子孫相模守従五位下藤原朝臣」は藤原宇合から七代目にあたる藤原式家の人物である藤原惟範で、母は飯高氏出身の人物であるらしい。また、藤原惟範は、相模守在任中に（鉈彫りの本尊で現在は著名な）相模国日向薬師堂の鐘が村上天皇の発願によって天暦六年に下賜されるにあたり尽力したものと考えられている（前掲註〈28〉）。鶴岡静夫「日向薬師をめぐる二、三の問題」（『増訂版　関東古代寺院の研究』弘文堂、一九八八年）。
（31）　前掲註（27）。
（32）　笠井昌昭『信貴山縁起絵巻の研究』（平楽寺書店、一九七一年）。
（33）　『今昔物語集』巻第十一第三十六話「修行の僧明練始めて信貴山を建つる語」。
（34）　『古本説話集』下の六十五「信濃国聖事」。
（35）　桜井徳太郎校注「信貴山縁起」（『日本思想大系第二十巻　寺社縁起』岩波書店、一九七五年）。
（36）　なお、近長谷寺のある城山の頂上からは、寺領の集中する櫛田川流域の小盆地を展望することができる。同じく、国見山廃寺のある山の頂上からは、北上盆地の遺跡群をきれいに見渡すことができる。このような平地を見下ろすことのできる山上の寺院は、麓の人々の信仰を集めやすいのではないだろうか。信貴山寺についても同様のことが言えよう。
（37）　前掲註（1）。
（38）　前掲註（5）。
（39）　杉本良氏のご教示による。
（40）　熊谷公男「九世紀奥郡騒乱の歴史的意義」（虎尾俊哉編『律令国家の地方支配』吉川弘文館、一九九五年）。

(41) 寺院としての黒石寺の研究は、次の論文を参照のこと。佐々木徹「陸奥国黒石寺の「往古」の宗教的コスモロジー」(『岩手史学研究』八四、二〇〇一年)。
(42) 本書第三部第二章、註(55)を参照のこと。
(43) 久野健「黒石寺薬師如来像」(『美術研究』一八三、一九五五年)。以下、久野氏の銘文解釈は、この論文による。
(44) 久野健『仏像の旅』(芸艸堂、一九七五年)。
(45) 佐藤昭夫『みちのくの仏像』(至文堂、一九八四年)。
(46) 田中惠「征夷と仏像　怒りにも似た表情」(『いわて未来への遺産　古代・中世を歩く　奈良～安土桃山時代』岩手日報社、二〇〇一年)。
(47) 司東真雄「古代宗教文化の特性——岩手県胆沢地方——」(『水沢市史　第一巻』水沢市、一九七四年)。
(48) 北上市立博物館『国見山極楽寺』(水上市立博物館、一九八六年)。
(49) 前掲註(1)。
(50) 井上光貞「陸奥の族長、道嶋宿禰について」(古代史談話会編『蝦夷』朝倉書店、一九五六年)。
(51) 高橋富雄「陸奥大国造」(伊東信雄・高橋富雄編『古代の日本　八　東北』角川書店、一九七〇年)。
(52) 熊谷公男「道嶋氏の起源とその発展」(『石巻歴市史　第六巻』石巻市、一九九二年)。
(53) 平川南「岩手県遠野市高瀬Ⅰ　遺跡の墨書土器」(遠野市埋蔵文化財調査報告書第五集『高瀬Ⅰ・Ⅱ遺跡——県営圃場整備事業松崎地区関連遺跡発掘調査——』遠野市教育委員会、一九九二年)。同「古代東北と海運」(北上川流域の歴史と文化を考える会編『平泉の源像』三一書房、一九九四年)にも同様の記述がある。竹内氏が「物部朝□□」と釈読している部分を平川氏が「物部止理」と釈読しているらしいことは注目されるが、平川氏は銘文全体の釈読は示していないため、本書では全体に及ぶ竹内氏の釈読に拠った。
(54) 前掲註(40)。
(55) 谷口耕生「神仏習合美術に関する覚書」(『特別展　神仏習合』奈良国立博物館、二〇〇七年)。
(56) 大治五年三月の「大分長安寺木造太郎天及二童子立像」(久野健編『造像銘記集成』〈東京堂出版、一九八五年〉六八号資料)には人の年齢らしい数字が見えるが、体部背面に記された「不動尊作十九観」にある、一から十九までの数字と関係があるようにも見える。
(57)『寧楽遺文』下巻九六三頁下段。
(58)『　同　』中巻六一二頁下段。
(59)『　同　』中巻六一三頁下段。
(60)『平安遺文』金石文編一一〇号。
(61)なお、この群の分類は久野健氏、前掲註（8）『東北古代彫刻史の研究』所収の写真によって行った。この本には第二群と第三群の位置関係がわかる写真も収められている。
(62)佐伯有清「第六編　無姓と族姓の農民」（『大化前代社会組織の研究』吉川弘文館、一九六九年）。
(63)樋口知志氏は、弘仁年間に鎮守副将軍から鎮守将軍に上った物部匝瑳連足継、承和元年（八三四）に鎮守将軍となった物部匝瑳連熊猪（同二年〈八三五〉に連より宿禰に改姓）、同四年（八三七）に鎮守将軍として見える物部匝瑳宿禰末守らの、下総国匝瑳郡を本拠としていた物部匝瑳連（宿禰）氏が、その配下に擬制的同族関係（婚姻関係、主従関係などによる結合を契機としたか）を介して、蝦夷系豪族勢力の糾合を進めて成立させたのが、九世紀代以降、物部××連を称した蝦夷系豪族であったとする（樋口知志「『陸奥話記』と安倍氏」〈『岩手史学研究』八四、二〇〇一年〉）。
　物部姓を移民系と考える場合、下総国匝瑳郡を本拠としていた物部匝瑳連氏との関連でとらえる樋口氏の見解の他にも、いくつかの想定が可能である。
①『日本紀略』延暦二十一年（八〇二）正月戊辰（十一日）条に、駿河・甲斐・相模・武蔵・上総・下総・常陸・信濃・上野・下野の浪人四千人が、胆沢城に配された記事がある。物部姓は陸奥国には少なく、坂東には非常に多く見られる姓であるから、このときの移民の子孫である可能性も考えられる（大塚徳郎『みちのくの古代史』刀水書房、一九八四年）。
②胆沢城出土の漆紙文書に、坂東八国から胆沢城の守備に派遣された鎮兵に関するとされるものがある（前掲註〈44〉）。この漆紙文書には、「□蔵国」「□野国」などの国名が記され、「統領物部連荒人」という人名が記載されている（佐久間賢「律令制施策の実相　文字が語る胆沢城　二」〈前掲註《46》所収〉）。このような鎮兵の子孫

である可能性もある。なぜなら、陸奥国の鎮兵を廃止した弘仁六年八月二十三日太政官符（『類聚三代格』）に、鎮兵について「因レ斯規レ留二奥地一長絶二帰情一。山川迂遠、無レ由二検括一。」とあり、故郷に戻らなかった鎮兵も多かったと考えられるからである。

③『類聚三代格』寛平五年七月十九日太政官符の引用する天応二年閏二月官符、『続日本紀』宝亀三年十月十一日条には、都や坂東と陸奥国の住民の交流を示す記述がある。これらは奥郡北部に直接言及したものではないが、柵戸の記録がない秋田城の漆紙文書からも移民系と思われる人名を記した漆紙文書が発見されており（三上喜孝「古代「辺境」の民衆把握」〈『歴史と地理』五四五、二〇〇一年〉、平川南「秋田城跡第七二次調査出土漆紙文書について」〈『平成一〇年度秋田城跡調査概報』秋田城を語る友の会、一九九八年〉）、当時、内国と辺境の人的交流は相当活発であったと考えられる（熊田亮介「九世紀における東北の地域間交流」〈『国立歴史民俗博物館研究報告』八四、二〇〇〇年〉）。また、岩手県盛岡市の志波城内部の竪穴住居に居住した人々が、北陸を含む内国からの移住者である可能性を示唆する見解もあり（伊藤博幸「鎮守府領と奥六郡の再検討」〈蝦夷研究会編『古代蝦夷と律令国家』高志書院、二〇〇四年〉）、参考になる。

以上のように考えると、黒石寺薬師像銘に見える物部姓の人物群を移民系の人々と考えることは自然であるとも言える。蝦夷系・移民系のどちらとも決しがたいが、筆者としては先に述べた理由から、蝦夷系の可能性が高いと考えている。

(64)『続日本紀』天応元年正月己亥（十五日）条。

(65)『寧楽遺文』下巻七八五頁。

(66)「承平七年六月十七日信貴山寺資財帳写」（『平安遺文』第十巻四九〇四号文書）。

(67) 前掲註（55）。

(68) 虎尾俊哉編『延喜式　上』（集英社、二〇〇〇年）より引用。（　）内の註もこの図書の頭注によった。式内社の所在郡の配列については熊田亮介氏が考察している。また、大塚徳郎氏は、①弘仁式社・貞観式社・延喜式社の別、②地主神・中央神の別について考察している（大塚徳郎「式内の神々」〈前掲註《51》所収〉）。ただし、大塚氏は［貞］表記のあとにある神社はすべて延喜式社であると考えたが、熊田亮介氏は「郡の末尾に記載されて「貞」表記を欠いている神社は貞観式社でもありえ、」「両国の式内社はほとんどが弘仁式社ないし貞観式社であるように思われる」としている。筆者は熊田氏に従う。熊田亮介「古代東北の豪族」（前掲註〈1〉所収）。
(69) 高橋千晶「胆沢城と蝦夷社会」（前掲註〈16〉『古代蝦夷と律令国家』所収）。
(70) 伊藤博幸「鎮守府領と奥六郡の再検討」（前掲註〈16〉所収）。
(71) 伊藤博幸「奥六郡成立の史的前提」（『岩手考古学』三、一九九一年）。
(72) 式内社研究会編纂『式内社調査報告第一四巻　陸奥国・出羽国』（皇学館大学出版部、一九八六年）。胆沢郡内の神社の執筆者は虎尾俊哉氏・新野直吉氏の連名。
(73) 平川南「第三章　古代人は自然とどのように向き合っていたか」（『全集日本の歴史　第二巻　日本の原像』小学館、二〇〇八年）。
(74) 関幸彦『新・出雲古代史――『出雲国風土記』再考――』（藤原書店、二〇〇一年）。
(75) 長岡龍作「みちのくの仏像――造形と風土――」（花登正宏編『東北――その歴史と文化を探る』東北大学出版会、二〇〇六年）。
(76) 伊藤博幸「蝦夷の生活の諸相　文字の定着・下　胆沢城・志波城・徳丹城」（前掲註〈46〉所収）。伊藤氏は「鳥取」という地名が、志波城出土墨書土器に見える「佐弥」とともに、越中国新川郡の郷名に一致することに注目している。
(77) 『平安遺文』第一巻二〇号文書。
(78) 窪田大介「鎮守府の吉祥天悔過と岩手の毘沙門天像」（『歴史における史料の発見』平田耿二教授還暦記念論文集編集委員会、一九九七年）。本節で述べる吉祥悔過の歴史はこの論文に基づく。吉祥悔過については、吉田一彦「御斎会の研究」（『延喜式研究』八、延喜式研究会、一九九三年）が詳しい。
(79) 前掲註（78）「鎮守府の吉祥天悔過と岩手の毘沙門天像」。
(80) 山本崇・高橋学「鷹巣町胡桃館遺跡出土の木簡」（『秋田県埋蔵文化財研究センター研究紀要』一九、二〇〇五年）。熊田亮介「胡桃館遺跡と蝦夷社会」（『東アジアの古代文化』一二五、二〇〇五年）。
(81) 中巻第十三縁、中巻第十四縁。これらの説話に見える吉祥天像は、吉祥悔過に用いられたものと考えられる。いずれも聖武天皇の御世のこととされるのは、その古さから注目される。吉祥天像が単独で吉祥悔過の本尊となることは、『日本三代実録』元慶元年八月二十二日庚寅（二十二日）条から知られる。

(82)「山持遺跡六区現地説明会資料（平成一八年一〇月八日）」（島根県教育庁埋蔵文化財調査センター、二〇〇六年）。

(83) 山持遺跡出土資料は、出雲国分寺に安置されていた吉祥天像を簡略化したものである可能性があり、それが複数出土しているということは、吉祥悔過にあたっては国分寺僧が何らかの形で関わっており、複数の郷や村の知識個々人の現世利益を期待したものであったとされている（内田律雄「古代村落祭祀と仏教」〈『在地社会と仏教』奈良文化財研究所、二〇〇六年〉）。

(84)『福島県の文化財』（福島県教育委員会、一九八六年）。前掲註（75）。

(85) 他に、国分寺などで行われた国家的な法会が在地でも行われた例としては、三上喜孝氏が指摘する四天王法の例がある。出羽国では、大宰府や他の山陰道諸国などと同様、秋田城の四天王寺などを中心に四天王法が行われていたことが知られるが、在地で行われていたことを示す木簡が二例発見されている。一つは山形県東置賜郡川西町道《どう》伝《でん》遺跡出土のものであるが、道伝遺跡は置賜郡衙もしくはその関連施設であったと考えられている。また、年代は奈良〜平安時代のものとされているが、寛平八年（八九六）の記載を持つ木簡とともに出土している。この例は、四天王法が郡衙でも行われていた例である。また、山形県遊佐町の宮ノ下遺跡では八〜九世紀の墨書土器が多数出土したが、「四天王」と墨書された土器が一点出土している。この例は四天王法が在地で行われていた例である（三上喜孝「古代日本の辺要国と四天王法」〈『山形大学歴史・地理・人類学論集』五、二〇〇四年〉）。また、「四天王」墨書土器は、岩手県北上市南部工業団地内遺跡D区の竪穴住居跡からも出土している（二〇〇七年十一月の第五回東北文字資料研究会での高島英之氏の指摘）。

(86) 前掲註（55）。

(87) 前掲註（2）。

(88) 前掲註（40）。

(89) 本書第二部第二章参照。

第二章　鎮守府の吉祥悔過と岩手の毘沙門天像

はじめに

岩手県の北上川流域には平安時代の毘沙門天像が多い。『仏像集成　一』[1]は関東・東北・北海道の仏像を網羅的にまとめたものであり、国宝・重要文化財に指定されている彫像のほか、今後、彫刻史上重要さを増すと考えられる仏像を収録したものである。そこで、平安時代の毘沙門天像（四天王の一軀とされているものを除く）を都道府県別に数えてみると次のようになる。

神奈川県	0	東京都	0	千葉県	0	埼玉県	0
群馬県	0	栃木県	0	茨城県	0	福島県	0
山形県	1	秋田県	0	宮城県	0	岩手県	4
青森県	0	北海道	0				

このように岩手県に毘沙門天像が多いことは、たくさんの研究者に注目されてきた。以下、主要な研究を紹介したい。

久野健氏は「辺境の仏像」において次のように述べる。

都城鎮護や外敵退散のために、毘沙門天像を安置して祈る信仰は、平安時代初期ころから始まる。七、八世紀にも、仏法擁護のために四天王像を安置することは、しばしば行われたが、この四天王像中の一体、多聞天像(すなわち毘沙門天像)のみを独尊の形で安置し、拝むというふうはなかったようである。ところが、すべて旧仏教とは別の新しいものを取り入れることに熱心であった平安初期において、この毘沙門天像の信仰は急速に盛んになった。平安京では、都城の鎮護のために、羅城門の楼上にきわめて異国風の兜跋毘沙門天像が安置され、比叡山の延暦寺にも、また鞍馬寺や達身寺にも安置された。こうしたふうが東北の地にも伝わり、成島の毘沙門堂、立花の毘沙門堂、藤里の毘沙門堂、達谷窟の毘沙門天像としてあらわれたのであろう。ここでも、また(筆者註…奥州市黒石寺薬師如来像同様という意味)蝦夷に対する護りという意味が秘められていたものと思われる。(2)

氏の見解は、造立の背景として当地方の住民の心情を重視している点に特色がある。また、毘沙門天の北方の守護という性格についてふれておられないのも注目される。

佐藤昭夫氏は「成島毘沙門堂の諸像」において、北上川流域の平安時代の仏像について述べるなかで次のように指摘する。

これらの像(筆者註…岩手県の北上川流域の平安仏)は平安時代でも、平泉に見られる奥州藤原氏の文化より一だんと古いものであると同時に、これらの地域に意外に多くの毘沙門天像が見られることも特色の一つとしてあげられる。毘沙門天は四天王のうち、北方を守護するということで鞍馬寺の毘沙門天像のように都城の鬼門を守護するために造立されたというような例もあるほどで、迫り来る蝦夷に対する恐怖から守ってくれる守護神としての毘沙門天がとくに篤く信仰されたことは当然といえるだろう。この毘沙門天から変化した兜跋毘沙門天となると、その意識はさらに強くなる。（中略）北辺守護と夷狄征服の二つの性格を併せ持つ兜跋毘沙門天像は東北地方の人々にとって、まことに適切な神格だったといえるだろう。[3]

佐藤氏の見解は、毘沙門天の北方守護の性格、兜跋毘沙門天の夷狄征服の性格を指摘し、岩手県地方の毘沙門天像についての通説的な見解になっていると思われる。

高橋富雄氏は『胆沢城』において、岩手県の毘沙門天像のなかで最古の作で十世紀頃の作とされる成島毘沙門天について次のように述べる。毘沙門天は「北方の守護神」である。その「毘沙門の心を、この像のように正面からこうも堂々と刻んだ大作は他にはない」「古代の三大毘沙門といってよいであろう」。東寺の毘沙門天、鞍馬寺の毘沙門天とともに、「成島毘沙門天像は、王城の外三千里、北天を望んで国界を守る」。そして「鎮守府の国は、この毘沙門を北東の「隅石」（コーナー・ストーン）として、和賀・稗貫・閉伊の隅角に古代国家極盛期最北の法城を築いたのであった」[4]。

高橋氏の考えは、成島毘沙門天像と胆沢城との関係を重視する点と、毘沙門天が北方守護神であるという考えを強調する点に特色がある。

上原昭一氏は、成島毘沙門天像の北方守護神としての性格は認めるものの、基本的には薬師如来や観音菩薩と同種の現世利益を目的とした仏であるとされ、とくに毘沙門天が法華経普門品の説く観音菩薩の三十三応身の一つであることを強調する。

上原氏の説は、平泉文化以前の東北地方の歴史を中央政権との長い抗争の歴史ととらえ、平泉文化以前の東北地方の仏教や仏像の特色をその点から説明するところに特色がある。[5]

むしゃこうじ・みのる氏は、成島の毘沙門天像を代表とする東日本の兜跋毘沙門天について論じ、次のように述べる。

成島のトバツ毘沙門天像については、さきにもふれたとおり、〝蝦夷征討〟のためということになると、鎮守府や陸奥国府などの中央権力を背景にして造像されたとみるのが通説でしょう。わたしも、最初は、その所在が北辺にあり、制作技術のたかいところから、その説を下敷きにしていました。しかし、地方の諸仏をみているうちに、技術的にたかいものほど中央の影響をつよくうけているとみることのあやまりを痛切に感じ、この成島の像のような作品は、この地でこそ制作が可能だったのだとかんがえるようになりました。そのことはまた、〝蝦夷征討〟という中央史観の修正をもひきおこします。成島のトバツ毘沙門天は、その意味で〝北狄蝦夷〟をおさえるものとみる必要はなく、この地にすむ人々の生活をまもるためのいのりをこめたものとしていいでしょう。成島のばあいですら、ことさら国家的要請とむすびつけることはないとすれば、他の地域ではまして、そこにすむ人々がすでに中央に背をむけはじめた時期の作である以上、鎮護国家という中央的思考では説明しきれないはずです。[6]

むしゃこうじ氏の見解は、氏以前の学説の一部を「征夷のために鎮守府などの中央権力により造像」と明確な形でまとめ、自己の学説を「土地の人々が自分たちの生活を守るために造像」と明確な形で対置した画期的なものである。北上市立博物館もむしゃこうじ氏の見解を取り入れていると思われる。[7]しかし、むしゃこうじ氏の学説は、本来、国家の政策や在地のさまざまな勢力の動きをふくむできるだけ多様な視点から考えるべき問題を、「そこにすむ人々」というたった一つの視点のみから考えることになっており、結局、問題を矮小化してしまったことになる。

田中惠氏は、岩手県最古の毘沙門天像であり作風が最も中央の様式に近い成島毘沙門天像を、「蝦夷が自分で感じた仏教だけでは測り知れない神への信仰、それを仏像の形制で判りやすく表現している」「東北の信仰の素晴らしい造形表現であり、地域のシンボルの完成した姿の一つである」とする。この造像を可能とした背景として、当時の定額寺の一つであった北上市極楽寺の存在が大きいとし、「極楽寺の意味も、定額寺を国家と在地豪族の接点と見れば、中央政権の出先機関としてだけではなく、在地豪族における意味も重視しなければならない。そこからも、成島の毘沙門天の造像は、仏教が形式的な信仰の象徴から、実質面の信仰の象徴へと飛躍する転機であったと思われるのである」とする。定額寺については、「東北では、国家支配と現地の豪族の双方の利害が一致したところで果たした役割は大きかった」とも述べている。[8]

田中氏の見解は、岩手県の毘沙門天像のなかで最古のものであり作風が最も中央の様式に近い成島毘沙門天像について、形は仏像であるがその表現するものは蝦夷独自の神への信仰である、と断じたところに特色がある。氏の見解は、美術史の専門家が成島毘沙門天像の造形的特色について述べたものとしては最新のものであり、重視されなければならない。またこの像の造立の背景についての氏の見解は、在地豪族の主体性を強調するものであるが、律令国家の政策をも考慮に入れており、注目される。

以上の研究史を通覧して気づくことの一つは、岩手県に毘沙門天像が多い理由として漠然と考えられている毘沙門天の、北方守護という性格を取り上げる研究が意外と少ないことである。このことは岩手県に残る毘沙門天像を制作した主体についてどう考えるかということとも関連してくる。もし蝦夷系の豪族が造立したのであれば、必ずしも北方守護や夷狄征伐の性格を考えなくてもよいかもしれない。また蝦夷系豪族の造立を考えなくても、久野健氏のように時代の流行ととらえることも可能である。建立主体と律令国家の距離を遠く考えれば考えるほど、北方守護の性格を考える必要は薄くなる。しかしながら北方守護という性格を考えないと、なぜ岩手県地方に他の地域より毘沙門天像が多いのか説明できなくなってしまう。

この問題について解決するためには、毘沙門天像が岩手県地方に祀られるようになった過程を、今まで以上に具体的に考えていかなければならない。とくに律令国家の蝦夷支配のための仏教政策を明らかにし、それとの関連で毘沙門天像についても考えなければならない。

本章の直接の主題は九世紀における律令国家の対蝦夷仏教政策の特色であるが、岩手県の毘沙門天像はこの主題と深く関わっている。

九世紀を含む古代国家の東北地方における仏教政策については、高橋富雄氏[9]や司東真雄氏[10]、早川征子氏[11]、樋口知志氏[12]、神英雄氏[13]をはじめ多くの研究がある。

これらの研究に一歩を加えるためには、近年の蝦夷史研究との有機的な関連のもとに、九世紀の仏教政策を考えなければならない。

今泉隆雄氏は、古代国家の蝦夷支配の根幹が朝貢と饗給であったことを明らかにした[14]。また熊谷公男氏は、九世紀における征夷の終焉は蝦夷問題の解決ではなく、民衆の疲弊と国家財政の窮乏による蝦夷支配の転換点であったことを明らかにした。熊谷氏は、九世紀には軍事力を機軸とする支配の強化は不可能となり、新しく支配領域に組み入れた北上川中流域の支配においては、蝦夷系豪族の支配力を基礎とした支配体制の構築に向かわざるを得なくなったとする。(15) そして鈴木拓也氏は、九世紀の蝦夷支配の機軸は饗給となり、叙位と賜禄が支配の安定のために大きな役割を果たしたとする。(16)

九世紀における律令国家の対蝦夷仏教政策についても、この九世紀の征夷の終焉と関連づけて考える必要がある。そこで筆者は、貞観十八年（八七六）六月十九日付の太政官符（『類聚三代格』巻二）に見られる鎮守府の吉祥悔過に注目して、蝦夷征討終焉以後の律令国家の蝦夷支配と仏教政策との関連を探ってみたい。

第一節　鎮守府の吉祥悔過についての考察

一　貞観十八年六月十九日太政官符について

まず考察の対象となる太政官符を掲げる。異体字は改めた。（なお、以下この官符を「貞観十八年官符」と呼ぶ。）

貞観十八年（八七六）**六月十九日太政官符**（『類聚三代格』巻二）

太政官符

応レ令下鎮守府講二最勝王経一幷修中吉祥悔過上事

一　講二読最勝王経一僧廿二口

右僧布施供養准二国例一宛行。

一　修二吉祥天悔過一僧七口
右僧法服布施供養。同准二国例一宛行。
以前得二陸奥国解一偁。鎮守府牒偁。検二案内一、府去貞観十四年三月卅日申レ官解云。件法会諸国依レ格。各於二国庁一講修。而此府未レ有二其例一。夫辺城為レ體。依レ養二夷俘一。常事二殺生一。加以正月五月二節。為レ用二俘饗一。狩猟之類。不レ可二勝計一。殺生之基。啻在二此府一。因レ斯雖レ未二裁下一。承前鎮将引二唱僚下一。於二鎮守府庁一。修来年久。然而依レ無二料物一。毎事闕乏。望請。　官裁。准二諸国例一。将下修二件法一、為中滅罪之業上者。而于レ今未レ蒙二報裁一。重被二言上一者。国司覆審。所レ陳最実。望請。早被二裁許一脱二殺生報一。謹請二　官裁一者。右大臣宣。奉　レ勅。依レ請。宜下請二精行僧一。正月七箇日間。准二国府例一。依レ件講修上。其料同用二正税一。
　　貞観十八年六月十九日

この史料がどのように取り上げられているかを次に紹介したい。

まず、この史料に見られる「俘饗」に着目し、その意義づけをしているのが今泉隆雄氏と水沢市埋蔵文化財調査センターである。

今泉隆雄氏は「蝦夷の朝貢と饗給」において、蝦夷を律令国家の支配下につなぎ止めておくための二つの方策としての朝貢と饗給の重要性を指摘する。この朝貢と饗給は初めは中央で行われていたが、宝亀五年（七七四）以降または弘仁年間（八一〇～一二四）以降は地方官衙で行われるようになる。その地方官衙で行われた饗給の具体例の一つがこの史料である。この史料には、鎮守府で正月・五月の二節に「俘饗」すなわち夷俘への賜饗を行っていることが見えるが、今泉氏はそこに注目し、次のように指摘する。

鎮守府での二節会には、鎮守府官人、この地域の郡司、そして俘囚が参列したのであろう。参列する俘囚は首長層や有位者に限定されたものであろう。元日節宴にはいうまでもなく朝拝が伴い、俘囚はそれにも参列したであろう。前記の如く、俘囚の鎮守府の元日朝拝・饗宴への参列は、停止された上京朝賀・節宴への参列の代替の意味をもつのである(17)。

蝦夷の朝貢と饗給についての氏の学説は、律令国家の蝦夷支配の方策を明らかにしたものである。またこの史料に見られる最勝王経講読や吉祥悔過の意義を考える上でも、基礎にしなければならない学説である。

水沢市埋蔵文化財調査センターに展示の、「胆沢城の蝦夷管理」という説明板の全文を引用したい。

貞観一八年（八七六）の太政官符に、興味深い胆沢城の記録が残されている。その内容は、（1）夷俘を養っているため、鎮守府は殺生が常である。（2）正月と五月の「俘饗」のために狩や漁をしなければならない。（3）鎮守府の仕事そのものに殺生の原因がある。そしてこれらを滅罪するために鎮守府庁で「吉祥悔過の法会」を行ってきたというものである。ここにいう「俘饗」は、正月と五月に行われる蝦夷対策の儀式であった。二階建ての外郭南門や、政庁の正面に配置された第三の門（政庁前門）は、蝦夷管理の最前線にある鎮守府胆沢城に国家権力の威厳を示す目的で作られたもので、他の東北古代城柵には見られない。俘饗に参列した蝦夷が、威圧的な外郭南門をくぐり、武装した儀仗兵が居並ぶ道路を、政庁前門へ進む。その演出効果の一方で、豪華な肉料理などを用意した盛大な宴会が用意された。厨の井戸からは、この俘饗のために料理されたものか、イノシシや鹿の骨が見つかっている。そして、承和七年（八四〇）の俘夷物部斯波連宇賀奴や、翌年の江刺郡擬大領上毛野朧澤公毛人に対する外従五位下を授けた記録のように、族長クラスを国家側に取り込むための郡司任命や、位を授けることも行われただろう[18]。

水沢市埋蔵文化財調査センターの展示は、今泉氏の学説に基づきながらも、胆沢城の発掘の成果に基づいて、俘饗の様子を具体的に再現しているところに特色がある。

この史料の使い方としての第二の種類は、陸奥国に対する鎮守府の相対的独立を示す史料としての使い方である。たとえば、水沢市埋蔵文化財調査センターに展示の「胆沢城の機能」という説明板では、発掘された漆紙文書の古文孝経から「釈奠の儀」を行ったことがわかることと、この貞観十八年官符から「吉祥天悔過の法会」が行われていたことがわかることを指摘し、「広大な陸奥国の北部地域を、国府（多賀城）にかわって支配する胆沢城の第二国府的な性格を裏付けている」としている[19]。

陸奥国に対する鎮守府の相対的独立についての現在の研究の到達点を示すのは、鈴木拓也氏の研究である。鈴木氏は「古代陸奥国の官制」のなかで、今泉氏の論を要約するとともに、九世紀代の鎮守府が国府から完全に自立して支配を行い得たわけではなく、かなりの部分を国府に依存していたとする。そして、鈴木氏はその論文のなかで、鎮守府が太政官に対して直接解を出している稀な例として、この官符を取り上げている[20]。氏の指摘はこの官符を分析するためにも重要な指摘であるが、今回はこの事実については論ずることができなかった。

この史料の第三の使い方ともいうべきものが、律令国家の蝦夷支配のための仏教政策を探る材料とするものである。本章の主題もここにある。

高橋富雄氏は『みちのく古寺巡礼』において、この史料に含まれる鎮守府の解から、エゾを扶養するための狩猟による鳥獣魚介類の殺生が冤霊（無実の死を恨む死霊）となり、エゾの国の災いを引き起こしているという考え方のみられることを指摘し、この史料にあらわれる思想を「エゾの国冤霊鎮魂のいのり」と表現する。そしてこの思想は藤原清衡の「中尊寺建立の心にまで、まっすぐ続いていくのである」とし、いわゆる『中尊寺供養願文』を引用している。(21)

高橋氏の指摘は国家の仏教政策を直接論じたものではないが、仏教政策に関わることなのでここで取り上げた。氏の指摘は小稿の結論と一致する方向のものであり、たいへん興味深いものであるが、今回は検討できなかった。

大矢邦宣氏は「岩手県の仏像」において、この史料に基づいて「北奥政策は当然ながら仏教を伴ったものであったことが証明される」とする。(22)

平川南氏は「律令支配の諸相」において、多賀城やその他の城柵に付属する寺院の存在を指摘するとともにこの史料を取り上げ、「辺境支配においてはただ軍事力を行使するのみでなく、国家鎮守を目的とした仏教政策も重要な役割を果たした」とする。また、この史料について考える際に不可欠と思われる次のような指摘をする。

打ち続く蝦夷との戦いに、敵味方多くの死傷者を出し、殺生のもととされた、多賀城や胆沢城、出羽国の秋田城などの城柵においては、数々の仏教儀式が執り行われ、悪霊退散を祈禱する陰陽師が活躍したことであろう。また、城柵は対蝦夷政策を遂行する辺境の役所だからこそ国家の威容を誇示し、仏教・儒教などによる教化を目的とする儀式を、諸国のどこの役所よりも忠実に励行したのではないだろうか。(23)

誉田慶信氏は「北から見た北上川流域」において、「非常におもしろいことが記録されている史料」の一つとしてこの史料を取り上げ、次のように述べている。

鎮守府が「吉祥天悔過」とかあるいは「最勝王経」という大事な中央王朝的な節会、その中に実は北方の蝦夷が参加しているということの意味は非常に大きいのではないかとおもいます。つまり鎮守府が、具体的に蝦夷をどういうふうに支配したかということの中で、もちろん軍事的な支配ということもあると思いますけれども、そういった一年間を通しての年中行事の中に、いわゆる狩猟民族の民族的な伝統を包み込みながら王朝的、京都的な仏教的行事をしているということの意味は、鎮守府の北方支配を語る場合に、忘れてはならないのではないかというふうにおもいます(24)。

この史料に見られる「吉祥天悔過」や「最勝王経講読」の重要性を指摘し、その性格づけをしていて、注目される。

以上、最近の古代東北史関係の論文における貞観十八年官符についてのあつかいを紹介した。この官符に見られる「俘饗」の研究においては目覚ましい成果が上がっている。

本章の主題である九世紀の律令国家の蝦夷支配のための仏教政策という観点に関連しては、高橋氏や大矢氏、平川氏、誉田氏の指摘があった。大矢氏による北奥政策に仏教が伴っていたという指摘や、平川氏による辺境支配における仏教政策の重要性の指摘は動かすことができないものであろう。また誉田氏の、「狩猟民族の民族的な伝統を包み込みながら王朝的、京都的な仏教行事をしているということの意味」を重視する指摘も、意欲的なものであり興味深い。

しかしながら現時点においては、貞観十八年官符に見られる鎮守府の最勝王経講読や吉祥悔過が蝦夷支配に果たした役割について、正面から考えた論考はないようである。とくにこの官符に見られる両法会の講修の目的の文言は極めて特徴があるものだが、高橋氏の検討以降全く検討がなされていない。そこで筆者は、今まで紹介した諸氏の研究を否定するのではなく、諸氏の研究の到達点を出発点として、鎮守府の最勝王経講読や吉祥悔過が律令国家の蝦夷支配に果たした役割について論じたい。

二　鎮守府の吉祥悔過の参加者

以下の三つの項の目的は、鎮守府の吉祥悔過が熊谷公男氏の言われるような蝦夷系豪族の支配力を基礎とした支配体制の構築に役立つものであったことを、貞観十八年官符に基づいて論ずることである。貞観十八年官符では最勝王経の講読と吉祥悔過の両方を並列させてあつかっているが、本章では史料の多く残る吉祥悔過を中心に考え、最勝王経の講読については必要に応じてふれたい。

まず、吉祥悔過に参加したと思われる官人や蝦夷系豪族について述べたい。

この官符自体には、吉祥悔過に「夷俘」が参加したとは書かれていない。この官符のなかでは、参加者は「鎮将」と「僚下」である。「夷俘」は養われている存在としてしか登場しない。

しかし、この官符についてふれているこれまでの多くの論考も、この史料から蝦夷に対する仏教政策の存在を認めている以上、この法会に蝦夷系の人々が参加したことは認めていると考えられる。

この吉祥悔過には、蝦夷系の豪族も参加していたと考えるのが妥当である。その理由は二つある。その一つは、この官符のなかに見える「正月五月二節会」が国家の俘囚支配の上で重要な意味をもつ節宴であり、鎮守府官人、この地域の郡司、そして俘囚（首長層と有位者）が参列したと考えられていることである。[25] したがって、この節会と密接な内的関わりをもつ吉祥悔過にも、蝦夷系豪族が参列した可能性が高い。

もう一つの理由は、熊谷公男氏が注目するように、鎮守府の官人や下部機構に属する人物、もしくは郡司的な働きをする人物のなかに、蝦夷系の人物がすでに含まれていたと考えられることである。[26]

すなわち、『日本三代実録』元慶五年（八八一）五月三日庚戌条の、「授陸奥蝦夷訳語外従八位下物部斯波連永野外従五位下」という記事は、鎮守府直属の官人である蝦夷の訳語の存在を示す。[27] そして、その訳語は斯波連という姓から、蝦夷系の人物であったこともわかる。「訳語人」は『続日本紀』養老六年（七二二）四月丙戌（十六日）条に、「征討陸奥蝦夷、大隅・薩摩隼人等将軍已下及有功蝦夷、并訳語人、授勲位各有差」と見え、古くから蝦夷出身者であった可能性がある。『延喜式』「大蔵省式」によると、「訳語人」は俘囚の任ぜられる役職であったようである。

また胆沢城の井戸跡から出土した「勘書生吉弥侯豊本」と記した九世紀末葉の木簡により、鎮守府の下部機構の書記官に俘囚出身者が任命されていることがわかる。[28] また、胆沢城の同じ井戸跡から出土した同時期の木簡には「和我連□□進白五斗」と書かれたものがあり、[29] 九世紀末に鎮守府が蝦夷系豪族を介して、和賀郡から白米を貢進させていたことを示す。これらの人々は鎮守府の蝦夷支配に必要不可欠な重要な位置を占めていた人々であり、これらの人々が吉祥悔過に参加していた可能性が高い。

この法会は貞観十八年官符によれば、「鎮将引二唱僚下一」して行っていた。このことは同じく吉祥悔過について諸国に命じた昌泰元年十二月九日太政官符（『類聚三代格』巻二）「応勤修吉祥悔過事」に、「令長官専当其事率僚下講読師」とあるのも照応している。鎮守府の場合、この「僚下」に熊谷氏がまとめたような蝦夷系の人物が含まれていた可能性が高いと考えられる。

次に鎮守府の最勝王経講読と吉祥悔過に参加した僧について考えたい。貞観十八年官符によれば次のようになっている。

一　講二読最勝王経一僧廿二口

右僧布施供養准二国例一宛行。

一　修二吉祥天悔過一僧七口

右僧法服布施供養。同准二国例一宛行。

最勝王経講読と吉祥悔過の僧については、『弘仁式』と『延喜式』には次のようにある。貞観十八年官符は貞観式の施行されていた時代であるが、『弘仁式』と『延喜式』を使って考えたい。

『弘仁式』「主税」

凡諸国国分二寺各起二正月八日一迄二十四日一転二読最勝王経一。其布施三宝絁卅斤。僧尼各絁一匹。綿一屯。布二端。完座沙弥沙弥尼各布二端。但供養用二寺物一。

凡諸国自二正月八日一至二十四日一。請二部内諸寺僧於国分金光明寺一。行二吉祥悔過法一。惣二計七僧布施絁七匹。綿七屯。調布十四端。法服絁廿匹。綿十四屯一。混合准レ価平等布施。並用二正税一。但供養者。各用二本寺一。若無二国分寺一及部内無レ物者。亦用二正税一。

『延喜式』「玄蕃寮」（虎尾俊哉編『延喜式』〈集英社〉によるが、旧字は新字に改めた）

凡諸国国分二寺、依二僧尼見数一、毎年起二正月八日一。迄二十四日一、転二読金光明最勝王経一、其施物用二当処正税一、数見二主税式一、

凡諸国、起二正月八日一迄二十四日一、請二部内諸寺僧於国庁一、修二吉祥悔過一、国分寺僧専読二最勝王経一、不レ預二此法一、惣二計七僧法服并布施料物一、混合准レ価、平等布施、並用二正税一、其供養亦用二正税一、並見二主税式一、但大宰観音寺於二本寺一修之、其布施法服、准二諸国数一用二府庫物一、

『延喜式』「主税寮上」（虎尾俊哉編『延喜式』〈集英社〉による）

凡諸国国分二寺、各起二正月八日一迄二十四日一、転二読最勝王経一、其布施三宝絲卅斤、僧尼各絁一疋、綿一屯、布二端、定座沙弥、沙弥尼各布二端、但供養用二寺物一、

凡諸国、自二正月八日一至二十四日一、請二部内諸寺僧於国庁一、行二吉祥悔過法一、惣二計七僧布施、絁七疋、綿七屯、調布十四端、法服絁廿一疋、綿十四屯一、混合准レ価、平等布施、其布施供養並用二正税一、但大宰観世音寺法服布施、並用二府庫物一、数同二諸国例一、仏聖供養料稲五百卌七束五把二分、以二筑前国正税一充之、

貞観十八年官符には、最勝王経講読の僧には「布施供養」を与え、吉祥悔過の僧には「布施供養」の外に「法服」を与えるとあり、給与するものが異なっている。この根拠は『弘仁式』の条文にある。すなわち『弘仁式』においては、最勝王経講読は国分二寺僧尼が行い、吉祥悔過は部内諸寺僧を請いて行うとされる。両法会の布施の差は、国分寺僧尼がもともと国家から給付を受けているのに対し、部内諸寺僧が受けていないことによると考えられ

るが、両法会の重要性の違いも関係しているかもしれない。法服については、最勝王経の講読を行う国分二寺僧尼は法服があらかじめ整っているのに対して、吉祥悔過を行う部内諸寺僧は法服が整っていないため支給されると考えられる。いずれにせよ、貞観十八年官符に見られる二法会の給与の差の存在は、この二法会が諸国と同じく式に基づいて行われた証拠となる。

このことを前提として、この二法会に参加した僧について考えてみたい。吉祥悔過については『弘仁式』と『延喜式』には、「部内諸寺僧」を請いて行うとある。(30)これを鎮守府に当てはめると、どうなるであろうか。九世紀の鎮守府の管轄区域は、磐井・胆沢・江刺・和賀・稗縫《ひえぬい》・志波郡といった磐井郡以北の地域であったとされている。(31)「部内諸寺僧」という場合の「部内」が、直ちにこの地域に当てはまるとは考えにくい。しかし「部内諸寺僧」を請いて行うという式の趣旨から考えると、実質的には鎮守府に近い諸郡の寺院の僧が、吉祥悔過に参加したと考えられる。そしてこの地域の僧は、蝦夷系豪族の出身者が多かったと考えられる。

次に、『弘仁式』と『延喜式』に国分二寺僧尼が行うとある最勝王経講読について考えたい。鎮守府における最勝王経講読に、陸奥国分寺僧が参加していたということは考えにくい。なぜなら陸奥国分寺においても同時に最勝王経講読が行われ、陸奥国分寺僧はそれに参加していたと考えられるからである。国分寺僧の定員は原則として二十名であり、(32)陸奥国分寺においてもそうだったと考えられるから、同じ日程で二十二名の僧を鎮守府に派遣したとは考えにくい。(33)

このように考えると、鎮守府においては最勝王経の講読についても周辺の寺院の僧が行ったという結論に達する。鎮守府の最勝王経講読と吉祥悔過が官符による許可を得る以前から、鎮守将軍とその僚下によって私的に行われていたものであったことも、この結論を補強するものである。岩手県北上市の国見山廃寺は、創建が九世紀中葉にさかのぼると考えられているが、(34)国見山廃寺の僧が参加したことも考えられる。

以上、鎮守府における最勝王経講読と吉祥悔過に参加した僧について考察したが、両法会とも鎮守府周辺の寺院の僧であり、蝦夷系豪族の出身者も多く含まれていたと考えられる。

この二法会に参加した僧に蝦夷系豪族出身者が多く含まれていたという観点から見ると、貞観十八年官符に見られる二法会の公認による料物の保証は、次の二つの意味をもつ。

一つは、蝦夷系豪族出身の僧侶に国家が法会を通じて給付を与えることで、蝦夷系豪族を懐柔するという意味がある。九世紀の律令国家の蝦夷支配には夷禄の支給が重要な役割を果したとされるが、二法会における布施供養等の給付は、夷禄と同様の役割を果したと考えられる。

もう一つは、蝦夷系豪族出身の僧侶による仏教法会を盛んにすることを通じて、蝦夷系の人々に仏教を普及させるという意味である。その仏教の普及の目的については次項で論じたい。

三　鎮守府の吉祥悔過の目的の特殊性

吉祥悔過とは、辻善之助氏によれば次のようなものである。

吉祥悔過は、吉祥天を請して、犯した罪悪を懺悔し、攘災招福を祈願する所の行法であつて、其依る所は、金光明最勝王経にある。即ち同経第十六大吉祥天女品及び第十七大吉祥天女増長財物品に見える所によれば、大吉祥天女は、凡そ最勝王経を説く法師を恭敬供養し、其をして衣食臥具医薬一切の資具に欠乏を感ぜざらしめ、又若し財物に欠乏を感じて之を欲求する者あらば、仏名を称し、神呪を誦する時は、忽ち其所求を満足せしむ

というのである。(35)

奈良時代には、観音悔過、阿弥陀悔過、薬師悔過、吉祥悔過などがあり、またこれらの悔過を修する悔過所も南都の諸寺に数多く存在していた。(36)山岸常人氏は、奈良時代から平安時代の悔過について詳細に考察している。(37)

井上光貞氏は阿弥陀悔過について論じるなかで、奈良時代に行われた阿弥陀悔過、十一面観音悔過、吉祥悔過が「すべて招福除災的な雑密的儀礼であった」ことを指摘する。また阿弥陀悔過については『日本書紀』神代書の一書の、「花時亦以花祭、又用鼓吹幡旗、舞而祭」という土俗の死者に対する追善儀礼や、「神祇令」に記してある季春鎮花祭条の義解の、「大神狭井二神祭也、在春花飛散之時、疫神分散而行癘、為其鎮遏必有二此祭一」とあるのを思い起こさせるとしている。(38)

速水侑氏は、「律令社会の悔過の特色が、国家的性格の強さにあること」を指摘する。そして井上氏の論を発展させて、天武朝における国家的悔過の成立を「祓禊の仏教的変装」とし、それが奈良朝末期に仏教の分化・発達により、多種の国家的悔過を生んだとする。(39)

一方、金岡秀友氏は金光明経の日本における受容について論ずるなかで、「聖武天皇が、治国の要諦として本経に依拠し、特に懺悔滅罪の思想を以て、政治に当る常にあるものの心得とした」とする。(40)

中野玄三氏は、「仏教は日本人に罪の観念を深めさせ、その罪を免れるためには、懺悔することがなによりの功徳になることを教えてくれた」として、奈良時代から平安時代の悔過を分析することを通じて、日本人の六道輪廻についての反省と悔過の深化の過程を論じている。そのなかで氏は、九世紀に諸国の国分寺を中心に修せられた薬師悔過について検討し、当代薬師悔過が御霊の祟りの予防と排除のために修せられていたとした。また、「薬師悔過を修する期間、かならず殺生禁断の令が下された」ことから、六道輪廻についての反省懺悔がこの修法の精神であったことを指摘している(41)。この中野氏の指摘は、九世紀における悔過と殺生の観念的むすびつきを具体的に示すものとして非常に重要である。また氏は、現在、日本全国に分布している薬師像が国分寺における薬師悔過を背景として生まれたものとし、その薬師像の一つとして、岩手県奥州市黒石寺の貞観四年（八六二）の胎内銘を持つ薬師如来像をあげる。この指摘は、九世紀に岩手県地方に仏教を浸透させた主体が国分寺僧であり、またその仏教の信仰内容の中心に悔過が位置していたことを示す重要な指摘である。

さて、吉祥悔過は『続日本紀』天平勝宝元年（七四九）一月一日条には「天下諸寺」で行われた例が見え(42)、『続日本紀』天平宝字三年（七五九）六月二十二日条には、毎年正月に「天下諸寺」で行われていることが見える(43)。そして『続日本紀』神護景雲元年（七六七）一月八日条により、「国分光明寺」で行われるようになったことが知られる。また『続日本紀』神護景雲元年八月十六日条には、最勝王経講読が吉祥悔過と同時になされていたことが見える。

このような諸国の国分寺・国庁における吉祥悔過の歴史については、鬼頭清明氏の「国府・国庁と仏教」に詳しく論じられている。氏は国府所在地が日本古代の地方都市として、非農村的領域として成立していたかという問題から出発し、国府・国庁が仏教とどのような関わりをもっていたのかを考えるために吉祥悔過を取り上げている(44)。鬼頭氏の論文は諸国の国分寺と国庁における吉祥悔過について知るための基本となる論文と考えられ、筆者も氏が論じたことは妥当であると考える。

ここでは、鬼頭氏が論じなかったが鎮守府の吉祥悔過について考えるために必要な、二つのことを指摘しておきたい。

第一点は、諸国の吉祥悔過は十一世紀に入っても行われていたと考えられることである。十一世紀中頃までに成立したとされる『小野宮年中行事』（『群書類従』巻第八四）に、「同日（正月八日）諸国吉祥悔過事」と見えることからそれが推測される。鎮守府についても同様だったと推測される。

第二点は、九世紀における吉祥悔過の目的の一つが、外敵に対する防御であったということである。『延喜式』「玄蕃寮」および「主税寮上」には、大宰府観世音寺の吉祥悔過が見え注目される。観世音寺で吉祥悔過が始められたのは『弘仁式』の完成後、『延喜式』の完成前、おおよそ九世紀中葉から十世紀初頭ということになり、鎮守府の吉祥悔過が官符によって認められた時期に重なる。観世音寺の吉祥悔過は寺の位置からみて、新羅の侵寇に対する防御を目的としたと考えられる。この例との類比から、同じ時期に同じ国家の辺境で実施されることになった鎮守府の吉祥悔過は、蝦夷の反乱の防止を目的としたと考えられる。したがって、鎮守府の吉祥悔過は、筆者が小稿で主として論じているような蝦夷支配のための具体的な仏教政策であると同時に、国家の辺境を外敵から防御するという、抽象的な仏教政策でもあるという二つの側面をもつ法会であった。

延喜五年（九〇五）、「観世音寺資財帳」には吉祥悔過に関連する吉祥天や毘沙門天といった仏像は見えないが、だからといって、観世音寺の吉祥悔過の開始を延喜五年以降と断定すべきではない。貞観八年（八六六）には肥前国の郡司が新羅人とむすんで対馬を襲撃しようとした計画が発覚している。また、貞観十一年（八六九）には新羅の海賊が豊前の絹綿を略奪しているし、貞観十二年（八七〇）には卜部乙屎麻呂《おとくそまろ》が新羅の対馬襲撃計画を報じ、それに対して政府は防御を命じている(45)。この時期には、新羅の侵寇を恐れ神社に奉幣したり、修法により調伏しようとした記事は少なくない。観世音寺の吉祥悔過はこのような緊迫した情勢を背景にして、鎮守府の吉祥悔過が官符によって認められたのとほぼ同時期に開始されたと考えるのが最も自然である。

現在、観世音寺には平安後期のものとされる吉祥天像と平安初期のものとされる毘沙門天像が残っているが、この二軀は延喜五年の「観世音寺資財帳」以後に造立され、吉祥悔過で使用されたものである可能性が高い。

吉祥悔過が新羅に対する防御の意味をもっていたことを推測させるもう一つの史料は、次のものである。


『日本三代実録』元慶元年（八七七）八月二十二日庚寅条

出雲国言。神護景雲二年正月廿四日奉二官符一。画二吉祥天像一鋪一。安二置国分寺一。毎年正月。薫二修其法一。年序稍久。丹青銷落。貞観十三年、講師伝灯満位僧薬海改二造木造一。高五尺。是日。充二其料三宝布施穀三百斛一。


この史料のおもな内容は、吉祥天の画像が古くなったので木造に更新したというだけのことであるが、この更新の理由は、単に古くなったからというだけにとどまるものではないと考えられる。吉祥悔過の本尊の画像の更新の記事が見えるのは、六国史ではこの記事だけである。

貞観十三年（八七一）から元慶元年にかけての時期、出雲国の吉祥悔過が重視される事情があったと考えられる。その事情とは、律令国家の新羅に対する恐怖と警戒感である。『日本三代実録』貞観九年（八六七）五月二十六日条には、伯耆・出雲・石見・隠岐・長門の五国は新羅との境に近いので、四天王像を下し、その像の前で最勝王経四天王護国品を読むことを命じている記事がある。また、『日本三代実録』元慶二年（八七八）六月二十三日条には、蓍亀《しき》が「可レ有二辺警一」と告げたため、因幡・伯耆・出雲・隠岐・長門の諸国に命じ、警固をかため、四天王像の前で調伏法を行わせるなどしたことが見える。

元慶元年八月二十二日条の吉祥天像造立の記事も、このような動きの一環として理解すべきである。

鎮守府の吉祥悔過のもつ蝦夷の反乱の防止という側面についてふれたが、もう一つの側面、すなわち在地の事情に密着した政策という側面について考えたい。

諸国の吉祥悔過の実施についての史料から、吉祥悔過の目的に関連する部分を抜き出すと次のようになる。

○『続日本紀』神護景雲元年（七六七）一月八日条

天下太平。風雨順レ時。五穀成熟。兆民快楽。十方有情。同霑二此福一。

○『続日本紀』宝亀三年（七七二）十一月十日条

頃者風雨不レ調。頻年飢荒。欲レ救二此災一。唯憑二冥助一。

○『続日本後紀』承和六年（八三九）九月二十一日条

為下消二除不祥一保中安国家上也、

○『類聚三代格』二　昌泰元年（八九八）十二月九日官符

為下祈二年穀一攘中災難上也、（中略）而頃年水旱疫癘之災、諸国往々言上、（中略）広為二蒼生一祈二求影福一

○『意見十二箇条』（三善清行）応消水旱求豊穣事

遍為二百姓一、祈二禱豊年一、消二伏疾疫一、由レ是人天慶頼、兆民歓娯、

いずれの史料においても、吉祥悔過の結果もたらされる現世利益の内容を、吉祥悔過の目的として掲げている。ところが、貞観十八年官符に見える鎮守府の吉祥悔過だけは、目的についての表現が他の史料と異質である。他の史料においては悔過による滅罪の結果である現世利益が目的であるのに対して、貞観十八年官符においては悔過

による滅罪そのものが目的とされている。目的についての表現が異なっているからには、実際の目的も少なくとも一部は異なっている可能性があると考えられる。そこでもう一度、貞観十八年官符から貞観十四年三月三十日鎮守府解の部分を引用して、考察を加えたい。

件法会諸国依レ格。各於二国庁一講修。而此府未レ有二其例一。夫辺城為レ體。依レ養二夷俘一。常事二殺生一。加以正月五月二節。為レ用二俘饗一。狩猟之類。不レ可二勝計一。殺生之基。啻在二此府一。因レ斯雖レ未二裁下一。承前鎮将引二唱僚下一。於二鎮守府庁一。修来年久。然而依レ無二料物一。毎事闕乏。望請。官裁。准二諸国例一。将下修二件法一、為中滅罪之業上者。

この表現をふまえながら、鎮守府における吉祥悔過の目的ないしは機能を考えてみたい。先に指摘した蝦夷の反乱の防止という目的以外の側面について考えたい。

この史料の表現には現れていないが、まず考えられる鎮守府の吉祥悔過の目的は、諸国の吉祥悔過と同様、飢饉や疫病の防止である。鎮守府の吉祥悔過は諸国の例に基づいて実施されたものであり、諸国の吉祥悔過の目的を考えると、鎮守府の吉祥悔過においても、その主要な目的の一つが飢饉や疫病の防止であったことは否定できない。

次に考えられることは、鎮守府を諸国の国庁と同格に近い組織、いわば水沢市埋蔵文化財調査センターの展示にいう「第二国府的」な組織にしたいという動きである。冒頭の「件法会諸国依レ格。各於二国庁一講修。而此府未レ有二其例一。」に、それが表現されているとも考えられる。

次に考えられるのは、吉祥悔過という盛大もしくは神秘的な儀式に夷俘を参列させることによって、律令国家の威勢を示そうという意図である。水沢市埋蔵文化財調査センターの展示では、「俘饗」の際に律令国家の威勢が示されている様子が説明されているが、「俘饗」と同様の演出効果を吉祥悔過も果たしたことは推測できる。

次に考えられることは、吉祥悔過や最勝王経講読を行う僧たちの供物に対する要求である。この史料にも「然而依レ無二料物一毎事闕乏」と見える。先にあげた『意見十二箇条』には、吉祥悔過を行う僧が官からの供物を不正に得ようとしていることが見えるが、僧侶にとって供物は重要な収入であった。

すでに持統朝から蝦夷出身の沙門の存在が見えるが、九世紀にも俘囚が得度されて仏門に入る例が多かった。樋口氏は、天長三年（八二六）の俘囚二人の得度（『類聚国史』）、天長七年（八三〇）の出羽俘囚道公千前麻呂の得度（『類聚国史』）、貞観元年（八五九）の出羽国秋田郡の道公宇夜古・同宇奈岐の二名の詔による得度（『日本三代実録』）の諸例をあげている(46)。また後代の例ではあるが、前九年の役の頃の安倍氏は一族に二人の僧を擁し、高橋富雄氏によって「非常に仏教に深いかかわりのある一族」と言われている(47)。鎮守府の両法会に参加した僧は、前項で検討したように、鎮守府の近辺の寺院の僧が多く、したがって、蝦夷系豪族出身の者が中心だったと考えられる。九世紀の陸奥・出羽両国においては、蝦夷を服属させ国家の支配に取り込むために、城柵において饗宴を行い禄を支給すること、すなわち饗給が広く行われ、それが蝦夷支配の最も基本的な方策であった(48)。そして蝦夷の禄と食糧は、陸奥・出羽両国の調庸物の主要な用途であった(49)。吉祥悔過を行う蝦夷出身の僧たちに供物を与えることは、饗給などと同様の蝦夷に対する利益誘導の意味をもったと考えられる。また、吉祥悔過を行う僧侶に十分な供物を与えることは、蝦夷系豪族から僧を出させることを奨励する意味もあったと考えられる。

以上の四点について述べてきたが、この四点だけでは、鎮守府解の文面に現れている吉祥悔過の最大の目的たる「滅罪」の意味が解明できない。

そこで文面に現れる悔過の主要な目的である「滅罪」、しかも「殺生」に対する滅罪について考えてみたい。

一つの側面として、この「滅罪」は中央から赴任した官人たちの精神的欲求であったと考えられる。蝦夷を治めたり、あるいは俘饗のために、大量の殺生の罪を重ねることは、仏教を信ずる中央貴族系の官人たちにとっては不快なことであり、また管轄する地域に災害が起こる原因となると考えられたはずである。承平二年（九三二）八月二十二日には右大臣藤原定方の夫人の申し出により定方のために悔過を行ったが、それは定方が生前、狩りによる殺生の報いをおそれ、「悔過」を望んでいたからであった[50]。また平川南氏は胆沢城などの城柵について、「打ち続く蝦夷との戦いに、敵味方多くの死傷者を出し、殺生のもととされた」と指摘していることは先に引用した。人を殺すことを嫌う傾向を顕著にしてきた平安初期中央貴族系の官人たちにとっては、多くの人々が殺された形跡が生々しく残り、引き続く騒乱のために多くの死傷者を出している鎮守府近辺は気味の悪い場所であり、滅罪を必要とする場所であったと考えられる。

もう一つの側面として、蝦夷系の人々（以下、本節では「蝦夷」と略す）にとって、この「滅罪」がどういう意味をもったか考えてみたい。

蝦夷の主な生業は稲作であったが、狩猟・漁労・採集にも従事するところに特色があったことは、考古学的にも文献上でも明らかである[51]。この史料にも「為㆑用㆓俘饗㆒。狩猟之類。不㆑可㆓勝計㆒」とあり、蝦夷が饗宴で食べる食物は「狩猟之類」によって得られるものであったことが記されている。「狩猟之類」をふくむ蝦夷のための食糧獲得手段は、この史料では「殺生」ととらえられている。律令国家は当時の蝦夷の生業の一部が、仏教で言う「殺生」にあたると考えていた。律令国家の考えによれば蝦夷は常に殺生を行っていたし、とくに豪華な饗宴の際には大いに殺生の罪を犯さなければならない存在であった。それにもかかわらず仏教を取り入れることは蝦夷にとって必然であったが、その際には日常的に集団的に犯している反仏教的行為である殺生に対する対策が必要となる。その対策の主要な一つが吉祥悔過の法会であった。諸国における吉祥悔過の主要な目的は飢饉と疫病の防止であるが、悔過という仏事の本来の内容は、罪を懺悔することである(52)。鎮守府においてはその吉祥悔過のもつ本来的な側面が強調され、用いられたのであった。もし殺生に対する滅罪をしないならば、罪業が積み重なって飢饉や疫病が広まると考えられたはずである。吉祥悔過は殺生を生業とする蝦夷が、仏教の恩恵にあずかるために必要な前提とも言うべき法会であった。この悔過は、蝦夷にとっても災害を防ぎ豊作をもたらすという喜ぶべき意味をもっていた。しかし、同時に、蝦夷の生業の重要な一部である狩猟・漁労等の行為を「殺生」であり「罪」であると認め、自分たちが律令国家の普通の住民に比べて罪の重い存在であることを認める、蝦夷にとってある意味での自己否定を強制される儀礼であった。

本来、蝦夷は狩猟・漁労といった行為を蝦夷在来の宗教体系のなかに位置づけていたと考えられる。しかし、律令国家の奉ずる仏教は、狩猟・漁労に対して全く異なった価値観を蝦夷にもたらす使命を担っていたと考えられる。仏教の導入は蝦夷の宗教体系に大きな変更を加える困難な政策であり、それだけ組織的に行う必要があった。その政策が吉祥悔過であった。

貞観十八年官符からは以上のことを結論づけられると考えるが、ここで考えておかなければならないのは、この悔過の行われていた当時、仏教が蝦夷にどの程度浸透していたかということである。その浸透の程度によって、吉祥悔過のもつ意味合いは変わってくる。もしこの吉祥悔過以前に、蝦夷にある程度仏教が浸透していれば、吉祥悔過は蝦夷の自分たちを滅罪したいという要求によって始まったという側面が強くなると考えられる。一方、吉祥悔過以前に仏教が浸透していなければ、吉祥悔過は律令国家による蝦夷の仏教化という意味を持つと考えられる。

この悔過が始まった年代は、はっきりしていない。貞観十八年官符に引用される貞観十四年（八七二）の鎮守府解のなかで、「修来年久」とあるだけである。そこで一応、九世紀という時期が東北仏教史のなかでどのような時期にあたるかを知りたい。この点については、樋口知志氏の古代東北仏教史の現在の研究水準を示す論文によって知ることができる。

「八世紀後半以降に新たに営まれる城柵には、仏教施設が伴わなくなるらしい。九世紀の胆沢城・志波城・徳丹城も同様である。このことは、これらの城柵の建てられた地域が、畿内の中央政権との政治的・文化的交流の歴史をあまりもっておらず、また農耕社会化の程度でも大崎平野あたりとは大きな違いがあったことに起因しているのかもしれない。そして、「蝦夷征討」がいちおう終息したのち、九世紀も中頃〜後半の段階になると、現岩手県・秋田県域にも寺院が建てられ、仏教文化が展開していくのを確認できる。その例として『文徳天皇実録』天安元年（八五七）六月三日条に定額寺として見える「陸奥国極楽寺」は、現岩手県北上市にある県指定遺跡の極楽寺跡がその遺跡とみられていること、岩手県水沢市（現奥州市）黒石寺には、貞観四年（八六二）の胎内銘を持つ薬師如来像が本尊として安置されていることなどがあげられる」（以上、筆者による要約）。

慎重な表現ながら、氏はこのように述べている(53)。氏の見解を大胆に解釈するならば、九世紀に新たに律令国家の支配下に組み入れられた胆沢城鎮守府の管轄区域においては、九世紀中葉から本格的に仏教が伝播するのであり、吉祥悔過が開始されたのはまさにその時期なのである。そこで鎮守府の吉祥悔過は、蝦夷系豪族に十分仏教が伝播したことを前提にしてその仏教信仰を利用して行われたものではなく、蝦夷系豪族に部分的にしか仏教が伝播していないことを前提として、蝦夷系豪族に仏教を受容させる目的で行われていたという推測が成り立つ。

ここで想起したいのは、貞観十八年官符において、吉祥悔過が「俘饗」と密接な関係をもってあつかわれていることである。律令国家は朝貢と饗給という蝦夷支配の根幹たる行事を行うのに付随して、饗給によって蝦夷を引きつけると同時に、饗給に伴う殺生の対策として滅罪のための悔過が必要であるということを理由として、饗給に必然的に伴うものとして吉祥悔過を位置づけて蝦夷を参加させ、蝦夷の仏教化をはかった。そしてその仏教化は成功し、吉祥悔過はついには今、筆者が論じたような意味、すなわち、殺生を滅罪することによって飢饉や疫病が起こらないことを祈るといった意味をもつものとして、蝦夷自身にも観念されるようになったと考えられる。そして、やがて蝦夷は自己の幸福のために、積極的にこの仏事に参加するようになったと考えられる。その証拠が、後節で述べる岩手県の毘沙門天像である。

ここで注目したいのは、「正月五月二節」は諸国の国府に準ずる形態で行われていたと思われるが、その普遍的な行事のなかで、「俘饗」という鎮守府独自の節宴、停止された上京朝賀・節宴の代替という特殊な意味をもつ節宴が行われていたということである(54)。そしてまたその「俘饗」は、蝦夷の習俗にも対応したものであった。一方、吉祥悔過も諸国と共通する仏事でありながら、鎮守府のものは対蝦夷政策としての特殊性を帯びている。正月・五月の二節会と吉祥悔過の両者は、ともに諸国と共通する普遍的行事でありながらも、鎮守府においては特殊性を帯びているのである。またこの貞観十八年官符のなかで、節会における「殺生」と吉祥悔過における「滅罪」が、因果関係で見事に対応していることに注目したい。

九世紀中葉において胆沢城周辺に仏教が広がっていった様子を如実に示すのが、岩手県奥州市黒石寺の薬師如来像銘である。この銘は文字の読解が困難であり、さまざまな読み方がなされている(55)。また人名等の配置にもさまざまな解釈が可能であり、この銘全体について考察するには写真や籠字をもとにする必要がある。しかし小稿ではこの銘の全体に考察を加えるのではなく、人名について若干の指摘をするだけなので、筆者が最も妥当と考える竹内理三氏の解読を掲げ、前章第三節と重複するところもあるが、必要に応じて他の解読も取り上げながら考察を加えたい。

岩手県奥州市黒石寺薬師如来像銘（『平安遺文』金石文編二一号）（訂正版八刷〈一九八七年〉による）

（胎内）（墨書）

愛子額田部藤山
栄最　常人加四人
貞観四年十二月　穂積部岑雄
宇治部百雄
法名最恵

蔦人女五物部近延十四

二人名物部朝□□
花豊此法名
愛子物部哀黒丸

この銘は造像の際に結縁した人々の名を記したものと考えられるが[56]、前記のとおり諸氏により字の読み取り方が異なり、またどういう基準によって人名が配列されているのかわからない。しかし、それでも、移民系の姓と、蝦夷系の姓の混在の可能性が指摘されている。

すなわち、額田部・穂積部・宇治部は移民系の姓であり、彼らが東国などからの移民またはその子孫であることを示す。

一方、この史料に登場する「物部」という姓は、蝦夷に与えられる姓として著名である。『続日本後紀』承和七年（八四〇）三月十二日条には「俘夷物部斯波連宇賀奴」が見え、『日本三代実録』元慶五年（八八一）五月三日条には、「陸奥蝦夷訳語外従八位下物部斯波連永野」に外従五位下が授けられているのが見える。

また、岩手県遠野市の高瀬Ⅰ遺跡からは九世紀中葉と思われる墨書土器が発見され、そのなかに「物部」や「地子稲」「不得」と書かれたものが見られる。とくに「物」と書かれた土器は多数出土している。(57)平川南氏はこれらの土器について論じるなかで、「物部といいますと物部斯波連、あるいは水沢市（現奥州市）の黒石寺の仏像胎内銘の物部の分布でもわかりますように、物部は当時国家の側に服属した人間がもらうものでした」(58)と述べている。

このような指摘に基づけば、黒石寺薬師如来像銘からは、移民系の人々と蝦夷系の人々が共同で知識を結成してこの像を造像した可能性が指摘できる。

久野健氏や佐藤昭夫氏は、この像の特色ある表情について説明する際に移民系の人々の立場のみに立って考えている。(59)しかし、移民系の人々と蝦夷系の人々が共同で造立したというこの像の造立のあり方を考えると、不十分なものと考えられる。筆者はこの像の表情について論じる立場にはないが、この像の表情を社会的な背景から説明するためには、蝦夷と移民がすでに共同で生活していたこと、それにもかかわらず蝦夷と移民が対立する場合もあり、また蝦夷同士も対立する場合があった、といった複雑な状況を前提としなければならないと考える。

黒石寺薬師如来像に関連してふれておきたいのは、久野健氏(60)や佐藤昭夫氏(61)が注目しておられる、『日本三代実録』貞観四年（八六二）六月十五日の「陸奥鎮守府正六位上石手堰神、並預官社」という記事である。薬師如来像が造られる数か月前のことであるので、関連があると考えられる。石手堰《いわてい》神社は現在の奥州市水沢区黒石町にあり、黒石寺から二・四キロメートルほど離れたところにある。

この神社は式内社である。大塚徳郎氏は東北地方の式内社を、地主神（もともと蝦夷が崇拝していた、その土地の神）と中央神（南のほうから移住してきた人々によってか、あるいは、中央政府側の政治的支配の必要上から勧請された神）に分類するが、石手堰神社は地主神に分類される。地主神の性格について大塚氏は次のように述べる。

これらの神も、その土地が、あるいは、それを奉ずる集団が、中央政府の政治的支配下にはいるにつれて、従来からその神を崇拝していた集団、すなわち、この場合の服属者はもちろんのこと、移住者にとっても崇拝される神となる。また、さらに進んでは、中央政府側、すなわち、ここでの支配者側にとっても崇拝する神ともなる。(62)

大塚氏の見解に基づけば、石手堰神社も服属者とともに移住者からも崇拝されたと考えられるが、このあり方は、服属者と移住者がともに協力して造立した薬師如来の信仰とよく似ている。

四　九世紀律令国家の対蝦夷仏教政策の特色

以上、吉祥悔過の法会を通じて律令国家が蝦夷の仏教化を推進したことを主張してきたが、その吉祥悔過に典型的に見られる、律令国家の蝦夷の仏教化の中心的意図は何だったのか考えてみたい。

今泉氏によれば、朝貢と饗給は化外民たる蝦夷を支配下につなぎ止めておく二つの方策であった(63)。そしてこれらの方策は、律令国家の蝦夷観念に基づいて採用されたものであった。律令国家の蝦夷観念について、氏は次のように述べている。

律令国家は、種族エミシは公民と異なる性情、すなわち「夷性・夷俘之性・夷狄之性」をもち、その本性は「狼子野心、狼心、野心」といわれるように不服従性であり、彼らを「異類」すなわち異「種族」ととらえていた。律令国家のこのようなエミシ異「種族」観は、中国の中華思想による文飾だけとはいえず、前にみたエミシの生業と文化に関する公民との相違が基礎となっており、国家のエミシ政策の根底をなしていた(64)。

この今泉氏の見解をもとに律令国家の仏教政策を考えるならば、最も注目されるのは、樋口氏も注目し、得度の理由を引用しておられる次の史料である(65)。

『日本三代実録』貞観元年（八五九）**三月二十六日条**

詔令㆓出羽国秋田郡俘囚道公宇夜古。道公宇奈岐度㆒之。先㆑是国司上言。件俘囚等。幼棄㆓野心㆒。深愧㆓異類㆒。帰㆓依仏理㆒。苦願㆓持戒㆒。仍特許㆑之。

ここで得度の理由として、「帰㆓依仏理㆒。苦願㆓持戒㆒」より前に、「幼棄㆓野心㆒。深愧㆓異類㆒」とあることに注目したい。蝦夷が仏教を受容するということは、「仏理に帰依し、苦に持戒を願ふ」以前に、「野心を棄て、深く異類たることを愧づ」という意味をもった。すなわち、律令国家に対する不服従性を意味する「野心」を棄て、「異類」[66]である根拠たる蝦夷としての生業と文化を愧じるという意味をもった。このことこそ、律令国家が対蝦夷政策において、仏教に期待した主要な役割にほかならない。鎮守府における吉祥悔過も、蝦夷が自分たちの生業の重要な一部を「殺生」として認め、その罪を懺悔するという意味をもっていたが、その点で吉祥悔過も、蝦夷の「幼棄二野心一。深愧二異類一」を最も主要な目的とした施策であったと考えられる。

ところで「野心」という言葉は、九世紀の仏教政策が語られる際にしばしば引用される次の史料にも登場する。

『日本三代実録』貞観十五年（八七三）**十二月七日条**

先レ是。陸奥国言。俘夷満レ境。動事二叛戻一。吏民恐懼。如レ見二虎狼一。望請准二武蔵国例一。奉レ造二五大菩薩像一。安二置国分寺一。粛二蛮夷之野心一。安二吏民怖意一。至レ是之レ許。

この史料によると、陸奥国分寺に五大菩薩像を安置することによって期待される直接的効果は「粛二蛮夷之野心一」、すなわち、蛮夷の野心を鎮めることである。関口明氏によれば、貞観年間以降の国分寺は兵乱鎮圧の機能を担っていた。また氏は、陸奥・武蔵に限らず五大菩薩像を造って蝦夷・俘囚、さらには群盗などを鎮めようとする国々があったと推測する。[67]この史料の内容は、兵乱鎮圧の機能をもった貞観年間の国分寺にふさわしく、蝦夷に対して敵対的・抑圧的である。一方、鎮守府で行われた吉祥悔過は、主として飢饉や疫病を防ぐための仏事であり、蝦夷に対して敵対的・抑圧的なものではない。したがって、この陸奥国分寺における五大菩薩安置と、鎮守府における吉祥悔過は、律令国家の対蝦夷政策としては対照的なものであり、いわば対極にあるものと言える。しかし、その対極にある二つの政策の双方に、「幼棄二野心一。深愧二異類一」と表現される根本的な考え方が流れているという事実は、当時、律令国家が対蝦夷政策において仏教に期待していたものが何であったかを、はっきりと物語っていると思われる。すなわち律令国家は、蝦夷から不服従性を取り除き、蝦夷の文化を恥ずべきものとして捨てさせるという役割を、仏教に期待したのであった。

第二節　吉祥悔過の本尊

本章の冒頭で述べたように、岩手県には平安時代の毘沙門天像が多い。

筆者は岩手県の毘沙門天像を考えるに際しては、鎮守府に最勝王経の講読と吉祥悔過を命じた貞観十八年官符をもとにすべきだと考える。この官符に見られる吉祥悔過の本尊の一つが、毘沙門天であったと考えるからである。この法会の実施により、当地に毘沙門天信仰が広まったと考えるのである。

岩手県に毘沙門天像が多いこと、鎮守府で吉祥悔過が行われていたこと、十一世紀以降、法隆寺の吉祥悔過の本尊には吉祥天のほかに毘沙門天が祀られていたこと、これらはすでに先学によって明らかにされている明白な事実である。しかし、この三者を結びつけた論考は、管見のところまだない。しかし、この三者を結びつけることによって、鎮守府の吉祥悔過が蝦夷系の住民に大きな影響を与えたことが明らかになると考える。

本節では、鎮守府で行われていた吉祥悔過の本尊に、吉祥天像とともに毘沙門天像が祀られていた可能性があることを述べたい。

諸国の吉祥悔過の本尊として、上記の二像が用いられていたという説はすでに存在する。鬼頭清明氏は、「吉祥天悔過とは（中略）通常、吉祥天と毘沙門天を本尊として行われる」「宮中御斎会と吉祥天悔過との一番大きなちがいは（中略）、吉祥天悔過は吉祥天と毘沙門天とであるのに対して、御斎会は、本尊は毘盧舎那仏で脇侍は観世音菩薩と虚空蔵菩薩である」とする。(68)松浦正昭氏は、「新訳『最勝王経』では福徳の女神吉祥天が登場し、毘沙門天居城の庭苑中に七宝の宮殿を構えて常住すると説かれる。『最勝王経』にもとづく吉祥悔過の本尊には、四天王護国品により、仏の左右に吉祥天と毘沙門天が造顕される」とする。(69)追塩千尋氏は「上野国交替実録帳」に見える毘沙門天像について、「本来四天王の一つである毘沙門天（多聞天）像が独立して安置されているのが第一に注目できる。伊賀国分寺にも毘沙門天像があったが、仏法の守護並びに福徳をもたらす仏として四天王とは独立した信仰が寄せられていたのであろう。毘沙門天は吉祥天と夫婦とも考えられている仏であるため、吉祥悔過が行われ、吉祥天信仰の嵩まりの中で、徐々に信仰されるようになり、国分寺では恐らく二体並べて安置されていたと考えられる」とする。(70)吉祥悔過と毘沙門天信仰の結びつきを指摘するものとして、非常に興味深い見解である。

追塩氏は明確にしていないが、松浦氏と鬼頭氏は、諸国で行われていた吉祥悔過の本尊として、吉祥天と毘沙門天がともに祀られていたと考えている。筆者もそう考える。しかし、諸国の吉祥悔過において、この二体がそろって祀られたということを直接的に示す史料は、管見のところまだない。そこで、以下、諸国の吉祥悔過において、吉祥天像と毘沙門天像がともに祀られていた可能性があるのかどうかということについて考えてみたい。

この時代の国分寺で行われていた吉祥悔過の本尊については、先にあげた史料があるので再掲する。

『日本三代実録』元慶元年（八七七）**八月二十二日庚寅条**

出雲国言。神護景雲二年正月廿四日奉㆓官符㆒。画㆓吉祥天像一鋪㆒。安㆓置国分寺㆒。毎年正月。薫㆓修其法㆒。年序稍久。丹青銷落。貞観十三年、講師伝灯満位僧薬海改㆓造木造㆒。高五尺。是日。充㆓其料三宝布施穀三百斛㆒。

これによると、出雲国分寺では神護景雲二年（七六八）以来、吉祥悔過の本尊は吉祥天であったことがわかる。文面からは毘沙門天像が使われていたとは読み取れない。亀田孜氏は、「この太政官符によって諸国国分寺の悔過本尊は吉祥天画像を一鋪に描いたことや、その画像法も指令したと想定できるのである」としている(71)。

しかし、後代の史料ではあるが、吉祥悔過に毘沙門天をともに祀った例が見られる。それが法隆寺金堂に承暦二年（一〇七八）に造立され現存する毘沙門天像と吉祥天像であり、造立当時の次のような史料がある。

『平安遺文』第三巻一一五四号　法隆寺政所注進状案（**法隆寺所蔵金堂日記**）

法隆寺政所

定注参箇条状

一開金堂可修御願事

（中略）

……抑寺家恒例吉祥御願、年来於㆓講堂㆒而修㆑之、而准㆓他寺例㆒、於㆓金堂㆒可㆑修㆑之、方今満寺諸徳各相議云、与対綵画之像、宜㆑顕㆓彫刻之尊㆒、仟言出口、大衆服膺、爰同㆑心合㆑力、抽㆑誠運㆑志、奉㆘造㆓立三尺五寸毘沙門天・大吉祥天等像各一軀㆒、即安㆗彼堂㆖、宜㆑勤㆓斯願㆒、又移㆓置乾推一口㆒、（中略）

承暦二年十月八日（後略）

法隆寺蔵「吉祥御願御行記録」中に引用する承暦二年（一〇七八）正月七日「法隆寺恒例吉祥并讃所用物支度注文」（『法隆寺史料集成　二』）

仍改レ自二今年一以二十口僧一朝夕二座転二読最勝王経一昼夜六時令レ修二吉祥悔過一

『平安遺文』第三巻一一五四号文書によって、承暦二年（一〇七八）には吉祥悔過の本尊として毘沙門天像と吉祥天像が用いられていたことが知られる。また管見の限りでは、吉祥悔過に両像が用いられた確実な例としてはこれが最初のものである。

それでは吉祥悔過に毘沙門天を併せて祀るこのような形式は、いつまでさかのぼる可能性があるのか考えたい(72)。前記の出雲国の例に見える元慶元年（八七七）よりあとであるという考え方も成り立つが、ここではあえてそれ以前の可能性を考えてみたい。そのために、吉祥悔過の本尊とは限定せずに、日本において吉祥天と毘沙門天が並べて祀られた例について考えてみたい(73)。

吉祥天と毘沙門天の関係については松浦氏の指摘にもあるとおり、『金光明経』に次のような部分がある。

『金光明最勝王経』（『大正新脩大蔵経』）

爾時大吉祥天女。複白レ仏言。世尊、北方薜室羅末拏天王（筆者註…四天王のうち、北方多聞天、毘沙門天のこと）城名二有財一。去レ城不レ遠有レ園名曰二妙華福光一。中有二勝殿一、七宝所成。世尊。我常住レ彼。（「大吉祥天女贈財

物品　第十七」）[74]

於㆓仏左辺㆒。作㆓吉祥天女像㆒。於㆓仏右辺㆒作㆓我多聞天像㆒。（「四天王護国品　第十二」）

また、天台智者大師（五三八～九七）の意志を祖述した章安灌頂大師（五六一～六三二）纂の『国清百録』巻第一や、宋の遵式（九六四～一〇三二）集の『金光明経懺法補助儀』には、修法に際しての簡略形式として釈迦・吉祥・多聞の三尊形式もあり得ると説かれている。[75]

亀田孜氏は、元興寺吉祥堂本尊の背後に存在していた障子絵について、「突立障子五枚の絵の主題に、正了知大将曼陀羅即ち毘沙門の眷属といわれる護法薬叉神形を集図したものと、毘沙門吉祥天を一鋪のうちに描き、その上方に釈迦三尊像が描かれていた絵様を記しているのである」と述べる。そして、その障子絵の年代は「天平勝宝年中を溯るまいと思われる」とする。[76]

前川明久氏は、「天平神護二年隅寺の毘沙門天像前における舎利出現の奇瑞と神護景雲元年正月諸国の国分寺における吉祥悔過必修の勅とは密接な関係をもち、女帝と道鏡との俗界的配偶関係を仏界における配偶関係に転化させ、天下に明示した一連のものではなかったかと考えるのである」とする。[77]

吉祥天像と毘沙門天像を並列させる確実な史料は、仁寿二年（八五二）尼証摂施入状である。

『平安遺文』第一巻一〇一号　尼証摂施入状　東南院文書三ノ四十一

尼証摂誠恐惶敬白

奉㆓納宇治花厳院㆒雑物事

吉祥天女御像一躰　　並居輦在㆓三面障子一面帷㆒坐堂

毘沙門御像一躰

（中略）

右少財願文二通造副、一通進㆓於大寺㆒、一通留㆓収本院㆒、仍表㆑志、証摂誠恐誠惶、敬白

仁寿二年二月七日　尼証摂謹状

（後略）

この史料は貞観十八年官符と時代が近いだけに注目される。この史料について猪川和子氏は、吉祥天像について系統的に論じた論文のなかで、「藤原時代に入ると、吉祥天・毘沙門天が並びつくられる例は遺品の数も少なくないが、平安前期にこの造像の事実を知り得ることは珍しい」と注目され、また「この文書には、吉祥天を先に記し、続いて毘沙門天を記すのも、何か吉祥天像が優位におかれている印象を与え、後世の毘沙門天に吉祥天、善膩子童子が附属するというあり方とは異なった、吉祥天悔過の法会、あるいは最勝講会における吉祥天像の位置を示すように思われる」とされ、当時の吉祥悔過の法会や最勝講会において、この二像が並び置かれた可能性を考えている。(78)

次に注目されるのは、永観二年（九八四）に成立した『三宝絵』である。

『三宝絵』「僧宝の二　御斎会」

『最勝王経』に の給はく、（中略）これによりて、おほやけ大極殿をかざり、七日夜をかぎりて、ひるは『最勝

王経』を講じ、夜は吉祥悔過をおこなはしめたまふ。吉祥天女は毘沙門の妻なり。「五穀倉にみち、諸のねがひ心にかなへむ」といふ誓ひあればなり。（中略）この会は諸国にもみな同じ日よりおこなふ。あめの御門の御女高野の姫と申す御門の御代、神護景雲二年（七六八）よりおこれるなり。(79)

御斎会(80)は、諸国の吉祥悔過と同時に宮中で行われる仏事であることは引用文中にも記されている。しかしその際に祀られる仏は、『延喜式』によると本尊は毘盧舎那仏で脇侍は観世音菩薩と虚空蔵菩薩である。この史料に「吉祥天女は毘沙門の妻なり」という観念が見え(81)、当時一般に広まっていた観念として注目される。文脈から、当時はすでに吉祥天より毘沙門天のほうが有力となっていたこと、吉祥天の存在価値は毘沙門天の妻であることが第一となっていたことが推測できないだろうか。

次にあらわれる例が三講の一つの最勝講である。堀池春峰氏によれば、最勝講は、国家の安泰、天皇の長寿を祈願する法会であり、長保四年（一〇〇二）から開始された。毎年五月の吉日を選んで五日間、宮中で釈迦を本尊とし、毘沙門天、吉祥天を脇侍として四天王像も安置した。東大、興福、延暦、園城の四寺の学僧を招いて行われ、恒例化した。仙洞最勝講、法華寺最勝講とともに三講の一つに数えられたが、南北朝期以後衰退した(82)。この仏事にも毘沙門天と吉祥天の組み合わせが見える。

最後に取り上げたいのは、『上野国交替実録帳』金光明寺項である。

『上野国交替実録帳』（『平安遺文』第九巻四六〇九号文書）金光明寺項

（前略）

吉祥天壱体
同前日記云、左右御手无実、持堂悉以破損者、
今検同前、
毘沙門天壱体
同前日記云、右手并塔・鉾无実者、
今検同前、[83]
（後略）

引用した部分は、前沢和之氏によると寛仁四年（一〇二〇）の時点での内容の列記に基づくものであるが[84]、このなかに吉祥天と毘沙門天が並列的に記載されているのは注目される。前沢氏は、この二軀は釈迦を祀る金堂に安置されていたと推測している[85]。

追塩千尋氏はこの史料について、吉祥悔過による吉祥天信仰が原因で、吉祥天と夫婦とも考えられている毘沙門天の信仰が高まり、国分寺では二軀並べて安置されていたとされるが、示唆に富む指摘と考える。氏はそのほかに、平安時代の国分寺と毘沙門天像・吉祥天像の関係を示す興味深い例をいくつか指摘している[86]。

以上、承暦二年（一〇七八）の法隆寺の例以前に毘沙門天像と吉祥天像がともに祀られた例を検討してきたが、これらの例を見ると、承暦二年以前に吉祥悔過に吉祥天像と一緒に毘沙門天像が祀られた例が発生していた可能性は高い。とくに仁寿二年（八五二）に吉祥天像と毘沙門天像が並べて祀られていた確実な例があることは重視すべきであり、この頃には吉祥悔過に、吉祥天とともに毘沙門天が祀られる例が発生していたのではないかと考えたい。

それでは、吉祥悔過に毘沙門天像が使われるようになったのはいったい、いつ頃かという問題が生まれてくるが、それについては今後の究明を俟ちたい。

しかし、独尊の毘沙門天像を祀る風習が中国から輸入され日本に流行したのが平安初期とされるので[87]、その時期の毘沙門天の流行によって、吉祥悔過の本尊に毘沙門天が加えられたのではないかと考えておきたい。

また、諸国の吉祥悔過関係の史料に見える悔過の目的が、奈良時代には飢饉の防止を主としていたのに対し、平安時代に入ると疫病の防止が付加され、吉祥悔過目的の対象が広がることとも関係するのかもしれない。『金光明最勝王経』では飢饉の防止は吉祥天の働きに含まれるが、疫病の防止は毘沙門天を含む四天王の働きに属するからである。

吉祥悔過の本尊に吉祥天と毘沙門天が祀られるとしている、鬼頭清明氏や松浦正昭氏の見解を詳しくうかがいたいところである。

以上、不明の部分も多いが、貞観十八年に鎮守府で吉祥悔過が行われていた頃には、吉祥天と毘沙門天を並べて祀る例はすでに現れており、その例から類推すると、鎮守府で行われていた吉祥悔過の本尊として、吉祥天とともに毘沙門天が祀られていた可能性が高いと言えるのではないだろうか。そこで筆者は、岩手の地に毘沙門天像が多い理由は、鎮守府の重要な宗教行事であった吉祥悔過の本尊の一つであった毘沙門天に対する信仰を蝦夷系住民が取り入れて、毘沙門天像を造立したためであると考える。

おわりに

筆者が本章で主張したかったのは次の二点である。一つは、鎮守府の吉祥悔過を許可した官符は、諸国の吉祥悔過を命じた史料と、悔過の目的が文言のうえで異なっている。それならば、鎮守府の吉祥悔過の目的は、諸国の吉祥悔過と少し異なっており、律令国家の蝦夷支配政策の一環をなすものであったはずであるということである。もう一つは、平安時代には吉祥悔過の本尊として毘沙門天も祀られるようになった。そして、岩手県に毘沙門天像が多いのは、鎮守府の吉祥悔過を通じて、当地の住民が毘沙門天信仰を受け入れたことを示すのではないかということである。そしてそのことは、吉祥悔過を中心とする中央政府の仏教政策が、蝦夷系住民に受け入れられたことを示すと考える。そしてこの一連の推論は、熊谷公男氏の説く九世紀における律令国家の蝦夷支配政策の転換という考えに適合するものと考える。なぜ吉祥悔過の二つの本尊のうち毘沙門天像だけが受容されたのかという問題があるが、蝦夷系住民の宗教観なり気風なりが背景にあり、選択的に受容されたものと考えている。

註

（1）久野健編『日本の仏像〈関東・東北・北海道〉』（『仏像集成　二』学生社、一九八九年）。
（2）久野健「辺境の仏像」（伊東信雄・高橋富雄編『古代の日本　八　東北』角川書店、一九七〇年）。
（3）佐藤昭夫「成島毘沙門堂の諸像」（『仏教芸術』八五、一九七二年）。
（4）高橋富雄『胆沢城』（学生社、一九七一年）。

（5）上原昭一「みちのくの文化と美術」（『みちのくの伝統文化　一　古美術編』小学館、一九八五年）。
（6）むしゃこうじ・みのる『ものと人間の文化史　四一　地方仏』（法政大学出版局、一九八〇年）。
（7）北上市立博物館『北上川流域古代仏教の霊地　国見山極楽寺』（北上市立博物館、一九八六年）。
（8）田中惠『北天の秘仏　青森・岩手・秋田・宮城・山形・福島（別冊太陽七四）』（平凡社、一九九一年）。田中氏はまた、同「中尊寺一字金輪大日如来座像の周辺」（『岩手大学教育学部研究年報』四六―二、一九八七年）においても、成島毘沙門天像について同様の趣旨の見解を述べている。
（9）高橋富雄「仏教文化の開花」（豊田武編『東北の歴史　上巻』吉川弘文館、一九六七年）。前掲註（4）。同『天台寺――みちのく守護の寺――』（東京書籍、一九七七年）。同『みちのく古寺巡礼』（日本経済新聞社、一九八五年）。
（10）司東真雄『岩手の歴史論集Ⅰ　古代文化』（司東真雄岩手の歴史刊行会、一九七八年）。同『東北の古代探訪』（八重岳書房、一九八〇年）。同『岩手の古代文化史探訪』（岩手県文化財愛護協会、一九八六年）。
（11）早川征子「会津における古代仏教――その性格と布教者――」（『日本歴史』二三三、一九六七年）。
（12）樋口知志「律令制下東北辺境地域における仏教の一様相」（『国史談話会雑誌』三〇、一九八九年）。同「仏教の発展と寺院」（須藤隆・今泉隆雄・坪井清足編『新版古代の日本　九　東北・北海道』角川書店、一九九二年）。
（13）神英雄「八・九世紀における東北辺境の宗教政策」（『仏教文化研究所紀要』二〇、一九八二年）。同「古代陸奥国における『官寺』と『私寺』――城柵・官衙「付属寺院」説の再検討――」（『龍谷大学仏教文化研究所紀要』二七、一九八九年）。
（14）今泉隆雄「蝦夷の朝貢と饗給」（高橋富雄編『東北古代史の研究』吉川弘文館、一九八六年）。
（15）熊谷公男「平安初期における征夷の終焉と蝦夷支配の変質」（『東北学院大学東北文化研究所紀要』二四、一九九二年）。同「『受領官』鎮守府将軍の成立」（羽下徳彦編『中世の地域社会と交流』吉川弘文館、一九九四年）。同「九世紀奥郡騒乱の歴史的意義」（虎尾俊哉編『律令国家の地方支配』吉川弘文館、一九九五年）。
（16）鈴木拓也「陸奥・出羽の調庸と蝦夷の饗給」（『史学雑誌』一〇五―六、一九九六年）。
（17）前掲註（14）。

(18) 水沢市埋蔵文化財調査センターの展示解説は一九九六年一月現在。
(19) 前掲註(18)。
(20) 鈴木拓也「古代陸奥国の官制」(『日本文化研究所研究報告』別巻三一、一九九四年)。
(21) 前掲註(9)『みちのく古寺巡礼』。
(22) 大矢邦宣「岩手県の仏像」(『仏像を旅する　東北線(別冊近代の美術)』至文堂、一九九〇年)。
(23) 平川南「律令支配の諸相」(前掲註〈12〉『新版古代の日本　九　東北・北海道』所収)。
(24) 誉田慶信「北から見た北上川流域」(北上川流域の歴史と文化を考える会編『平泉の原像　エミシから奥州藤原氏への道』三一書房、一九九四年)。
(25) 前掲註(14)。
(26) 前掲註(15)「平安初期における征夷の終焉と蝦夷支配の変質」、「『受領官』鎮守府将軍の成立」。
(27) 板橋源「胆沢鎮守府考其二」(『岩手大学学芸学部研究年報』六、一九五四年)。
(28) 平川南「SE一〇五〇井戸の木簡・木製品について」(水沢市教育委員会『胆沢城——昭和六十一年度調査概報——』一九八七年)。
(29) 前掲註(28)。
(30) 国分寺に「部内諸寺僧」を屈請する例が平安時代に入ると多くなることについては、次の論文で考察されている。中井真孝「平安初期の国分寺制」(『鷹陵史学』八、一九八二年)。追塩千尋「九世紀国分寺についての一考察」(佐伯有清編『日本古代史論考』吉川弘文館、一九八〇年)。
(31) 前掲註(20)。
(32) 角田文衞『国分寺と古代寺院』(『角田文衞著作集　第二巻』法藏館、一九八五年)。
(33) 鎮守府における最勝王経講読の僧の定員が二十二名であるのは、諸国の講師と読師の人数を国分寺僧の定員に加えたためではないかとも考えられる。なお、板橋源氏は「鎮守府胆沢城の歴史的考察」(岩手県文化財調査報告四『胆沢城跡』岩手県教育委員会、一九五七年)において、鎮守府に講師と読師がいた可能性を指摘しているが、筆者はいなかったと考えている。

(34) 前掲註(10)『岩手の歴史論集Ⅰ　古代文化』。ただし、前掲註(7)『北上川流域古代仏教の霊地　国見山極楽寺』は、「いまだ究明の余地あり」としている。
(35) 辻善之助『日本仏教史　第一巻　上世編』(岩波書店、一九四四年)。
(36) 速水侑『観音信仰』(塙書房、一九七〇年)。
(37) 山岸常人『東大寺二月堂の創建と紫微中台十一面悔過所』(『南都仏教』四五、一九八〇年)。同「悔過から修正修二会へ――平安時代前期悔過会の変容――」(『南都仏教』五二、一九八四年)。
(38) 井上光貞『新訂日本浄土教成立史の研究』(山川出版社、一九七五年)。
(39) 前掲註(36)。
(40) 金岡秀友「日本上代における金光明経王法論の受容と実現」(大倉精神文化研究所『綜合研究飛鳥文化』国書刊行会、一九八九年)。
(41) 中野玄三「悔過の芸術――六道信仰を主題にした日本仏教芸術の諸相――」(『悔過の芸術　仏教美術の思想史』法藏館、一九八二年)。
(42) 『新日本古典文学大系』の注はこの悔過を吉祥悔過とする。
(43) 前掲註(42)に同じ。
(44) 鬼頭清明「国府・国庁と仏教」(『国立歴史民俗博物館研究報告』第二〇集、一九八九年)。
(45) 平野博之「在地勢力の胎動と大宰府支配の変容」(坪井清足・平野邦雄他編『新版古代の日本　三　九州・沖縄』角川書店、一九九一年)。平野邦雄「新羅来冦の幻影」(鏡山猛・田村圓澄編『古代の日本　三　九州』角川書店、一九七〇年)。
(46) 前掲註(12)「仏教の発展と寺院」。
(47) 前掲註(9)『天台寺――みちのく守護の寺――』。
(48) 前掲註(14)、(16)。
(49) 前掲註(16)。
(50) 「勧修寺文書」(『大日本仏教全書　一一九』寺誌叢書第三、名著普及会、一九八〇年)。

（51）工藤雅樹『考古学ライブラリー　五一　城柵と蝦夷』（ニューサイエンス社、一九八九年）。今泉隆雄「律令国家とエミシ」（前掲註〈12〉『新版古代の日本　九　東北・北海道』所収）。

（52）前掲註（40）。

（53）前掲註（12）「仏教の発展と寺院」。

（54）前掲註（14）。

（55）筆者が参照したものは以下の諸氏の判読したものである。これらの判読のなされた順序については明確に把握してはいない。
①司東真雄氏の判読
東北大学東北文化研究会編『奥州藤原史料』（吉川弘文館、一九五九年）所収。

司東真雄「古代宗教文化の特性」（水沢市史編纂委員会編『水沢市史』水沢市史刊行会、一九七四年）所収。この二つは若干異なる。
②太田孝太郎氏の判読
同『岩手県金石志』（『文化財調査報告第八集』岩手県教育委員会、一九六一年）所収。
③西川新次氏の判読
丸山彰三郎他編『日本彫刻史基礎資料集成　平安時代　造像銘記編』第一巻（中央公論美術出版、一九六六年）所収。
④竹内理三氏の判読
同『平安遺文』金石文編（東京堂出版、一九七〇年）。
⑤福山敏男氏の判読
久野健『東北古代彫刻史の研究』（中央公論美術出版、一九七一年）所収。
⑥山本信吉氏の判読
『国史大辞典』（一九八五年）「黒石寺」項。

（56）この銘の内容について論じたものには前掲註（55）司東真雄「古代宗教文化の特性」のほかに、亀田孜「東北地方の仏教彫刻概観――平安時代初期・中期――」(『仏教芸術』八五、一九七二年)がある。この史料に登場する人々の姓については、前掲註(55)『東北古代彫刻史の研究』に載せられている井上光貞氏の示教に詳しく述べられている。

(57)『遠野市埋蔵文化財調査報告書第五集　高瀬Ⅰ・Ⅱ遺跡――県営圃場整備事業松崎地区関連遺跡発掘調査――』(遠野市教育委員会、一九九二年)。高橋信雄・昆野靖『日本の古代遺跡　五一　岩手』(保育社、一九九六年)。

(58)平川南「古代東北と海運」(前掲註〈24〉所収)。
　また、亀田孜氏は前掲註(56)「東北地方の仏教彫刻概観――平安時代初期・中期――」において、物部氏について物部斯波連とゆかりがある可能性を指摘しながらも、物部という姓が中央の造宮大工に見え、中尊寺金色堂の大工が物部清国であることから、この銘に見える物部もこの像の作者であり薬師堂の大工であると推測している。

(59)前掲註(55)『東北古代彫刻史の研究』。佐藤昭夫『みちのくの仏像』(『日本の美術　第二二一号』至文堂、一九八四年)。

(60)前掲註(55)『東北古代彫刻史の研究』。

(61)前掲註(59)『みちのくの仏像』。

(62)大塚徳郎「式内の神々」(前掲註〈2〉所収)。

(63)前掲註(14)。

(64)前掲註(51)「律令国家とエミシ」。

(65)前掲註(12)「仏教の発展と寺院」。

(66)「異類」という用語については、高橋崇氏が「異類とは何か」(『律令国家東北史の研究』吉川弘文館、一九九一年)において詳細に検討を加えている。今泉氏の解釈と矛盾しないと考える。

(67)関口明「九世紀における国分寺の展開」(佐伯有清編『日本古代政治史論考』吉川弘文館、一九八三年)。武蔵国に「五大菩薩」が安置されたのがこの史料をあまりさかのぼらないという見解は、久野健氏『仏像の旅　辺境の古仏』(芸艸堂、一九七五年)にも見える。

(68)前掲註(44)。

(69)　松浦正昭『日本の美術　第三一五号　毘沙門天像』（至文堂、一九九二年）。
(70)　追塩千尋「平安中後期の国分寺」（前掲註〈67〉『日本古代政治史論考』所収）。
(71)　亀田孜「吉祥天像と上代の金光明経の美術」（近畿日本鉄道創立五十周年記念出版編集所『薬師寺』〈近畿日本鉄道叢書五〉近畿日本鉄道株式会社、一九六五年）。
(72)　西瀬英紀氏は「吉祥悔過と毘沙門天」（『仏教民俗学大系　8　俗信と仏教』名著出版、一九九二年）において、「毘沙門天信仰と九世紀の吉祥悔過とのつながりは見い出しえない」とするが、筆者の見解はそれと異なる。
(73)　猪川和子「吉祥天像」（『美術研究』二一〇、一九六〇年）にたいへん助けられた。
(74)　『大正新脩大蔵経』第十六巻。なお解釈には、壬生台舜『金光明経』（『仏典講座　一三』大蔵出版、一九八七年）を参照した。
(75)　前川明久「道鏡と吉祥天悔過」（『続日本紀研究』一五〇、一九七〇年）。
(76)　前掲註（71）。
(77)　前掲註（75）。
(78)　前掲註（73）。
(79)　出雲路修校注『三宝絵』（『東洋文庫　五一三』平凡社、一九九〇年）。『三宝絵』の成立年も同書による。
(80)　御斎会については、吉田一彦「御斎会の研究」（『延喜式研究』八、一九九三年）が詳しい。また、鬼頭清明氏が前掲註（44）「国府・国庁と仏教」で論じている。また、堅田修「御斎会の成立」（角田文衞先生傘寿記念会編『古代世界の諸相』晃洋書房、一九九三年）にも詳しく論じられている。
(81)　この観念がすでにインドにおいて発生していたことは、宮治昭「兜跋毘沙門天の成立をめぐって――対立と交流による図像の成立――」（『国際交流美術史研究会第一〇回シンポジアム　美術史における対立と交流』国際交流美術史研究会、一九九二年）に取り上げられている。
(82)　『国史大辞典』「最勝講」の項（堀池春峰氏執筆）。
(83)　前沢和之「「上野国交替実録帳」金光明寺項について」（角田文衞編『新修国分寺の研究　第三巻　東山道と北陸道』吉川弘文館、一九九一年）より引用。

(84)　前沢和之「上野国交替実録帳国分寺項について」(『群馬県立歴史博物館紀要』一、群馬県立博物館、一九八〇年)。
(85)　前掲註(83)。
(86)　前掲註(70)。
(87)　前掲註(2)、(69)。松島健「鞍馬寺毘沙門三尊像について」(『ミュージアム』二五一、一九七二年)。

初出一覧

本書で、すでに発表した論文をもとにしたものは以下の二章である。本書に収めるにあたっていずれも論旨の部分的な変更を含む修正を施した。

序　章

「古代陸奥国の仏教受容過程について――七・八世紀から九世紀にかけての歴史的展開――」(『岩手史学研究』九一、二〇一〇年)。

第三部第二章

「鎮守府の吉祥天悔過と岩手の毘沙門天像――九世紀律令国家の対蝦夷仏教政策の一断面――」(平田耿二教授還暦記念論文集編集委員会編『歴史における史料の発見――あたらしい「読み」へむけて――』上智大学平田研究室、一九九七年)。

学会発表をもとにしたものは以下の二章である。

第二部第一章

二〇〇八年三月十五日の第四〇回蝦夷研究会における発表「九世紀陸奥国における掘立柱仏堂の展開」をもとに成稿した。

第三部第一章

二〇一〇年三月二十日の第四八回蝦夷研究会における発表「鎮守府部内における仏教伝播再論」をもとに成稿したものであるが、二〇〇四年三月二十日の第二四回蝦夷研究会における発表「九世紀の奥郡北部における仏教の伝播」をもとに成稿した部分がある。

図版一覧

第一部

第一章

1 中野廃寺跡中心建物実測図（『相馬市文化財調査報告書 第六集 県営ほ場整備事業 相馬西部地区遺跡分布調査報告書』福島県相馬市教育委員会、一九九〇年）

2 腰浜廃寺跡基壇建物実測図（『福島市埋蔵文化財報告書第五集 腰浜廃寺跡確認緊急調査報告書』福島市教育委員会、一九七九年）

3 借宿廃寺跡遺構配置図（『白河市埋蔵文化財調査報告書 第五〇集 借宿廃寺跡確認調査報告書Ⅴ』白河市教育委員会、二〇〇八年）

4 夏井廃寺跡Ⅱ期（寺院完成期）遺構配置図（『いわき市埋蔵文化財調査報告 第一〇七冊 夏井廃寺跡 陸奥国磐城郡古代寺院跡の調査』いわき市教育委員会、二〇〇四年）

5 上人壇廃寺跡遺構配置図（『第三五回古代城柵官衙遺跡検討会資料集』古代城柵官衙遺跡検討会、二〇〇九年）

6 堂の上廃寺跡基壇建物実測図（『郡山五番遺跡Ⅲ』双葉町教育委員会、一九八〇年）

7 舘前廃寺跡（泉官衙遺跡舘前地区）遺構配置図（原町市埋蔵文化財調査報告書 第二九集 県営高平地区ほ場整備事業関連遺跡発掘調査報告書Ⅲ 泉廃寺跡、荒井前遺跡、荷渡遺跡』福島県原町市教育委員会、二〇〇二年）

8 郡山廃寺跡遺構配置図（『仙台市文化財調査報告書 第二八三集 宮城県仙台市 郡山遺跡発掘調査報告書 総括編（二）』（仙台市教育委員会、二〇〇五年）

9 伏見廃寺跡遺構実測図（佐々木茂楨「宮城県古川市伏見廃寺跡」〈『考古学雑誌』第五六巻第三号、一九七一年）

10 一の関廃寺跡基壇遺構実測図（『宮城県文化財調査報告書第四八集 一の関遺跡』宮城県文化財保護協会、一九七七年）

11 菜切谷廃寺跡実測図（『宮城県文化財調査報告書〈第二輯〉〈菜切谷廃寺跡〉』宮城県教育委員会、一九五六年）

12 真野古城跡遺構配置図（『（藤木海「真野古城跡について」（未発表資料）二〇〇九年』書誌不明、先生依頼）

第二章

1 多賀城廃寺跡全域実測図（『多賀城跡調査報告Ⅰ 多賀城廃寺跡』（宮城県教育委員会編集、吉川弘文館発行、一九七〇年）

2 陸奥国分寺跡平面図（角田文衞編『新修国分寺の研究 第三巻 東山道と北陸道』吉川弘文館、一九九一年、伊藤玄三先生担当文中に掲載）

3 陸奥国分尼寺跡 推定金堂跡実測図（角田文衞編『新修国分寺の研究 第三巻 東山道と北陸道』吉川弘文館 一九九一年、伊藤玄三先生担当文中に掲載）

4 黄金山産金遺跡礎石建物跡実測図（伊東信雄著『天平産金遺跡』宮城県涌谷町、一九六〇年）

5 小浜代遺跡遺構配置図（西基壇と東基壇）（『福島県双葉郡小浜代遺跡 第二次発掘調査概報』福島県双葉郡富岡町教育

委員会、一九七一年）
6 郡山台廃寺跡（郡山台遺跡西地区）遺構図（『二本松市史 第三巻 原始・古代・中世 資料編一』二本松市、一九八一年）
7 小幡遺跡位置図（『本宮町史 第四巻資料編Ⅰ、考古・古代・中世』本宮町、一九九九年）
8 徳江廃寺跡位置図（『国見町の文化財 徳江小坂地区遺跡分布調査 平成二年三月』国見町教育委員会、一九九〇年）

第二部

第一章

1 陸奥国の掘立柱仏堂の分布（著者作成）
2-1 赤根久保遺跡付近の遺跡（鬼頭清明「郷・村・集落」〈『国立歴史民俗博物館研究報告第二二集』国立歴史民俗博物館、一九八九年〉）
2-2 赤根久保遺跡（『福島県文化財調査報告書第六七集 国営総合農地開発事業 母畑地区遺跡発掘調査報告書』福島県教育委員会、一九七八年）
2-3 赤根久保遺跡一号建物跡（『福島県文化財調査報告書第六七集 国営総合農地開発事業 母畑地区遺跡発掘調査報告書』福島県教育委員会、一九七八年）
3-1 達中久保遺跡（『福島県文化財調査報告書第三二八集 国営総合農地開発事業 母畑地区遺跡発掘調査報告三九』福島県教育委員会、一九九六年）
3-2 達中久保遺跡一号建物跡（『福島県文化財調査報告書第三二八集 国営総合農地開発事業 母畑地区遺跡発掘調査報告三九』福島県教育委員会、一九九六年）
4-1 下悪戸遺跡（『福島県文化財調査報告書 第一一六集 国営総合農地開発事業 母畑地区遺跡発掘調査報告一二』福島県教育委員会、一九八三年）
4-2 下悪戸遺跡二号建物跡（『福島県文化財調査報告書 第一一六集 国営総合農地開発事業 母畑地区遺跡発掘調査報告一二』福島県教育委員会、一九八三年）
4-3 下悪戸遺跡一号竪穴状遺構出土土師器坏（『福島県文化財調査報告書 第一一六集 国営総合農地開発事業 母畑地区遺跡発掘調査報告一二』福島県教育委員会、一九八三年）
5-1 江平遺跡（中央部調査区建物群）（『福島県文化財調査報告書第三九四集 福島空港・あぶくま南道路遺跡発掘調査報告一二 江平遺跡 第一分冊』福島県教育委員会、二〇〇二年）
5-2 江平遺跡A期（『福島県文化財調査報告書第三九四集 福島空港・あぶくま南道路遺跡発掘調査報告一二 江平遺跡 第二分冊』福島県教育委員会、二〇〇二年）
5-3 江平遺跡B期（『福島県文化財調査報告書第三九四集 福島空港・あぶくま南道路遺跡発掘調査報告一二 江平遺跡 第二分冊』福島県教育委員会、二〇〇二年）
5-4 江平遺跡一号建物跡（『福島県文化財調査報告書第三九四集 福島空港・あぶくま南道路遺跡発掘調査報告一二 江平遺跡 第一分冊』福島県教育委員会、二〇〇二年）

5－5　江平遺跡九号建物跡（『福島県文化財調査報告書第三九四集　福島空港・あぶくま南道路遺跡発掘調査報告一二　江平遺跡　第一分冊』福島県教育委員会、二〇〇二年）

6－1　上宮崎A遺跡（『福島県文化財調査報告書第三五二集　福島空港・あぶくま南道路遺跡発掘調査報告一』福島県教育委員会、一九九八年）

6－2　上宮崎A遺跡二九号建物跡実測図（『福島県文化財調査報告書第三五二集　福島空港・あぶくま南道路遺跡発掘調査報告一』福島県教育委員会、一九九八年）

6－3　上宮崎A遺跡三〇号A建物跡実測図（『福島県文化財調査報告書第三五二集　福島空港・あぶくま南道路遺跡発掘調査報告一』福島県教育委員会、一九九八年）

7－1　米山寺跡（『米山寺跡史跡岩代米山寺経塚群発掘調査報告書』須賀川市教育委員会、一九八二年）

7－2　米山寺跡一号建物跡（『米山寺跡史跡岩代米山寺経塚群発掘調査報告書』須賀川市教育委員会、一九八二年）

8－1　東山田遺跡第一次調査区（『新公園都市東山ヒルズ造成関連　東山田遺跡　第一次調査報告』郡山市教育委員会、一九九六年）

8－2　東山田遺跡第一次調査区一号建物跡（『新公園都市東山ヒルズ造成関連　東山田遺跡　第一次調査報告』郡山市教育委員会、一九九六年）

9－1　砂畑遺跡Ⅴa期（『いわき市埋蔵文化財調査報告　第八四冊　荒田目条里制遺構・砂畑遺跡　第三分冊』いわき市教育委員会、二〇〇二年）

9－2　砂畑遺跡Ⅵ期（『いわき市埋蔵文化財調査報告　第八四冊　荒田目条里制遺構・砂畑遺跡　第三分冊』いわき市教育委員会、二〇〇二年）

9－3　砂畑遺跡七四号建物跡（『いわき市埋蔵文化財調査報告第八四冊　荒田目条里制遺構・砂畑遺跡　第三分冊』いわき市教育委員会、二〇〇二年）

10－1　赤粉遺跡（『楢葉町文化財調査報告書第一一集　赤粉遺跡――平安時代前期集落跡の発掘調査報告――』福島県双葉郡楢葉町教育委員会、一九九七年）

10－2　赤粉遺跡三号建物跡（『楢葉町文化財調査報告書第一一集　赤粉遺跡――平安時代前期集落跡の発掘調査報告――』福島県双葉郡楢葉町教育委員会、一九九七年）

11－1　内屋敷遺跡Ⅸc期（『塩川町文化財調査報告　第一二集　県営経営体育成基盤整備事業　塩川西部地区遺跡発掘調査報告書七　内屋敷遺跡』福島県耶麻郡塩川町教育委員会、二〇〇四年）

11－2　内屋敷遺跡一八二号建物跡（『塩川町文化財調査報告　第一二集　県営経営体育成基盤整備事業　塩川西部地区遺跡発掘調査報告書七　内屋敷遺跡』福島県耶麻郡塩川町教育委員会、二〇〇四年）

12－1　鏡ノ町遺跡遺構変遷図（『塩川町文化財調査報告　第八集　県営低コスト化水田農業大区画ほ場整備事業　塩川西部地区遺跡発掘調査報告書五　鏡ノ町遺跡B』福島県耶麻郡塩川町教育委員会、二〇〇一年）

12－2　鏡ノ町遺跡三二号建物跡（『塩川町文化財調査報告　第三集　県営低コスト化水田農業大区画ほ場整備事業　塩川西部地区遺跡発掘調査報告書　鏡ノ町遺跡A』福島県耶麻郡塩川町教育委員会、一九九七年）
13－1　東高久遺跡（『会津若松市文化財調査報告書第一〇四号東高久遺跡　奈良・平安時代「多具郷」の有力な推定地』会津若松市教育委員会、二〇〇五年）
13－2　東高久遺跡六号建物跡（『会津若松市文化財調査報告書第一〇四号　東高久遺跡　奈良・平安時代「多具郷」の有力な推定地』（会津若松市教育委員会、二〇〇五年）
14－1　壇の越遺跡一八区第Ⅱ群（『宮崎町文化財調査報告書第一三集　壇の越遺跡Ⅳ　平成一一年度発掘調査報告書』宮城県宮崎町教育委員会、二〇〇三年）
14－2　壇の越遺跡八一二号A・B建物跡（『宮崎町文化財調査報告書　第一三集　壇の越遺跡Ⅳ　平成一一年度発掘調査報告書』宮城県宮崎町教育委員会、二〇〇三年）
15－1　上鬼柳Ⅲ遺跡（『岩手県文化振興事業団埋蔵文化財調査報告書第一六一集　上鬼柳Ⅱ・Ⅲ遺跡発掘調査報告書』財団法人岩手県文化振興事業団埋蔵文化財センター、一九九二年）
15－2　上鬼柳Ⅲ遺跡九号建物跡（『岩手県文化振興事業団埋蔵文化財調査報告書第一六一集　上鬼柳Ⅱ・Ⅲ遺跡発掘調査報告書』財団法人岩手県文化振興事業団埋蔵文化財センター、一九九二年）
16－1　岩崎台地遺跡群（『岩手県文化振興事業団埋蔵文化財調査報告書第二一四集　岩崎台地遺跡群発掘調査報告書　東北横断自動車道秋田線建設関連遺跡発掘調査』岩手県文化振興事業団埋蔵文化財センター、一九九五年）
16－2　岩崎台地遺跡群CVx19建物跡（『岩手県文化振興事業団埋蔵文化財調査報告書第二一四集　岩崎台地遺跡群発掘調査報告書　東北横断自動車道秋田線建設関連遺跡発掘調査』岩手県文化振興事業団埋蔵文化財センター、一九九五年）
16－3　岩崎台地遺跡群CVu20建物跡（『岩手県文化振興事業団埋蔵文化財調査報告書第二一四集　岩崎台地遺跡群発掘調査報告書　東北横断自動車道秋田線建設関連遺跡発掘調査』岩手県文化振興事業団埋蔵文化財センター、一九九五年）
17－1　南部工業団地内遺跡K区（『北上市埋蔵文化財調査報告第一八集　南部工業団地内遺跡Ⅱ』北上市教育委員会、一九九五年）
17－2　南部工業団地内遺跡K区K一〇一b建物跡（『北上市埋蔵文化財調査報告第一八集　南部工業団地内遺跡Ⅱ』北上市教育委員会、一九九五年）
18　根岸遺跡掘立柱建物跡柱穴配列推定図（「根岸遺跡　発掘調査現地説明会資料」北上市立埋蔵文化財センター、二〇〇〇年）

第二章

1－1　史跡慧日寺跡位置図（『慧日寺を掘る――跡慧日寺発掘

調査展――』（磐梯山慧日寺資料館、一九九三年）

1―2　本寺地区遺構配置図（報告者、白岩賢一郎「山寺サミットIn会津――慧日寺跡と福島県内の山岳寺院――」報告資料、中世山寺研究会、二〇〇八年）

1―3　戒壇地区遺構配置図（『徳一菩薩と慧日寺』磐梯町教育委員会、二〇〇五年）

1―4　儀式山遺跡遺構配置図（『慧日寺を掘る――史跡慧日寺発掘調査展――』磐梯山慧日寺資料館、一九九三年）

2―1　西原廃寺北方建物跡実測図（『福島市の文化財　西原廃寺跡発掘調査概報』福島市教育委員会、一九七二年）

2―2　西原廃寺南方建物跡実測図（『福島市の文化財　西原廃寺跡発掘調査概報』福島市教育委員会、一九七二年）

3―1　国見山廃寺位置図（『北上市埋蔵文化財調査報告書　第五五集　国見山廃寺跡』北上市教育委員会、二〇〇三年）

3―2　SB一二一掘立柱建物跡実測図（『北上市埋蔵文化財調査報告書　第五五集　国見山廃寺跡』北上市教育委員会、二〇〇三年）

3―3　SB〇九〇（九一・九三・九四）掘立柱建物跡実測図（『北上市埋蔵文化財調査報告書　第五五集　国見山廃寺跡』北上市教育委員会、二〇〇三年）

4　笠島廃寺跡略図（加藤孝「宮城県名取郡笠島廃寺跡」（『日本考古学年報』四、日本考古学協会、一九五五年））

5　燕沢遺跡第8～11次調査区遺構配置図（『仙台市文化財調査報告書　第二二八集　仙台平野の遺跡群一七』仙台市教育委員会、一九九八年）

第三部

第一章

1　近長谷寺寺領分布図（著者作成）

2　信貴山寺寺領分布図（著者作成）

3　九～一〇世紀前半の北上市周辺の仏教関連遺跡（著者作成）

4　胆沢郡の古代集落と式内社の推定位置（著者作成）

あとがき

この本に収められた最初の論文を書き始めたのは一九九六年のことである。全部で約四〇〇頁の本を十五年かけて書いたことになるから、一か月に約二・二頁（原稿用紙約五枚）の割合となる。このように非常に遅いペースで書いたので、公務を犠牲にすることはあまりなかったと思う。それでも、現在の勤務校の盛岡工業高校で同じ部活動の顧問をした宮野光政氏、小向健一氏をはじめ、五年間隣の席でお世話になった佐々木光男氏、私が正担任の折り副担任をしてくださった臺野明夫氏、佐藤努氏、休日の宿直を交代するなどしてくださった社会科の高橋透氏、木村飛雄馬氏など、同じ職場の先生方にはこの場を借りてお礼申し上げたい。また、豊かな発想に基づく発言や鋭い質問などで私を啓発し、元気づけてくれている盛岡工業高校の生徒諸君、さらには盛岡商業高校、花巻南高校、岩泉高校、北海道沼田高校、花巻市立矢沢中学校で私の授業を受けてくれた生徒諸君にお礼を言いたい。

私は教員の仕事に研究を生かしているつもりだが、その手本は、私が岩手県立福岡高等学校の生徒だった時に間近に拝見した、担任の黒沢勉先生の当時の生活である。

一九七八年に上智大学文学部史学科に入学した私は、畏友戸川点君の影響もあり、平田耿二先生のゼミに入れていただき、平田先生から日本古代史研究の基礎を学んだ。ゼミでは福島正樹氏や坂内三彦氏からもご指導頂いた。卒業論文は十〜十一世紀における郡郷制の再編について書いたが、成果を上げることはできず、私は大学卒業後数年間歴史の勉強から離れた。

一九八五年に岩手県立岩泉高等学校の教諭となり、岩手県に戻ったのを機に、黒沢先生は、ご自身が主催する古典文学の研究会に私を誘ってくださった。また、岩泉高校では石田洵氏や菅野健氏らが、教員が研究する気風を作っておられた。その中で、私も信貴山縁起絵巻の詞書に見える富豪層のイデオロギーについての私見を数回高校の研究紀要に発表した。平田先生は二回も岩手県に来て指導してくださり、その助言をもとに私は岩手県花巻市の成島毘沙門天像の研究史について調べ、上司だった鳩岡矩雄氏のご指導もあって、岩手県高等学校教育研究会地歴・公民部会などで発表した。さらに、その研究史の整理の折りに気づいたことを論文にし、平田先生の還暦記念論文集に掲載していただいた（本書第三部第二章）。その際には北條勝貴氏にお世話になった。

その後も平田先生のご指導をいただき、一九九八年に岩手史学会で発表したのがきっかけで、岩手史学会の世話役だった菅野文夫氏から、盛岡の蝦夷研究会の樋口知志氏にご紹介いただいた。以来、東北・北海道を中心とする多くの研究者が集まる活気溢れる学会である蝦夷研究会が私の歴史研究の拠点となっている。会員の樋口氏、伊藤博幸氏、八木光則氏、菅野成寛氏からは、本当に格別のご指導・ご高配をいただき今日に至っている。高潔な人格の方々が歴史について熱心に議論する蝦夷研究会がすっかり好きになり、私は向学心が増し、佛教大学通信教育部の門をたたいた。

私を修士課程から博士後期課程にまで進学させてくださった、中井真孝先生をはじめとする佛教大学の先生方には、本当に感謝している。修士課程で最も思い出に残っているのは、祇園祭の期間と重なる時期に行われたスクーリングである。私は二回にわたり、のべ二十一日間参加したが、この二十一日間は私の一生の中でも最も知的刺激を受けた本当に幸せな期間であった。指導教授の中井先生の演習はもちろん、田中文英先生と原田敬一先生の演習の受講は私の一生の財産となった。また、発表会の場などでの大学院の先生方のご指導からは得るものが多く、通信教育課程の大学院生の方々との交流は、非常に刺激になると同時に楽しいものであった。またこの頃、岩手県立博物館に勤務し、文化財に直接触れると同時に、学芸員の方々から知的刺激を受けることができたのは幸運であった。

博士後期課程でも中井先生から、私の性格や受容力に応じた、きめ細かなご指導をいただいた。中井先生のご指導がなければ、私は博士論文を完成させることは絶対にできなかった。しかし、ご指導を忠実に実行していれば、もっと良い研究になったとも考えている。一方、蝦夷研究会の樋口、伊藤、八木、菅野の各氏からの助言も非常に大切であった。博士論文に取り組むことによってはじめて、一つの主題を決めて勉強することに伴う喜びを知ることができた。また、遺跡を見学するのが好きになり、その意味で自分の博士論文は歩いて書いた論文だと思っている。博士論文の審査では、主査を中井先生、副査を田中先生、門田誠一先生に担当していただいた。

中井先生のご推薦で、私の博士論文が佛教大学研究叢書の一冊として刊行される運びとなった。私の研究は非常に不十分なものであり、叢書の名を汚すことを恐れるが、千載一遇の機会であり、幸運に甘えさせていただくことにした。刊行はまさに望外の喜びであり、中井先生と佛教大学各位に厚くお礼申し上げる。

中井先生、平田先生をはじめとする沢山の方々のご指導のおかげで研究者の指標の一つともなる学位をいただいたのであるから、その学恩を忘れず、今後はこれまで以上に公務に励むのはもちろんのこと、余暇を利用して、研究者らしく日本史の学会の成果を十分に吸収しながら学問的な手続きを踏み、誠実な態度で、東北古代仏教史・東北古代史を研究していきたい。

以下、本書とその元になった博士論文を作成する際にとくにお世話になった方々（すでに記した方々を除く）のお名前を記して、感謝申し上げたい。

佛教大学の恩師、今堀太逸、渡邊秀一、八木透、竹下喜久男先生方。

主として蝦夷研究会をはじめとする研究会などの場でご指導いただいた、小口雅史、鈴木拓也、三上喜孝、吉田歓、熊谷公男、中野栄夫、荒木志伸、柴田博子、誉田慶信、長岡龍作、小林昌二、平野博之、工藤雅樹、須田勉、長坂一郎、冨島義幸、今泉隆雄、伊藤循、畠山恵美子、浜田久美子、渕原智幸、西野修、高橋千晶、佐藤淳一、宇部則保、杉本良、高木晃、船木義勝、高橋学、伊藤武士、信太正樹、島田祐悦、村田晃一、女鹿潤哉、遠藤祐太郎、菊池賢、浅利英克の各氏。

主として各地の遺跡についてご教示および資料をご恵贈賜ったのは、樫村友延、管野和恵、飯村均、菅原祥夫、木本元治、藤木海、鈴木功、兼田芳宏、柳沼賢治、小島克則、三瓶秀文、長谷川正、垣内和孝、橋本博幸、鈴鹿良一、近藤真佐夫、堀内裕詞、高屋茂男、松本悟、長島榮一、進藤秋輝、高橋與右衛門、伊藤格、千葉正彦、赤石登、達谷窟敬祐、橋本征也、金子佐知子の各氏、喜多方市教育委員会、会津坂下町教育委員会、浪江町教育委員会、双葉町教育委員会、福島県文化振興事業団遺跡調査部遺跡調査グループ、仙台市教育委員会、遠野市教育委員会、栃木県立しもつけ風土記の丘資料館、太田市教育委員会文化財課、前橋市教育委員会文化財保護課、藤岡市教育委員会各位である。

本書には収録しなかったが、博士論文の英文要旨の作成の際ご指導いただいた小山宣子氏や、国立国会図書館と佛教大学図書館にはとくにお世話になった。また、大学院修了後には、岩手県立図書館にもお世話になっている。

本書では、報告書の著者のお名前を省略してしまうことが多く、著者の方々に大変失礼したことをお詫び申し上げる。また、引用文献の誤読、先行研究の誤解、さらには見落としなども多かったことを恐れるが、何卒お許しの上、ご鞭撻を賜れば幸甚である。

日本史関係の名著をも数多く出版しているだけでなく、中井先生の主著『日本古代仏教制度史の研究』を出版した法藏館に本書を制作していただくことになったが、頁数も多く、図版・表・漢文を含む手間のかかる本である上、私の力不足から結果的に多くの作業をやっていただくことになったため、編集部の田中夕子氏には多大なご迷惑をおかけしたが、予想以上に読みやすい本になりそうで、嬉しく思っている。お詫びするとともにお礼申し上げる。また、専門の校正者の方にもお礼申し上げる。

最後になるが、私をどんな親にも負けないほど大切に育ててくれた両親に感謝し、この本を捧げたい。また、私の研究時間と研究にかかる費用を捻出してくれた妻窪田節子に感謝したい。長男の楽と長女の明には、接する時間が少なくなったことを詫びたい。このあとがきを書いている今も、私と夜勤の妻に代わり子どもの面倒を見てくれている義母と義父に対しては感謝でいっぱいである。

二〇一〇年十二月

史跡志波城跡の東方約六百メートルの寓居にて

窪田大介

◎著者略歴◎

窪田　大介（くぼた　だいすけ）

1959年岩手県生まれ
1983年上智大学文学部史学科卒業。岩手県花巻市立矢沢中学校講師、北海道沼田、岩手県立岩泉、花巻南、盛岡商業高等学校各教諭、岩手県立博物館学芸調査員を経て、現在　岩手県立盛岡工業高等学校教諭
2009年佛教大学大学院文学研究科博士後期課程（通信教育課程）修了　博士（文学）

〔主要論文〕
「承和２年12月３日官符の歴史的意義――鎮守府管轄地域を中心とする陸奥出羽の支配強化――」（『弘前大学國史研究』第112号、2002年）
「９世紀の奥郡騒乱」（蝦夷研究会編『古代蝦夷と律令国家』高志書院、2004年）

佛教大学研究叢書11

古代東北仏教史研究《こだいとうほくぶっきょうしけんきゅう》

2011（平成23）年３月25日発行

定価：本体8,000円（税別）

著　者　窪田大介
発行者　佛教大学長　山極伸之
発行所　佛教大学
〒603-8301　京都市北区紫野北花ノ坊町96
電話 075-491-2141（代表）
制　作
発　売　株式会社　法　藏　館
〒600-8153　京都市下京区正面通烏丸東入
電話 075-343-0030（編集）
075-343-5656（営業）

印　刷
製　本　亜細亜印刷株式会社

ISBN978-4-8318-7377-4　C3021

『佛教大学研究叢書』の刊行にあたって

二十一世紀をむかえ、高等教育をめぐる課題は様々な様相を呈してきています。科学技術の急速な発展は、社会のグローバル化、情報化を著しく促進し、日本全体が知的基盤の確立に大きく動き出しています。高等教育機関である大学も、その使命を明確に社会に発信していくことが重要な課題となってきています。

本学では、こうした状況や課題に対処すべく、先に「佛教大学学術振興資金」を制度化し、教育研究の内容・成果を公表する体制を整備してきました。その一部はすでに大学院、学部の研究紀要の発行などに実を結び、また、通信教育課程においては鷹陵文化叢書、教育学叢書、社会福祉学叢書等を逐次刊行し、研究業績のみならず教育内容の公開にまで踏み出しています。今回の『佛教大学研究叢書』の刊行はこの制度化によるもう一つの成果であり、今後の本学の研究を支える根幹として位置づけられるものと確信しております。

研究者の多年にわたる研究の成果は、研究者個人の功績であることは勿論ですが、同時に、本学の貴重な知的財産としてこれを蓄積し、活用していく必要があります。したがって、それはまた特定の研究領域にのみ還元されるものでもありません。社会への発信が「知」の連鎖反応を呼び起こし、延いては冒頭にも述べた二十一世紀の知的基盤社会を豊かに発展させることに、大きく貢献するはずです。本学の『佛教大学研究叢書』がその貢献の柱になることを、切に願ってやみません。

二〇〇七年三月

佛教大学長　福原隆善